KB200363

민수기

어떻게 설교할 것인가

두란노 HOW주석 시리즈 04

민수기 어떻게 설교할 것인가

엮은이 | 목회와신학 편집부

펴낸곳 | 두란노아카데미
등록번호 | 제302-2007-00008호
주소 | 서울시 용산구 서빙고로 65길 38 두란노빌딩

편집부 | 02-2078-3484   academy@duranno.com   http://www.duranno.com
영업부 | 02-2078-3333   FAX 080-749-3705
초판1쇄발행 | 2009. 1. 9.   9쇄 발행 | 2022. 4. 12

ISBN 978-89-6491-054-2   04230
ISBN 978-89-6491-045-0   04230(세트)

책값은 뒤표지에 있습니다.

두란노아카데미는 두란노의 '목회 전문' 브랜드입니다.

민수기
어떻게 설교할 것인가

• 목회와신학 편집부 엮음 •

두란노 HOW 주석

HOW
COMMENTARY
SERIES
04

두란노아카데미

설교는 목회의 생명줄입니다

설교는 목회의 생명줄입니다. 교회 공동체를 향한 하나님의 음성입니다. 그래서 목회자는 설교에 목숨을 겁니다. 하나님의 말씀을 가감 없이 전하기 위해 최선을 다합니다.

이번에 출간한 「두란노 HOW주석 시리즈」는 한국 교회의 강단을 섬기는 마음으로 설교자를 위해 준비했습니다. 「목회와신학」의 별책부록 「그말씀」에 연재해온 것을 많은 목회자들의 요청으로 출간한 것입니다. 특별히 2007년부터는 표지를 새롭게 하고 내용을 더 알차게 보완하는 등 시리즈의 질적 향상을 추구하였습니다. 독자 여러분의 끊임없는 관심과 격려를 부탁드립니다.

「두란노 HOW주석 시리즈」는 성경 본문에 대한 주해를 기본 바탕으로 하면서도, 설교에 결정적으로 중요한 '적용'이라는 포인트를 놓치지 않았습니다. 또한 성경의 권위를 철저히 신뢰하는 복음주의적 관점을 견지하고자 노력했습니다. 또한 성경 각 권이 해당 분야를 전공한 탁월한 국내 신학자들에 의해 집필되었습니다.

학문적 차원의 주석서와는 차별되며, 현학적인 토론을 비껴가면서도 고밀도의 본문 연구와 해석이 전제된 실제적인 적용을 중요시하였습니다.

이 점에서는 목회자뿐만 아니라 성경공부를 인도하는 평신도 지도자들에게도 매우 귀중한 지침서가 될 것입니다.

오늘날 교회에게 주어진 사명은 땅 끝까지 이르러 예수 그리스도의 복음을 전파하는 것입니다. 사도행전적 바로 그 교회를 통해 새롭게 사도행전 29장을 써나가는 것입니다. 이 시리즈를 통해 설교자의 영성이 살아나고, 한국 교회의 강단에 선포되는 말씀 위에 성령의 기름부으심이 넘치기를 바랍니다. 이 땅에 말씀의 부흥과 치유의 역사가 일어나고, 설교의 능력이 회복되어 교회의 권세와 영광이 드러나기를 기도합니다.

바쁜 가운데서도 성의를 다하여 집필에 동참해 주시고, 이번 시리즈 출간에 동의해 주신 모든 집필자들에게 이 자리를 빌어 감사의 뜻을 전합니다.

두란노서원 원장

contents *

발간사

I. 배경연구

II. 본문연구

I. 배경연구

01

민수기는 어떤 책인가

― '총체적 개념 구조'를 중심으로

왜 현대의 성도들이 민수기를 읽어야 하는가? 이 질문에 대답하기 위해서는 가장 기초적이면서도 근본적인 태도를 명확히 할 필요가 있다. 그것은 민수기뿐만 아니라 성경 전체를 '어떤' 관점에서 보는가 하는 것이다. 성경 안에 다양한 문학 양식들이 포함되어 있기에 성경을 '문학적 관점'에서 보려는 시도가 있다. 한 편의 이야기를 읽듯이 문체의 패턴이나 수사적 표현들, 또는 사건의 전개와 주요 인물의 특성들을 연구함으로써 성경의 의미를 찾으려 한다[예: 신문학 비평(New Literary Criticism)].

이런 시도는 일반인이 성경을 쉽게 이해하고 성경에 쉽게 접근하도록 해 주는 반면에, 성경을 다른 책들과 동일시해서 단순히 한 권의 책으로 보려는 오류를 범한다. 성경은 그 속에 많은 문학적 양식들이 있지만 그 자체는 어떤 문학적 총체를 넘어선, 문학적 가치를 초월한 것으로 남아 있어야 한다. 또 한 가지 현대 성경 연구사에서 주류를 이루는 것이 '역사적 관점'이다. 이에 의하면 구약은 이스라엘이라고 하는 특정한 민족의 역사를 기록하고 있고, 신약은 예수님의 생애와 초대교회의 역사를 다루고 있다. 이는 성경이 어떠한 역사적 상황과 문화적 토양 속에서 씌어져 편집, 전승되어 이해돼 왔는가를 중요시하는 시도다[예: 전통적 역사 비평 방법론(Historical-Critical Method)].

이 시도는 하나님이 신화나 가상의 현실에서가 아닌 역사의 현장 속에서 활동하심을 주장하는 한편, 현 시점과의 시간적, 문화적, 사회적, 사상적 거리감 때문에 오는 문제점들을 해결하는 데 공헌한다. 하지만 성경 그 자체를 목적으로서가 아닌 하나의 도구로 삼아서 그 배경을 밝히는 일을 궁극적 목적으로 삼는 오류를 범한다. 성경을 과거의 책으로, 시간과 공간에 제약된 한 권의 역사책으로 보기 때문에 살아 있는 현대의 말씀으로 이해하지 않는다.

이런 현대와의 연관성에 기인하여 생긴 것이 '현대적 관점'이다. 성경이 오늘의 시간과 상황 속에서도 의미를 갖기 위해선 현대인의 문화, 역사, 사상이 성경을 보는 전이해로 요구된다고 주장하는 시도다(예: 해방신학, 여성신학, 민중신학 등). 즉 현 상황이 본문의 의미를 규정한다. 이 관점에는 성경이 과거 역사의 기록임에도 현대인에게 직접적인 영향을 줄 수 있다는 장점이 있는 반면에, 독자의 기호와 성향에 따라서 성경이 조각난 말씀으로 변형될 위험이 있다. 전체적 의미로서의 성경보다는 단편적 의미의 성경을 선호하는 것이다.

이와 같이 문학적 관점, 역사적 관점, 현대적 관점은 모두가 그 나름대로 긍정적인 면을 보여 주지만, 성경을 보는 근본적인 태도로 삼기에는 부적합하다. 독자는 이런 장점들을 사용해서 성경을 신학적 태도로 이해해야 한다. 나는 이것을 '신학적 관점'이라 부른다. 왜냐하면 성경은 한 편의 이야기이면서 또한 이스라엘과 초대교회의 역사적 기록이며, 오늘날의 사람들에게도 직접적 연관이 있는 살아 있는 말씀이지만, 무엇보다도 하나님 자신의 말씀이기 때문이다. 성경은 하나님의 말씀이기에 하나님의 관점에서 읽어야 한다. 이런 선언은 단순한 신앙의 고백일 뿐만 아니라 이성을 통한 논리의 궁극적 결과다. 따라서 어떤 성경 본문을 읽고 해석하든지 그 속에서 하나님의 관점과 하나님의 행동에 초점을 두어야 한다.

이런 근본적인 태도가 왜 현대의 신앙인이 민수기를 읽어야 하는가를 정확하게 답변해 줄 수 있다. 우리는 민수기가 '하나님의 말씀'이라는 이유만으로도 읽어야 한다. 설령 민수기가 이스라엘이라고 하는 특정한 민족의 광야 생활을 보도하고 유대의 관습과 언어로 그 생활을 표현하며, 따라서 읽는 현대인을 제3자로 취급한다 해도 그것이 하나님의 말씀이기에 읽어야 한다.

다시 말하자면, 민수기는 과거의 사건, 이스라엘의 역사 기록, 다양한 문학적 양식의 총체이기도 하지만, 무엇보다도 신학적인 책이며 하나님의 말씀 자체이기에 신앙인이면 누구나 반드시 읽어야 하는 것이다. 특별히 민수기는 구약성경 가운데서도 하나님의 뜻을 명확하게 제시하는 신앙의 규범으로 인정되는 모세오경의 한 부분이기에 더욱더 상세히 읽어야 한다.

그럼에도 왜 민수기가 널리 읽혀지지 않는가? 왜 현대 모세오경 연구사에서 민수기는 다른 네 권의 책들보다 상대적으로 소홀히 취급되고 있는가? 왜 많은 구약학자들이 유대인이나 기독교인임을 막론하고 민수기의 독특한 신학과 모세오경의 전체 구조에서 차지하는 위치에 대해서 간과하는가? 왜 민수기는 반항의 역사, 또는 광야 여정의 기록으로만 인식되는가? 위의 질문들에 대한 대답이 민수기를 읽어야 하는 당위성을 실질적으로, 신학적으로 제시할 것이다. 이를 위해서 민수기의 통일성과 모세오경 안에서의 위치를 살펴보고자 한다.

신학적 구조를 통한 민수기 이해

민수기의 일관된 주제는 무엇일까? 아마도 성경에서 민수기만큼 다양하고 파편적인 사건들로 구성된 책도 없을 것이다. 특히 모세오경을 생각해 보자. 창세기는 속칭 원 역사(1~11장)와 족장 역사(12~50장)로 쉽게 그 일관된 구조를 보여 준다. 출애굽기는 이스라엘 백성들의 출애굽 사건(1:1~12:28), 시내산까지의 여정(12:29~18:27), 시내산에서의 하나님과의 언약(19~24장)과 성막 건축(25~40장)으로 구분할 수 있다. 또한 레위기는 제사법 규례(1~16장)와 속칭 성결 법전(17~27장)으로 뚜렷이 구분된다.

신명기는 그 전체가 이스라엘의 제2세대, 즉 출애굽 세대가 아닌 광야 세대에게 선포된 모세의 마지막 유언으로서 네 부분으로 나뉘어 있다(역사 회고 1:1~4:13, 법전 4:44~28:68, 언약 29~32장, 마지막 축복의 말씀 33~34장).

이에 비하면 민수기에서는 뚜렷하게 구별되는 어떤 구조를 찾기가 매우 힘들다. 먼저 다른 네 권과는 달리 민수기는 많은 형태의 문학적 장르가 섞여 있다. 가령 인구 조사, 반항 사건, 전쟁 기사, 광야 여정 기록, 제사 법전, 약속의 땅에 대한 교훈 등 서로 개념적으로 연관이 없는 장르들이 얽혀 있다. 특히 이런 다양한 자료들이 산발적으로 흩어져 있어서 문제가 크다.

인구 조사는 1장과 26장에 있고[레위 지파의 인구 조사는 따로 분리되어 있다(4장, 26:57~62)]. 불순종의 기사들은 12~25장에 걸쳐 흩어져 있고, 그 사이 레위기의 제사법들을 반복하는 듯한 법 조항들이 군데군데 섞여 있으며, 27장부터는 약속의 땅에 대한 교훈이 있는데 그 와중에도 이스라엘과 미디안의 전쟁 기사가 위치한다(31장). 이렇듯 다양한 장르의 본문들이 서로 아무런 연관이 없는 듯 들쭉날쭉 제 나름대로 위치해 있는 현상이 민수기의 일관된 주제를 찾는 데 어려움을 준다. 이 어려움은 출애굽기에서부터 신명기까지 연속된 모세 이야기에서 민수기의 위치가 불분명하기 때문에 더 가중된다.

민수기 1:1~10:10은 하나님이 회막에서 모세에게 명하신 말씀들로서 이스라엘 백성들이 아직도 시내 광야에 머물러 있을 때의 사건들을 기록한 것이다. 따라서 이 부분은 출애굽기 19:1부터 시작되는 속칭 '시내산 사건'에 속하는 부분이다. 반면 민수기 22:1은 이스라엘 백성들이 모압 광야에 이른 것으로 보도한다. 민수기 마지막 절(36:13)과 신명기 1:1~5을 보면 그들이 모압 광야를 떠나지 않았고, 그들의 40년 광야 여정을 기록한 민수기 33장은 모압 광야가 마지막 정착지임을 알려 준다(33:49). 이에 의하면 민수기 22:1~36:13은 모압 광야에서 일어난 사건들의 기록으로 신명기와 같은 부분에 속한다. 이렇듯 민수기의 전반부는 출애굽기-레위기, 그리고 후반부는 신명기에 속할 수 있기 때문에 민수기 그 자체만으로 독특한 구조를 나타내기가 어려워 보인다. 특정한 구조가 없다는 것은 특정한 주제가 없다는 것을 의미한다. 아마도 이런 어려움들이 일반 신앙인들이나 구약을 전공하는 대부분의 학자들이 민수기의 독특성을 찾지 못하는 이유일 것이다.

1. 표제: 하나님 성막의 출정 역사

그러나 최근의 민수기 연구 경향은 이런 어려움들을 극복하고 민수기 자체에서 일관된 구조를 찾아냄으로써 민수기가 담고 있는 독특한 신학을 창출하고자 한다. 이것은 과거의 역사적, 비평적 방법을 넘어서 주어진 성경 그 자체에서 신학적 구조를 찾으려는 시도다. 성경을 신학화하기보다는 성경 속에 이미 담겨 있는 신학을 재구성하려는 것이다. 다시 말하면 독자가 민수기를 하나님의 말씀으로 변형시키는 것이 아니라 민수기의 하나님 말씀됨을 이해하고 해석하는 것이다.

민수기를 민수기답게 보는 이런 방법은 네 가지 단계를 거쳐 이루어질 수 있다. 먼저 민수기가 갖고 있는 다양한 본문들로부터 출발해서 각각의 본문이 어떤 의미를 나타내는가를 살펴본다(text). 다음 단계는 그 각각의 본문이 다른 인접 본문들과 어떤 연관성을 갖고 있는가를 살핀다(con-text). 세 번째 단계는 이렇게 모인 본문들의 그룹들 사이에 어떤 관계가 성립하는가를 조사한다(inter-text). 마지막으로, 개체로부터 형성된 그룹들 사이의 모든 상호 관계들이 어떤 개념들로 조정되고 있는가를 연구한다(infra-text). 쉽게 발견되지는 않지만 암시적으로 숨어 있는 개념들을 재구성할 수 있다면 비록 통상적으로는 다양한 장르의 표현들이 산발적으로 흩어져 있다 해도 개념적으로는 서로 연관되어 있음을 알 수 있다. 본문(text) → 문맥(con-text) → 상호 문맥(inter-text) → 포괄적 문맥(infra-text)의 단계를 거쳐서 성경을 연구한다면 성경 속에서, 성경다운, 성경 나름의 독특하고 일관된 주제 개념들을 볼 수 있다. 이런 성경 연구 방법을 '개념 연구'[1] 라 칭한다.

이런 '개념 연구' 방법을 통해서 보면 민수기는 '하나님 성막의 출정 역사'라는 포괄적 개념 아래 다음과 같은 구조로 이루어져 있다.

표제: 하나님 성막의 출정(campaign)[2] 역사(1:1~36:13)

I 성막을 중심으로 한 출정의 준비(1:1~10:10)

　　A 실제적 조직화 작업(1:1~4:49)

지파들의 구조적 위치(1:1~2:34)

성막에 종사하는 이들의 구조적 위치(3:1~4:49)

B 부수적 조직화 작업(5:1~10:10)

일반 백성들에 관한 준비(outer circle, 5:1~6:27)

성막 종사자들에 관한 준비(inner circle, 7:1~10:10)

II 성막을 중심으로 한 출정의 실행 역사(10:11~36:13)

A 사건: 남쪽으로부터의 약속의 땅 진입 실패(10:11~14:45)

B 결과: 약속의 땅 진입의 연기(15:1~36:13)

하나님의 심판(15:1~20:29)

하나님의 용서(21:1~36:13)

민수기는 55개의 개별적인 본문 단위들(textual units)로 구성되어 있다.[3] 55개의 본문들은 그 나름대로 특성을 갖고 있기에 다른 인접한 본문과 구별이 된다. 가령 "여호와께서 말씀하시되"로 시작되는 하나님의 말씀 본문들, 광야 여정의 시간표를 제시하는 본문들, 특정한 장소를 배경으로 하는 본문들, 반항 사건 본문들, 제사법, 약속의 땅에 대한 하나님의 지시 등이 주제로 묶여진 본문들이 그런 예다. 이 모든 개별적 본문들이 '하나님의 성막을 중심으로 한 이스라엘 출정의 역사'라는 포괄적 문맥(infra-textual) 개념으로 연결되어 있다.

2. 패턴: 하나님의 준비-이스라엘의 실행

이 주제 개념이 민수기 안에서 발견되는 다양한 문학적 장르를 조정하고 의미를 부여하며, 개별 본문들의 상호 관계를 규정한다. 이 개념에 두 가지 사실이 포함되어 있다. 첫째는 준비와 실행이라는 지극히 논리적이고 합리적인 사고다. 준비에 관한 기록이 누가, 언제, 어디서, 무엇을, 어떻게, 왜 해야 하는가를 규정하는 반면에, 실행의 역사는 어떻게 그 준비한 것들이 이루어졌는가를 나타낸다. 따라서 준비 과정이 실행의 역사를 평가하고 그 가치를 판단하는 기준이 된다.

그러나 이런 단순한 '준비−실행'의 패턴 속에 신학적 의미가 숨겨져 있다. 이스라엘의 출정을 위한 하나님의 준비 과정은 온전한 것이었다. 실패할 수 있는 것이 아니었다는 말이다. 그러나 10:11 이후 이스라엘의 출정 역사가 실패로 점철되는 것은 원래의 계획이나 준비와는 일치하지 않는 것이다. 이스라엘의 실패 역사의 원인은 하나님의 준비에 있는 것이 아니고 이스라엘 자신에게 있다. 특히 준비 과정이 시내 광야에서 이루어졌고 실패의 역사가 시내산을 떠난 다른 지역에서 이루어졌다는 점을 볼 때, 이 준비 과정은 출애굽기 19:1부터 나오는 하나님의 언약, 성막과 제사법 명령이 갖는 신학적 의미와 동일한 선상에 있다. 아마도 이런 신학적 이유 때문에 민수기는 이스라엘 백성들이 시내산을 떠나자마자 하나님과 그 지도자 모세에게 반항했다고 보도하는 듯하다(11:1~3, 4~34; 11:35~12:16; 13:1~14:45).

좀 더 넓게 생각하자면, 한편으로는 이스라엘이 새로운 삶을 시작하기 위해선 먼저 그들의 과거가 만성적 반항과 불순종의 역사였음을 인정해야 함을 민수기는 지적한다. 즉 민수기는 단지 출애굽 세대의 실패 역사의 기록일 뿐만 아니라 다음 세대들에게 또다시 실패를 거듭하지 말라고 경고하는 책이기도 하다(참고 고전 10:1~11). 또 다른 한편으로는 이스라엘이 새로운 공동체를 구성할 때 시내산에서 준비된 그 구조를 모델로 삼아야 함을 민수기는 요구한다. 즉 이스라엘 역사 속에서 보여 온 다른 모델들, 가령 사사 집정이나 왕족 정치 등은 때 묻고 부패한 모델이기에 적합하지 않다는 것이다. 오염되지 않고 순수한 공동체의 모델이 바로 민수기 전반에 계시된 하나님 성막을 중심으로 한 조직이라는 것이다. 이런 의미로 보면 민수기는 이스라엘 민족이 바벨론 포로에서 돌아와 그들의 정체성을 재구성할 때 긍정적, 부정적 면에서 커다란 공헌을 한다.

두 번째 지적할 만한 사실은 '준비−실행'이라는 패턴의 내용이다. 무엇이 준비되었고 무엇이 실행되었는가 하는 점이다. 민수기 전반부는 이스라엘의 공동체가 먼저 군사적/전투적 성격을 띠고 있음을 보여 준다. 하나님이 모세에게 인구 조사를 명령한 목적이 이스라엘이 앞으로 있을 출정을 대비하도록 하기 위함이었다(1:2~3). 뿐만 아니라 이스라엘의 캠프 구조가 전쟁을 준비한 구조다. 한 곳에 정착해 있을 때는 성막을 중심으로 원형으로 편성되어 있어서 외부의 공격에 효과적으로 대비할 수 있고, 행진할 때는 일렬로 늘어서서 앞과 뒤를 동시에 보호하면서 다른 곳으로 이동할 수 있게 조직된 구조다(2:1~34; 10:13~28).

이런 군사적 목적의 캠프 구조는 모든 이스라엘 지파가 참여해야 하는 포괄적 구조이기도 하다. 어느 지파를 막론하고 그들은 자기에게 주어진 위치에서 광야 여정에 적극적으로 참여해야 한다. 이스라엘 일반 지파들은 타 민족과의 전쟁을 준비하는 위치에 있고, 레위 지파는 전쟁보다는 성막을 보호하는 특별한 위치에 있다. 서로의 위치를 분명히 함으로써 속칭 세속적인 일과 거룩한 일을 동시에 수행한다. 맡은 바 위치나 해야 할 일이 다르다 해도 모두 다 포함되어 있는, 즉 배타적이기보다는 포괄적인 공동체인 것이다. 이 두 가지 점보다 더 중요한 것은 이스라엘 공동체는 하나님의 성막을 중심으로 한 공동체라는 사실이다. 하나님의 성막이 아무런 의미 없이 캠프 가운데 위치한 것이 아니다. 하나님의 성막이 구심점이 되어서 레위 지파나 다른 이스라엘 지파들의 위치와 임무가 결정된다. 다시 말하면 하나님의 성막이 우선순위에 있고 이에 따라서 이스라엘 공동체의 조직, 성격, 정체성이 규정되고 판단된다.

이스라엘의 캠프 조직이나 포괄적 성격은 하나님이 함께 계신다는 사실에 의해서만 의미를 가진다. 좀 더 신학적으로 말하자면, 이스라엘 공동체의 조직은 신본주의를 지향하며, 이들의 광야 여정은 하나님 자신의 여정이 되어야 한다는 것이다. 물론 피상적으로는 이스라엘 백성들의 전투요 움직임이지만 그 실상은 하나님이 직접 앞서서 그의 목적과 계획을 진행시키시는 것이다. '하나님의 성막'이라는 개념이 이런 실상을 뚜렷이 보여 준다(출 25:8에서 하나님이 모세에게 성막을 지을 것을 명한 것은 하나님이 이스라엘 진중에 거하시기 위함이었다. 이 명령에 의하면 첫째, 하나님과 이스라엘과의 거리감이 좁혀졌다. 하나님이 시내산

위에서 이스라엘 진중으로 내려오셨다는 것이다. 둘째, 하나님의 간헐적인 나타나심이 이젠 성막을 통해서 항상 이스라엘과 함께하신다는 것이다. 셋째, 하나님의 활동하심이 근본적으로 변화되었다. 아무리 시내산이 거룩한 곳이라 해도 그곳은 움직일 수 없는 곳인 반면에, 성막은 어디로든지 움직일 수 있는 것이기에 하나님의 활동하심이 정체된 곳에서부터 이동하는 것으로 바뀌었다. 이 세 가지 점을 통해서 보면 성막은 단순히 하나님의 임재만을 상징하는 것이 아니라, 스스로 그 택한 백성들 속에 옮겨 오셔서 그들을 친히 인도하시고자 하는 하나님의 의지와 그 실행의 표징이다).

이젠 이스라엘의 광야 여정이 그들만의 여정이 아니라 하나님이 직접 참여하시고 인도하시는 하나님 자신의 여정이 되어야 한다는 것이다(10:33~36). 이와 같이 하나님의 성막을 중심으로 조직된 이스라엘 공동체가 약속의 땅을 향한 준비와 그 준비된 바를 실행하는 역사가 바로 민수기 전체를 움직이는 주된 개념이다

3. 여정 실행의 실패: 이스라엘의 불순종

민수기의 두 번째 부분(10:11~36:13)은 이스라엘이 하나님의 여정을 실패로 만든 사건들의 기록이다. 어떻게 이스라엘이 실패했을까, 실패의 결과는 무엇일까라는 질문이 이 부분을 또다시 둘로 나눈다. 이런 이스라엘의 실패를 결정적으로 나타내는 부분이 속칭 정탐 사건이다(13:1~14:45). 민수기 안에는 8개의 불순종의 본문들이 있다. 이런 본문들을 비교해 보면 13:1~14:45이 내용적으로, 위치적으로, 따라서 신학적으로 결정적인 사실을 보도한다.

이 본문은 약속의 땅 근경에서 약속의 땅에 대해 반항한 기사를 다루고 있다. 만일 하나님의 여정의 궁극적 목적이 이스라엘을 약속의 땅으로 들여보내는 것이라면, 그 어떤 불순종보다 더 심각한 것이 이 약속의 땅과 관계된 불순종일 것이다. 14:1~4에 이런 불순종의 의미가 잘 드러난다. 1절과 2절에 네 번에 걸쳐 나오는 '모든 백성들'이란 지칭은 이 사건이 단순히 몇몇 개인 또는 몇몇 지파 지도자들의 반항이 아닌 모든 백성들의 공동체적 반항

임을 지칭한다. 또한 이들의 불순종의 내용은 오랜 광야 생활에서 오는 불편함 때문이 아니다. 물이나 양식의 부족이나 지도자들의 독점적인 행동들도 그 원인이 아니다.

약속의 땅에 들어가는 것에 대한 두려움이 그 원인이다. 20세 이상으로 전쟁에 참여할 수 있는 군사 60만 3,550명(1:46)과 성막에 함께하시는 하나님이 가나안 땅 부족들의 거대함에 눌려 버린 것이다. 그들은 무서움만을 토로하는 데 그치지 않고 새로운 지도자를 세워 애굽으로 돌아가는 것까지 계획한다(14:4).

이것은 하나님 여정의 궁극적 목적에 대한 정면 도전이다. 애굽으로 돌아가려는 것은 출애굽의 역사를 번복하자는 것이다. 출애굽 이후부터 지금까지 보여 준 하나님의 기적과 인도하심을 무효화하자는 주장이다. 새로운 지도자를 세우자는 것은 출애굽의 하나님, 시내산 언약과 십계명의 하나님, 성막에 임재하시는 하나님을 거부하는 일이다. 하나님과 하나님의 계획을 거부하는 것일 뿐만 아니라 이스라엘이 하나님의 언약의 공동체임을 부인하는 일이다. 자신들의 정체성에 대한 무효화이기도 하다. 단순한 반항과 불순종의 범위를 넘어서 하나님과의 관계 자체를 단절하려는 시도다. 이런 심각한 반항이 바로 약속의 땅을 바로 앞두고 일어났다. 그것도 시내산을 떠난 지 2~3개월 만에. 출애굽기 19장부터 레위기를 거쳐 민수기 10:10까지의 하나님의 준비시키심이 불과 2~3개월 광야 생활 후에 안개와 같이 사라지고 만 것이다. 이 본문 이전에도 이후에도 이처럼 심각한 반항은 없었다. 11장부터 시작되는 불순종의 본문들은 13~14장의 준비 단계이고, 16, 20, 21, 25장의 반항들은 이 본문의 부수적 결과에 불과하다.

정탐 사건에서 나타난 불순종의 심각성에 대한 하나님의 반응도 모세오경에서 그 유례를 찾아볼 수 없을 정도로 가혹하다. 이스라엘 백성들이 광야에서 전멸될 것을 우려했을 때(14:2~34), 하나님은 그에 상응하게 모든 출애굽 세대들이 여호수아와 갈렙만을 제외하고는 모두 전멸할 것이라고 하신다(14:20~23, 28~30). 그들이 자신들의 아내나 아이들의 신변을 걱정한 것(14:3)

에 대해서는 그들이 아닌 하나님께서 그들을 지키신다는 사실을 보여 주신다(14:31~35). 출애굽 세대가 아닌 광야 세대가 가나안 땅에 들어갈 것이다.

4. 하나님의 심판과 용서

이러한 하나님의 반응은 출애굽 세대들에 대한 심판임과 동시에 용서다. 여기서 이 본문의 신학적 의미가 뚜렷이 나타난다. 출애굽 세대들은 출애굽의 이적과 기사를 베푸시고, 광야 여정에서 그들을 보호하시고, 시내산 언약을 주신 하나님과의 관계를 무효화했기에 그에 상응하는 심판을 받았다. 그러나 그들에 대한 약속만큼은 지속된다는 사실이 바로 용서의 선언인 것이다. 약속의 땅을 차지하려는 계획은 출애굽 세대의 그 어떤 반항에도 불구하고 계속 유효하다는 것이다. 비록 그 약속이 출애굽 세대들을 통해서 이루어지지 않았다 해도 제2세대(광야 세대)를 통해서라도 이루고 말겠다는 것이 하나님의 의지다. 이런 심판과 용서의 선언이 하나님 자신을 두고 맹세한 것임을 14:21, 28이 보도한다. 하나님이 자신의 삶을 두고 맹세한 것이 모세오경에서 이곳 두 군데밖에 없다는 사실이 다시 한 번 이 정탐 사건의 중요성을 증거한다.

하나님의 심판과 용서의 양 측면이 15장 이후부터 나오는 많은 본문들을 잘 엮고 있다. 먼저 15장부터 20장 사이의 본문들은 출애굽 세대들에 대한 전멸의 심판이 이루어져 가는 과정을 보도한다. 14:36~45에선 이스라엘 일반 백성들의 죽음을, 16장에선 고라 자손들, 즉 레위 지파 자손들의 죽음을, 20:1에서는 미리암의 죽음을 보도한다. 또한 20:2~13에서는 아론과 모세의 불순종과 죽음을 예고하고 곧바로 20:22~29에서는 아론의 죽음을 보도한다. 이런 각도에서 보면 모세의 죽음이나 모세가 약속의 땅에 들어가지 못하는 이유를 모세 자신의 불순종뿐만 아니라 모세의 대표성에서 찾아야 한다. 그는 출애굽한 백성의 지도자로서 그들의 한 부분이기 때문에 14장에 나타난 하나님의 심판의 대상에서 제외될 수 없었던 것이다(신 1:37; 3:23~29; 4:21~22). 또 한편으로는 이 본문들은 레위 지파나 제사장 등의 하나님을 대변하는 직분들의 신성함도 재확인해 준다. 비록 이 직분들을 감당한 사람들은 그들의 불순종과 반항으로 심판을 받았지만 그 직분들 자체는 신성하고 깨끗한 것으로 보도한다. 21:1~3은 새로운 세대, 광야 세대의 출현을 상징적으로 알려 준다. 본문 자체에서는 광야 세대가 특별히 지칭되어 있지 않다. 그러나 내용을 보면 이스라엘 백성들이 실패를 극복하고 하나님의 거룩한 전쟁을 성공리에 수행하고 있다. 그들은 다른 민족이 아니라 약속의 땅에 속하는 가나안 족속을 호르마에서 전멸시켰는데 그곳은 출애굽 백성들이 실패한 곳이었다(14:45).

이 전쟁 기사는 이스라엘의 순종과, 약속의 땅에 대한 승리와, 과거 실패 장소에서의 회복을 의미하기에 이 본문이 출애굽한 백성들, 즉 광야에서 전멸할 것이라는 심판을 받은 세대에 의해서 이루어졌다고 보기는 힘들다.

이 본문은 새 시대의 자신감과 순종함이 곁들여진 상징적인 본문이다. 그러나 이 세대도 전 세대의 만성적인 불순종과 반항의 역사를 이어 받고 있다(20:4~9; 25:1~18). 따라서 새 세대의 자신감이 아닌 당신의 약속에 대한 하나님의 신실함 때문에 그들이 약속의 땅에 들어갈 수 있는 것이다.

위에 제시한 민수기 두 번째 부분의 구조에 나타난 신학적 의미를 간추려 말하자면 첫째, 하나님의 계획은 출애굽 백성들을 실패하도록 만드는 데 있지 않았다는 것이다. 하나님은 가능한 한 빠른 시간 안에 그들을 약속의 땅으로 인도하시고자 했다. 따라서 광야 40년의 생활은 약속의 땅에 대한 준비 기간도 아니고 백성들의 태도나 자격에 대한 시험 기간도 아니다. 이 기간 동안 광야 세대는 목자 없는 양 떼처럼 방황해야 했다(14:33). 출애굽 세대의 불신실함에 대한 심판을 새 세대도 함께 감당해야 했던 것이다. 그 기간은 하나님의 원래 계획에 불순종한 출애굽 백성들에 대한 심판의 기간이요, 죽음과 절망의 기간이다.

둘째, 반면에 약속 자체는 계속 유효하기에 심판의 기간인 40년 광야 생활은 또한 용서의 기간이기도 하다. 새 세대의 자신만만함과 신실함이 아닌 약속에 대한 하나님의 신실성이 재확인되는 기간인 것이다. 이런 신학적 독특성 때문에 현대 신앙인은 민수기를 자세히 읽어야 한다.

오경 안에서 민수기의 신학적 위치

마지막으로 아주 간략하게 민수기가 모세오경에서 갖고 있는 독특한 위치를 살펴보자. 출애굽 이후부터 이스라엘 백성들은 약속의 땅을 향하여 전진하고 있다. 출애굽은 단순히 애굽의 노예 생활에서의 해방만이 아니라 약속의 땅으로의 첫걸음이기 때문에 중요하다(출 3:7~8).

약속의 땅에 들어가기 위해서는 애굽에서 나와야 했고 시내산에서 만반의 준비를 갖추어야 했다(출 13장~민 10:10). 또한 이 약속의 땅은 하나님이 아브라함에게 주신 약속이므로 창세기 또한 이 하나님 성막의 출정 역사에 포함된다(창 17:8). 또한 하나님의 약속의 땅에 대한 계획은 신명기를 거쳐 여호수아 12장에서 비로소 성취되었다. 신명기는 민수기와는 달리 출애굽 세대인 모세가 임박한 약속의 땅 진입에 앞서 시내산의 준비를 거치지 못한 광야 세대를 훈련시키는 것이다. 모세는 전 세대의 광야 여정을 회고함으로써 새 세대에게 실패의 교훈을 전달하고, 시내산에서의 완벽한 하나님의 준비 작업을 새 세대에 재해석함으로써 하나님의 약속의 땅에 대한 의지와 신실함을 확인시킨다. 그러므로 신명기는 출애굽 세대와의 단절을 배경으로 하는 동시에, 그 내용에 있어서는 그들과 새 세대와의 연결이 하나님의 약속의 땅이라는 계획으로 이루어짐을 보여 준다.

여호수아서는 이런 새 세대가 하나님 성막의 출정 목적을 직접적으로 성취하려는 시도다. 비록 민수기에서 새 세대가 이방 족속들을 진압하고 그들의 땅을 차지했다 하더라도, 그것은 가나안 민족이나 가나안 땅을 정복한 것이 아니기 때문에 여호수아서에 나타난 가나안 족속들과의 싸움에 비하면 간접적이며 덜 중요한 성취다. 따라서 민수기는 하나님 성막 출정의 역사를 전부 포함하는 것이 아니라 그 중 일부, 즉 준비-실패의 역사를 보여 준다.

이렇듯 모세오경과 여호수아를 통하는 전체 구조에서 민수기를 보면 다음과 같은 구조가 나타난다.

땅에 대한 하나님의 약속(창 12:1~수 12:24)
I 개인을 통한 성취의 역사(창 12:1~50:26)
II 공동체를 통한 성취의 역사(출 1:1~수 12:24)
　A 출애굽 세대: 실패(출 1:1~민 20:29)
　B 광야 세대: 성공(민 21:1~수 12:24)

이런 전체적인 구조를 통해서 보면 민수기는 가나안 땅에 대한 약속의 실행에서 실패와 성공의 역사를 적나라하게 보여 준다. 그러므로 민수기에 대한 바른 이해가 없이는 모세오경, 심지어 여호수아서의 전체 구조를 올바로 판단할 수 없다고 할 수 있다.

맺는 말

요약하면, 민수기는 하나님 성막 출정의 준비-실행이란 개념을 중심으로 구성되어 있다. 준비는 하나님 중점적이었고 완벽했지만 실행의 역사는 실패였다. 실패의 원인은 준비에 있지 않고 이스라엘 백성들이 하나님의 여정/계획에 부합하지 못했기 때문이다. 민수기의 두 번째 부분은 이런 실패에 따른 하나님의 심판과 용서로 병합된 광야 40년 세월을 보도한다. 또한 이 개념이 오경과 여호수아서의 하나님 말씀의 연관성을 판단하고 규정한다. 이런 이유로 현대의 신앙인은 민수기를 반드시 읽어야 하는 것이다.

02

민수기의 주제와 현대적 적용

민수기의 구속사적 의의

구약성경에는 사람에게 '땅이 없음'에서 시작하여 '땅을 차지'하러 나아가는 큰 주제가 나타난다. 이와 같이 진행되는 성경의 역사를 우리는 흔히 '구속의 역사'라고 부른다(더 넓게는 '계시 역사'라고 부를 수 있다). 구약성경에서 가장 대표적으로 꼽히는 구속의 사건은 출애굽이다. 즉 땅이 없었던 이스라엘이 땅을 차지하러 나아가는 사건이다. 민수기는 계시 역사(혹은 구속 역사)에서 애굽을 떠난 하나님의 백성이 가나안이라는 땅을 향해 나아가는 그 중간 과정을 다루고 있다.

그들이 떠났던 애굽의 땅은 남의 땅이었으며, 거기에는 암흑과 혼돈 그리고 고통이 있었다. 이제 이스라엘 공동체는 그곳을 출발하여 시내산에서 언약을 맺은 후, 다시 그들의 목적지를 향하여 출발한다. 그들이 현재 걸어가고 있는 땅은 메마른 광야였다. 물이 없으며 초목도 자라지 않는 광야의 노정에서도 그들은 기대가 있었으니, 곧 젖과 꿀이 흐르는(출 3:8; 신 26:9) 약속의 땅 가나안에 대한 기대였다. 바로 출애굽은 회복의 시작이었으며, 광야는 회복을 향한 노정이었고, 가나안 정복은 회복의 완성이었다. 이것은 구속의 출발과 완성을 담고 있는 하나의 구속 역사의 한 단락이며, 또한 전체 구속 역사를 반영하는 모형과도 같다.[1]

이 광야를 볼 때 우리는 에덴에서 쫓겨난 사건을 회상하게 된다. 아담과 하와를 기다리는 곳은 '가시와 엉겅퀴를 내리라'고 한 저주의 땅이었다. 출애굽하여 가나안으로 향하는 광야의 모습은 에덴에서 쫓겨난 인간의 모습을 반영한다고 하겠다. 이 광야 생활은 다시 에덴으로 나아가는 노정과 비교된다.

계시 역사(구속 역사)는 신약 시대인 우리에게도 아직 끝나지 않았다. 민수기에 나타난 이스라엘 공동체의 모습은 신약 교회의 모습과 너무나 유사하다. 마치 신약 교회의 거울을 보는 것 같다. 그래서 우리는 그것을 '광야 교회' 혹은 '구약 교회'라는 이름을 붙여도 좋을 것이다.

히브리서는 우리에게 안식에 들어갈 약속이 남아 있을지라도 혹 미치지 못할까 조심하라고 경고한다(히 4:1). 전에 하나님께서 노하여 "내 안식에 들어오지 못하리라" 하셨던 사건을 기억하라고 한다(히 4:3). 그들은 모세를 좇아 애굽에서 나와 광야에서 마음을 강퍅케 하여 하나님의 노하심을 격동케 하였던 자들이었다(히 3:15~16). 그들은 사십 년 동안 하나님의 노하심을 받고 광야에서 엎드러졌다. 그리하여 하나님께서 맹세하되 그들은 자기의 "안식에 들어오지 못하리라"고 하였다(히 3:18).

히브리서는 광야의 이스라엘이 가나안에 들어가는 것을 안식을 얻는 것으로 묘사하였다. 이것을 볼 때 '땅을 차지한다'는 것과 '안식을 얻는다'는 것은 같은 구속에 대한 다른 표현으로 간주할 수 있겠다. 민수기 내용은 작은 구속의 한 단락이다. 그리고 그것은 큰 구속, 궁극적인 구속을 예시하는 것이라고 하겠다.

구약과 신약의 성도들, 둘 다 하나님 나라를 향하여 가고 있는 나그네와 같다. 둘 다 그 목표에 도달하는 것을 '안식을 얻음'(혹은 '땅을 얻음')으로 표현할 수 있겠다. 현재 영원한 구속을 향하여 가고 있는 우리에게 민수기가 매우 가까운 지침서가 될 수 있음을 발견하면서, 이 책을 통하여 우리가 어떠한 교훈을 얻을 수 있을지를 구체적으로 살펴보고자 한다.

광야에 있는 이스라엘의 위치

1. 옛 터전을 떠났음

광야는 애굽을 떠난 장소였다. 그들은 더 이상 옛 세상 속에 머물지 않는다. 옛날의 생활환경, 습관, 삶의 방식 등을 버리고 완전히 새로운 환경, 새로운 생활 방식에서 살아야 한다. 돌이켜 보면 그들이 뒤로 한 애굽의 땅은 암흑과 혼돈이었으며, 고통과 슬픔의 장소였다. 이제 그들은 그 고통에서 해방되어 새로운 세계를 향하여 나아가는 광야의 길에 들어선 것이다. 오늘날 교회도 첫 세상을 떠난 공동체다. 따라서 우리 삶의 법식(法式)이 달라져야 한다. 옛날의 것은 포기해야 한다. 우리는 세상과 구별된 거룩한 공동체에 속하여 있다.

2. 광야의 길

광야, 그것은 한마디로 황무지라고 할 수 있다. 가시와 엉경퀴만 무성한 곳, 메마른 곳이다. 강과 아름다운 나무들 그리고 열매란 찾아볼 수 없다. 광야는 '아무 것도 없는'(having nothing) 곳이라고 정의할 수 있다. 그러나 광야는 또한 전부가 있는 곳이기도 하다. 하나님의 임재가 있었으며, 그로써 필요한 모든 것이 존재하였다. 매일 내리는 만나와 메추라기가 있었으며, 반석에서 나오는 물이 있었다. 그들의 옷이 해어지지 않았으며, 발이 부르트지 않았다. 이 광야에서 그들은 삶에 필요한 모든 것을 가지고 있었다고 할 수 있다. 그것은 전적으로 하나님의 은혜로 공급받은 것이었다. 오늘날 교회도 하나님의 공급에 의존하게 된다. 하나님은 옛 땅을 포기한 자기 자녀들에게 필요한 모든 것을 공급해 주신다. 성도들은 무엇을 입을까 무엇을 마실까를 걱정하는 대신 하나님의 나라와 그 의를 구해야 한다. 그러면 하나님께서 그 모든 것을 책임져 주실 것이다(마 6:25~33).

3. 약속을 향하여 감

그들은 옛 삶의 터전을 떠났지만 막연하게 광야를 헤매는 무리들이 아니다. 그들은 약속의 땅을 향하여 가는 노정(路程)에 있었다. 따라서 광야에서 그들은 희망을 가지고 있다. 젖과 꿀이 흐르는 땅을 향한 희망, 혹은 안식에 대한 희망이다. 이것은 그들에게 주어진 약속에 근거하였다(창 15:7~21; 출 3:8, 17; 6:8 등).

신약에서 우리들도 이러한 안식을 얻을 약속이 남아 있다(히 4:1). 우리 성도들은 항상 이러한 소망을 가지고 살아야 한다.

4. 유혹이 존재함

광야에서 이스라엘 백성들은 끊임없이 유혹을 받았다. 애굽에서의 생활을 그리워하며, 그곳으로 돌아가고자 하는 유혹이었다. "…울며 가로되 누가 우리에게 고기를 주어 먹게 할꼬 우리가 애굽에 있을 때에는 값 없이 생선과 외와 수박과 부추와 파와 마늘들을 먹은 것이 생각나거늘…"(11:4~5; 참고 11:18). "우리가 애굽 땅에서 죽었거나 이 광야에서 죽었다면 좋았을 것을… 애굽으로 돌아가는 것이 낫지 아니하랴"(14:2, 3). 이러한 유혹은 하나님에 대한 불신앙에 기인한 것이었다. 그들이 모세에 대하여 원망하는 것 같지만 그것은 바로 하나님을 원망한 것으로 간주되었다. 그들이 이집트로 복귀할 것을 원하였던 것 또한 약속에 대한 희망의 결여에서 말미암았다. 약속을 가진 자의 선택은 오직 하나, 계속 전진하여서 약속을 차지하는 것뿐이다. 그런데도 이 약속에 대한 것을 포기하고 그들이 이미 떠났던 옛 땅, 노예 상태로 되돌아가려고 하는 것이다.

옛날에 거주하던 애굽에도 땅은 있었지만 그것은 실제 그들의 땅이 아니었다. 그들에게 풍족함이 있었지만, 억압과 고통 속에서의 풍요였다. 앞으로 그들이 가서 얻을 땅 가나안은 약속된 자신들의 땅이었다. 젖과 꿀이 흐르는 곳이었고, 하나님의 선물로 주어진 풍족함이 있는 곳이었다. 그런데도 그들은 미래의 보이지 않는 그것보다 과거에 보았던 그것을 사모하는 마음이 더욱 강렬하였다.

이것은 오늘날 교회가 처한 상황과 같다. 우리는 끊임없이 우리가 떠난 과거의 세상으로 향하고자 하는 유혹을 받는다. 미래의 보이지 않는 것보다 보이는 현실의 것이 더 강력하게 우리들을 지배하고 있다.

5. 하나님의 반응

하나님은 준엄하게 말씀하신다. "나의 영광과 애굽과 광야에서 행한 나의 이적을 보고도 이같이 열 번이나 나를 시험하고… 나를 멸시하는 사람은 하나라도 그것(땅)을 보지 못하리라"(14:22~23). 약속의 땅을 거절하는 자들(14:31)과 하나님을 멸시하는 자들(14:23)은 광야에서 죽었다. 그러나 약속의 땅을 아는 자들(약속을 믿은 자들)은 그것을 얻을 수 있었다. "오직 내 종 갈렙은 그 마음이 그들과 달라서… 내가 그를 인도하여 들이리니 그 자손이 그 땅을 차지하리라"(14:24).

신약에서 우리들에게도 경고의 말씀이 주어진다. "그러므로 우리는 두려워할지니 그의 안식에 들어갈 약속이 남아 있을지라도 너희 중에 혹 미치지 못할 자가 있을까 함이라"(히 4:1).

6. 하나님의 임재와 위기

가나안으로 향하기를 주저하고 오히려 "우리가 한 장관을 세우고 애굽으로 돌아가자"(14:4) 하며 모세와 아론을 돌로 치려는 순간에 여호와의 영광이 회막에서부터 이스라엘 백성에게 나타났다(14:10, 참고 출 16:7, 10). '여호와의 영광'은 바로 '여호와의 임재'와 같은 말이다. 하나님께서 임재하신 결과 심판이 불신앙의 백성들에게 내려졌다. 전염병이 돌아서 그들을 쓰러뜨렸다(14:12, 37~38). 그리고 그들에게 가나안 땅을 정탐한 40일에서 하루를 일년으로 계산하여 40년 동안 광야에서 헤매면서 죽도록 하셨다.

그러나 하나님의 임재가 항상 심판을 가져온 것은 아니었다. 민수기 11장에서 그들이 애굽을 그리워하며 불평하였을 때 하나님이 강림하셨다(11:17).

그리고 하나님께서 말씀하셨다. "누가 우리에게 고기를 주어 먹게 할꼬 애굽에 있을 때가 우리에게 재미 있었다 하는 말이 여호와께 들렸으므로 여호와께서 너희에게 고기를 주어 먹게 하실 것이라"(11:18). 그들(보행자가 60만 명, 11:21)에게 한 달간 냄새가 코에 넘쳐서 싫어할 때까지 고기를 먹게 하셨다(11:20~21). 하나님은 바람을 불게 하여 메추라기를 몰아 백성들을 한 달간 먹이셨다(11:31 이하).[2] 하나님의 임재는 오히려 첫째 그들이 하나님의 백성임을 증명하고, 둘째 그들을 약속의 땅으로 인도하여 들이심을 확인하여 주었다(14:24).

오늘날 교회에서도 성도들이 끊임없이 하나님을 원망하며 불신앙을 갖게 된다. 그런 우리에게도 하나님은 심판의 경고를 주심을 민수기의 광야를 경험 삼아 깨달아야 할 것이다. 그러나 한편으로 하나님은 약속에 신실하셔서 그렇게도 불평하는 자기 백성들을 끝까지 버리지 아니하시고 때로는 먹이시고 그들을 계속 인도하심도 함께 볼 수 있다

광야에서의 교훈

광야는 죽음이 도사리고 있는 장소였으며, 피곤함, 병약함 등이 있으며, 목마름, 굶주림 등이 있는 곳이었다. 그들의 광야 40년은 어려움과 '약속의 땅에 대한 그리움'으로 안타까움을 지닌 생활이었지만, 그러나 그곳에는 하나님의 임재가 있으며, 인도하심이 있고, 풍족한 공급이 있었다. 의복이 해어지지 아니하였고 발이 부르트지 아니하였다(신 8:4). 그들에게 부족함이 없었다(신 2:7).

민수기는 이스라엘 백성들에게 광야에서의 생존 가능성을 보여 주었다. 땅이 없고 물이 없는 것이 문제가 아니라, 하나님의 임재가 있고, 그에게 순종이 있을 때에는 풍족함이 있음을 교훈해 준다.[3] 이스라엘 백성들이 땅에 들어가기 전에 이 교훈을 철저하게 미리 습득해야만 하였다. 그러므로 광야

는 이스라엘에게 반드시 필요한 과정이었다. 하나님께서는 이 광야의 교훈을 초막절 절기를 통하여 두고두고 회상하게 하셨다. 민수기 28~29장에는 여러 절기들에 대하여 기록하였는데, 대표적으로 세 절기를 꼽을 수 있다. 이 세 절기들이 주는 교훈의 초점은 각각 다르다. 공통점은 축제가 일주일씩 계속되며, 또 모두 밭에서 거두는 추수와 관련되어 있다는 것이다. 그러나 각각 드리는 열매와 기념하는 사항은 다르다.

① 유월절: 출애굽을 기념하며, 이에 대한 감사의 표시로 봄에(4월 말에서 5월 초) 처음 맥추 수확이 시작하는 때에 첫 열매를 하나님에게 가져간다.
② 오순절: 가나안 땅을 차지한 것에 대한 기념이며, 곡식을 벤 지 50일째(칠칠절, 오순절)인 밀 (보리) 추수의 끝 시절에 지킨다. 수고하여 얻은 열매를 하나님께 가져다 바친다.
③ 초막절: 광야를 기념하며, 가을에 수확한 과실 열매들(감람과 포도 등)을 가지고 가서 일주일간 장막 속에서 지내며 축제를 한다.

그 중에서 초막절 기간 동안에는 그들이 초막에 거하도록 명령 받았다(레 23:42). 이것은 출애굽 때에 그들이 광야에서 지냈던 것을 기억하게 하기 위함이었다(레 23:43).

초막절의 의미

초막절은 가을 열매들을 성전에 가져와서 추수를 감사드리는 절기이면서, 또한 출애굽 당시의 광야를 기억하도록 명령 받은 절기다.[4] 왜 추수 감사절(과실의 수확을 축하하는 절기)에 그들이 초막을 지어 살면서 광야 생활을 기억하는 것일까?

1. 광야를 기억함은 낮아지는 훈련

하나님이 이스라엘 백성들을 지름길(해안도로)이 아닌 어렵고도 먼 광야의 길로 둘러가게 한 것은 그들에게 겸손을 가르치기 위함이었다. "네 하나님 여호와께서 이 사십 년 동안에 너로 광야의 길을 걷게 하신 것을 기억하라 이는 너를 낮추시며 너를 시험하사 네 마음이 어떠한지 그 명령을 지키는지 아니 지키는지 알려 하심이라"(신 8:2). 그들이 가나안 땅에서 부하고 평안하게 되면 마치 자기 스스로 그것을 얻은 것인 양 자랑하면서 하나님께 감사하지 않기 쉽다. 그래서 하나님은 해마다 그들이 옛날 아무 것도 없던 광야에서 어떻게 살았는가를 초막절을 통하여 기억케 하셨다.

2. 광야에서 먹은 만나를 기억함

가을 추수 때 그들에게 초막을 짓고 축제를 행하라 한 것은, 그들이 땅에서 난 가을 과실을 먹을 때 옛 광야에서 조상들이 먹었던 만나와 메추라기를 기억하게 하기 위함이었다. 광야는 아무 것도 없었다. 그러나 사십 년 동안 그들에게는 부족한 것이 없었고(신 2:7), 의복이 해어지지 아니하였으며, 발이 부르트지도 아니하였다(신 8:4).

땅에서 열매를 수확한 그들이 열매를 전혀 수확할 수 없었던 광야에서도 하나님이 공급해 주시는 양식으로 먹고살 수 있었음을 초막절 행사를 통하여 회상하게 하신 것이다. 광야에서도 양식을 주셨는데, 하물며 이 땅 위에서 하나님이 양식을 주시지 않겠는가 하는 믿음을 위해서다.

땅에서 나는 곡식, 그것 역시 하나님께서 주신 축복이었다. 그러나 하늘에서 내리는 만나는 더 큰 축복이었다. 그들은 초막절에 과실을 가져와 하나님께서 그것을 주신 것에 감사하는 동시에, 그들 또는 조상들이 광야에서 먹었던 더 좋은 떡, 하늘의 양식 곧 만나를 그리워하였다.

신약에서 예수님은 그 만나보다 더 좋은 떡, 하늘에서 내려온 생명의 떡인 자신을 소개한다(요 6:32~51). 우리는 진짜 하늘에서 내려온 떡, 만나보다 더 좋은 영생을 주는 떡인 예수님을 통하여 영생을 얻어야 하겠다.

3. 옛 반석에서 흘러나온 생수를 기억함

이스라엘 백성들이 초막을 짓고 광야 생활을 기억할 때에 그들은 만나뿐만 아니라 물도 기억하였을 것이다.

신약에서 예수님은 이 초막절에 물과 관계된 중요한 말씀을 하셨다(요 7:37). "누구든지 목마르거든 내게로 와서 마시라… 나를 믿는 자는 그 배에서 생수의 강이 흘러나리라"(요 7:37~38). 옛날 하나님이 반석을 깨뜨려서 주신 그 물이 좋았고, 그들이 이 절기에 그것을 사모할 만하였다. 그러나 이제 진짜 좋은 물 생수를 예수님이 직접 공급해 주신다(성령을 가리킴, 요 7:39). 이 물을 마시는 자마다 영원히 목마르지 않고 넘쳐흐를 것이다.

맺는 말

우리는 이스라엘 백성들이 경험한 광야 생활에서 오늘날 교회의 복사판과도 같은 것을 보게 된다. 둘 다 약속의 땅(혹은 안식)을 향하는 노정에 있다. 광야의 이스라엘, 그들은 언약의 백성으로서 거룩을 보존해야 했다. 그러나 그들은 끊임없이 실패하였다. 신약의 교회도 그것을 거울삼아 그러한 실패를 반복하지 않아야 하겠다. 이스라엘은 광야에서 하나님이 오래 참으시고 인내하시면서 그들을 끝내 가나안으로 인도해 주심을 볼 수 있었다. 신약 교회도 그와 같다. 하나님은 결코 오늘날의 성도들을 버리지 않으시고 끝내 하나님 나라로 인도하실 것이다. 우리는 민수기의 교훈을 이러한 구속사의 한 단면으로 보고, 오늘날 교회에 그 교훈들을 잘 적용하여 거듭되는 실패를 줄여야 하겠다. 교회는 민수기를 거울삼아 거룩하고 신실한 공동체로 나아가야 할 것이며, 또한 영원한 안식에 성공적으로 들어갈 수 있는 신앙 공동체가 되어야 할 것이다.

03

민수기 해석과 설교

민수기는 어려운 책인가?

구약 가운데 가장 친밀하지 않고 이해하기 어려운 책을 들라고 하면 아마도 많은 사람들이 레위기와 민수기를 들 것이다. 특히 민수기는 내용이 산만하고 반역과 형벌이 점철되어 있어 매력 있는 책이 될 수 없었다. 과연 민수기는 어렵기만 하고 우리와는 거리가 먼 책인가?

주후 3세기의 교부 오리겐은 성도들이 민수기를 '힘들고 부담스러운 양식'으로 보고 있다고 지적하였다.[1] 이처럼 민수기는 결코 쉬운 책은 아니라고 본다. 비유하건대 산책하듯 간단히 걸어 올라갈 수 있는 뒷동산은 아닌 것이다. 아마도 지리산처럼 특별히 준비해야 올라갈 수 있는 산처럼 보인다. 원칙을 이야기한다면 높은 산에 올라가기 위해서는 체력도 단련해야 하고 우수한 등산 장비도 갖추어야 하며 유능한 가이드의 안내도 받아야 한다. 민수기를 해석하고 설교하기 위해서는 단단히 준비하여야 할 것이다. 그러나 이제 지리산은 결코 소수의 특별한 등산 전문가만 올라갈 수 있는 산이 아니다. 요즘은 관광객도 지리산 정상까지 올라갈 수 있다. 왜냐하면 아스팔트로 포장된 도로가 거의 정상 가까이까지 개설되어 있기 때문이다.

민수기가 비록 어렵다고는 하나 전문가의 전유물이 되어서는 안 된다. 많은 사람들이 민수기의 생명력 있는 메시지를 생생하게 들을 수 있는 길이 열려야 한다. 왜냐하면 원래 성경은 보통 사람들이 쉽게 이해하고 느낄 수 있는 말씀이기 때문이다. 다만 성경의 시대와 오늘날의 시대의 차이, 팔레스타인이라는 지역과 우리와의 거리감, 문화와 환경 및 언어의 차이 등의 장애물이 가로막고 있어서 쉽게 이해하기 힘든 부분이 있을 뿐이다. 이 글이 이러한 어려움을 해소해 주는 안내자이자 디딤돌이 되기를 바라는 마음이다.

민수기를 설교해야 하는 이유

성경의 어느 부분이 해석하기 어렵다고 해서 설교를 포기할 수는 없다. 더구나 민수기는 토라의 중요한 부분이다. 필자도 레위기와 민수기가 참으로 어려운 책으로 여겨졌기에 오히려 힘을 내어 이 두 책을 장기간 연구하며 해석서들을 저술하였다. 그런데 필자는 이 두 책에서 기대하지 않았던 보석 같은 메시지를 발견할 수 있었으며, 특히 민수기야말로 실제 삶을 살아가는 우리를 위한 말씀임을 깨달을 수 있었다.

레위기가 성도들의 삶을 위한 기본 텍스트라면, 민수기는 실제 훈련에 돌입했을 때 사용할 수 있는 훈련 지침서라 비유할 수 있다. 그만큼 민수기에는 생생하고도 현장감 있는 메시지가 가득 담겨 있다.

노예의 땅 이집트를 탈출한 이스라엘 백성은 시내산에 한동안 머물렀다. 거기서 하나님에게서 율법을 받고 광야를 행군할 수 있는 모든 준비를 갖추었다. 민수기는 시내산에서 준비하는 모습부터 시작하여 모압 평지에 이르는 여정까지를 그 범위로 하고 있다. 민수기의 배경은 광야다. 약속의 땅을 향하여 광야를 끊임없이 걸어가는 백성들의 행군일지가 기록된 책이 바로 민수기인 것이다. 하나님은 광야에서 자신의 백성을 훈련시키셨다. 노예에서 자유인으로 살아가는 방법을 가르치고 훈련시킨 것이다. 죄의 노예가 되지 않고 진리 가운데 자유롭게 걸어가기를 원한다면 민수기의 메시지에 귀를 기울여야 할 것이다.

민수기는 부모 세대와 자녀 세대가 함께 들어야 할 말씀이다. 이집트를 탈출한 용기 있는 부모 세대는 믿음이 부족하여 가데스 바네아에서 하나님의 큰 형벌을 받았다. 40년간 광야에서 유랑할 것이며 약속의 땅에 들어가지 못한다는 형벌이었다. 그러나 희망이 있었다. 자녀 세대는 약속의 땅에 들어갈 수 있다는 희망이었다. 부모 세대는 광야에서 자녀들을 교육시켰으며 신앙인으로 키웠다. 실패한 부모 세대가 어떻게 자녀들을 성공적으로 키워 낼 수 있었는지 그 비밀이 민수기에 담겨 있다.

무엇보다 민수기의 설정이 우리 삶과 너무나 닮아 있기 때문이다. 하나님에게서 약속을 받았지만 아직 이루어지지 않은 상태에서 거친 광야의 길을 걸어야 하는 모습은, 하나님의 약속을 믿고 이 땅을 살아가는 많은 성도의 모습과 유사하다.

왜 하나님은 죽음의 땅 광야에서 하나님의 자녀들을 교육시키고 훈련시키셨을까? 이 질문은 우리에게도 해당한다. 왜 하나님은 전쟁이 일어나고 범죄가 만연하며 악인이 활개 치는 이런 세상에서 우리 성도들을 교육시키고 훈련시키시는 것일까? 이 질문에 대한 답이 민수기에 있다.

우리는 급변하는 21세기에 살고 있다. 새로운 상황에서 새로운 선택을 해야 하고 전통과 과거의 사건이 우리에게 별로 도움을 주지 못하는 일들이 비일비재하다. 민수기는 새로운 상황에서 어떻게 창의적으로 문제를 해결해 가는지 그 과정을 소개해 주며, 대화하면서 문제를 해결하는 유연한 모습을 보여 준다.

민수기에는 많은 종류의 갈등이 그려진다. 지도자와 백성간의 갈등, 개인과 공동체 간의 갈등, 세대 간의 갈등, 남성과 여성의 갈등, 풍요와 빈곤의 갈등, 꿈과 현실의 갈등 등이 폭로되어 있다. 어떻게 이러한 갈등들을 해소할 수 있었을까? 많은 상처를 남겼지만 민수기에는 이러한 갈등 상황을 지혜롭게 풀어 나가는 모습을 보여 주고 있다.

민수기를 한눈에 파악할 수 있는 방법

민수기를 대하는 사람마다 민수기는 참으로 산만한 책이라는 평가를 한다. 그러나 민수기를 자세히 들여다보면 큰 뼈대를 발견할 수 있고 큰 틀을 볼 수도 있다. 바로 민수기의 구조 문제다.

우선 발견할 수 있는 것은 지리적이며 공간적인 구조다. 시내산에서 준비하는 모습, 시내산에서 출발하여 가데스 바네아까지 행군하는 모습, 그리고 가데스 바네아를 출발해서 에돔을 우회한 후 모압 평지까지 행군하는 모습, 모압 평지에서 약속의 땅에 들어가기 위한 마지막 준비를 하는 모습 등으로 세분할 수 있다.

A 시내산에서 광야 행군 준비(시내산 전승 단락)	1:1~10:10
B 시내산에서 가데스 바네아까지	10:11~14:45
C 가데스 바네아에서 모압 평지까지	15:1~22:1
D 모압 평지에서	22:2~36:13

그러나 이러한 표면적인 구조는 민수기의 핵심적인 메시지에 접근할 수 있도록 안내하지 못한다. 보다 더 심층적인 구조를 파악할 필요가 있다.

여러 학자들이 민수기의 인구 조사인 1장과 26장을 주목하여 1장이 출애굽 세대 인구 조사이며 26장은 새로운 세대 인구 조사라는 구별된 면을 중시하였다. 그리하여 1~25장은 출애굽 세대의 부분이고 26~36장은 새로운 세대의 부분이라는 큰 구조를 제시하였다.[2] 민수기의 구조와 메시지를 이해하는 데 부모 세대와 자녀 세대의 구분은 분명히 중요한 단서다. 그러나 새로운 세대의 활약상이 이미 21장부터 시작되었기 때문에 새로운 세대의 부분을 26장부터라고 보는 주장은 설득력이 부족하다.

그리고 더욱 중요한 것은 민수기에서 가장 주목해야 할 주제가 있다. 그것은 바로 약속의 땅에 들어가느냐 들어가지 못하느냐 하는 주제다. 이런 면에서는 12정탐꾼의 이야기와 이스라엘 백성의 불신앙이 전개되는 가데스 바네아 사건이 핵심적인 사건으로 부각된다. 그리고 이 사건은 창세기부터 여호수아에 이르는 소위 6경의 구조를 파악하는 데도 중요한 단서를 제공한다. 따라서 6경 속에 위치하는 민수기의 자리를 살펴보면 다음과 같다.[3]

I 약속의 땅 정복 실패	창 12:1~민 14장
A 준비 과정	창 12:1~민 10:10
B 약속의 땅 정복 실패	민 10:11~14:45
II 약속의 땅 정복 성공	민 15:1~수 12장
A 준비 과정	민 15:1~신 34장
B 약속의 땅 정복 성공	수 1:1~12장

이러한 큰 틀을 바탕으로 좀 더 자세하게 민수기의 구조를 밝혀 보자. 이집트를 탈출한 출애굽 세대 즉 1세대와, 광야에서 자란 새로운 세대인 2세대의 차이를 주목하면서도, 약속의 땅에 들어가려다 실패한 가데스 바네아 사건을 핵심적인 사건으로 부각시킨 민수기의 심층적인 구조를 찾아본다면 다음과 같다.

I 약속의 땅 정복 실패	민 1:1~14:45
A 준비 과정	민 1:1~10:10
B 정복 실패	민 10:11~14:45
II 약속의 땅 정복을 위한 새로운 준비	민 15:1~36:13
A 출애굽 세대의 새로운 준비(가데스, 호르)	민 15:1~20:29
B 새로운 세대의 준비(호르에서 모압 평지까지)	민 21:1~36:13

위의 구조 가운데 꼭 이야기하고 싶은 것은 출애굽 세대가 주도한 부분과 새로운 세대가 주도한 부분을 구분하는 문제다. 출애굽 세대는 거의 38년

동안 가데스 바네아 지역 부근에서 보냈다. 20장에 보면 출애굽 세대의 지도자들인 미리암과 아론이 늙어서 죽는 모습을 볼 수 있다. 이때쯤이면 출애굽 세대의 다른 사람들도 많이 늙어 기력이 쇠한 상황이라고 볼 수 있다. 즉 출애굽 세대가 주로 활동한 내용은 20장까지임을 알 수 있다.

그리고 새로운 세대가 주도한 사건들은 26장부터가 아니라 21장부터다. 가데스 바네아 지역에서 출발하여 모압 평지까지 가는 행군 일정은 새로운 세대의 장정들이 주도한 것이다. 또한 25장의 반역 사건 즉 바알 브올을 섬기고 모압 여인들과 음행한 반역 사건은 혈기 왕성한 새로운 세대들이 저지른 일로 보아야 한다.

민수기는 결코 이야기가 산만하게 흩어져 있지 않다. 창세기부터 시작하여 여호수아에 이르는 긴 여정의 한 부분으로서 분명한 주제를 제시하며 치밀하게 엮어진 책이다. 그리고 민수기에서는 출애굽 세대인 부모 세대와 자녀 세대와의 대화와 갈등 그리고 사랑과 헌신이 녹아 있다. 또한 분명한 목표인 약속의 땅을 향한 꿈과 열정이 분출되어 있으며 좌절과 연약한 믿음과 거친 광야의 고통스러운 삶에 대한 탄식 소리를 들을 수 있다. 무엇보다 중요한 것은 이들을 인도하신 하나님의 유연한 손길이다. 하나님의 인도하심은 경직되어 있지 않았으며 창의적이었다.

민수기 설교를 위한 중요한 주제들

1. 광야에서

'광야에서'(במדבר베미드바르)는 민수기의 중요한 주제이기도 하지만 '민수기'라는 책의 히브리어 이름이기도 하다. '민수기'(民數記) 즉 '백성의 수를 헤아린다'는 뜻의 제목은 어디서 유래되었는가? 아마도 유대인들이 불렀던 '호메쉬 합페쿠딤' 즉 '인구 조사로 이루어진 (오경의) 오분의 일'이라는 책 제목에서 유래한 것으로 보이지만,[4] 헬라어 번역본 구약성경인 70인역(LXX)에서 이 명칭을 택하여 '아리스모이'라고 번역한 것이 중요하다. 70인역이 중요한 것은 지중해 연안의 초대교회 교인들이 70인역을 구약으로 읽었기 때문이다. 그 후 이러한 전통은 라틴어 성경인 벌게이트에서 '누메리'(Numeri)로 번역되었고 영어 성경에서 'Numbers'로 번역되었다. 책 제목을 이렇게 정한 이유는 민수기의 내용 가운데 인구 조사가 두드러지게 나타나기 때문으로 짐작된다(1~4, 26장).

그러나 히브리어 구약성경(MT)에서는 책 제목을 '베미드바르'라 부르는데, 그 뜻은 '광야에서'라는 뜻이다. 원래 히브리어 구약성경에서는 오경의 책 제목을 그 책의 첫 단어 혹은 1:1 가운데 한 단어를 택하여 책 제목으로 삼는 전통이 있었다. 예를 들어 창세기의 경우 히브리어 구약성경에서는 책 이름을 1:1의 첫 단어를 택하여 '베레쉬트'(בראשית) 즉 '태초에'라 부른다. 민수기의 경우 1:1의 다섯 번째 단어를 택하여 '베미드바르'라 불렀다.

광야는 민수기의 배경이며 민수기의 모든 사건이 광야에서 일어났다. 출발지인 시내산도 광야 한복판이요 모압 평지까지 행군한 여정도 광야를 통과한 것이다.

광야는 죽음의 땅으로 불린다. 끝없이 펼쳐진 메마른 땅, 한낮에 작열하는 태양의 열기와 밤중에 찾아오는 추위, 그리고 독사와 전갈이 있는 곳이요 목마름과 배고픔이 있는 곳이다. 모래바람 속에서 행군해야 하며 때로는 전투가 벌어지기도 하였다. 정착하지 못하고 텐트 생활을 계속해야 하며 이동의 연속인 삶을 살아야 했다.

중요한 것은 이곳이 바로 이스라엘 백성이 훈련받은 곳이요 이곳에서 하나님의 말씀을 듣고 하나님과 함께 걸어가는 체험을 했다는 점이다. 하나님께서 주신 만나와 메추라기를 먹으며 반석에서 솟아나는 물을 마시면서 하나님의 특별한 은총을 체험한 곳이기도 하다.

광야는 모든 것이 열악한 환경이지만 방해받지 않는 공간이다. 따라서 오직 하나님만 의지할 수밖에 없는 광야에서 하나님은 자신의 백성을 훈련시키셨다.

오늘날 이 땅에 살아가는 성도들 역시 광야 같은 이 세상을 살면서 하나님으로부터 말씀도 듣고 경건 훈련도 받고 있다. 동시에 하나님 나라에 대한 꿈을 꾸며 살고 있다.

2. 반역 그리고 형벌 혹은 용서

민수기를 읽으면 많은 반역 사건들을 만나게 된다. 왜 그들은 이토록 자주 반역을 일으켰을까? 우선 열악한 광야라는 환경 때문이다. 목이 말라서, 배가 고파서 불평을 터뜨린 경우가 있다. 하나님은 이러한 반역에 대해서 징계를 하시지만 반석에서 물을 내시고 만나와 메추라기를 내려 굶주리지 않도록 하셨다.

또 다른 유형은 권력에 대한 불평이었다. 왜 아론에게만 제사장직이 수여되어야 하는가? 또는 왜 모세에게 모든 권력이 집중되어야 하는가? 하는 불평이었다. 이러한 이유로 레위인 가운데 고라가 반역을 일으켰고 르우벤 지파의 다단과 아비람 그리고 온이 반역을 일으켰다. 하나님의 선택과 임명에 대해서 정면으로 반항한 것이었다. 이러한 반역에 대하여 하나님께서는 단호하게 대처하시고 형벌을 내리셨다. 아론의 지팡이에서 싹이 나고 꽃이 피어 열매가 맺히는 기적을 선물하셔서 아론의 제사장직을 굳건히 하셨다.

또 다른 유형은 풍요와 우상숭배에 대한 유혹이었다. 모압 평지에서 발람의 꾀를 좇아 풍요의 신인 바알을 섬기고 모압 여인과 음행을 저질렀다. 정착 생활에 대한 동경과 풍요로운 농경 생활을 선망하며 그들의 신을 섬기는 것이 풍요와 경제적 번영의 길로 가는 것으로 알고 우상을 숭배한 것이다. 이러한 반역에 대해서는 철저히 징계하셨다.

결정적인 반역은 하나님의 능력을 믿지 못하는 불신앙에 기인한 것이다. 가데스 바네아에서 바로 약속의 땅에 들어갈 수 있었는데 하나님의 능력을 불신하고 좌절하는 모습을 보고 하나님은 큰 반역이라고 단정하셨다. 그 결과 40년간 광야에서 방황하게 되었고 약속의 땅을 밟지 못한다는 형벌을 받았다. 불행한 것은 모세도 반역의 죄 때문에 약속의 땅을 밟지 못하였다.

그런데 곰곰이 생각해 보면 우리도 이러한 유혹과 불신앙과 불평 속에서 하나님 앞에 죄를 짓는 경우가 많다. 극한적인 경제적 어려움 혹은 질병 때문에 불평하며 때로는 좌절감을 표시하여 통곡하는 경우가 있지 않은가? 하나님께서는 필요한 것을 채워 주시면서도 섭섭한 마음을 표시할 수밖에 없으실 것이다.

또한 사회적 불평등, 상대적 박탈감, 경제적 양극화 현상 속에서 하나님의 정의로운 통치를 의심하고 질시하며 신앙 공동체의 화목과 건강에 해를 끼치는 행동을 할 때가 있다.

그리고 자본주의 사회에서 하나님보다 돈을 섬기고 경제적 번영을 위해 모든 것을 감수하고 바치려는 새로운 우상숭배 현상을 볼 수가 있다. 무엇보다 하나님의 능력을 의심하여 정의로운 길을 가지 못하고 주저앉는 나약한 모습 속에서 하나님에 대한 큰 불신앙의 모습을 발견하게 된다.

광야에서 반역을 일으키는 이스라엘 백성만 특별히 '나쁜 사람들'이 아니라, 바로 오늘 우리가 하나님을 향해 반역을 일으키는 죄인임을 발견하게 된다. 민수기라는 거울을 통해 우리의 잘못된 모습을 발견할 수 있다면 우리는 민수기에 있는 하나님의 말씀을 올바르게 받아들이는 것이 된다.

3. 형벌 받은 사람에게도 희망이 있는가?

이집트에서 용감하게 탈출하였고 시내산에서 열심히 준비한 출애굽 세대는 가데스 바네아에서 주저앉아 버렸다. 하나님의 능력을 믿지 못하였기에 약속의 땅을 눈앞에 두고도 들어갈 엄두를 내지 못하였다. 하나님은 진노하셨고 그들에게 40년 동안 광야에서 방황하며 죽을 수밖에 없다고 하셨다. 약속의 땅에는 들어가지 못하는 것이다. 이렇게 형벌 받은 사람들에게도 희망이 있는가?

하나님은 새로운 세대 즉 자녀 세대는 약속의 땅에 들어갈 수 있다고 하셨다. 자녀에게 희망이 있다면 부모는 희망이 있는 것이다.

15장에 보면 출애굽 세대는 하나님께 제사 드리는 방법도 배우면서, 옷단 귀의 술(치치트)을 달고 청색 끈을 달아 하나님의 명령을 지키고 하나님의 백성으로 거룩한 삶을 살 수 있도록 경건 훈련을 받기도 하였다. 비록 또 다른 반역을 일으키고 치명적인 실패를 하기도 했지만, 출애굽 세대는 부모 세대로서 자녀들에게 희망을 걸며 다시 일어섰다. 21장부터 전개되는 새로운 세대의 승리와 신실하며 창의적인 행동을 하는 모습을 볼 때 출애굽 세대의 눈물겨운 수고와 신실한 행동을 짐작할 수 있다. 출애굽 세대는 모든 것이 열악하며 어려운 환경인 광야에서 자녀 세대를 성공적으로 신앙 교육을 하였고 양육하였다.

4. 출애굽 세대인 부모 세대를 다시 평가하자

앞에서 출애굽 세대의 긍정적인 면을 살펴보았지만 구체적으로 다시 살펴볼 필요가 있다. 민수기 1~20장까지의 내용은 출애굽 세대가 주도한 부분이다. 과연 출애굽 세대는 무엇을 이루었는가?

첫째, 노예의 땅, 이집트에서 탈출한 용기 있는 세대였다.

둘째, 시내산에서 하나님의 말씀(율법)을 받았고 그 말씀을 자녀들에게 가르쳤다.

셋째, 말씀에 순종하여 회막을 중심으로 진을 치기도 하고 광야를 행군하였다.

넷째, 비록 반역을 일으키고 치명적인 실패를 하기도 하였지만 하나님을 신뢰하는 마음으로 다시 일어났다.

다섯째, 출애굽 세대의 지도자인 모세와 아론은 죽을 때 묘지를 만들지 말라 함으로써 새 세대의 발목을 붙잡지 않았다. 출애굽 세대인 여호수아를 준비시켜 그들을 인도하도록 하였다. 새로운 세대의 최고 지도자는 출애굽 세대였다.

여섯째, 비록 가데스 바네아에서 약속의 땅에 들어갈 수 없다는 형벌을 받았지만, 자녀들이 약속의 땅에 들어갈 수 있도록 신앙 교육을 시키고 그들을 격려한 훌륭한 부모들이었다.

자녀 세대인 새로운 세대가 요단강을 건너 여리고 성을 점령하는 모습을 보면 신앙으로 무장된 세대임을 알 수 있다. 하나님의 법궤를 앞세우고 요단 강을 건너며 기적을 일으키는 모습에서, 그리고 하나님의 능력에 의지하여 전투 없이 여리고 성을 점령한 모습에서 부모 세대가 새로운 세대를 참으로 올바르게 신앙 교육시켰음을 알 수 있다.

5. 새로운 세대를 어떻게 평가할 것인가?

21장부터 새로운 세대가 주도하는 모습을 볼 수 있다. 가데스 바네아에서 모압 평지에 이르는 행군 중에 전투를 하였는데 하나님의 능력을 신뢰하면서 소위 '거룩한 전쟁'을 성공적으로 수행하는 모습을 볼 수 있다. 이들은 미디안 전투(31장)도 성공적으로 수행하였으며 나중에 여리고 성도 하나님의 능력을 의지하여 함락시켰다. 그들은 하나님의 능력에 대한 강한 신뢰를 보여 주었다.

새로운 세대는 참으로 광야에서 어렵게 자랐다. 모든 환경이 열악하였고 고생을 많이 했다. 풍요를 경험하지 못한 세대였기에 풍요로운 삶에 접하자마자 유혹에 시달렸다. 민수기 25장에 나타나는 바알 브올 사건, 즉 모압 여인과 음행하고 우상숭배 한 사건은 이러한 맥락에서 이해해야 한다. 광야를 걸어온, 떠돌아다니는 생활을 해온 새로운 세대는 정착하여 농사와 목축을 하고 집을 짓고 살아가는 풍요와 안정이 있는 삶에 강한 유혹을 느낄 수밖에 없었다. 그리고 그들이 섬기는 풍요의 신을 섬기고자 하는 유혹도 받았다. 이들이 유혹에 빠졌을 때 모세는 다소 우유부단한 모습을 보였지만 새로운 세대의 지도자인 비느하스는 용감하게 이들을 징계하여 하나님의 뜻을 알렸다. 새로운 세대들이 스스로 문제를 해결하는 능력을 보여 준 면도 있는 것이다.

새로운 세대는 거침없이 새로운 것을 요구하였다. 대대로 아들이 유산 상속을 하는 시대에 딸들이 유산 상속을 요구하였다(27, 36장). 전통적인 약속의 땅이 아닌 요단 동편 땅에 정착하겠다고 르우벤 지파와 갓 지파가 청원을 하였다(32장). 두 청원 모두 결국 하나님께서 허락하셨지만 그 과정에서 새로운 세대는 양보하기도 하고 새로운 제안을 하면서, 공동체의 화목을 깨지 않으면서도 자신들의 요청을 관철시키는 지혜를 발휘하기도 하였다.

새로운 세대는 광야에서 자랐고 광야에서 부모를 통해 말씀으로 훈련을 받은 세대였다. 새로운 세대는 부모를 통해 들은 가나안 땅에 대한 하나님의 약속을 믿었고 그 꿈을 성취시킨 세대였다. 거친 광야에서도 희망의 날개를 펴고 날아오를 수 있는 '꿈꾸는 세대'였다. 하나님에 대한 믿음, 말씀에 대한 확신만 있다면 죽음의 땅 광야에서도 꿈을 이야기할 수 있다는 것을 보여 준 세대였다.

6. 삶의 현장에서 일어나는 문제와 갈등을 풀어 나가는 지혜

민수기에는 수많은 문제와 갈등이 노출되어 있다. 현실을 살아가는 우리만큼이나 문제가 많았음을 알 수 있다. 그런데 이러한 문제와 갈등을 어떻게 해결하였는가? 하나님과의 대화와 믿음과 지혜를 통해 그 어려움을 뚫고 나아갔다.

문제와 갈등이 일어났을 때 흑백 논리로 비판해 버리거나 대화를 거부하지 않고, 우선 진지하게 그 문제에 귀를 기울이는 자세가 돋보인다. 그리고 공동체의 화목을 도모하면서도 개인의 권리가 존중받을 수 있는 묘책을 강구하는 노력과 지혜를 발견할 수 있다. 무엇보다 하나님께서 사소한 가정 문제부터 시작해서 지파 차원의 큰 문제에 이르기까지 세심하게 주목하면서 문제들을 해결할 수 있도록 인도하셨다는 사실을 주목해야 한다.

가정에서 일어나는 갈등이 먼저 대두되었다. 아내가 간음했다는 의심을 받는 상황이었다(5장). 이러한 사태를 방치한다면 가부장적 가족 구조 속에서 아내는 남편으로부터 폭행과 압박을 당할 수도 있는 상황이었다. 제사장은 이들을 하나님 앞에 불러내어서 의심의 누명을 벗겨 주고 화목한 가정을 만들어 갈 수 있도록 인도한다. 만약 아내가 정말 간음을 행했다면 하나님에게 형벌을 받도록 하였고 인간적인 폭행을 허용하지 않았다.

전쟁은 필요악처럼 필요할 때도 있다. 그러나 전쟁 자체는 인간을 죽이고 삶의 터전을 파괴하는 악행임에 분명하다. 따라서 전쟁에서 돌아온 군사들은 시체로 인해 부정하게 되었다고 선언한다. 이 군사들을 그냥 두면 진 안에 있는 자기 집에 들어올 수 없다. 제사장은 '붉은 암소의 재'(19장)를 만들어 백성들이 스스로 그 잿물을 뿌려 정결하게 할 수 있도록 허용하였고 신속하게 자기 집으로 돌아올 수 있도록 배려하였다.

신분 상속과 재산 상속에 대해서 여성들이 차별받는 문제도 거론되었다(27, 36장). 슬로브핫의 딸들이 과감하게 유산 상속을 요구하였다. 아들이 없을 경우 딸들이 상속받게 해달라는 청원이었다. 하나님은 딸들의 상속권을 인정하였으나 땅이 지파의 경계를 넘지 못하도록 하셨다. 슬로브핫의 딸들은 지혜롭게 결혼하여 유산을 상속받을 수 있었다.

여성의 서원 문제에 대해서도 해답을 제시하였다(30장). 가부장 사회에서 재산권을 가지지 못하는 딸들과 아내가 어떻게 서원을 이행할 수 있는지 그 해결 방법을 제시하면서 아버지와 남편의 책임 문제도 명확히 제시하였다.

지파 전체의 거취 문제도 갈등의 요인이 되었다. 르우벤 지파와 갓 지파가 요단 동편 땅이 좋은 땅임을 발견하고 그 땅에 정착하겠다는 제안을 하였다(32장). 약속의 땅의 경계에 대해서는 다소 모호한 점이 있지만 전통적인 견해로는 요단강 건너 가나안 땅이 약속의 땅이었다. 모세는 강력히 반대했지만 이 두 지파는 선봉대로 전투에 참여하겠다고 제안하였고 결국 허락을 받았다. 대화를 통해, 공동체의 화목을 깨뜨리지 않고 새로운 제안을 성사시키는 유연성과 창의적인 개척 정신을 엿볼 수 있는 대목이다.

7. 평신도를 깨우는 민수기

민수기에는 싹이 나고 꽃이 피고 열매가 열리는 아론의 지팡이로 제사장들의 권위와 위상을 확고히 높여 주었고, 모세를 통해 예언자적 위상을 강화시켰지만, 평신도를 일으켜 세우고 거룩한 백성이 될 수 있도록 인도하는 면에서도 크게 강조한 부분이 있다.

먼저 11장부터 보자.[5] 모세는 혼자서 이스라엘 백성을 이끌어가기에는 역부족이라고 하나님께 호소하였다. 이에 하나님은 70인 장로를 세워 모세를 돕도록 하셨다. 하나님은 70인 장로를 회막에 불러 구름 가운데 오셔서 말씀하시고 모세에게 내린 영의 일부를 취하여 장로들에게 주셨다. 그런데 회막에 가지도 않은 장로들인 엘닷과 메닷이 자기 텐트에서 하나님의 영을 받아 예언하는 일이 일어났다. 여호수아는 질서를 위해 이러한 예외적인 일을 금지시켜야 한다고 주장했지만 모세는 '야웨께서 그의 영을 그들에게 주사 야웨의 백성 모두가 예언자 되기를 원하노라'(11:29)는 소원을 피력하였다.

모세는 평신도인 백성들이 하나님의 영을 받는다면 예언자가 될 수 있다고 믿었다. 이러한 믿음은 요엘에도 나타난다. "그 후에 내가 내 신을 만민에게 부어 주리니 너희 자녀들이 장래 일을 말할 것이며"(욜 2:28). 요엘의 예언에는 그 범위가 더욱 확대되었다. '모든 육체' 즉 '세상의 모든 백성'이 예언자가 될 수 있다는 뜻이다. 이방인도 예언자가 될 수 있다는 것은 사도행전에도 나타난다. "오직 성령이 너희에게 임하시면 너희가 권능을 받고 예루살렘과 온 유대와 사마리아와 땅 끝까지 이르러 내 증인이 되리라"(행 1:8).

민수기에는 제사장뿐만 아니라 평신도인 이스라엘 백성이 거룩하게 살아가도록 격려하는 부분이 나타난다. 하나님은 평신도들의 옷자락에 '치치트'(옷단 귀의 술)를 달도록 하여 평신도의 위상을 높여 주고 유혹에 항거할 수 있도록 하셨다(15장). 하나님은 거기에다 '청색 끈'을 더하도록 하셨다. 즉 거룩한 제사장 신분을 표시하는 청색 끈을 더한 것이다. 치치트를 다는 중요한 목적은 평신도들이 그 치치트를 보면서 힘을 내어 하나님의 명령을 준행하도록 하는 데 있다. 하나님의 명령을 준행함으로 평신도도 거룩한 신분, 즉 '하나님 앞에서 거룩'(15:40)한 사람이 될 수 있는 것이다.[6]

출애굽기에도 "너희가 내게 대하여 제사장 나라가 되며 거룩한 백성이 되리라"(출 19:6)는 말씀이 나타나며, 신명기에는 이스라엘 백성 모두가 거룩하며 하나님께서 선택하신 백성이 바로 이스라엘 백성으로 나타난다(신 7:6; 14:2). 물론 신약은 예수님을 통해 하나님 앞으로 바로 나아갈 수 있는 충분한 근거를 제시해 준다. 베드로전서에는 "너희는 택하신 족속이요 왕 같은 제사장들이요 거룩한 나라요 그의 소유가 된 백성"(벧전 2:9)이라는 말씀이 나타난다.

이와 더불어 제사장만 집전할 수 있는 정화 제사(속죄제)를 평신도에게도 허용하는 경우를 볼 수 있다.[7] 시체로 인해 부정하게 된 사람을 정결하게 하는 '붉은 암소의 재'는 정화 제사(속죄제)인데 정결한 평신도가 그 재를 활용해서 부정하게 된 사람을 정결하게 할 수 있다(19장). 이렇게 허용한 이유는 시체로 인해 부정하게 된 사람이 신속하게 정결한 사람이 되어 가정에 복귀할 수 있도록 하기 위함이며, 평신도가 감당할 수 있는 것은 평신도 스스로 할 수 있도록 격려한 것으로 짐작된다.

왜 민수기는 평신도를 이처럼 격려할까? 민수기만 그렇게 특별히 평신도를 격려한 것이 아니라 성경 전체가 평신도를 격려하고 있다고 볼 수 있다. 하나님의 뜻은 백성 한 사람 한 사람이 거룩하게 살며 하나님의 뜻을 따르기를 원하신다. 제사장도 이 일에 도움을 주는 사람이요 예언자도 이들을 말씀으로 인도하는 사람이다.

현대 개신교는 하나님과 개인 사이를 중재해 줄 제사장을 인정하지 않는다. 성도 개개인이 하나님 앞에 바로 서 있는 것이다. 물론 목회자가 인도하고 있지만 목회자도 대신해 줄 사람은 아니다. 아무도 대신해 줄 사람이 없다. 이러한 상황이기에 개신교 성도들은 정말 성경을 잘 알아야 하며 스스로 분별력을 갖추어 올바른 선택을 할 수 있는 능력을 길러야 한다. 인터넷 시대 수많은 설교와 성경 해설이 홍수처럼 쏟아지고 있다. 평신도들도 진리와 거짓을 분별할 수 있어야 한다. 따라서 이제는 성경 해석서와 주석이 목회자들의 전유물이라는 생각을 버려야 한다. 평신도 개개인이 처한 독특한 상황에서 말씀에 바탕을 두고 어떻게 하면 올바른 신앙생활을 할 수 있을지 선택하고 결단할 수 있는 능력이 있어야 한다.

하나님과 평신도 사이를 중재해 줄 제사장이 있었던 시대에도 평신도를 이처럼 격려했는데 오늘날 하나님 앞에 혼자서 서야 하는 평신도들을 어떻게 도와야 하겠는가? 현대 목회는 평신도를 깨우는 일에, 평신도를 성장시키고 성숙시키는 일에 총력을 기울여야 할 것이다.

8. 경건 훈련의 방안

현대에는 '영성'이라는 단어가 주목을 받고 있으며 성도 개개인이 체험적인 신앙을 갈망하고 있다. 그래서 기도에 열심을 쏟으며 금식 기도, 산기도, 철야 기도도 한다. 그러나 영성 훈련과 경건 훈련에 대한 갈증은 여전하다. 그런데 민수기에는 경건 훈련에 대해 구체적으로 이야기하는 부분이 있다.

민수기 6장에는 '나실인 서원'이라는 경건 훈련 모델이 소개된다. 나실인이란 '거룩하게 구별된 사람' 혹은 '봉헌된 사람'을 가리키는 것으로 삼손과 사무엘 그리고 세례 요한이 나실인으로 알려져 있다. 이들은 태어날 때부터 나실인으로 구별되어 평생 나실인으로 살았고 금기사항을 지켜야 했다. 즉 머리털을 자르지 말아야 하고 독주를 마시지 말아야 했다. 이러한 고대의 전통을 활용해서 평신도가 할 수 있는 경건 훈련의 모델로 만들었을 때 새로운 점들을 창안하여 리모델링시켰다.

우선 기간을 평생이 아닌 일정 기간 동안으로 하였으며 일반적으로 30일 정도 훈련을 받도록 하였다. 이렇게 기간을 정하는 것은 평신도가 지나치게 거룩한 생활을 유지하려는 과욕을 제한하는 것으로 가족과의 일상생활을 우선 보호하려는 의도가 들어 있다. 그리고 짧은 기간인 만큼 훈련 강도를 높였다. 대제사장 수준까지 평신도 경건 훈련의 수준을 격상시키도록 하였다. 즉 금기사항을 추가하였는데 시체에 가까이 하지 않도록 하였다. 그리고 독주를 마시지 말라는 금기를 포도 씨앗을 포함하여 포도와 관련된 모든 것을 먹지 말라는 정도로 강화시켰다. 경건 훈련은 집에서 혼자 하지만 제사장의 지도를 받도록 하였다. 제사장의 지도를 받음으로 지나치지도 않고 또 모자라지도 않는 경건 훈련을 받을 수 있는 장점이 있다.

오늘날 경건 훈련이라고 하면 흔히 일상생활을 벗어나 산이나 사막에 가서 혹은 수양관이나 특수한 영성 훈련 기관에 들어가야 경건 훈련을 할 수 있다고 생각한다. 그러나 이러한 경건 훈련은 가족과 직장에 많은 지장을 주고 자기가 속한 공동체에 상처를 줄 수가 있다. 그런데 나실인 경건 훈련의 장점은 훈련받는 사람이 일상생활을 하면서 경건 훈련을 한다는 점이다. 그리고 가족과 이웃의 협조와 격려 속에 진행된다는 점이다.

민수기에 나타나는 또 다른 경건 훈련의 모델은 입고 다니는 옷에 '거룩한 사람'이라는 표식을 달게 하는 방식이다. 옷단 귀에 술 즉 치치트를 달게 하였으며 거기에다 거룩한 제사장 신분을 표시하는 청색 끈을 더하였다(15:37~41). 고대 사회에는 옷과 옷의 색깔로 신분을 구분하였기 때문에 이러한 표식은 큰 의미를 가졌다.

이렇게 공개적으로 '거룩한 신분'임을 나타낼 때 불편한 점도 있겠지만 쉽게 유혹에 빠지지 않는 건강한 긴장감도 가질 수 있게 된다. 그리고 마음을 다스릴 때도 도움이 될 수 있다. 오늘날 유대인들은 박해받는 상황에서도 자신이 유대인임을 자랑스럽게 생각하고, 손해를 보더라도 유대인의 표식을 하고 다닌다. 이것은 바로 이러한 경건 훈련 정신 때문이기도 하다.

두 가지 경건 훈련 모델을 분석해 보면, 이들의 공통점은 삶의 현장에서 행동으로 실천했다는 것이다. 기도 혹은 영적인 것도 중요하지만 일상생활의 삶을 유지하면서 특별히 지켜야 할 것들을 충실히 지켜 행동했다. 행동으로 실천하는 가운데 경험하는 기쁨과 자부심이 무엇보다 소중하다.

9. 회막 중심의 삶

회막(Tent of Meeting)은 '만남의 텐트'이며 하나님과 백성이 만나는 장막이다. 그리고 회막은 텐트이기에 쉽게 이동할 수 있는 '이동 성전'이라 할 수 있다. 특정한 지역에 고착되어 있는 것이 아니라 회중(백성)이 이동할 때마다 함께 이동하는 것이 회막의 특징이다. 가장 중요한 것은 회막에 하나님께서 계신다는 점이다. 예수님께서 인간의 몸을 입고 이 땅에 오신 사건을 성육신

(Incarnation) 사건이라 부르며 우리를 향하여 주신 큰 은혜로 여긴다.

그런데 구약을 보면 이미 하나님께서 이 땅에 백성들이 사는 마을 한복판에 텐트를 마련하시고 함께 사셨음을 알 수 있고 이 사건을 통해 성육신 사건의 기원이 구약에 있음을 확인할 수 있다. 자신의 백성과 함께하기 위해 이 땅에 오신 하나님을 중심으로 살아가는 것이 마땅하다. 따라서 하나님의 백성인 이스라엘 백성은 하나님이 계시는 회막을 중심으로 텐트를 치며 살아갔다.

회막을 중심으로 텐트를 칠 때 제사장과 레위인이 회막 주위에 먼저 텐트를 치고 그 바깥 원에 12지파가 텐트를 치는 이중 원형의 진영이 만들어졌다. 회막이 침범당하지 않도록 지키는 임무를 제사장과 레위인이 담당하기에 이러한 진영이 만들어진 것이다.

하나님이 진영 안에 계실 때 하나님은 그 진영을 축복하시며 보호하신다. 그러나 만일 진영이 계속 부정해진다면 하나님은 그 가운데 계속 계실 수 없고 회막을 떠나서 밖으로 나가시게 된다. 이러한 사태가 일어난다면 그 진영은 하나님의 보호와 축복을 받을 수가 없고 멸망하게 된다. 이러한 불행한 사태가 일어나지 않도록 하기 위해서, 진영 중앙에 하나님을 모시고 살아가기 위해서는 진영을 정결하게 유지해야 한다. 만일 진영 가운데 부정한 일이 발생하면 신속히 정결해지도록 조치를 취해야 한다. 왜냐하면 진영 안의 부정은 회막에 영향을 미치며 하나님이 계시기에 불편하게 만들기 때문이다. 하나님을 불편하게 만드는 능력은 마귀에게 있는 것이 아니라 사람에게 있다. 하나님은 사람을 사랑하시기 때문에 사람으로부터 많은 영향을 받을 수밖에 없다. 한 가지 덧붙일 것은 진영 안에 있는 부정은 회막에 영향을 미치지만 진영 밖의 부정은 회막에 영향을 미치지 않는다는 점이다.[8] 진영 안에 있는 사람들은 하나님의 백성이기에 하나님께 많은 영향을 미치는 것으로 볼 수 있다.

우리는 기도할 때 '하나님이 우리와 함께 계신다'는 임마누엘의 하나님을 간절히 간구한다. 그런데 하나님은 우리와 함께 계시기를 원하지만 정작 하나님을 밀쳐 내는 것은 우리 자신임을 알아야 한다. 임마누엘의 하나님을 원한다면 우리부터 정결한 모습, 죄를 짓지 말고 혹은 죄를 짓더라도 신속하게 해결하는 모습을 보여야 할 것이다.

이스라엘 백성이 이동할 때도 하나님은 이스라엘 백성과 함께하셨다. 회막과 그 기구들은 레위인이 운반을 하며 행진의 중앙에 위치하고 있지만 하나님은 불기둥과 구름기둥으로 행렬의 선두에 서서 이스라엘 백성을 인도하셨다.

성전과 교회의 원형을 '회막'이라고 할 때 우리는 '이동하시는 하나님'을 상상해야 한다. 텐트 성전인 회막 자체가 언제나 이동할 준비가 되어 있다. 그리고 하나님이 좌정하신다는 법궤를 보면 날개 달린 그룹이 법궤 위에 있는데 이것도 이동을 전제한 것이다. 날개라는 것은 날기 위해, 즉 이동하기 위해 있는 것이다.[9] 성전과 교회가 어떤 특정 지역을 고집하기보다 회중이 있는 곳으로 이동하는 것이 성경적이다. 동시에 하나님이 선두에 서시고 회막(성전, 교회)과 온 회중이 질서정연하게 행군하는 모습이 우리의 모습이 되어야 할 것이다.

10. 성직자(제사장과 레위인)의 임무와 리더십 그리고 보수

성직자의 임무와 보수에 대해서 민수기만큼 구체적으로 제시한 책이 없다. 이렇게 공개적으로 밝힌 이유는 회중이 성직자의 임무와 보수에 대해서 구체적으로 알아야 하기 때문이다. 이렇게 서로 알아야 성직자와 회중 간에 신뢰도 굳건해질 수 있다.

토라(오경)를 주도하는 제사장 자료(P)는 제사장과 레위인의 차이를 기정사실로 인정한다. 제사장은 다 같이 레위 지파에 소속되지만 신분과 임무는 다르다. 제사장은 제단과 성소의 임무를 감당하며 레위인들을 지도하는 지도자다. 그리고 레위인은 회막의 나머지 일들을 감당하는데, 회막을 운반하고 경비하는 일을 비롯하여 회막과 관련된 다양한 일들을 감당한다. 제사장은 회막을 경비하는 책임이 있으며 레위인과 더불어 평생 회막을 경비해야 한다.

1) 레위인의 신분과 임무

레위인은 백성들의 맏아들을 대신하여 하나님께 바쳐진 사람들이며 하나님의 소유다. 레위인은 성도의 가정들을 대신해서 하나님의 일을 담당하는 사람들이며 이들이 회막 일을 감당하기에 일반 성도들은 생업에 전념할 수 있게 된다.

레위인은 회막을 경비하고 운반하는 일을 담당하며 제사장을 도와 회막의 제반 일들을 모두 처리하게 된다. 레위인 가운데는 기술과 세심한 주의가 요구되는 중요한 것을 운반하는 사람도 있고 무거운 짐을 운반하는 사람들이 있다. 육체적인 노동이기에 고달프고 힘든 일을 하게 되는데 30~50세까지 이 임무를 수행한다.

그러나 레위인이 은퇴할 수 없고 평생 수행해야 하는 임무가 있다. 그것은 하나님이 계시는 회막을 경비하는 일이다. 만일 회막 경비에 소홀하여 회막이 침범을 당한다면 경비를 책임지는 레위인이 죽게 된다. 따라서 회막을 침범하는 일을 발견하면 목숨을 걸고 막아야 하며 침범자를 죽여야 한다.

2) 제사장의 신분과 임무

제사장은 하나님이 임명하신다. 이 부분에 대해서 의심을 품는다면 제사장은 지도력을 발휘할 수 없다. 레위 지파의 고라가 아론에 대해서 반란(16장)을 일으킨 이유도 동일한 레위 지파인데 왜 아론에게만 제사장직을 주느냐는 반감에서 시작되었다. 이에 하나님은 각 지파의 지팡이를 모두 모아 회막 안 증거궤 앞에 두도록 하였다. 다음날 발견한 것은 레위 지파를 대표한 아론의 지팡이에 싹이 나고 꽃이 피고 열매가 맺혀 있는 모습이었다(17장). 하나님께서 아론에게 제사장직을 수여하였음을 확인시키신 것이다. 아론으로부터 태어난 자손들은 제사장직을 세습하게 되며 제사장의 권위도 혈통의 순수성에 기반을 둔다. 따라서 제사장은 반드시 처녀와 결혼하여 다음 세대의 제사장이 제사장 가문의 아들임을 확신시켜 주어야 한다.

비느하스도 영원한 제사장직을 하나님께서 수여하셨다(25장). 그는 사독

계열 제사장의 조상이 된 것으로 보인다.

제사장의 임무는 '성소의 직무와 제단의 직무'가 있다. 제사장은 성소에 들어갈 수 있으며 대제사장은 지성소에 들어갈 수 있다. 제사장은 모든 제사를 집전하며 회막의 거룩한 기구를 직접 관리할 수 있다.

제사장이 은퇴하지 못하고 평생 수행해야 하는 임무는 회막을 경비하는 임무다. 이 임무는 레위인과 더불어 수행해야 하며 제사장이 총책임을 지는 임무이기도 하다. 이와 같이 제사장은 레위인을 교육시키고 지도하여 함께 회막 일을 감당해야 한다. 동시에 제사장과 레위인이 서로 협력하며 화목한 가운데 임무를 수행할 수 있도록 제사장은 많은 노력을 기울여야 한다.

하나님의 일을 담당하는 제사장과 레위인은 지위의 높고 낮음이 있지만 각자 자신의 임무를 충실히 해야 한다. 동시에 그들이 공동 책임을 지게 된다는 사실도 중요하다. 만일 레위인이 끊어지는 형벌을 받는다면 제사장도 레위인을 지휘하는 책임자로서 책임을 져야 한다.

오늘날 누가 제사장이며 누가 레위인인지 구별하기가 쉽지 않다. 또 그러한 구별이 별로 도움이 되지 않는다. 그리고 오늘날 성직자의 모델을 제사장으로 한정시킬 수도 없다. 예언자와 지혜자의 모델도 오늘날의 성직자 모델에는 들어 있기 때문이다. 성직자의 모델을 제사장과 레위인에서 찾는다면 오늘날의 성직자는 개신교의 경우 목사와 전도사(강도사·준목) 등이라고 볼 수 있다. 성직자(목회자)의 권위와 리더십은 '하나님의 임명'에 바탕을 두고 있으며 구체적인 모습은 회중의 초청, 신학 교육과 목사(전도사) 고시, 신앙고백, 안수 등으로 나타난다.

제사장과 레위인으로서의 성직자(목회자)의 임무는 모든 힘과 정성을 쏟아붓는 일이며 평생 동안 감당할 일이다. 따라서 생계를 위한 다른 일을 할 수가 없다. 목회를 파트타임으로 수행한다거나 자비량 목회자의 경우는 제사장 모델에서 그 기원을 찾기 힘들다.

3) 제사장적 리더십

오늘날 목회자의 직무는 예언자와 제사장의 직무를 겸하지만 많은 부분이 제사장의 직무와 유사하다. 따라서 목회자의 리더십을 성경에서 찾아본다면 제사장의 리더십을 먼저 찾을 수밖에 없다.

레위기보다 민수기에 레위인에 대한 내용이 더 풍부하다. 제사장에 대해서도 성도들을 인도하는 와중에 일어나는 갈등과 문제점을 중심으로 그 대처 방안에 대해 상세히 이야기하고 있다. 가장 표본적인 예는 제사장 아론에 항거하여 일어난 고라의 반역이다(16장). 고라는 '회중 모두가 거룩하며 그들 가운데 야웨께서 계시다'(16:3)는 주장을 하면서 아론이 제사장직을 독점하는 것에 대해 항의하며 반역을 일으켰다. 물론 이 일에 대해 하나님은 아론을 임명하신 분이 하나님임을 확인시켜 주셨고 아론의 제사장직을 보호해 주셨다. 제사장의 리더십은 이것으로 충분한가? 백성들이 제사장 아론을 사랑하는 또 다른 이유는 없는가?

아론에 항거하여 반역이 일어난 그 일 때문에 백성들이 하나님의 형벌을 받아 염병으로 죽어 가고 있었다. 이에 제사장 아론은 향로에 불을 담아 급히 죽어 가는 백성들에게로 달려가 속죄하였다(16:41~49). 그러자 염병으로 죽어 가는 일이 멈추었다. 죽은 자와 산 자 사이에 향로를 들고 서 있는 제사장 아론의 모습을 살아남은 이스라엘 백성은 잊을 수가 없었을 것이다.

시체로 인해 부정하게 되고 죽은 자로 인해 공포에 질린 성도들을 보면서 제사장 엘르아살은 붉은 암소를 진 밖으로 끌고 나가 정결하게 하는 '붉은 암소의 재'를 만들었다(19장). 제사장은 회막 안에 있으면 가장 안전하다. 그러나 성도들을 위해서는 부정한 장소인 진 바깥까지 나가는 용기가 필요하다.

제사장 나답과 아비후는 제사장으로 위임을 받은 후 첫 번째 제사에서 목숨을 잃었다(레 10:1~2). 아마도 술이 취해 제사 절차에서 실수를 범한 것으로 보인다. 그 실수 때문에 이들은 하나님으로부터 벌을 받아 죽임을 당했다. 제사장은 '성소의 직무와 제단의 직무'를 충실히 수행해야 한다. 만일 이 일을 충실히 하지 않을 때 하나님의 진노가 성도들에게 미칠 수 있다. 그리고 하나님의 진노가 백성들에게 미치기 전에 제사장이 먼저 형벌을 당하게 된다. 제사장의 직무가 엄중하며 중요함을 보여 주는 대목이다. 이렇게 긴장의 강도가 높고 무거운 직무를 충실히 수행하는 제사장에게 백성들은 신뢰와 존경을 보내는 것이다.

민수기 35장에는 레위성 가운데 6곳을 도피성으로 지정한 것을 볼 수 있다. 도피성은 우발적으로 실수하여 살인한 사람을 보호하는 성이다. 왜 이러한 도피성이 필요한가? 살인자는 사형에 처해야 한다. 그러나 우발적으로 실수한 살인자를 죽인다면 이 또한 억울한 살인이 되며 땅을 오염시키게 된다. 이러한 악순환의 고리를 끊을 수 있는 유일한 방법은 비고의적 살인자를 누군가 보호하는 방법뿐이다. 그 일을 성직자인 레위인과 제사장들이 담당하며 도피성이라는 보호처를 만들어 비고의적 살인자의 생명을 보호한 것이다. 레위인들은 비고의적 살인자를 보호하며 거기서 살아갈 수 있도록 생활 대책도 세워 준다

무엇보다 중요한 것은 이 비고의적 살인자가 살아서 자기 고향에 돌아갈 수 있는 방법이 무엇인가 하는 것이다. 성경은 말하기를 대제사장이 죽으면 비고의적 살인자가 용서받고 자기 고향으로 돌아갈 수 있다고 한다. 대제사장의 죽음이 어떻게 이러한 일을 할 수 있는가?

대제사장은 평생 백성을 대신해서 하나님께 용서를 비는 제사를 드린다. 바로 대속죄일 제사다. 백성을 대신하는 대제사장이기에 죽을 때는 우발적 살인자의 죄가 용서받을 수 있도록 속전을 지불하는 일을 하게 된다. 대제사장은 사나 죽으나 백성을 위하는 소명을 감당하게 되는 것이다.

제사장(목회자)적 리더십의 원천은 하나님의 임명에서 나온다. 그리고 제사(예배) 집전을 비롯한 제사장 고유의 직무를 충실히 수행할 때 리더십을 발휘할 수 있다. 또한 제사장적 리더십을 강화하기 위해서는 백성을 살리기 위해 최선을 다하는 모습이 있어야 한다. 엄중한 제사장의 직무를 수행하기 위해 맑은 정신으로 평생 전력을 투입하는 제사장의 모습이 있을 때 제사장적 리더십을 발휘할 수 있게 된다.

4) 제사장과 레위인이 받는 보수

제사장과 레위인은 평생 목숨을 걸고 회막을 경비해야 하며, 제사장은 '성소와 제단의 직무'를, 레위인은 제사장을 도와 회막의 일과 회막 운반의 임무를 수행해야 한다. 그런데 이들에게는 땅이 기업으로 분배되지 않는다. 즉 생활할 수 있는 경제적 대책이 없어 쉽게 가난한 사람이 될 수 있다. 신명기에는 레위인이 가난하고 약한 사람의 집단으로 나타난다. 하나님은 이들에게 '제사장과 레위인의 분깃과 기업은 야웨 하나님'임을 강조하며 하나님께서 그들의 생계를 책임지신다고 하셨다.

하나님께서 명령하신 구체적인 방법은 백성들이 십일조와 각종 헌물을 하나님께 드리고 하나님께서 그것들을 제사장과 레위인에게 생활할 수 있도록 보수로 주시는 방식이다. 예를 들어 백성이 십일조를 하나님께 바칠 때, 레위인은 하나님으로부터 십일조를 받고 그 가운데 십일조 즉 10%를 다시 하나님께 바친다. 그러면 하나님은 그것을 제사장에게 보수로 주신다. 그러나 백성들이 십일조를 하나님께 충실히 바치지 않는다면 레위인의 생활 대책은 무너지게 된다.

그리고 레위인에게는 레위성을 배분하는데 모두 48성읍을 배분하고 그 가운데 6개 성은 도피성으로 정하여 주셨다. 레위성에는 레위인이 거주할 주택이 있고 레위성 밖에는 목양지가 주어지는데 성벽에서 1,000규빗(약 450m) 거리에 있는 목양지를 레위성에 배분하였다(35장).

앞에서 이야기하였지만, 제사장과 레위인을 성직자 모델로 삼는다면 성직자는 평생 전폭적으로 성직자의 임무에 전력투구하는 모습이 되어야 한다. 이러한 경우 성직자는 생계를 위해 다른 일을 할 수 없기 때문에 성도들이 평생 동안 생활 대책을 세워 주어야 한다. 즉 성직자(목회자)로 현직에 있을 때와 은퇴 후의 생활을 모두 책임져야 한다는 것이다. 그러나 현대 개신교 성직자(목회자)는 파트타임이나 자비량 목회의 경우가 있을 수 있다. 이 경우에는 제사장 모델의 보수 규정을 일괄적으로 적용하기 힘들 것이다.

11. 어떻게 살아야 하는가? – 시간 관리, 생명 관리

광야를 걸어가는 이스라엘 백성에게 최대의 희망은 '약속의 땅'이라는 공간에 대한 희망이었다. 그런데 하나님은 하드웨어 측면인 공간을 얻는 것에서 한 걸음 더 나아가 '그 땅에서 어떻게 살아가야 하는가'라는 소프트웨어 측면에 대해 말씀하셨다(28~29장).

새로운 세대가 약속의 땅에서 매일 매일의 삶과 매달의 삶, 그래서 매년을 어떻게 살아야 할지에 관한 것이다. 거기서 하나님을 모시고 어떻게 살아야 할지에 관심을 쏟고 있다.

민수기 28~29장의 제의력(cultic calendar)은 레위기 23장과 비슷하지만 차이가 있다. 레위기 23장에는 평신도가 해야 할 임무에 중점을 둔 반면, 민수기 28~30장은 제사장이 해야 할 임무에 중점을 둔다. 왜냐하면 28~29장은 공적인 공동 제사에 관한 규정이기 때문이다. 28~29장에 나타나는 제의력(예배력)은 아주 구체적이며 날짜까지 분명하게 규정한다.[10] 이렇게 제의력을 규정한 것은 절기에 따른 공동 제사(예배)를 기본 축으로 해서 삶의 시간 전체를 거룩한 시간으로 만들기 위한 것이다.

구체적으로 살펴보면 매일 드리는 제사인 타미드(상번제)와 안식일에 드리는 제사, 그리고 매월 첫째 날에 드리는 제사가 있고, 그 다음은 봄 추수기와 가을 추수기를 중심으로 한 제사가 있다. 봄 추수기에는 유월절과 무교절, 칠칠절 제사가 있고, 가을 추수기에는 나팔절, 대속죄일, 장막절 제사 등이 있다.

이 가운데 중요한 점을 살펴보면, 우선 제사는 매일 드려야 한다는 타미드 제사를 들 수 있다. 제사는 하나님과의 만남인데 하나님과의 만남을 하루도 거를 수 없다는 점이 중요하다.

안식일 제사 가운데 중요한 점은 안식일 제사에 정화 제사(속죄제)가 없다는 점이다. 매일 드리는 타미드 제사도 번제로 드릴 뿐 정화 제사(속죄제)를 드리지 않는다. 우리는 주일 예배를 드릴 때 반드시 죄를 고백하고 용서를 비는 기도를 드리고, 개인적으로 기도할 때도 기도할 때마다 죄의 용서를 비는 기도가 빠지지 않는 것이 일반적인데, 왜 안식일 제사에 죄의 용서를 비는 정화 제사(속죄제)를 드리지 않을까?

죄를 고백하고 용서를 비는 제사(예배, 기도)를 드리는 것은 매일 혹은 매 주일 반드시 드려야 되는 것이 아니다. 죄를 지은 일이 있을 때만 이러한 제사를 드리는 것이다. 구체적으로 죄를 지은 일이 없을 때는 굳이 이러한 제사를 드릴 필요가 없다.

그런데 현대 기독교인들은 죄에 대해 자신감을 갖지 못하는 것 같다. 매 시간 아니 매 초 죄를 짓는다고 생각하는 성도들이 많은 것 같고 구체적으로 기억나지 않아도 아마 자신이 죄를 지었을 거라고 생각하는 성도들이 많은 것 같다. 특히 공적인 예배에서까지 당연히 회중들이 죄를 지었다고 생각하고 죄의 용서를 비는 기도를 드린다. 그러나 하나님은 인간에게 죄에 대해 항거할 수 있는 능력을 주셨고 기억력도 주셨다. 굳이 생각나지 않는 죄에 대해 매번 용서를 빌 필요는 없다고 본다. 오히려 죄의 유혹에 대항할 수 있음에 감사드려야 할 것이다.

그러나 죄를 지을 때는 신속하게 죄를 고백하고 죄의 용서를 받아야 한다. 다음날까지 기다릴 필요도 없고 다음 주일까지 기다릴 필요도 없다. 우리가 죄를 지으면 하나님이 불편해 하시고 성도들에게도 위험한 일이 닥칠 수 있는데 왜 죄 문제를 해결하는 것을 지연시키겠는가?[11] 만약 죄를 지었다면 주일 예배 전에 신속하게 개인적으로 회개와 용서를 비는 기도를 드리는 것이 마땅하다.

따라서 매일 드리는 제사와 안식일에는 감사가 넘쳐나는 제사를 드리게 된다. 이러한 규정에 따라 회당에서는 안식일에 탄원의 기도를 드리는 것조차 자제하고 삼가는 전통이 있다. 과연 우리는 주일 예배를 성경적으로 드리고 있는가? 주일 예배 순서에 참회의 기도 순서가 있고 대표 기도에서 죄 용서를 비는 기도를 한다고 해서 잘못된 것은 아니다. 바람직할 수도 있다. 왜냐하면 주일 외에는 성도들이 함께 모일 기회가 별로 없기 때문에 주일마다 죄에 대해 용서를 비는 것은 필요할 수도 있다.

그러나 주일 예배의 핵심이 무엇이냐에 대해 생각해 보아야 한다. 하나님을 만나러 오는 사람이 하나님과 대면할 때 웃으면서 반가워하면 안 되는가? 비록 어려움이 있어도 꿋꿋하게 견디면서 주님과 함께 이 어려움을 이겨 낼 수 있을 것이라는 신뢰와 믿음을 보이는 것은 어떠한가? 무엇보다 이제까지 보호하시며 인도하신 하나님께 깊이 감사드리는 기도와 예배가 중요하지 않겠는가? 그리고 성도들과 함께 기뻐하며 즐거움을 나누는 날이 되어야 하지 않겠는가? 안식일은 감사와 기쁨이 충만한 날이다. 우리의 주일도 이러한 모습이 될 수 있기를 바란다.

공동 제사로서 정화 제사(속죄제)를 드리는 제사는 월 초 제사에 포함되어 있으며 절기 제사는 모두 정화 제사(속죄제)를 드린다. 이것은 어느 정도 시간이 많이 경과했기에 공동체의 죄를 속하는 공적인 제사가 필요했기 때문으로 짐작된다.

시간은 생명이다. 인생의 승패는 시간을 어떻게 조직하고 관리하느냐에 달렸다. 성도들과 함께 하나님을 만나는 감격의 순간들을 중심으로 시간을 조직하고 관리한다면 우리의 인생 전체가 거룩한 시간들로 엮어질 것이다. 성경을 바탕으로 한국 교회의 영적인 토양에 적합한 예배력을 새롭게 만들고 그 예배력을 중심으로 살아가는 우리의 모습이 있을 때 우리의 삶은 승리의 삶, 희망이 가득 찬 삶이 될 것이다.

12. 하나님의 말씀만 전하라

민수기에는 발람의 예언 활동을 22~24장에 걸쳐 상당히 많은 분량을 할애해서 상세히 전하고 있다. 발람에 관해서는 신구약에 걸쳐 긍정적으로 때로는 부정적으로 소개되어 있어서 혼란스러운 면이 있지만 22~24장의 경우는 상당히 긍정적으로 소개하고 있다.

민수기는 제사장 중심으로 구성되어 있으며 예언 활동에 대해서는 모세가 담당한 것이 거의 전부다. 그런데 이스라엘 사람도 아닌 외국인의 예언 활동에 대해서 이렇게 비중 있게 소개한 것은 발람을 내세우기 위해서가 아니라 하나님의 인도하심을 찬양하기 위해서다. 동시에 하나님께서 축복하신 이스라엘을 어느 누구도 저주할 수 없다는 사실을 강조하기 위해서이며, '하나님의 말씀'을 올바로 전하는 것이 얼마나 중요한지를 알려 주기 위해서다.

발람은 점술사로 등장한다. 그런데 발람은 야웨 하나님께 묻는 점술사였다. 발람이 이스라엘을 저주해 달라는 모압 왕 발락의 초청을 받았을 때 하나님께서 발람이 모압으로 가는 것을 반대하셨지만, 두 번째 초청 때는 하나님께서 조건부로 허락하셨다. 하나님의 말씀만 전하라는 조건이었다. 하나님께서 발람을 통해 하시고자 한 일은 무엇일까?

발람이 모압으로 가는 길에 나귀와 칼을 든 천사를 통해 하나님은 발람에게 다시 한 번 강하게 경고하셨다. 하나님께서 하신 말씀만 전하라는 조건이었다. 이후 발람은 이 명령을 가슴에 새기며 성실히 준행하였다.

1) 모압 왕 발락의 변화

비록 모압 왕 발락의 위협이 있었지만 발람은 죽음까지도 각오하면서 하나님의 말씀만 전하겠다는 결단을 하였다(23:10). 발람은 하나님의 말씀을 어기지 않았고 오히려 더욱 힘을 내어 하나님의 말씀을 그대로 성실히 전하였다. 그 결과 모압 왕 발락이 하나님의 존재를 의식하게 되었다. 두 번째 축복을 하기 전 발락은 발람에게 '야웨께서 무슨 말씀을 하시더냐'(23:17)고 묻는다. 발락이 드디어 야웨의 존재를 인정하고 야웨의 말씀이 중요하다는 것을 깨달은 것이다. 세 번째 축복에서는 한 걸음 더 나아간다. 발락이 야웨 말씀의 위력에 압도당하는 모습을 보여 준다. '혹시 하나님 보시기에 기뻐하사 당신이 거기서 나를 위해 그들을 저주할까 하오'(23:27) 하면서 축복이냐 저주냐 하는 것은 하나님의 손안에 있다는 사실을 완전히 인정한 모습을 보여 준다. 발람을 통하여 모압 왕 발락을 변화시키는 하나님의 손길을 볼 수 있다.

발락을 변화시킨 것은 발람의 설득이 아니라 이스라엘을 축복하여 능력을 나타내신 '하나님의 말씀'이었다. 그리고 하나님의 말씀만 전하는 예언자(설교자) 발람의 진실된 행동 때문이기도 하다. 선교와 설교의 가장 중요한 무기는 바로 '하나님의 말씀'임을 보여 준 것이다.

2) 발람의 변화

또 다른 변화는 발람 자신에게서 찾아볼 수 있다. 유혹에 약했던 점술사 발람이 '하나님의 말씀'만 전하는 과정에서 점차 예언자로서 눈을 뜨게 되었고 담력 있고 용감한 예언자로 일어설 수 있게 된 것이다.

모압 왕 발락을 처음 만나면서 소극적이었던 발람은 대담하게도 왕인 발락에게 명령하는 예언자로 변화되었다. '일어나라 발락이여! 들어라! 나에게 귀를 기울이라! 십볼의 아들이여'(23:18). 세 번째 축복을 할 때는 하나님의 영이 함께하셨고 발람은 더욱 용감하게 이스라엘을 축복하였다. 나귀보다 영적인 눈이 어두워 천사를 보지 못했던 발람이 이제는 자기를 "엎드려서 눈을 뜬 자"(24:4)라고 말하면서 담대하게 축복을 선포하였다.

> "브올의 아들 발람이 말하며
> 눈을 감았던 자가 말하며
> 하나님의 말씀을 듣는 자가 말하며
> 지극히 높으신 분의 지식을 아는 자
> 전능자의 이상을 보는 자
> 엎드려서 눈을 뜬 자가 말하기를"(24:15~16).

하나님의 말씀만 굳게 잡았을 때 일어난 발람의 변화를 보면서 오늘날 설교자로서의 희망을 찾아볼 수 있다. 바로 설교자 자신이 하나님으로부터 은혜를 받고 믿음의 용사가 되는 것이다.

3) 하나님의 백성은 축복받은 사람들

발람이 전한 하나님 말씀의 핵심은 하나님께서 이스라엘 백성을 축복하시며 어느 누구도 하나님께서 축복하신 이스라엘을 저주할 수 없다는 것이다.

"너를 축복하는 자마다 복을 받을 것이요
너를 저주하는 자마다 저주를 받을찌로다"(24:9).

위의 구절은 아브라함에게 약속하신 하나님의 말씀(창 12:3)에, 이삭이 야곱에게 축복할 때(창 27:29) 들어 있는 구절이다. 이 구절은 원래 나그네로서 쉽게 약탈당하고 착취당하는 족장들과 그 후손들을 보호하기 위한 것이며, 이스라엘 사람들을 선하게 대하는 사람들을 격려하기 위한 것이다.

또한 발람의 세 번째 축복에서 선포한 구절(24:5)을 유대인들은 매일 아침에 드리는 예배의 개회사로 사용하고 있다.

> 야곱의 장막이여 어찌 그리 아름다운고
> 이스라엘이여 네 거처가 어찌 그리 아름다운고

이 구절에 사용된 '장막'(אֹהֶל오헬)과 '거처'(מִשְׁכָּן미쉬칸)는 동일한 의미를 다른 단어로 표현한 것인데 '미쉬칸'은 '성막'으로 번역되는 단어다. 광야에서 일상생활을 하기 위해 마련한 텐트와 하나님이 계시는 성막을 동일한 단어로 사용할 수 있다는 점이 경이롭다.

오늘날 우리가 일상생활을 위해 살아가는 주택을 하나님께서 축복하신다. 동시에 우리의 가정은 하나님의 집이요 하나님의 나라(천국)를 경험할 수 있는 곳이어야 할 것이다.

13. 지도자로서 모세의 실패와 성공

모세는 하나님에게 인정받은 지도자였으며 백성에게서 위대한 지도자로 존경받은 지도자였다. 그러나 하나님의 거룩함을 나타내지 않았기에 형벌을 받아 약속의 땅에 들어가지 못했다. 실패한 지도자 모세의 모습이다.

므리바 물 사건(20장)을 보면 모세는 하나님의 명령에 따라 반석에서 물을 내었지만 하나님의 거룩함을 나타내지 못하였다. 즉 하나님의 능력으로 물이 솟아난다는 사실을 드러내지 않고 마치 모세 자신의 능력으로 물을 내게 한 것처럼 행동했다. 하나님은 이런 모세에게 형벌을 내리셨다. 지도자의 행동에 대해서는 보다 더 엄격한 잣대로 평가하는 모습이다. 왜냐하면 지도자의 행동은 온 회중에게 영향을 크게 미치기 때문이다. 따라서 지도자는 신중하고 정확하게 행동해야 한다.

모압 평지 싯딤에서 이스라엘 백성은 모압 여인들과 음행하였으며 우상인 바알 브올을 섬기는 죄악을 범하였다(25장). 하나님은 크게 진노하여 모세에게 지도자들을 처형하라고 명령하셨다. 그러나 모세는 지도자를 처형하기보다 '바알 브올과 결합한 자들'(25:5) 즉 우상숭배 한 개개인을 찾아 처형하라는 명령을 내렸다. 아마도 죄 없는 지도자를 처형하기를 주저한 것 같다. 그 결과 염병은 그치지 않았고 오히려 비느하스의 신실한 행동으로 염병이 중단되었다(25:8). 최고 지도자 모세의 행동이 비느하스보다 신실하지 못하였고 그 결과 많은 백성들이 염병으로 죽는 것을 막지 못하였다.

그런데 정말 죄 없는 지도자도 처형당해야 하는가? 비록 지도자가 직접 잘못을 저지르지 않았다 하더라도 자신이 지도하는 백성이 잘못을 저질렀을 경우 책임이 있다는 것이다. 그것이 지도자의 책무다.

모세도 지도자의 고통과 어려움을 토로하였다. 심지어 '차라리 저를 죽여… 주소서'(11:15) 하면서 비명을 지르는 모습도 볼 수 있다. 이것은 자살하겠다는 말이 아니고 극심한 고통을 표현한 말이다. 이는 잘못된 모습이 아니다. 그러나 모세는 자신의 연약한 믿음을 보인 부분이 있다.

백성들이 하나님의 능력을 잊어버리고 고기를 먹을 수 없다고 하면서 불평과 절망감을 표시하였다(11장). 이때 지도자인 모세는 이스라엘 백성에게 자신의 능력으로는 고기를 제공할 능력이 없음을 고백한다. '어디서 이 백성 모두에게 줄 고기를 얻겠습니까'(11:13)? 그런데 이 표현이 속한 11~15절의 구조를 분석하면 하나님의 능력을 믿지 못하는 모세의 연약한 믿음을 볼 수 있다. 모세가 이러한 연약한 믿음 때문에 하나님은 모세의 영을 나누어 70인 장로에게 주었으며 그로 인해 모세의 위상은 낮아지게 되었다.

하나님께서 모세에게 다시 한 번 형벌을 상기시키면서 약속의 땅에 건너가지 못하고 아바림산(느보산이 포함된 산지)에 올라가 죽을 것이라 하였다 (27:12~23). 이때 모세는 하나님께 자신을 위해 탄원하기보다 백성을 염려하며 새로운 지도자를 세워 주시기를 간청하였다. 예수님께서도 사용하신(마 9:36; 막 6:34) "목자 없는 양과 같이"(27:17)라는 표현을 사용하면서 백성을 우선적으로 위하는 지도자다운 모습을 보여 주었다. 한 번도 실수하지 않는 완벽한 지도자라면 더할 나위 없이 좋겠지만 비록 실수를 하였더라도 백성을 사랑하며 하나님이 주신 지도자의 사명을 끝까지 완수하는 모습에서 모세의 위대한 리더십을 찾아볼 수 있다.

특히 모세는 자신이 살아 있을 때, 느보산에 올라갈 수 있는 힘이 아직 있을 때 지휘권을 여호수아에게 넘겨주었다. 지휘권을, 권력을 넘겨준다는 것은 섭섭한 일일 수 있다. 자신이 죽고 나면 자연히 권력이 넘어간다고 침묵할 수도 있다. 그러나 모세는 자신이 살아 있을 때, 새로운 지도자가 지도력을 충분히 발휘할 수 있도록 만반의 준비를 시키고 엄숙한 의식을 거행하여 지휘권을 넘겨주었다. 모세가 이렇게 준비시킨 것은 새로운 지도자와 백성의 유익을 위한 생각 때문이었다. 지도자로서의 모세의 위대함이 돋보이는 부분이다.

모세의 성공적인 리더십은 중재자로서의 모습에서도 찾아볼 수 있다. 가데스 바네아에서 백성들이 하나님을 원망하며 약속의 땅으로 들어가지 않고 절망하고 있을 때 하나님은 이스라엘 백성을 멸망시키고 모세의 집을 위대한 나라로 만들 계획을 발표하셨다(14:1~12). 그러나 모세는 자신의 나라보다 이스라엘 백성의 파멸에 더 관심을 기울이며 그들을 살리기 위해 총력을 기울였다. 모세는 개인적인 기회보다 이스라엘 백성의 지도자라는 위치를 더 소중히 여겼으며 그들을 살리기 위해 하나님께 매달렸다. 하나님께서 자신의 백성을 죽이면 다른 나라 사람들이 하나님의 능력을 의심한다고 하면서 이스라엘 백성을 살려 주시기를 간청하였다(14:13~19). 하나님께 중재하는 지도자 모세가 있었기에 이스라엘 백성은 두 번째 기회를 얻을 수 있었다.

14. 민수기에 나타난 목회적 고려

민수기 전체가 '목회적 고려'로 가득 차 있다고 말해도 과언이 아니다. 그 가운데서 특수한 예들을 살펴보면 다음과 같다.

'첫 열매 드리는 날'을 민수기(27:26~31)와 레위기(23:16~21)에서는 순례 절기로 부르지 않았다. 출애굽기(23:16; 34:22)와 신명기(16:10, 16)에서 이 절기를 순례 절기로 지키도록 한 것과 비교된다. 이 절기에 순례를 하지 않도록 한 것은 농사짓는 농부의 상황을 고려하였기 때문이다. 만일 곡식을 처음 추수한 날부터 먼 곳으로 순례를 하게 되면 추수기에 제대로 곡식을 추수할 수 없기 때문이다. 종교적인 절기를 완벽하게 지키는 것보다 생존에 필요한 식량 문제와 가정의 경제 문제를 충분히 고려한 목회적인 조치라 볼 수 있다.

19장에 나타나는 '붉은 암소 의식'의 경우 여러 면에서 목회적 고려를 발견할 수 있다. 비록 야웨 종교가 죽은 자 숭배를 금지하여 죽은 자가 아무런 영향도 끼칠 수 없다는 점을 알려주었지만 백성들이 여전히 죽은 자에 대한 공포를 심하게 느낀다는 사실을 주목하면서 그 공포를 완화시키는 조치를 취했다. 우선 시체로 인해 부정하게 되는 기간을 7일로 한정하였다. 그리고 시체로 인해 부정하게 된 사람을 진 밖으로 추방하지 않았다. 민수기 안에서도 옛날의 규정인 5:2의 경우 시체로 인해 부정하게 된 사람을 진 밖으로 추방하라고 되어 있으나, 19장에는 이러한 점을 완화시켜서 진 밖으로 추방하지 않도록 하였다. 민수기 5장이 원칙을 이야기한다면 민수기 19장은 하나님께서 새롭게 주시는 은혜의 법으로 볼 수 있다.

그리고 시체가 있는 장막 안의 모든 것이 부정한 것이 아니라 뚜껑이 덮여 있는 그릇은 부정하지 않다고 선언하였다(19:15). 또한 시체가 있는 장막 안에 있는 사람만 부정하게 되고 장막 바깥에 있는 사람을 제외시켜 부정의 범위를 한정시켰다(19:14). 들판에서 시체로 인해 부정하게 되는 경우는 반드시 시체와 접촉을 해야만 부정하게 되는 것으로 한정시켰다(19:16). 즉 시체를 눈으로 본다고 해서 부정해지는 것은 아니라는 뜻이다.

중요한 것은 시체로 인해 부정하게 되었다 하더라도 회막에는 영향이 미치지 않는다는 사실이다. 그러나 절차를 준수하여 7일 안에 정결하게 되지 않으면 회막에 영향을 미치게 된다는 사실을 강조하면서 '붉은 암소 의식'을 중요시 여겼다. 제사장이 파격적으로 허락한 것은 붉은 암소의 재가 정화 제사(속죄제)의 재였지만 평민이 제사장의 도움 없이 직접 붉은 암소의 재로 시체로 인한 부정을 정화시킬 수 있게 하였다. 이것은 평신도들이 신속하게 죽음의 공포에서 벗어날 수 있도록 파격적으로 허락한 것이었다.

04

민수기와 오경
– 토라 속의 민수기

토로트(Torot)와 토라(Torah)

구약성경의 들머리는 토라다. 70인역(Septuagint) 이래 번역 성경은 구약의 처음 다섯 책을 오경이라고 부른다. 하지만 히브리어 마소라 본문(Masoretic Text)에서 이 오경은 토라(Torah)라고 불린다. 히브리어 토라는 흔히 율법/율법서로 번역된다. 그러나 본래부터 토라가 율법을 뜻했던 것은 아니다. 토라는 기본적으로 안내나 가르침, 길(道)을 뜻한다. 길을 가르치는 책, 그것이 바로 토라다.

토라의 첫 부분이 창세기라면 토라의 두 번째 부분은 출애굽기–신명기다. 출애굽기–신명기는 모세의 일대기라는 관점에서 볼 때 하나로 이어진다. 모세의 일대기를 구성하는 이야기는 크게 세 개의 무대를 중심으로 전개된다. 하나는 애굽이고, 다른 하나는 시내산이며, 나머지 하나는 모압 평지다. 오래전 제이콥 노이스너(Jacob Neusner)가 유대 사상(Judaism)을 가리켜 '토라의 길'(The Way of Torah)이라고 말했지만,[1] 실상 모세의 토라가 전하는 길은 애굽을 떠나 시내산을 거쳐 모압 평지에 이르는 길이다. 이 길을 걸으면서 모세는 하나님의 사람으로 승화되었고, 이 길을 걷는 동안 이스라엘은 신앙 공동체로 다져지게 되었다. 모세와 이스라엘이 겪었던 이런 신앙 사건은 오늘날 모세의 토라와 함께 이 길을 걷는 독자들에게도 고스란히 일어난다. 토라를 읽는 자들은 누구나 애굽에서 시내산을 거쳐 가나안 땅에 이르는 길을 걸어가게 된다.

히브리어 토라는 문법적으로 단수형이다. 토라에 상응하는 헬라어 펜타튜코스(오경)가 다섯 권의 책을 가리키기에 굳이 오경에 대응하는 히브리어를 찾는다면 단수형인 토라보다는 복수형인 토로트(Torot)가 잘 어울린다. 그러나 히브리어 마소라 본문은 전통적으로 타낙(Tanak)의 첫 부분을 토로트가 아닌 토라라고 부른다. 왜 그런가? 토라가 단수형이라는 것은 오경이 하나의 이야기(모세의 토라)라는 소리다. 토라는 다섯 권의 책으로 구성된 전집물이 아니라 크게 두 단락(창세기와 출애굽기-신명기)으로 이루어진 하나의 이야기다. 구약의 처음 다섯 책을 구분하는 경전상의 명칭은 토라의 이런 의도를 잘 드러내지 못한다.

토라는 모세의 일대기다. 출애굽기-신명기뿐 아니라 창세기도 모세의 일대기에 속한다. 이때 창세기는 모세의 토라를 위한 서론이다. 이 말을 창세기의 의도나 의미를 축소하려는 뜻으로 오해해서는 안 된다. 창세기는 모세의 일대기를 창조 세계의 우주적인 맥락에서 읽도록 돕는다. 창세기라는 모판이 없다면 출애굽기-신명기가 전하는 역사 이야기는 그 뿌리를 잃고만다. 반면 모세의 삶과 사역에 대한 이해가 없다면 창세기가 전하는 이야기는 바르게 파악되지 않는다. 창세기의 창조 이야기, 인류 이야기, 족장 이야기는 이스라엘을 위한 모세의 사역이 이스라엘은 하나님의 창조 세계 안에서 인류를 위한 패러다임이 되라고 부름 받았다는 것을 일깨워 준다.[2]

구약의 처음 다섯 책을 읽어 보라. 각 책의 마지막은 그 다음 책의 시작으로 아주 자연스럽게 이어진다. 창세기는 요셉의 초청으로 애굽으로 이주하는 야곱 가족 이야기로 끝을 맺는다. 창세기 마지막에 거론되는 요셉의 죽음(창 50:22~26)은 요셉을 알지 못하는 애굽 왕이 등장하여 야곱의 가족을 박해하는 출애굽기 이야기(출 1:1~14)로 자연스럽게 연결된다. 출애굽기의 마지막은 이스라엘 자손이 시내 광야 시내산에서 성막을 지어 봉헌하자 주님의 영광이 회막에 임하게 되는 것으로 끝난다(출 40:34~38). 레위기는 바로 그 장면을 받아서 회막에 임재하시는 야웨 하나님이 회막에서 모세에게 예물을 드리는 규정을 선포하시는 장면으로 시작한다(레 1:1~3). 민수기는 광야를 헤쳐 간 이스라엘이 여리고 맞은편 요단 가 모압 평지에 모이는 것으로 끝나고, 신명기는 그 모압 평지에 모인 이스라엘에게 모세가 선포하는 설교로 시작한다(민 36:13; 신 1:1). 이런 흐름은 레위기의 마지막과 민수기의 처음에서도 마찬가지다. 기억할 것은 모세의 일대기에서 가장 방대한 분량이 시내산 단락(Sinai Pericope, 출 19:1~민 10:10)이라는 점이다. 출애굽기 19:1에서 시작되어 민수기 10:10에 이르는 시내산 단락은 모세의 토라 가운데서도 가장 많은 양을 차지한다. 출애굽기 19:1과 민수기 10:10은 그 사이에 수록된 다양한 가르침을 하나의 이야기로 읽게 만드는 틀(framework) 역할을 한다. 시내산 단락은 출애굽한 이스라엘이 시내산에 머물면서 야웨 하나님을 섬기는 신앙 공동체로 다져지는 스토리를 담고 있다. 시내산은 출애굽한 이스라엘을 야웨 신앙의 이스라엘로 거듭나게 한 모판이다. 시내산은 이스라엘의 정신적, 영적인 고향이다. 출애굽한 이스라엘은 시내산의 이스라엘로 향해야 한다. 시내산의 이스라엘은 이후 전개된 이스라엘의 광야 생활을 판단하는 척도가 된다. 시내 광야의 시내산에서 야웨 하나님이 모세를 통해 이스라엘 자손에게 전하신 여러 가지 규례와 법도가 바로 출애굽기와 레위기와 민수기에 걸쳐 수록되어 있다.

학자들에 따라서는 레위기의 마지막과 민수기의 처음이 토라의 다른 책들처럼 그렇게 매끄럽지 않다고 지적하기도 한다.[3] 레위기의 맺음말("이것은 여호와께서 시내산에서 이스라엘 자손을 위하여 모세에게 명령하신 계명이니라" 레 27:34)과 민수기의 첫 구절("이스라엘 자손이 애굽 땅에서 나온 후 둘째 해 둘째 달 첫째 날에 여호와께서 시내 광야 회막에서 모세에게 말씀하여 이르시되" 민 1:1) 사이에는 '시내산에서 주신 말씀'(레위기)과 '시내 광야에서 주신 말씀'(민수기)이라는 차이가 있다는 것이다. 그러나 이 같은 지적은 오경의 최종 형태를 잘못 이해한 결과다. 레위기의 첫 구절(레 1:1) 이래 레위기의 말씀은 야웨 하나님이 (시내산 아래) 회막에서 모세를 통해 이스라엘에게 주신 말씀으로 해석되지만, 레위기 1:1 이후에도 레위기 본문은 여러 곳에서 여전히 하나님이 시내산에서 말씀하시는 것으로 전하고 있다(레 7:38; 25:1; 26:46; 27:34). 이 같은 혼선은 민수기에서도 발견된다. 하나님께서 '시내 광야 회막에서' 모세에게 말씀하셨다고 말하는 구절이 있는가 하면(민 1:1; 7:89), 그냥 하나님이 시내 광야에서 말씀하셨다고 적고 있는 구절도 있다(민 3:14; 9:1). 이 같은 혼선은 토라의 최종 형태가 출애굽기 후반부와 레위기, 민수기 전반부를 모두 시내 광야의 시내산에서 주신 말씀으로 간주하게 하는 의도를 이해할 때 제대로 해소된다.

오경을 읽을 때 중요한 것은 최종 형태의 토라가 출애굽기 19:1부터 민수기 10:10에 이르는 말씀을 시내 광야의 시내산에서 선포된 하나님의 계시로 보게 한다는 사실이다. 이때 출애굽기 19:1~40:38이 시내산 위에서 선포된 하나님의 말씀에 집중한다면, 레위기 1:1부터 민수기 10:10은 시내산 아래 회막에서 선포된 하나님의 말씀을 보도한다. 산 위의 계시는 산 아래 계시를 위한 준비 과정이다. 시내산 위에서 선포된 하나님의 계시(출 19:1~40:38)는 시내산 아래 회막에서 선포된 하나님의 계시(레 1:1~민 10:10)를 듣기 위한 예비 단계에 속한다. 산 위에서 이루어진 하나님의 현현이 아무리 장엄하다고 해도, 산 위에서 선포된 하나님의 계시가 아무리 중요하다고 해도, 그것은 산 아래(회막)에서 선포될 하나님의 계시를 듣기 위한 채비라는 것이다.

토라 속의 민수기, 시내산과 모압 사이

시내산을 중심으로 토라를 살필 때 민수기는 크게 둘로 구분된다. 민수기의 전반부(1:1~10:10)는 시내산 단락에 속한다. 민수기의 후반부(10:11~36:13)는 시내산을 떠나 모압 평지까지 가는 이스라엘 자손의 이주(migration)를 전한다. 모압 평지는 요단 건너편에 자리 잡은 평원을 가리키는 이름이다(33:49, 50~56; 신 1:1~3). 모세의 토라는 애굽을 떠난 이스라엘이 시내산을 거쳐 모압 평지까지 가는 이스라엘의 이주 여행으로 짜여 있다.

이스라엘의 이주 여정을 애굽, 시내산, 모압을 중심으로 살필 때 출애굽기 1:1~15:21은 애굽을, 시내산 단락(출 19:1~민 10:10)은 시내산을, 신명기는 모압 평지를 배경으로 그 이야기를 펼친다. 애굽과 시내산, 시내산과 모압 사이는 이름 하여 광야다. 시내산 단락의 앞뒤로 광야를 헤쳐 가는 이스라엘의 발걸음이 소개되고 있다(출 15:22~18:27; 민 10:11~36:13). 토라 속의 민수기는 이처럼 시내산과 모압을 이야기의 배경으로 삼는다.

물론 토라 속의 민수기는 여러 다른 관점에서도 살필 수 있다.[4] 밀그롬(J. Milgrom)이나 더글러스(M. Douglas)가 바로 그런 경우다. 가령 밀그롬은 육경 속에서 민수기가 차지하는 자리를 파악한다.[5]

창 1~11장(원역사)

A 창 12~50장(땅의 약속)

  B 출 1:1~12:36(애굽에 내린 심판)

   C 출 12:37~15:21(애굽에서 해방)

    D 출 15:22~18:27(광야 유랑: 만나, 메추라기, 물)

     E 출 19~24장(야웨 하나님과 이스라엘이 언약을 맺다)

      F 출 25~31장(성소, 즉 거룩한 건축물의 건축이 계획되다)

       G 출 32장(금송아지를 만들고 숭배하다: 언약이 파괴되다)

        X 출 33장(하나님의 현현: 하나님이 회막에서 모세와 말씀하시다)

       G′ 출 34장(두 번째 돌판을 주시다: 다시 언약을 맺으시다)

      F′ 출 35~40장(성소, 즉 회막 공사가 완공되어 봉헌하다)

     E′ 레 1:1~ 민 10:10(언약 준수에 관련한 세부 조항)

    D′ 민 10:11~36:13(광야 유랑: 만나, 메추라기, 물)

   신명기

    C′ 수 1~4장(가나안 땅에 드디어 진입하다)

  B′ 수 5~12장(가나안 땅에 내린 심판)

A′ 수 13~24장(땅 약속의 성취)

밀그롬은 아브라함에게 주신 땅 약속이 여호수아 시대에 성취되었다는 시각에서 창세기에서 여호수아서까지를 한 이야기로 읽는다. 밀그롬이 보는 육경은 출애굽기 33장을 중심으로 A–B–C–D–E–F–G–X–G′–F′–E′–D′–C′–B′–A′로 연결되는 중앙 집중적 구조(introverted structure)를 띠고 있다. 이때 중심축 역할을 하는 부분이 출애굽기 33장이다. 이 중심축의 앞과 뒤에 나오는 항목들은 중심 개념, 용어, 언어 등에서 서로 대칭을 이룬다. A 항목에서 X 항목에 이르는 동안 이스라엘은 애굽의 노예살이에서 벗어나게 된다. X항목부터 이스라엘은 자유인이 되어 A′항목에 이르게 된다. 이런 틀 속에 창세기 1~11장과 신명기가 나중에 첨가되었다는 것이다.

밀그롬은 우리에게 민수기를 거시적으로 이해하게끔 돕는다. 그러나 아무래도 밀그롬의 도식은 성서 본문을 인위적으로 짜 맞춘 감(感)에서 벗어날 수 없다. 그만큼 무리가 따른다. 밀그롬과는 달리 더글러스는 미시적으로 민수기의 짜임새를 살핀다. 더글러스는 창세기에 개진된 약속과 저주가 민수기에 가서 그대로 성취되었다는 시각에서 민수기를 파악한다.[6] 창세기 이야기의 중심 소재였던 형제간의 반목이 민수기에 고스란히 반영되었다는 것이다.

A 노아의 가나안 저주	창 9:25	
B 롯과 그의 딸들: 암몬과 모압의 탄생	창 19:30~38	
C 리브가의 신탁: 에서와 야곱	창 25:23	
D 에서와 야곱의 갈등	창 32~33장	
E 열두 아들들 사이의 긴장	창 49장	
F 이스라엘 자손과 약속의 땅	창 50:24	
F′ 인구 조사/이스라엘의 자손들	민 1장	
E′ 진영의 자리에서 구별되는 레아 자손과 에브라임, 므낫세, 베냐민	민 2장	
D′ 에돔 왕과 이스라엘 자손의 갈등	민 20:14~21	
C′ 발람의 에돔 저주	민 24:18	

B′ 모압의 딸들과 이스라엘의 남자들　　　민 25:1~6
A′ 이스라엘의 가나안 주민 정복　　　　　민 31:1~19

　　더글러스에 따르면 창세기가 개진하였던 축복과 저주, 형제끼리의 반목
과 대립이 민수기에서는 창세기의 역순(逆順)으로 펼쳐지고 있다.[7] 민수기가
창세기와 교차 대구적으로 짝을 이루는 형식으로 전개된다는 것이다. 밀그
롬이 육경의 틀 속에서 민수기의 자리를 파악하고자 했다면, 더글러스는 그
것을 사경이라는 틀 속에서 읽고 있다. 민수기를 창세기의 '미드라쉬'로 보
는 것이다. 그러나 더글러스도 밀그롬과 마찬가지로 출애굽기에서 신명기
에 이르는 이야기가 연대순으로 애굽 → 시내산 → 모압으로 가는 지형상의
이동에 따라 전개되고 있다는 사실을 간과하고 있다. 모세의 토라 속에 들어
있는 수많은 이야기들이 애굽에서 시내산에 이르는 이주(출 1:1~민 10:10)와
시내산에서 모압 평원에 이르는 이동(민 10:11~신 34:12)이라는 틀 속에 짜임
새 있게 배치되어 있다는 점을 무시하고 있는 것이다.[8]

출애굽기-신명기의 구조

I 애굽에서 시내산까지	출 1:1~민 10:10	
A 시내산으로 가는 여행	출 1:1~18:27	
B 시내산에서 일어난 사건	출 19:1~민 10:10	
II 시내산에서 모압까지	민 10:11~신 34:12	
A 모압으로 가는 여행	민 10:11~36:13	
B 모압에서 일어난 사건	신 1:1~34:12	

　　출애굽기-신명기는 크게 둘로 구분된다. 하나는 애굽에서 시내산까지
가는 이야기이고(출 1:1~민 10:10), 다른 하나는 시내산에서 모압까지 가는 이
야기다(민 10:11~신 34:12). 이 두 이야기는 각각 '어디에서 어디까지 가는 여
행'과 '특정 장소에서 일어난 사건'을 전하는 소단락을 그 안에 품고 있다. 이

때 여행이 이주를 다룬다면(출 1:1~18:27; 민 10:11~36:13), 사건은 말씀이 선포되는 과정을 묘사한다(출 19:1~민 10:10; 신 1:1~34:12). 여행은 말씀을 듣기 위한 준비다. 말씀을 듣는 사건은 여행 중에 겪었던 희망과 좌절, 순종과 실패의 의미를 되새긴다. 출애굽기-신명기는 구조상 시내산과 모압에서 듣는 말씀에 그 초점을 두고 있다. 다시 말해 항목 I에서 선포되는 말씀(출 19:1~민 10:10)이 출애굽한 이스라엘(출애굽 제1세대)을 하나님의 백성으로 다듬는 것을 목표로 삼는다면, 항목 II에서 선포되는 말씀(신 1:1~34:12)은 약속의 땅에 들어가서 살 새 세대 이스라엘(출애굽 제2세대)을 하나님 신앙의 공동체로 세우는 것을 목표로 삼는다.

이런 오경의 구조 속에서 민수기의 전반부(1:1~10:10)는 시내산에서 일어난 사건(시내산 단락, 또는 시내산 법전)에 속하고, 후반부(10:11~36:13)는 시내산에서 모압으로 가는 여행에 속한다. 민수기의 전반부는 시내산을 떠나 광야를 헤쳐 갈 여행을 준비한다. 민수기의 후반부는 하나님의 백성으로 조성된 이스라엘이 시내산을 떠나 모압까지 여행하는 동안 겪어야 했던 실패와 좌절을 묘사한다. 이 두 단락 사이에는 분명한 명암의 대조가 있다. 전자가 희망을 그리고 있다면, 후자는 실패를 고발한다. 이스라엘 자손의 광야 유랑(10:11~36:13)이 실패로 얼룩진 것처럼 보이는 것은 그만큼 시내산에서 이루어진 여행 준비(1:1~10:10)가 희망적으로 돋보였다는 뜻이다. 민수기는 이렇게 희망이 실망으로 뒤바뀌는 구도를 통해서 옛 세대(출애굽 세대)가 죽고 새 세대(가나안 땅에 정착할 세대)가 다시 조성되는 이야기를 들려 주고자 한다.[9]

민수기의 증언, 시내산에서의 이스라엘

민수기의 전반부는 시내산 단락에 속한다. 모세의 토라에서 시내산 단락에 속하는 본문은 출애굽기 19~40장, 레위기 1~27장, 민수기 1:1~10:10이다. 이 세 단원은 모두 이야기의 형식이 명령과 계명, 금령과 법규 등으로 이루어져 있다. 그 내용도 모두 야웨 하나님이 시내산에서 모세를 통해 이스라엘에게 주시는 말씀을 다룬다. 이 세 단원은 의미상 일정한 구도를 지닌다. 먼저 출애굽한 공동체가 시내산에서 야웨 하나님과 언약을 맺고 성막을 지어 봉헌하는 공동체로 다져지자(출 19~40장), 시내산 아래 성막에 임재하신 야웨 하나님이 이스라엘을 지상의 다른 민족과 구별되는 거룩한 예배 공동체로 창조하신다(레 1~27장). 그런 이스라엘을 야웨 하나님이 다시 전쟁터에 나갈 만한 하나님의 군대로 조성하시게 된다(민 1:1~10:10). 바로 이 점에서 민수기의 서두(1~4장)의 관심사는 시내산 단락 가운데서도 낯설다. 신앙이나 종교와 관련된 규정이 아닌 병적 조사에 관한 하나님의 명령과 그 실천을 다루기 때문이다. 민수기의 첫 구절이 야웨 하나님께서 레위기 1:1처럼 회막에서 말씀하시는 것은 마찬가지지만, 그 말씀의 관심사는 결코 신앙생활이나 종교 제의에 관련된 것이 아니다.

> "이스라엘 자손이 애굽땅에서 나온 후 둘째 해 둘째 달 첫째 날에 여호와께서 시내 광야 회막에서 모세에게 말씀하여 이르시되 너희는 이스라엘 자손의 모든 회중 각 남자의 수를 그들의 종족과 조상의 가문에 따라 그 명수대로 계수할지니 이스라엘 중 이십 세 이상으로 싸움에 나갈 만한 모든 자를 너와 아론은 그 진영별로 계수하되"(민 1:1~3).

"이스라엘 중 이십 세 이상으로 싸움에 나갈 만한 모든 자를 너와 아론은 그 진영별로 계수하되!" 민수기의 서두는 출애굽기나 레위기와 그 관심사에서 사뭇 다르다. 민수기의 서두가 자아내는 분위기는 지금까지 읽은 시내산 단락의 정서와도 거리가 있다. 민수기는 출애굽기에서처럼 이스라엘을 하나님과 정치적으로(!) 맺은 언약 공동체로 묘사하지 않는다. 레위기처럼 야웨 하나님을 닮아 가야 하는 거룩한 공동체로 부각시키지도 않는다. 다만 "이스라엘 중 싸움에 나갈 만한" 자들을 파악하는데 온 정신을 쏟고 있다 (1:3, 20, 22, 24, 26, 28, 30, 32, 34, 36, 38, 40, 42, 45). 하나님의 군대에 소집될 만한 대상을 파악하는 병적 조사가 민수기 서두의 관심사다.

민수기의 서두는 이스라엘 자손을 군대처럼 조직하고 그 수를 계수(計數)하는 장면을 보도한다. 이런 점검과 조사, 조직과 계수의 결과 하나님의 군대로 싸움터에 나갈 만한 자로 등록된 사람들이 무려 60만 3,550명에 달했다(1:46). 이 숫자가 역사적으로 신빙성이 있느냐 없느냐를 따지는 것은 큰 의미가 없다. 민수기가 강조하려는 것은 이스라엘은 정녕 "생육하고 번성한" 민족이 되었다는 점이다.[10] 민수기의 서두는 병적 조사를 통해서 출애굽한 이스라엘이 시내산에 머물러 있을 때 이미 세상에서 무적의 군대가 되었다는 것을 확인하려고 한다. 아브라함에게 주셨던 하나님의 약속이 마침내 성취되었다는 것이다.

이제부터 이스라엘은 야웨 하나님의 통솔을 받으며 행진하는 군대가 되어야 한다. 하나님의 임재를 호위하는 군사가 되어야 한다. 그렇기에 민수기는 하나님의 군대가 어떻게 광야 길을 행진해야 하고, 어떻게 광야에서 캠핑해야 하는지를 일러주는 데 관심을 쏟는다. 즉 민수기 1:1~10:10은 시내산을 떠나는 야웨 하나님의 군대가 갖추어야 할 준비를 다룬다. 그 준비가 한편으로는 열두 지파를 군대처럼 조직하고(1:1~2:34), 다른 한편으로는 제사장과 레위 사람을 '회막을 관리하는 직원'(tabernacle personnel)으로 조직하는 것으로 나타난다(3:1~4:49). 그러면서 하나님의 군대가 지키고 보존해야 할 행진과 캠핑의 원칙을 정치, 사회, 군사적이기보다는 종교적인 차원에서 정한다(5:1~10:10). 이스라엘의 진영은 정결하게 보존해야 하고(5:1~6:27), 하나님의 진영은 성결하게 유지해야 한다(7:1~8:26). 하나님의 군대인 이스라엘 신앙 공동체는 시내산을 떠나면서부터 하나님의 인도하심을 따라야 하고, 하나님의 함께하심을 지키고 가르치고 전해야 한다(9:1~10:10).

이스라엘이 조직하는 진영은 거룩한 진영(sacral camp)이다. 광야를 유랑하는 동안 치고 거두게 될 진영(wilderness camp)이다. 이 진영의 가운데 복판에는 성막이 있다. 광야 길을 헤쳐 갈 때에도 하나님이 쉬실 때에는 성막을 한가운데 두고 사방으로 장방형 모양으로 진영을 갖춘 채 머물러야 한다. 하나님이 이동하실 때에는 성막이 행렬의 중앙에 자리를 잡고, 성막의 앞과 뒤로 이스라엘의 지파들이 군대식 행렬을 갖추어서 이동해야 한다.

이스라엘은 하나님의 군사다. 하나님의 이동을 호위하는 군대다. 이스라엘과 함께하시는 하나님을 이스라엘은 진영의 모습으로 표현해야 한다. 성막의 사방 주변을 이스라엘 열두 지파의 진영들이 호위하는 모습은 그것이 외관상 전쟁을 수행하는 진영(war camp)이라는 것을 드러낸다. 이스라엘이 지켜야 할 행진과 캠핑의 질서는 하나님의 임재를 중심으로 이루어진다. 오래전 프레다임(Terrence E. Fretheim)이 말한 대로 하나님이 임재하시는 장소를 중심으로 이스라엘 신앙 공동체가 완벽하게 이뤄 낸 행진과 캠핑의 질서는 '역사 속에 실현된 창조의 질서'(a realization of the created order in history)다![11] 빛과 어둠을 가르고, 성과 속을 가르는 창조주 하나님의 뜻이 광야 행진이라는 삶의 과제 속에 온전히 구현되기를 하나님이 기대하고 있다는 것이다.

민수기의 증언, 시내산을 떠나 모압으로

민수기의 후반부(10:11~36:13)는 시내산을 떠나 모압 평지로 가는 여행을 다룬다. 민수기 10:11부터 민수기는 말 그대로 '약속의 땅으로 가는 길'을 전한다.

> "둘째 해 둘째 달 스무날에 구름이 증거의 성막에서 떠오르매 이스라엘 자손이 시내 광야에서 출발하여 자기 길을 가더니 바란 광야에 머무니라"
> (민 10:11~12).

시내산을 떠나는 순간부터 이스라엘은 광야 길에 들어선다. "구름이 증거의 성막에서 떠오르매" 이스라엘 자손은 시내 광야를 출발하여 바란 광야에 머물 때까지 행군을 계속하게 된다. 시내산과 약속의 땅 사이는 광야다.

하나님이 이 광야 길을 인도하시기 시작하였다. 민수기의 후반부는 하나님과 함께 이 광야 길을 헤쳐 가는 이스라엘에게 무슨 일이 있었는지를 보도하려는 데 글의 초점을 둔다. 하나님의 군대였어야 할 이스라엘에게 무슨 원망과 불평이 있었으며, 모세를 향한 폭동은 어떻게 일어났고, 그 결과 하나님의 군대였던 이스라엘에게 어떤 심판과 재앙이 닥치게 되었는지를 전하고자 한다. 이 보도는 둘로 이루어져 있다. 하나는 시내산에서 가데스까지 갔던 행진이고(10:11~14:45), 다른 하나는 가데스에서 모압까지 가는 행렬이다(15:1~36:13). 전자는 실패하고 만 행진을 담담하게 전한다. 후자는 그 실패의 결과로 40년 후에야 이루어진 가나안 땅 진입을 아픈 마음으로 전한다.

이 점에서 이스라엘의 광야 행진을 회고하는 민수기 33장을 새롭게 살펴보아야 한다. 민수기 33:1~49은 애굽 땅을 떠나 모압 평지에 다다른 이스라엘의 여정을 회고조로 요약하는 설명이다. 이 회고 속에 이스라엘의 출애굽과 광야 이동, 방황과 행진을 총정리하는 요약이 담겨 있다.

"모세와 아론의 인도로 대오를 갖추어 애굽을 떠난 이스라엘 자손들의 노정은 이러하니라. 모세가 여호와의 명령대로 그 노정을 따라 그들이 행진한 것을 기록하였으니 그들이 행진한 대로의 노정은 이러하니라"(민 33:1-2).

민수기 33장 이야기는 온통 '이스라엘 자손이 떠난 곳은 이러하다'는 지명뿐이다. 민수기 33장은 회고조로 애굽에서 시내 광야까지(5~15절), 시내 광야에서 가데스까지(16~36절), 가데스에서 모압 평지까지(37~49절)를 설명한다. 본문은 다만 이스라엘이 이곳을 떠나, 저곳에 당도하여, 진을 쳤다가, 다시 진을 거두고 다른 곳을 향해 떠났다는 이동만 전한다. 간혹 돌아가서나, 지나가서라는 말이 사용되지만, 대부분은 '어디를 발행하여' '어디에 진쳤다'이다. 이 지명을 세어 보면 라암셋에서 모압 평지에 이르기까지 이스라엘이 거쳐 온 곳은 모두 42곳이 된다. 여기에 나온 지명들은 이스라엘의 출애굽과 광야 유랑을 전하는 다른 본문에 언급된 곳도 있고 그렇지 않은 곳도 있다. 기억할 것은 이 본문이 워낙 '떠나고 도착하여 진을 친' 지명만을 말하고 있기에, 게다가 그 지명들이 잘 알려지지 않았기에, 이 이정표가 전달하고자 하는 메시지가 무엇인지를 확실하게 말하기 어렵다는 점이다.

크로스(F. M. Cross)에 따르면 '(이스라엘 자손이) 어디를 떠나 어디에 진을 쳤다'는 말이 출애굽기와 민수기에 모두 12번 나오는데, 그것이 바로 민수기 33장에 거론되는 광야 유랑 체류지 명단과 일치한다.[12] 그 가운데 6군데가 애굽에서 시내산 이전의 정류지인 르비딤까지 소개되고(출 12:37; 13:20; 14:1~2; 15:22; 16:1; 17:1), 나머지 6군데는 시내산에서 모압 평지에 이르는 과정에 소개된다(출 19:2; 민 10:12; 20:1; 20:22; 21:10~11; 22:1). 크로스는 민수기 33장에 소개된 이스라엘의 여정이 어떤 신학적 의도로 기록되어 있는지를 밝히고 있다. 고대 앗수르의 왕들이 남긴 원정기(campaign report)가 이런 관찰에 도움을 준다.

앗수르 왕들의 원정기는 왕이 다른 나라를 침략할 때 어디 어디에 체류하였는지를 밝히는 기록이다. 이 기록은 왕의 승전보와 함께 왕이 수행한 위대한 전쟁을 부각시키려는 의도를 지닌다.[13] 이런 관점에서 볼 때 민수기 33장에 실린 이스라엘의 광야 여정은 야웨 하나님께서 행하신 위대한 역사(役事)를 전하는 보고서 구실을 한다. 민수기 33장의 노정도 하나님이 시켜서 작성한 것이다(33:2). 모세가 자의로 기록한 것이 아니라 하나님이 모세로 하여금 기록하게 했다. 마치 고대 앗수르 왕이 자신의 치적을 자랑하기 위해서 전쟁 기록을 요란하게 기록하게 했듯이, 이스라엘 자손이 걸어간 애굽에서 모압까지의 노정도 이스라엘의 하나님 야웨의 은총을 크게 부각하려는 의도를 지닌다. 민수기 33장의 처음(33:3~4)과 나중(33:48~49)이 바로 이 점을 강조하고 있다.

이스라엘의 행진은 출애굽과 함께 그 첫걸음을 떼었다(민 33:3~4). 출애굽은 야웨 하나님께서 이루신 사건이다. 이스라엘이 애굽의 압제와 사슬에서 벗어나게 된 것은 순전히 하나님이 하신 일이다. 하나님은 출애굽한 이스라엘이 광야를 행진하던 중에도 도우셨다. 이스라엘이 그토록 지루한 행진을 마치고 마침내 종점인 모압 평지에 도착하였을 때 그들이 친 진영은 벧여시 못에서 아벨싯딤까지 이르렀다(33:48~49). 벧여시못은 여리고에서 남동쪽 으로 19km 떨어진 곳이다(참고 수 12:3; 13:20; 겔 25:9). 아벨싯딤은 사해에서 11km, 요단에서 8km 떨어진 고지대다. 벧여시못과 아벨싯딤은 모압 평지 의 이쪽 끝에서 저쪽 끝에 해당된다. 이것은 이스라엘이 모압 땅에 친 진영 이 참으로 큰 규모임을 간접적으로 드러낸다. 이스라엘 백성의 수가 얼마나 많았기에 그들이 친 진영이 모압 평지의 한쪽 끝에서 다른 한쪽 끝에까지 미 쳤겠는가!

재미있는 것은 출발지 라암셋과 도착지 모압 평지를 빼놓고 생각한다면 민수기 33장에서 이스라엘이 광야 유랑 중 진 치고 머물렀던 곳은 모두 40 곳이다. 생각해 보자. 이스라엘이 출애굽하여 가나안 땅에 당도하기까지 모 두 몇 년 세월을 보냈는가? 40년 유랑이 아니던가! 그렇다면 민수기 33장의 노정은 이스라엘이 40년 유랑 동안 모두 40곳에 진을 쳤다는 뜻인가? 그것 은 아니다. 애굽(라암셋)에서 모압에 이르는 노정에 40곳의 중간 기착지가 열 거되고 있는 것은 이스라엘로 하여금 40년 광야 유랑을 잊지 않게 하기 위해 서다. 40년간 40군데를 거쳤다는 식으로 광야 여정을 회고함으로써 이스라 엘의 여정을 하나님이 인도하신 역사로 기억하려고 한다. 이스라엘의 행진 은 하나님과 함께하는 여행이다. 하나님의 백성은 오로지 하나님의 은총으 로만 산다!

민수기의 처방, 토라에 이르는 길

민수기는 여행 준비와 여행 실천으로 이루어져 있다. 이 여행은 이 주(migration)의 성격을 지닌다. 보기에 따라서는 여행(journey)이나 행진 (campaign)이란 말로 민수기의 관심사를 표현할 수도 있다. 그러나 민수기에 서 이스라엘의 여행은 여정을 마치고 난 뒤 떠난 곳으로 되돌아가는 여행이 아니다. 그렇기에 여행이나 행진이란 적절하지 못하다. 민수기는 이스라엘의 이주 여행을 전한다. 시내산에 머물던 이스라엘이 삶의 자리를 옮기는 사건을 전한다. 이 이주는 단순히 시내산을 떠나 광야로 나아가는 땅에서의 이동으로 멈추지 않는다. 이것은 영적인 여행이다. 바로 토라에 이르는 길이다. 내 의지대로 살던 삶의 둥우리를 떠나 하나님의 말씀대로 사는 삶의 자리로 이동하는 길이다. 시내산에서 모압까지 가는 여행은 단순한 여행이 아니다. 이 여행은 이스라엘이 하나님의 사람으로, 하나님의 백성으로, 하나님의 군대로 나아가는 여행이다.

사실 민수기의 토라는 내용과 형식에서 참으로 다양하다. 다양한 관심, 다양한 유형의 이야기와 가르침이 여행을 준비하고(1:1~10:10) 그것을 실천하는(10:11~36:13) 틀 속에 담겨 있다. 민수기의 가르침들은 어떤 것이든 시내산에서 갖추어야 할 준비에 속하든가, 아니면 시내산을 떠나 모압에 이르는 여행에 속한다. 두 종류의 사건-시내산에서의 이스라엘(1:1~10:10)과 시내산을 떠나 모압까지 가는 이스라엘(10:11~36:13)-이 민수기라는 텍스트 속에 나란히 병렬되어 있는 것이다. 즉 민수기의 토라는 준비와 실천이라는 이중 구조 속에 수록되어 있다. 여행 준비의 속내는 그 여행의 실천에서 드러난다. 여행의 실체는 그 여행의 얼개를 준비하고 꾸민 준비에서 들여다보아야 한다. 민수기의 토라가 갖춘 두 형식-여행 준비와 여행의 실천-에 상응하는 이야기는 출애굽기 25~31장(성막 건설 준비)과 35~40장(성막 건설)에서도 발견된다. 왜 민수기는 준비와 실천이라는 구조를 가르침이나 이야기의 얼개로 삼고 있는가? 여기에는 두 가지 의미가 있다. 하나는 준비된 것이 실천되었다는 뜻에서 본문을 해석하라는 주문이고, 다른 하나는 실천된 것은 이미 준비되었다는 관점에서 본문을 파악하라는 주문이다.[14] 민수기는 이런 형식을 빌려 이스라엘 자손의 이주 여행을 증언한다.

이스라엘은 하나님의 뜻에 맞춰 살도록 시내산에서 조율되었다.[15] 시내산에서 선포된 하나님의 말씀, 곧 시내산 법전은 이스라엘의 미래를 위한 하나님의 처방이다. 시내산의 토라는 이스라엘의 정체성을 일깨워 준다. 이스라엘의 삶의 방향을 다짐하게 한다. 민수기의 토라가 시내산에서 이루어진 여행 준비로 시작하는 것은 모세의 시내산에서만이 참 이스라엘의 기초가 놓인다고 보기 때문이다.

민수기가 준비시키는 여행에 관한 규정은 이스라엘의 성패가 신정정치 (theocracy)의 구현에 달렸다는 점을 부각시킨다. 민수기는 결코 왕국 정치나 시민 정치의 이상과 타협하지 않는다. 시내산에서 이루어진 준비는 철두철미하게 하나님의 통치, 하나님의 다스림을 강조한다. 이스라엘에게 요구되는 것은 그 하나님의 이끄심을 '따라가는 삶'이다. 이스라엘 된 자에게 요구되는 것은 지도력(leadership)이 아니라 부하력(部下力, followership)이다. 이스라엘은 순결해야 하고, 순수해야 하며, 순종해야 한다. 그러나 정작 민수기가 전하는 여행 보도는 시내산을 떠나 모압으로 가던 이스라엘은 순종의 길을 걷지 않고 불순종의 길을 내달았다고 증언한다(11:1, 3; 12:9~12; 13~14장). 시내산에서 가데스까지는 단숨에 갔지만, 가데스에서 모압까지는 무려 40년 세월이 소요되었다는 지적이 이것을 일깨워 준다. 이런 까닭에 민수기의 토라는 무너진 지도력을 복원하고(15:1~18:32), 공동체가 정결해지고(19:1~22), "목이 곧은" 출애굽 세대가 역사의 뒤편으로 사라진 후에야(20:1~29), 이스라엘의 이주 여행이 새로운 전환점을 맞았다고 증언한다(21:1~22:1). 모압 평지에 당도한 후에야 이스라엘은 다시금 하나님의 섭리를 깨닫고(22:2~24:25), 새 세대 이스라엘로 살아야 되는 삶의 가치를 되새기게 된다(26:1~36:13). 과거의 실패를 반성하고 내일의 이스라엘을 새롭게 내다보는 것이다.

현재 민수기는 독자들에게 시내산(1:1~10:10)의 관점에서 광야 유랑(10:11~36:13)의 아픔을 해석하도록 이끈다. 이스라엘의 이주 여행은 시내산에서 준비한 대로 이루어지지 않았다. 민수기의 토라에서 이스라엘은 시내산과 모압 평지 사이에 있다. 민수기를 하나님의 말씀으로 '아멘' 하는 독자들도 시내산과 모압 평지 사이에 있다. 약속과 성취 사이에 있다. 시내산을 떠나는 자는 누구나 반드시 약속의 땅으로 나아가야 한다. 비록 시내산과 약속의 땅 사이에 험한 광야가 펼쳐져 있지만, 이스라엘은 결코 노예살이를 하던 애굽으로 돌아가서는 안 된다. 광야 행진에서 가장 큰 걸림돌은 이스라엘의 내부에서 쏟아져 나오는 환(還)애굽의 유혹이다. 약속의 땅으로 가는 길은 단순히 지평선을 따라가는 여행이 아니다.[16] 그것은 영적인 여행이다. 하나님의 뜻을 이루고자 나를 쳐서 부인하고 '토라에 이르는 길'(the way to Torah)을 몸으로 사는 여행이다. 이 영적인 여행에서 이스라엘이 야웨 하나님의 자녀인 것을 온 누리에 드러내야 하는 것이다.

05

민수기의 두 이름,
'아리스모이'와 '베미드바르'

민수기와 아리스모이

민수기는 오경의 네 번째 책이다. 민수기라는 이름은 헬라어 70인역(Septuagint)의 '아리스모이'에서 왔다. 히브리어 마소라 본문(Masoretic Text)에서 이 책은 '광야에서'라는 뜻의 '베미드바르'다. 아리스모이와 베미드바르의 이면에는 민수기를 바라보는 서로 다른 시각이 자리하고 있다.

아리스모이는 오경의 네 번째 책을 이스라엘 자손의 인구 조사를 다루는 말씀으로 본다. 거기에는 이스라엘 자손이 광야에서 실시한 병적 조사(민 1, 26장)가 민수기의 주요 관심사라는 판단이 전제돼 있다. 이 조사는 한 번은 시내 광야에서(1장), 다른 한 번은 모압 평지에서 실시되었다(26장). 첫 번째 조사는 출애굽 후 제2년 2월 1일에 시내산에서 출애굽 제1세대를 대상으로 실시되었다(1:1). 두 번째 조사는 40년 유랑을 마치고 모압 평지에 당도한 출애굽 제2세대, 곧 광야 행진 중 태어난 새 세대를 대상으로 실시되었다(26:1~2). 이 두 번째 인구 조사에는 그것이 실시된 날짜가 언급되어 있지 않다.

민수기를 아리스모이에서 해석한 대표적인 학자가 데니스 올슨(Dennis T. Olson)이다. 올슨은 민수기의 주제와 구조를 인구 조사에서 찾는다.[1] 민수기에 두 번 등장하는 인구 조사는 민수기를 둘로 나누는 기준이 된다는 것이다. 첫째 부분은 1~25장이고 둘째 부분은 26~36장이다. 올슨에 따르면,

전자는 옛 세대(출애굽 세대)의 죽음을 이야기하고, 후자는 약속의 땅 입구에 다다른 새 세대(광야 세대)의 희망을 이야기한다. 이런 틀 속에서 민수기는 다시 1~10장, 11~25장, 26~36장으로 세분된다.

민수기 1~10장은 그 내용이 매우 다양하다. 병적 조사(1장), 부대의 편성과 배치(2장), 아론과 그 아들들로 구성되는 제사장(3:1~4), 레위 사람 인구 조사(3:5~4:49), 부정한 사람/일/아내에 대한 처리(5장), 나실인의 규율(6장), 지파 지도자들이 바친 예물(7장), 제사장의 등잔 차리기(8:1~4), 레위 사람 봉헌식(8:5~26), 두 번째 유월절(9:1~14), 길을 안내하는 구름(9:15~23), 나팔 신호(10:1~10), 행진의 시작(10:11~36) 같은 이야기들이 연속해서 나온다. 이 가르침들은 모두 시내산을 떠나 광야로 향하는 행진을 준비시키는 하나님의 명령과 그에 따른 이스라엘의 순종을 부각시키고 있다. 이스라엘이 광야 행진 중 꾸려야 하는 진영은 거룩한 진영이다. 이것을 하나님이 말씀하시자, 모세가 그 말씀을 전달하고, 이스라엘은 그 말씀에 철저히 순종한다(1:54; 2:34; 8:4, 20, 22; 9:5, 18~19, 23; 10:13).[2] 만약 누군가가 진영과 공동체와 성막을 정결하게, 온전하게, 거룩하게 보존하는 일에 훼방을 놓는다면, 그는/그녀는 죽음의 형벌을 면하지 못하게 되리라(3:4; 4:15, 18, 20; 5:2; 6:6~7; 9:6~11).

민수기 1~10장과는 달리 민수기 11~25장은 시내산을 떠나 광야를 행진하는 이스라엘이 저지른 불평과 반역을 보도한다. 이 단락은 이스라엘이 악한 말로 하나님을 원망하자 하나님이 진노하시어 그들 가운데 불을 놓아 진 언저리를 살라 버리시는 다베라 이야기로 시작한다(11:1~3). 민수기 11~25장은 옛 출애굽 세대가 모세와 하나님을 향해 끊임없이 쏟아내는 원망과 반란과 배신을 보도한다. 시내산에서 가데스까지 가는 동안 불평하고 원망하다가 하나님이 선물로 주신 약속의 땅마저도 수령하지 못하게 된다(12, 13~14장). 그 결과 출애굽 세대에 속하는 이스라엘은 가데스에서 모압까지 가는 40년 광야 유랑 중 모두 죽게 되는 벌을 받았다. 광야 유랑 중 새 세대 이스라엘이 새롭게 태어나는 것이다. 이런 징벌을 받고서도 모세와 아론에게 반기를 든 사람들이 생긴다(16장). 마실 물이 없다고 비방하면서 반란을 일으키는 자도 있었고(20:2~13), 가는 길이 지루하고 험하다고 원망하며 덤비는 자들도 나타났다(21:4~9). 약속의 땅 동쪽 경계 바로 바깥에 있는 싯딤까지 와서도 바알 브올을 섬기면서 음행하는 자도 있었다(25장).

민수기 11~25장에도 이스라엘을 향한 기대와 희망이 나온다. 하나님께 드리는 희생 제물에 대한 규정(15장), 아론의 지팡이(17장), 제사장과 레위 사람의 직무(18장), 붉은 암송아지 재로 만든 부정을 씻어 내는 물(19장), 호르마에서의 승리(21:1~3), 이스라엘을 향한 발람의 예언(22~24장) 등이 그러하다. 이 이야기들은 대부분 이스라엘을 돌보고 복되게 하려는 하나님의 뜻을 담고 있다. 이처럼 민수기 11~25장에는 서로 다른 성격의 두 이야기가 섞여 있다. 그렇지만 민수기 11~25장 전체를 이끌어 가는 흐름은 아무래도 원망과 불평, 배신과 반역, 우상숭배와 죽음이다.[3]

이렇게 볼 때 민수기 26~36장은 그 분위기나 어조에서 민수기의 다른 부분과 크게 다르다. 민수기 26~36장은 새 세대 이스라엘에게 주시는 말씀과 약속이다. 두 번째 인구 조사를 실시하고(26장), 땅을 상속받는 딸들에 대한 규정을 정하며(27:1~11), 가나안 땅에 들어가 지켜야 할 제의력을 다짐하고(28~29장), 서원과 거룩한 전쟁에 대해 이야기하며(30, 31장), 요단 강 동편의 땅을 분배하고(32장), 가나안 땅에서 살면서 지켜야 할 다양한 규정들을 정한다(33:50~36:12). 이런 새 이야기들이 이스라엘 열두 지파에 대한 인구 조사로 막을 연다. 여호수아와 갈렙을 제외하고 출애굽 세대에 속한 자들은 모두 죽었다(26:65, 비교 14:24, 30, 38). 모세 역시 예외가 아니어서 가나안 땅에 발을 들여놓지 못한 채 사라지게 된다(참고 신 34:1~8).

무엇보다도 민수기 26~36장이 민수기 1~10, 11~25장과 구별되는 것은 거기에 이스라엘 자손의 실패와 죽음에 대한 언급이 단 한 줄도 나오지 않는다는 점이다.[4] 출애굽 세대가 광야 행진 중 첫 번째로 맞닥뜨렸던 가나안과의 싸움에서 크게 패배하고 말았던 것(13~14장)에 비해 새 세대로 병적을 등록한 이스라엘은 맨 먼저 부딪친 미디안과의 전쟁에서 커다란 승리를 거두게 된다(31장). 이것은 모두 새 세대 이스라엘의 새로운 시작을 위해 마련된 새로운 희망의 징조다. 옛 세대 이스라엘은 하나님의 기대를 실망으로 저버렸지만, 새 세대 이스라엘은 앞선 세대들이 저질렀던 실망과 실패를 떨쳐 버리고 하나님의 군대로서 이제부터 승리만을 나아가는 길에 남겨야 하리라.

아리스모이의 희망, 아리스모이의 신앙

민수기를 아리스모이의 전통에서 파악할 때 두드러지는 것은 1장과 26장의 병적 조사에서 집계된 이스라엘 장정의 규모다. 두 번에 걸친 조사 결과 이스라엘 자손 가운데 이십 세 이상으로 군대에 입대할 수 있는 사람들이 첫 번째 조사에서는 60만 3,550명, 두 번째 조사에서는 60만 1,730명이 파악되었다(1:46; 26:51). 여기에 여자들과 아이들을 감안하면 시내 광야에 머물러 있을 때나 모압 평지에 당도했을 때 이스라엘 사람들의 합계는 방대한 규모가 된다. 민수기 1장과 26장의 병적 조사가 전하는 이 같은 통계는 비록 개체 지파들의 경우 1장과 26장 사이에 약간의 차이가 있지만, 그 전체 총계는 대체로 60만 명 수준을 유지하고 있다. 이 숫자는 여자와 아이 등을 제외하고 파악했을 때 출애굽에 동참한 남자들의 수가 60만 명에 이른다는 오경의 다른 증언들과도 일치한다(출 12:37~38; 민 11:21).

60만 명이라는 숫자에 대한 평가는 일찍부터 분분했다. 그것을 역사적으로 정확한 수치로 보는 신앙 공동체의 전통에 반해, 그 숫자가 정확하지만 출애굽 후 광야 유랑 당시의 수가 아니라 그보다 훨씬 후대의 인구수를 가리키는 것으로 보아야 한다고 주장하기도 하고,[5] 그 수치를 상징적이거나 문학적이거나 신학적인 창안으로 읽어야 한다고 주장하기도 하였다.[6] 가령 스무 살 이상으로 군대에 나갈 만한 장정의 수가 60만 3,550명(민 1:46)이라고 할 때, 민수기의 숫자를 비평적으로 읽으려는 학자들은 대체로 1,000명을 나타내는 히브리어 '엘레프'(אֶלֶף)를 군대나 가족 단위, 부족이나 족장을 의미하는 단어로 간주하려고 한다. 그래서 예컨대 르우벤 가족이 4만 6,500명(민 1:21)이라고 할 때 그 숫자는 500명씩으로 구성된 46개 가족을 지칭하는 표현으로 보아야 한다는 것이다. 이런 식으로 민수기 인구 조사의 통계를 수정할 경우 출애굽한 이스라엘 자손의 총계는 200만 명이라기보다는 2만 명으로 축소된다.[7]

그러나 민수기의 통계표에 대한 이 같은 합리적(?) 수정은 민수기가 증언하려는 본문상의 진리(textual truth)를 제대로 이해하지 못한 결과다. 민수기의 통계표는 야웨 하나님 신앙의 회중으로 양육된 출애굽 세대가 얼마나 하나님의 은총을 입었는지를 부각시키는 데 그 초점이 있다. 비록 패역한 출애굽 세대가 광야 살이의 시련과 심판을 40년간 겪었지만 광야 유랑 중 태어난 새 세대 이스라엘을 향한 하나님의 은총은 결코 변하지 않았다는 것이다. 민수기는 이십 세 이상으로 군대에 나갈 만한 60만 명의 장정을 통해 이스라엘이 하나님의 군대로 조성되고(orientation, 1~10장), 하나님의 군대답지 않게 흩어졌다가(disorientation, 11~25장), 다시 새로운 하나님의 군대로 빚어지는(reorientation, 26~36장) 과정을 보여 준다.[8] 하나님의 군대가 승리하는 길은 결코 군사적 무장에 있지 않다. 이십 세 이상의 장정으로 군대의 진영을 꾸리지만, 그들에게 요구되는 것은 엄한 훈련이나 교육이 아니다. 이스라엘이 하나님의 군대로 세상 속에서 이기는 길은 오로지 야웨 하나님의 말씀에 순종하는 것이다. 야웨 하나님의 거룩하심을 드러내는 일이다. 이스라엘이 하나님의 지시에 순종하며 발걸음을 옮길 때 광야에서 그들은 걸음마다 길이 되는 기쁨을 누리게 된다! 하지만 그렇지 못할 경우 그들이 가는 길은 비극으로 끝나고 만다. 얼마나 빨리 가느냐보다 소중한 것은 어떻게 가느냐이다. 어디로 가느냐이다. 속도보다 중요한 것은 방향이다.

이런 맥락에서 밀그롬(J. Milgrom)이 민수기의 병적 조사는 왕국 시대 이전의 이스라엘이 얼마나 강대하였는지를 보여 주려 한다고 말한 것은 우리 논의에 도움이 된다.[9] 민수기의 인구 조사에서 이스라엘은 '회중'으로 불린다.

회중은 이십 세 이상 된 모든 성인 남자들의 총회다(1:2; 14:1~4; 31:26, 28, 43, 비교 출 12:19, 47; 16:1; 민 1:53; 17:11). 구약의 다른 곳에서는 회중이란 말로 이스라엘을 대표하는 위기관리 협의체(emergency council)가 지칭되기도 하지만(출 12:3, 21; 수 22:14~16; 삿 21:10, 13), 민수기에서 회중은 대체로 성인 남자들의 집회를 지칭한다. 회중 밑에는 회중을 대표하는 각 지파의 '족장'(1:4, 16)이 있고, 다시 그 밑에는 '지파'를 구성하는 각 '족속'(개역한글에서는 '천만인', 1:16; 수 7:14, 비교 삼상 10:19, 21)이 자리 잡는다(1: 2, 4, 16; 26:2).

민수기에서 회중은 거룩한 신앙 공동체다. 회중은 광야에서 진영을 칠 때 '회막'을 중심으로 정방형의 진지를 구축한다(2:2). 이스라엘의 정치, 사회의 중심에는 회막이 있어야 하고, 이스라엘 회중은 바로 그 회막을 방어하는 전투 대형을 갖추어야 한다. 이것은 왕국 건설 이후의 이스라엘 사회가 성전과 왕을 중심으로 짜인 '총회'로 불리는 것과 크게 대조된다. 민수기는 회막을 중심으로 조직된 회중 공동체야말로 가나안 땅에 들어가서 건설할 이스라엘 사회의 본바탕이라고 강조한다. 이런 회중의 규모가 숫자적으로는 60만 명에 이른다. 이런 회중의 성격이 종교 사회적으로는 하나님의 군대다. 이런 회중의 본질이 신앙적으로는 거룩한 공동체다. 병적 조사를 부각시키는 아리스모이에는 야웨 하나님을 섬기는 회중을 이스라엘의 기본 바탕으로 삼으려는 해석학적 성찰이 담겨 있다.

오경은 이스라엘 자손의 인구수에 대한 보도에서 내적 일관성을 지닌다(출 12:37~38; 민 1:46; 11:21; 26:51). 시종일관 이스라엘이 막강한 군대라는 점을 강조한다. 보기에 따라서는 민수기의 통계표에 이스라엘 민족의 기원을 밝히려는 서사시적인 분위기가 담겨 있다고 말할 수도 있다. 이를테면 우가리트(Ugarit)에서 발굴된 전설적인 인물 크렛(Kret) 왕 서사시가 이와 비슷하다.[10] 크렛 왕 서사시에 따르면 크렛 왕이 소집한 군대 수는 300만 명에 달했다[KTU/CAT 1.14 II 36, IV 16(= UT Krt 89, 179)]. 크렛 왕은 희생 제사를 드리고, 군대들이 먹을 양식을 위하여 빵을 굽고, 300만 명의 군인들과 함께 전쟁터에 나선다. 삼일 길을 행진한 뒤 한 거룩한 곳에 당도하자 가던 행군을 멈추었고, 다시 목적지까지 삼일 길을 더 행군한 다음, 엿새 동안 조용히 기다렸다가 제7일에 군사 행동을 감행하여 완벽하게 승리를 거두었다는 것이다.

이스라엘은 하나님의 군대다. 민수기 1, 26장의 병적 조사는 "이스라엘 중 이십 세 이상으로 싸움에 나갈 만한 자"를 계수하였다는 것을 강조한다. 민수기 32장에서 요단 동편의 땅을 차지한 르우벤 지파와 갓 지파가 요단 강 건너 가나안 땅으로 진입하는 군사 작전에 동참할 때에도 "이십 세 이상"의 남자가 다시금 강조되었다(32:11). 아리스모이가 뿜어내는 당찬 하나님의 군대는 출애굽기에서 시작하여 여호수아서에 이른다. 이스라엘은 하나님의 군대로 행군하면서 힘차게 앞으로 나가야 한다. 이스라엘은 "보행하는 장정"(출 12:37)이어야 한다. 이스라엘은 '야웨 하나님의 군대'여야 한다(출 12:41; 13:18).

민수기와 베미드바르

마소라 본문에서 민수기는 '광야에서'라는 뜻의 '베미드바르'다. 이 명칭은 히브리어 민수기 1:1의 네 번째 단어에서 왔다. 병적 조사가 민수기의 중요 관심사 중 하나인 것은 사실이다. 그러나 민수기의 토라에서 인구 조사에 관한 내용은 민수기의 전체 36장 중 단 두 장(1, 26장)에 불과하다. 민수기를 베미드바르의 시각에서 해석하기 위해서는 크니림(Rolf P. Knierim)의 가르침에 귀를 기울여야 한다. 크니림은 민수기의 두 구조─시내산의 이스라엘(1:1~10:10)과 시내산을 떠나 모압으로 가는 여행(10:11~36:13)─가 바로 성소의 행진(sanctuary campaign)을 위한 조직과 실천을 반영한다고 본다.[11] 민수기의 전반부(민 1:1~10:10)는 성소의 행진을 위한 준비이고, 그 후반부(10:11~36:13)는 성소가 행진하는 이야기를 전한다는 것이다. 민수기의 서두에 병적 조사가 등장하지만, 이 병적 조사는 어디까지나 시내산을 떠나 광야로 나아가는 이스라엘의 열두 지파를 성소의 행진을 돕는 하나님의 군대로 조직하기 위해서다. 즉 광야에서 이스라엘 열두 지파가 갖추어야 할 진영의 구조와 질서를 짜기 위해서 병적 조사가 요청되었다.

민수기의 해석에서 소중한 것은 민수기 1장의 병적 조사가 아니다. 민수기 1장은 2장의 부대 편성 및 행군 순서와 3~4장의 레위 사람 인구 조사와 더불어 파악해야 한다. 민수기 1~2장과 3~4장이 넓게는 민수기 전체에서, 좁게는 민수기의 첫 부분(1:1~10:10)에서 어떤 역할을 담당하는지를 파악해야 한다. 민수기 1~2장은 성소의 행진을 위한 진영의 외곽을 담당하는 군대 조직에 대해 이야기한다. 민수기 3~4장은 진영의 내부를 담당하는 성막의 관리자들을 조직한다. 민수기 서두에 나오는 이 네 장이 하나가 되어 성막의 행진을 위한 진영을 조직하고 있다. 이것을 위해 민수기 1:1은 의도적으로 언제, 어디서, 어떻게 성막 진영이 구성되었는지를 밝힌다.

"이스라엘 자손이 애굽 땅에서 나온 후 둘째 해 둘째 달 첫째 날에 여호와께서 시내 광야 회막에서 모세에게 말씀하여 이르시되"(민 1:1).

이스라엘의 열두 지파를 성소의 군대로 조직하게 된 때는 출애굽 후 2년이 되던 해 둘째 달 초하루다. 이스라엘 열두 지파가 성소의 군대로 조직된 곳은 '시내 광야'다. 이 조직은 야웨 하나님의 지시로 이루어졌다. 출애굽 후 제2년 둘째 달 초하루(1:1)부터 그 달 이십 일(10:11)이 되기 전까지 이런 작업이 진행되었다. 출애굽 후 시내 광야 시내산에서 언약 공동체(출 19~24장) → 성막 공동체(출 25~40장) → 신앙 공동체(레 1~27장)로 조성되어 가던 이스라엘이 광야로 나아가기 직전에 성막의 행진을 호위하는 군대로 조직되었다는 뜻이다. 민수기 1장의 인구 조사는 결코 실패하고 만 옛 세대의 병적을 조사하는 통계 자료가 아니다. 민수기 26장에서 또 한 번 병적 조사가 실시되었던 것은 시내산을 떠나 모압 평지에 당도하기까지 출애굽 세대가 보여 준 불순종과 실패와 죽음 때문이다. 하지만 옛 세대의 실패는 민수기 11~25장이지 결코 1~10장이 아니다. 크니림이 지적했듯이 민수기 26장의 인구 조사는 결코 민수기 1장의 인구 조사와 대등한 비중을 지니지 않는다.[12] 민수기 1장의 병적 조사를 옛 세대의 시작에 관한 통계로 보아서는 안 된다.

베미드바르는 이스라엘이 거룩한 산을 떠나 약속의 땅에 당도하기까지 밟아야 했던 이주 여행의 과정을 보여 준다. 베미드바르에서는 시내산을 떠나 약속의 땅을 향해 나아가는 이스라엘의 이동이 긴박하게 펼쳐진다. 여기서 단연 두드러지는 단어가 (천막을 거두고) '떠났다'와, 천막을 치고 '머물다'이다. 이스라엘의 광야 행진을 요약해서 회고하는 민수기 33장만 해도 '떠났다'는 말이 92회, '머물렀다'는 말이 42회나 반복된다.[13] 베미드바르는 진영을 치고(to encamp), 진영을 거두는(to decamp) 이스라엘의 움직임을 줄곧 보여 준다.

베미드바르는 시내산에서의 여행 준비(1:1~10:10)와 시내산에서 모압 평지까지 가는 여행(10:11~36:13)으로 구성된다. 첫 번째 단원에서 이스라엘은 중앙 성소를 중심으로 사방에 자리 잡은 군대처럼 조직된다. 그래야 이스라엘은 성소의 행진을 호위하는 군대가 되어 시내산을 떠나 광야로 나설 수 있다. 시내산의 이스라엘은 이 원칙에 따라 진영을 조직한다(1~4장). 그리고 나서 진영의 운영을 정결하게 할 것을 다짐하고(5:1~6:27), 성막 제의를 준비하고(7:1~8:26), 성막 행진을 준비한다(9:1~10:10). 시내산을 떠날 준비를 다 갖춘 것이다. 이 원칙대로라면 민수기 두 번째 단원에서 이스라엘은 시내산을 떠나 약속의 땅으로 행진하는 하나님의 군대가 된다(10:11~36). 그러나 실제 이스라엘의 행진과 이동은 이상적인 것과는 거리가 먼 실패로 끝난다(11:1~14:45). 그 결과 이스라엘은 40년 후에야 가나안 근처 모압에 당도하게 된다(15:1~36:13). 민수기의 두 번째 단원은 성막 행진의 질서를 제대로 따르지 못한 이스라엘을 고발하고 증언한다. 이처럼 베미드바르의 두 단원 사이에는 원칙과 현실의 대조가 있다. 민수기의 전반부와 후반부 사이에 소망과 좌절의 대비가 존재하는 것이다.

민수기의 두 단원은 다시 각각 두 개의 소단원으로 나뉜다.[14] 약속의 땅을 향한 행진 준비가 진영의 조직(1:1~4:49)과 그 진영의 정결한 운영(5:1~10:10)

으로 구성된다면, 시내산을 떠나 약속의 땅으로 가는 행진은 시내산에서 가데스까지 갔던 실패한 행진(10:11~14:45)과 그런 실패의 결과 가데스에서 모압 평지까지 가는 40년 여정으로 구성된다(15:1~36:13).

베미드바르의 구성

I 행진 준비: 시내산에서	1:1~10:10
A 진영의 외곽 조직	1:1~4:49
B 진영의 내부 운영	5:1~10:10
II 행진의 실천: 시내산에서 모압까지	10:11~36:13
A 실패한 행진: 시내산에서 가데스까지	10:11~14:45
B 실패의 결과: 가데스에서 모압까지	15:1~36:13

시내산에서 조성된 이스라엘 '회중'은 '성막'의 행진을 위한 조직이다. 이 조직의 바깥에 열두 지파의 군대 진영이 있고(1:1~4:49), 그 안쪽에 성막을 운영하는 종교인(제사장과 레위 사람)의 진영이 있다(5:1~10:10). 이 조직에서 하나님의 성소는 이스라엘 진영 한복판에 자리 잡는다. 하나님의 성소가 이스라엘의 진영 한복판에 있는 것이 아니라 이스라엘 진영이 성막의 사변에 자리 잡는다.[15] 이스라엘이 진을 치면 하나님이 그 뒤를 따라서 진영의 중앙에 자리를 차지하는 것이 아니라, 하나님이 자리를 잡으시면 이스라엘이 그 뒤를 이어 성소 사면에 진영을 친다는 것이다. 하나님이 앞서 가신다. 이스라엘은 그 뒤를 따른다. 시내산에서의 준비는 성소의 행진을 위한 준비다. 그런 까닭에 진영은 정결해야 하고 거룩해야 한다.

시내산에서 약속의 땅까지 가는 성소의 행진은 이스라엘 회중의 불순종 때문에 실패하고 말았다. 정결하지 못했고, 순종하지 않았고, 지키지 않았다. 다양한 이야기와 가르침이 실패하고 만 행진의 원인과 결과라는 틀 속에 담겨 있다.[16] 그 원인과 결과가 시내산에서 가데스까지 갔던 이동(10:11~14:45)과 가데스에서 모압으로 나아가는 유랑으로 나타난다

(15:1~36:13). 이때 가데스를 떠나 모압까지 가는 이스라엘의 40년 광야 유랑은 다시 가데스에서 모압까지 가는 여행(15:1~22:1)과 모압에서 약속의 땅에 들어갈 준비(22:2~36:13)로 구성된다. 민수기의 첫 단원(1:1~10:10)은 앞으로 있을 여행을 신실하게 이루기 위한 준비다. 단연 '장래를 내다보는 일'(prospect)이 주요 관심사다. 이에 비해 민수기의 두 번째 단원(10:11~36:13)은 실패한 행진인 까닭에 지난 일을 회고(retrospect)하면서 새 세대 이스라엘을 새로운 행진으로 초대하시는 하나님의 부르심에 비중을 둔다. 이런 틀 속에서 민수기 26장의 병적 조사는 단순히 군사적 행진을 이루기 위한 민수기 1장의 병적 조사와는 달리 약속의 땅을 분배하기 위한 의도를 지닌다.[17]

시내산, 성막, 베미드바르

이스라엘 신앙에서 시내산은 야웨 하나님이 임재하시는 곳이다. 야웨 하나님은 '시내산의 그분'[시 68:8(히브리어 성경 68:9)]으로 불린다. 시내산은 하나님의 산이다. 모세가 하나님의 산 호렙에서 만난 '떨기나무'(출 3:1~6)가 히브리어에서 시내산에 대한 언어적 익살일 수 있기에, 모세가 하나님을 "가시떨기나무 가운데에 계시던 이"(신 33:16)로 표현한 것은 하나님의 임재를 겉으로 드러낸 표시일 수 있다.[18] 하나님을 가리켜 신명기가 "소멸하시는 불이시요 질투하시는 하나님"(신 4:24)이라고 즐겨 표현하는 것을 감안하면, 야웨 하나님을 상징하는 표상(emblems)이 가시떨기나무와 타오르는 불인 것은 결코 우연이 아니다. 시내 광야의 성막에 있던 메노라(menorah, 출 25:31~39)가 바로 이런 하나님의 임재를 나무(등잔대) 모양으로 표현하고 있다.

시내산은 하나님의 산이다. 민수기의 토라는 시내산에 계시던 하나님이 성막에 오신 다음에는 시내산을 떠나 광야를 거쳐 약속의 땅으로 힘차게 행진(military campaign)하신다고 증언한다(10:33~36). 시편 기자도 하나님이 시내산을 떠나 약속의 땅으로 이동하신 것을 기억한다.

"하나님, 주께서 주의 백성 앞에서 앞장 서서 나아가시며 광야에서 행진하실 때에 땅이 흔들렸고, 하늘도 하나님 앞에서 폭우를 쏟아 내렸습니다. 시내 산의 하나님 앞에서 이스라엘의 하나님 앞에서 … 봉우리들이 높이 솟은 바산의 산들아, 너희가 어찌하여 하나님이 머무르시려고 택하신 시온 산을 적 개심을 품고 바라보느냐? 그 산은 주님께서 영원토록 사실 곳이다. 하나님 의 병거는 천천이요 만만이다. 주님께서 그 수많은 병거를 거느리시고, 시내 산을 떠나 거룩한 곳으로 오셨다"(시 68:7~8, 16~17 표준새번역).

바산의 산은 트랜스요르단, 곧 므낫세 지파가 정착한 요단강 동편 땅에 있는 산이다. 시내산의 하나님이 광야로 행군하시어 요단 동편을 거쳐 약속 의 땅으로 이동하셨다는 것이다(시 68:17, 비교 삿 5:4~5)! 이스라엘이 성소의 군대가 되어야 할 이유가 여기에 있다. 이스라엘이 하나님의 군대가 되어야 할 까닭이 여기에 있다. 시내산을 떠나 광야를 거쳐 약속의 땅으로 행진하시 는 하나님을 호위해야 하는 것이다. 시내산에서 시온까지 이르는 하나님의 행진을 증언해야 하는 것이다.

민수기의 시내산 이야기는 광야를 거쳐 시온으로 나아가는 하나님의 이 동을 준비한다. 그 준비와 조직의 핵심이 시내 광야의 성막이다. 시내산을 떠나 광야를 거쳐 시온으로 가시는 하나님의 이동을 사람의 눈으로 볼 수 있 도록 돕는 상징이 바로 성막이다. 시내산 위에 하나님이 강림하셨을 때 이스 라엘은 아무 형상도 보지 못했다. 하나님이 불길 속에서 말씀하셨으므로 이 스라엘은 오로지 말씀하시는 소리만 들었을 뿐이다(신 4:12). 성막은 이동하 는 성소다. 시내산이 하나님의 고향이요, 시온이 하나님이 세우신 성전이라 면, 성막은 하나님의 이동을 상징하는 성소다. 그 성소에 임재하시는 하나님 은 시내산의 경우와는 달리 이스라엘 백성들이 눈으로 확인할 수 있다. 증거 의 장막 위를 덮고 증거의 장막에서 떠오르는 구름이 바로 사람 눈에 보이게 끔 자신을 나타내시는 하나님의 임재와 이동이다(출 40:34~38; 민 10:11). 역사 의 영역 밖에서 이루어지던 하나님의 현현이 성막과 함께 역사의 영역 안으로 들어오셨다. 사람들의 손길 밖에 계시던 하나님이 성막과 함께 이스라엘 신앙 공동체 안으로 들어오셨다.[19]

민수기는 광야로 나아가시는 하나님의 출정(campaign)을 따라 광야 길을 걸어야 했던 이스라엘의 행진을 증언한다. 시내산을 떠나 약속의 땅에 도달하기까지 이스라엘은 하나님이 움직이시면 행진하고, 하나님이 머무시면 진을 치게 된다. 하나님의 이동이 눈에 보이기 때문이다.

> "둘째 해 둘째 달 스무날에 구름이 증거의 성막에서 떠오르매"(민 10:11).
> "구름이 성막 위에서 떠오를 때에는 이스라엘 자손이 그 모든 행진하는 길에 앞으로 나아갔고 구름이 떠오르지 않을 때에는 떠오르는 날까지 나아가지 아니하였으며 낮에는 여호와의 구름이 성막 위에 있고 밤에는 불이 그 구름 가운데에 있음을 이스라엘의 온 족속이 그 모든 행진하는 길에서 그들의 눈으로 보았더라"(출 40:36~38).

구름이 성막 위에서 떠오른 것을 '이스라엘의 온 족속이 그들의 눈으로 보았다!' 성막의 이동은 이스라엘에게 하나님의 움직이심을 시각적으로 체험하게 한다. 증거막의 이동은 하나님의 움직이심을 보여 주는 시각적 장치(visual vehicle)다. 하나님과 함께 걷는 이스라엘! 이런 이스라엘의 체험을 민수기 9:15~23은 다음과 같이 옮긴다.

> "곧 그들이 여호와의 명을 좇아 진을 치며 여호와의 명을 좇아 진행하고 또 모세를 통하여 이르신 여호와의 명을 따라 여호와의 직임을 지켰더라"(민 9:23).

이스라엘은 오로지 하나님의 명령을 좇아 행진하였다. 민수기가 전하는 이스라엘의 광야 행진에 따르면, 그 여행길이 구체적으로 어디로 해서 어디로 가는지를 미리 알려 주는 방식이 아니다. 이스라엘이 중간에 머무르거나 쉬어야 할 정류장이 어디인지도 미리 가르쳐 주지 않는다. 민수기 본문이 털어놓는 이주 여행길은 오직 '여호와의 명을 좇아 진을 치고, 여호와의 명을 따라 진행하는' 법뿐이다. 하나님의 임재를 표시하는 '구름과 불 모양'의 상징을 두 눈으로 지켜보면서, 이스라엘은 오로지 '구름과 불 모양'의 상징이 지시하는 방향대로 나아갈 뿐이다(출 13:21~22; 14:14~20; 24:15~18; 33:9~10; 40:34~38)!

민수기의 광야 이야기에서 하나님은 이스라엘이 눈으로 볼 수 있게끔 자신의 뜻을 계시해 주신다. 여기서 요청되는 것이 하나님이 보여 주시는 상징을 분별하는 시력(통찰력)이다. 하나님의 인도를 볼 수 있는 눈! 하나님의 인도를 깨달을 수 있는 심령! 하나님의 뜻을 확인할 수 있는 신앙! 구름과 불이 성막과 어떤 관계를 유지하는지를 파악하는 분별력이 이스라엘에게 요청되고 있다. 그 분별력은 주님의 말씀이 내 속에 풀어질 때 주어진다. 부활하신 예수와 함께 길을 걸었던 엠마오 도상의 제자들을 기억하는가? 그들은 예수와 함께 길을 걸었지만 예수께서 자기들과 함께하는지를 전혀 깨닫지 못했다. 엠마오 도상의 제자들이 예수를 알아차린 것은 부활하신 예수께서 자신을 계시하신 후였다(눅 24:13~16, 30~32). 말씀이 내 속에 풀어질 때(이것은 정녕 성령의 역사다!) 토라의 길이 새롭게 펼쳐지는 것이다!

베미드바르의 증언, 베미드바르의 희망

민수기는 시내산에서 이루어진 광야 이동 준비로 시작한다. 이 준비가 "시내 광야 회막에서"(1:1) 모세에게 주시는 하나님의 말씀으로 선포된다. 하나님께서 회막에서 모세에게 말씀하신다는 점에서 민수기의 첫 구절은 레위기의 첫 구절과 닮았다. 민수기 1:1이 레위기 1:1처럼 시내 광야의 회막에서 하나님이 주신 말씀이라는 지적은 민수기를 시내산 사건의 연장으로 읽게 한다. 민수기의 시내산 사건은 민수기 10:10에서 멈춘다. 10:11부터 이스라엘은 시내산을 떠나 약속의 땅으로 나아가는 광야로 진출한다. 모세의 토라에서 시내산 계시는 출애굽의 이스라엘을 신앙 공동체의 이스라엘로 탄생시킨 모판이다. 시내산에서 (출애굽이 아니라!) 이스라엘은 비로소 하나님의 뜻에 맞춰 살도록 새롭게 탄생하였다.

민수기 이야기가 시내산에서 이루어진 여행 준비로 시작하는 것은 모세의 시내산 사건을 이스라엘의 기초로 보기 때문이다. 이런 빛에서 시내산을 떠나 가데스로 가는 이스라엘의 행진은 성막의 군대여야 할 하나님의 백성이 순종의 길을 걷지 않고 불순종의 길을 걷고 말았다는 아쉬움을 진하게 남긴다(11~14장). 가데스에서 약속의 땅에 들어가기까지 무려 40년 유랑의 심판을 겪어야 하지 않았던가. 그래서 가데스에서 모압에 이르는 민수기 이야기는 무너진 모세의 지도력을 복원하고(15:1~18:32), 공동체의 정결함을 회복하며(19:1~22), 출애굽 세대의 종언을 알린 후에야(20:1~29), 호르마에서의 승리를 기점으로 새로운 출발로 나아가게 된다(21:1~22:1). 이방인 선지자 발람이 이스라엘을 향한 하나님의 섭리를 선포하는 이야기는 그 새로움을 위한 하나님의 준비가 이스라엘도 눈치 채지 못한 사이에 구체적으로 진행되고 있음을 말하는 극적인 에피소드다(22:2~24:25).

새 세대 이스라엘을 위한 여러 가지 지시(26:1~36:13)는 시내산에서 이룬 준비(1:1~10:10)와 좋은 평행을 이룬다. 시내산에서 이룬 준비는 광야 행진을 위한 것이었다. 모압 평지에서 이루는 준비는 약속의 땅 가나안에서의 삶을 위한 것이다. 두 준비는 세부 내용에서 다르지만, 관심사에서는 동일하다. 아니, 약속의 땅 가나안에서의 삶을 위한 지침은 시내산 계시의 정신을 이어 간다. 새 세대 이스라엘은 가나안 땅에 들어가서 시내산 계시가 정했던 거룩한 질서를 구체적으로 구현해야 한다. 이스라엘의 진영이 공간적으로 하나님의 거룩한 임재를 드러냈듯이(2~4장), 가나안 땅에 들어간 이스라엘은 시간 속에서 주기적으로 창조주 하나님이 정하신 거룩한 질서를 드러내야 한다(28~29장).[20] 공간과 시간의 구분을 지키는 생활은 하나님이 정하신 창조 질서에 지속적으로 참여하는 삶이다. 창세기 1장이 선언하는 창조 신앙이 거룩한 공간의 조직으로, 거룩한 시간의 짜임으로, 거룩한 사람의 얼개로 이어지고 있는 것이다.

두 번째 인구 조사(26장)로 막을 연 새 세대 이스라엘의 준비는 가나안 땅을 얻기 위한 준비(26:1~32:42)와 가나안 땅에서 살기 위한 준비(33:1~36:12)로 구성된다. 이 준비는 거룩한 삶의 질서를 사회생활 속에서 구현하려는 노력이다. 혼돈의 세력을 극복하고 창조의 질서를 구체적인 삶의 형태로 드러내는 것이다. 이때 약속의 땅을 얻기 위한 준비가 땅을 상속받는 슬로브핫의 딸들에 대한 이야기로 시작하고(27:1~11), 약속의 땅에서 살기 위한 준비가 결혼한 여자의 유산에 관한 규정(36:1~12)으로 마감한다는 것에 주목해야 한다. 딸들에게 주는 땅에 대한 이야기가 인클루지오(inclusio) 형식으로 새 세대 이스라엘의 가나안 정착을 위한 지침을 감싸고 있다.

이런 틀 속에서 약속의 땅에 들어가 살 구체적인 지침이 이어진다. 땅을 정복하는 지도자 여호수아(27:12~23), 땅에서 지켜야 할 거룩한 시간들(28:1~29:40), 땅에서 지켜야 할 서원과 약속(30:1~16), 거룩한 전쟁과 요단강 동편의 땅 분배(31~32장)는 모두 약속의 땅을 얻기 위한 구체적인 준비다. 여기에는 옛 세대의 실패를 반성하고 새 세대의 내일을 새롭게 조망하려는 열의가 담겨 있다. 애굽에서 모압에 이르는 이스라엘의 광야 행진을 회고하고(33:1~49), 가나안 땅 정복을 위한 지침이 내려지며(33:50~56), 가나안 땅의 경계선을 정하고(34:1~15), 가나안 땅을 기업으로 나눌 자를 가르치며(34:16~29), 레위인의 성읍의 역할을 정하며(35장), 결혼한 여자의 유산을 지정하는 것은 모두 가나안 땅에서 살기 위한 준비다. 이처럼 현재 우리가 읽는 민수기는 시내산(1:1~10:10)의 빛에서 약속의 땅에서 살 이스라엘의 준비(26:1~36:13)를 다짐하고 있다.

시내산 법전은 이스라엘의 미래를 규정하는 처방이다.[21] '이스라엘의 정치, 사회, 종교는 이러해야 한다'는 처방이 시내산 계시에 담겨 있다. 시내산 이야기는 이스라엘의 정체성과 삶의 방향을 정한다. 시내산 계시의 중심은 '회막', 또는 '성막'이다(1~4장; 10:13~28; 13:1~16; 26:1~65; 32:1~36:13). 하나님이 회막/성막에 임재하신다. 이스라엘의 하나님 야웨는 이스라엘 속에

'들어와 계시는' 하나님이다. 하나님은 거룩한 곳에 홀로 계시지 않는다. 하늘이나 산꼭대기에 강림해 계시지 않는다. 성소에 홀로 머물러 계시기보다는 하나님의 백성 중에 "거하시며" 이스라엘과 만나기를 원하신다(출 25:8, 22; 29:45; 40:34~45; 레 1:1; 민 1:1). 이스라엘이 하나님의 백성인 것은 하나님이 '이스라엘 속에 들어와 계시기'(tabernacling presence of God in Israel) 때문이다(출 25:8~9, 비교 요 1:14; 행 7:47~50; 계 21:22). 이 회막의 성육신이 바로 예수 그리스도다. 이스라엘이 하나님을 붙드는 것이 아니다. 하나님이 이스라엘 속에 들어와 계시기에 이스라엘은 하나님의 백성이 된다. 이스라엘은 오로지 은총으로 산다.

06

민수기의 두 형식, 이야기와 법

민수기의 본문은 글말 형식에서 다양하다. 이야기체가 나오고(11:1~3; 11:4~30; 12:1~16; 13:1~14:45; 16:1~50; 20:1~21; 21:4~20; 22:1~24:25; 25:1~18; 31:1~24; 36:1~13), 시가 나오고(10:35~36; 21:14~15, 17~18), 예언이 나오고(11:16~17, 24~30), 신탁(23:7~10; 24:3~9, 15~19, 20, 21~22, 23~24)이 나오고, 노래(21:27~30)가 나오고, 기도(12:13)가 나온다. 이야기가 진행되면서 축도(6:24~26), 풍자(22:22~35), 전쟁기(21:14~15), 목록(26:1~51), 통계표(1:45~46; 26:51), 성전 문서(7:10~88), 여행 보도(21:10~20; 33:1~49) 같은 글들도 사이사이 등장한다. 같은 노래라고 해도 노랫말에 따라 우물 파는 노래(21:17~18), 언약궤 노래(10:35~36), 헤스본 민요(21:27~30) 등으로 세분되기도 한다.

민수기에는 법조문이나 법령 형식의 가르침도 끊임없이 이어진다. 가령 보상법(5:5~10), 아내의 간통을 밝히는 절차에 관한 규정(5:11~28), 나실인의 서원(6:1~22), 나팔 소리와 절기에 관한 규정(10:1~10), 희생 제물에 관한 규정(15:1~31), 제사장을 위해 드리는 예물에 관한 규정(18:1~32), 붉은 암송아지의 재에 관한 규정(19:1~10), 제의 달력(28~29장), 서원에 관한 규정(30장), 유산 상속에 관한 규정(34장), 레위인의 도성에 관한 규정(35장) 등이 그런 형식의 글에 든다.

경우에 따라서는 민수기 본문에 담긴 전승에 따라서 민수기 텍스트의 다양성을 거론하기도 한다. 가령 민수기 본문의 출처를 따지거나 민수기 본문이 편집되었다고 말하는 사람들은 민수기를 제사장 문헌에 속하는 본문 (1~9, 15, 17~19, 26~31, 33~36장)과, 제사장 문헌에 속하지 않은 옛 서사시로 나누어 보기도 한다(10, 11~12, 13~14, 16, 20, 21~24, 25~32장).[1] 그러면서 민수기 본문의 외관상 특징을 모순이나 부조화(inconsistencies)란 말로 요약하기도 한다.

글의 형식이나 스타일에서 살필 때 민수기에 나오는 글들은 크게 두 종류로 구분된다. 하나는 이야기(narrative)이고, 다른 하나는 법 또는 법규(legal instruction)다. 이야기는 설화식의 산문이다. 법은 특정 규칙을 지지하는 구조를 지닌 말이다. 이야기는 설명이나 묘사지만 법은 지시나 처방이다. 물론 민수기의 글말을 이야기와 법규 둘로 구분하는 것에 대해 의문을 제기할 수도 있다.[2] 이야기라는 말이 너무 광범위하게 쓰이기에 그것을 문학 장르로 사용하기에는 문제가 있다고 보기 때문이다. 그러나 우리가 사용하는 글말이 크게 산문과 시문으로 구분되기에, 산문체 이야기가 그렇지 않은 형식의 글과 구분된다는 점에 대해서는 이론(異論)의 여지가 없다.

글의 형식에서만 본다면 법규도 산문체에 속한다. 법규도 이야기체 (narrative style)로 기술된다. 하지만 법규는 이야기와는 달리 일종의 규칙이다. 가르침이다. 명령문 같은 어조로 개인이나 단체에게 특정 행동을 하도록 이끄는 지침이다. 그 지침이 도덕적인 것이냐, 법적인 것이냐에 따라서 훈계와 법은 서로 구분되기도 한다. 법규에 속하는 글에는 이야기의 특성인 스토리(story)가 나오지 않는다. 그런 점에서 법규는 문학 장르상 이야기체의 글과는 구분된다.

이야기나 법규 안에도 여러 다양한 형식의 글들이 존재한다. 가령 이야기에는 역사, 우화, 전설, 신화, 소설, 민담, 보도, 스토리, 에피소드 등이 속한다. 법규에는 율례(case law), 법도(apodictic law), 계명, 금령, 명령 등이 속한다. 이야기와 법은 그 시제와 인칭, 줄거리의 유무 등에서 서로 구별된다.

법에는 특정한 시제가 없다. 구약성경의 법조문을 글의 스타일에서 살펴볼 때 분사(participle), 사역 명령형(jussive), 미래완료형[shall (not)] 같은 술어가 존재하지 않는 것은 아니다. 그러나 그것은 어디까지나 히브리어 구문과 관련된 사항이지 사건이나 대화의 과거, 현재, 미래를 표시하는 범주를 나타내는 것은 아니다. 굳이 시제와 관련된 조항이 있다면, 그것은 모두 이스라엘이 약속의 땅 가나안에 당도한 후에 지켜야 할 규례로 모아진다. 법에는 주고받는 대화도 없다. 일방적으로 하나님이 선포하신다. 모세는 오로지 듣고 전할 뿐이다. 법에는 또 줄거리가 없다. 등장인물도 없다. 법규 속에 인칭이 거론되지만, 그것은 어디까지나 히브리어 문법상의 문제다. 모세 외에는 어느 누구도 법을 전하는 자로 등장하지 않는다. 법은 일련의 명령이나 금령만을 연속적으로 전한다. 법규는 어떤 개인이나 단체에게 특정 행동을 하도록 법적으로 지시하는 형식의 글이다.

그렇지만 이야기는 이와 다르다. 이야기는 시간과 공간의 제약을 받는다. 언제, 어디서, 누가, 무엇을 했는지가 하나의 줄거리를 이룬다. 법규나 금령은 영원히 지키고 따라야 할 가르침이지만, 이야기는 그렇지 않다. 이야기의 줄거리는 특정 시점에 매인다. 법규가 비인격적이라면, 이야기는 다분히 인격적이다. 이야기는 어떤 사건, 행동, 경험, 생각, 대화 등이 언제, 어디서, 누가, 무엇을, 어떻게, 왜 했는지 서술하는 형식의 글이다. 이처럼 민수기 본문은 이야기와 법규로 구성되어 있다.

형식에 대한 여러 논의들

민수기는 읽기가 쉽지 않은 책이다. 오래전부터 민수기는 토라 가운데서도 가장 짜임새 없는 책으로 간주되었다. 민수기에는 통일성도 없고, 본문의 앞뒤를 구분하는 단락도 정하기 어렵다고 생각하였다. 그래서 민수기 본문은 구성이라는 측면보다는 글의 배열이라는 측면에서 살펴야 한다고 보았다. 그레이(G. B. Gray)나 마틴 노트(Martin Noth)가 단연 이런 입장을 견지하였다. 수많은 이야기 단편들이 중후한(?) 법규들에 의해서 수없이 끊기는 현상을 보면서 그들은 민수기의 구성에는 어떤 패턴도 볼 수 없다고 단언하였다.[3] 세심한 주의 없이 민수기 텍스트가 그냥 나열되어 있다는 것이다. 민수기에 대한 이런 식의 불평은 최근 레빈(B. Levine)에까지 계속된다.[4] 그러나 과연 민수기의 법과 이야기는 아무런 의도나 짜임새 없이 그냥 본문에 나열되기만 한 걸까?

민수기의 두 형식―이야기와 법―을 추적하는 논의에서 소중한 것은 민수기 본문에 대한 공시적 연구(synchronic study)다. 민수기 본문의 공시적 해석은 차일즈(B. S. Childs)로부터 시작된다.[5] 차일즈의 정경 비평적 논의는 민수기를 새롭게 발견하는 계기를 가져왔다. 차일즈에 의하면 민수기 텍스트는 문학적으로는 복잡하지만, 그 정경적 형태는 신학적 의도를 지닌다. 차일즈는 민수기를 '순례자가 되기 위한 준비로서 이스라엘이 하나님께 속한 존재가 되어야 하는 규정'(1:1~10:10), '정결한 것과 부정한 것을 대조시키는 이야기'(10:11~22:1), '땅 정복을 위한 준비로서의 정결 유지'(22:2~36:13)로 구분하였다.[6] 차일즈에 따르면, 이 세 부분은 모두 제사장의 관점에서 '정결과 부정'을 대조하면서 이스라엘에게 정결에 속하라고 촉구하는 글이 된다. 차일즈가 민수기 해석사에 전환점을 제공한 것은 사실이다. 그러나 차일즈의 민수기 이해는 아직 본문의 문학적 구도의 정교함을 터득하는 데까지는 이르지 못했다.

차일즈를 뒤이어 등장한 웬함(G. Wenham), 밀그롬, 애슐리(T. R. Ashley) 등은 민수기 주석을 통하여 민수기 본문의 구조 문제를 민수기 해석의 출발점으로 삼는다.[7] 특히 밀그롬은 민수기의 문학적 통일성을 해석하는 일에 열심이다. 밀그롬은 민수기가 내적으로 연결되고 하나의 응집력을 지닌 문학 작품이라는 것을 강조한다. 민수기를 구성하는 여러 상이한 단락들이 교차 대칭 구조(chiasm, a-b-b'-a') 내지는 중앙 집중 구조(introversion, a-b-c-b'-a') 방식으로 치밀하게 연결되어 있다고 본다. 그러면서 민수기의 각 단락들이 이 같은 문학적 구조를 띠는 것은 민수기의 저자가 살던 당시의 글쓰기 관행으로 보아야 한다고 말한다. 밀그롬은 민수기 본문 안에 여러 상이한 자료들이 존재한다는 사실을 부정하지 않는다. 민수기의 이야기와 법이 정기적으로 번갈아 나타나고 있다는 것을 확인한다. 밀그롬은 그것을 1:1~10:10(법) → 10:11~14:45(이야기) → 15장(법) → 16~17장(이야기) → 18~19장(법) → 20~25장(이야기) → 26:1~27:11(법) → 27:12~23장(이야기) → 28~30장(법) → 31:1~33:49(이야기) → 33:50~56; 34:34~36(법)으로 정리한다.[8] 이때 이야기는 광야 행진에 국한되고, 법은 행진의 세 목적지에 묶여 있다. 곧 시내산(1:1~10:10), 가데스(15, 18~19장), 모압 평지(28~30, 34~36장)가 그것이다. 그러나 밀그롬 자신도 지적하듯이 민수기 본문의 전개가 꼭 그와 같은 방식으로 정리되는 것은 아니다. 어떤 사건은 광야 이동이 아닌 목적지에 머물러 있을 때 일어났다. 가나안 땅에 보낸 정탐꾼(13~14장), 고라 자손의 반란(16~17장), 미디안과의 전쟁(31~32장) 이야기는 모두 특정 장소에 머물러 있을 때 일어난 사건이다. 반대로 어떤 법규는 이야기 속에 삽입되기도 한다. 유월절 규례(9:1~14), 안식일에 나무하는 자(15:32~36), 슬로브핫의 딸들에게 주는 말씀(27:1~11)이 바로 그런 경우다.

　비평적인 학자들은 민수기 본문을 대체로 이스라엘 역사의 포로기나 포로 후기를 배경으로 해석하지만, 밀그롬은 민수기 제사 문헌의 언어와 관습을 주전 2000년대 고대 서아시아의 자료들과 병행한다. 민수기의 제사장 문헌은 왕국 시대 이전 상황이나 초기 왕국 시대의 정황을 반영한다. 히브리 시문학이 운문체의 평행구로 짜여 있듯이, 히브리 산문은 '생각의 리듬'(thought rhyme)이라고 불릴 수 있는 주제의 평행구로 이어진다. 민수기 본문에서 발견되는 이야기의 반복과 문맥의 도약 등은 결코 우연한 것이 아니다. 밀그롬에 따르면 민수기 텍스트의 각 단원은 교차 대구적 틀 속에 평행구, 처음과 마지막의 일치, 예변법(豫辯法 prolepses), 동일 단어/구절의 일곱 번 반복 사용 등의 장치로 꾸며져 있다. 민수기란 한마디로 잘 짜인 하나의 이야기라는 것이다. 이런 시각을 존중할 때 최종 형태의 민수기는 '편집의 산물'(reduction)이 아닌 '치밀하게 구성된 기록'(composition)이다. 여기서 밀그롬은 한 발 더 나아가 이야기와 법이 혼합된 형태로 기술된 민수기 본문은 넓게 보면 신명기처럼 봉신 조약을 다루는 형태의 글이 된다고 제안한다.[9] 봉신 조약문이 주군과 신하 사이에 주고받는 규정 앞에 긴 역사적 서문(이야기)을 둔다든지, 신명기 법전(신 12~26장) 앞에 이스라엘을 위해 베푸신 하나님의 구원 역사에 대한 회고조의 서술이 이야기체로 기술되고 있는 것은 민수기의 독특한 형식을 이해하는 데 도움이 되는 길잡이라는 것이다.

그러나 본격적인 의미에서 민수기 본문의 통일된 구조에 주의를 환기시킨 사람은 올슨(D. T. Olson), 크니림(R. P. Knierim), 이원우(W. W. Lee)다.[10] 올슨은 옛 세대의 죽음과 새 세대의 탄생이라는 주제를 중심으로 민수기 본문을 둘(1~25장/26~36장)로 구분한다. 크니림과 이원우는 민수기의 본문을 이끌어 가는 언어 양식(이주 여행)과 그것이 자아내는 뜻(concept) 등을 따라서 민수기 본문을 둘(1:1~10:10/10:11~36:13)로 구분한다. 그래서 민수기 전반부는 성소의 행진을 위한 준비이고 민수기 후반부는 그 행진의 실천이 된다. 이들은 민수기 본문의 구조를 둘로 본다는 점에서는 같으나, 본문의 틀을 들여다보는 시각에서는 서로 다르다. 올슨이 글의 주제에 따른 해석이라면 크니림과 이원우는 글의 양식에 근거한 해석이다. 특히 크니림과 이원우가 제공하는 민수기 이해는 민수기에 수록된 다양한 글말이 그냥 나열되거나 배치되어 있는 것이 아니고 치밀하게 짜여 있다는 것을 조직적으로 보여 준다. 민수기 본문의 통일성을 보지 못했던 자들에게 책 전체를 더불어 보게 하는 구조의 맛과 멋을 느끼게 한다.

차일즈에서 이원우에 이르는 일련의 학자들은 민수기 본문을 총체적으로 들여다보는 계보를 이룬다. 이들의 노력으로 민수기 본문은 특정 의도 속에 구성되어 있다는 것이 드러났다. 이들의 민수기 해석은 민수기의 여러 이야기와 규정이 단순히 하나의 책으로 조립되고 배열된 것 이상이라는 점을 보여 준다. 그런 점에서 그들은 민수기 해석에 크게 기여하고 있다. 그러나 그런 노력에도 불구하고 민수기 안에서 서로 교차하며 등장하는 이야기와 법의 행진(!)이 어떤 뜻(concept)인지가 여전히 분명히 다루어지지 않았다는 아쉬움이 남는다.

민수기의 이야기와 법 전개

민수기의 이야기와 법은 민수기에서 서로 번갈아 나온다. 이야기가 진행되다가 법이 튀어 나오고, 법을 거론하다가 다시 이야기가 등장한다. 이야기 사이사이에 규정과 규범이 나온다. 규정과 규범 사이사이에 이야기가 토막토막 이어진다. 문제는 이런 식의 진행 때문에 이야기의 줄거리가 끊어진다는 데 있다. 이야기가 계속되다가도 '여호와께서 모세에게 말씀하여 이르시되 이스라엘 자손에게 전하라'로 시작되는 법규와 법령 때문에 본문의 매끄러운 전개가 차단된다는 데 있다. 문제는 그 반대의 경우에서도 일어난다. 이스라엘 자손에게 주시는 하나님의 명령이 모세를 통해서 전달되는 장면이 나오다가도 그 다음 장면에서는 느닷없이 이야기가 튀어 나온다. 그렇다 보니 명령과 금령 형식으로 전달되는 민수기 법전의 의도가 분명하지 않을 때가 많다.

야웨의 말씀을 보도하는 어구는 민수기에 모두 66회 나온다. 이 어구들은 명령과 금령을 소개하는 서두에 해당되는데 크게 두 스타일로 이루어져 있다.[11] 하나는 '야웨께서… 에게 선포하셨다'이고, 다른 하나는 '야웨께서 … 에게 말씀하셨다'이다. 이 두 형식이 각각 모세에게 전하는 하나님의 명령/금령의 서두를 구성한다. 하나님의 말씀은 대부분 모세를 대상으로 선포되지만 경우에 따라서는 모세와 아론에게(19:1, 비교 레 11:1; 13:1; 14:33; 15:1), 모세와 아론과 미리암에게(12:4), 때로는 아론 혼자에게 전해지기도 한다(18:8, 비교 레 10:8). 중요한 것은 66개의 말씀 보도 어구 가운데 26개가 독립적인 문학적 단락을 형성하는 도입부 역할을 하면서(1:1; 2:1; 3:5, 11, 14, 40, 44; 5:1, 5, 11; 6:1, 22; 8:1, 5, 23; 10:1; 15:1, 17, 37; 17:16; 19:1; 27:12; 28:1; 31:1, 9) 이스라엘 자손이 반드시 준수해야 하는 규정이 전달된다. 그만큼 야웨의 말씀 보도문은 급작스런 분위기의 전환을 이끌고 있다.

민수기가 지닌 이 같은 분위기의 전환은 오경의 다른 책들과 비교해 보면 더 심각해진다. 창세기는 모두 이야기다. 전체 이야기가 하나로 일관된 줄거리를 지니고 있다. 출애굽기는 이야기와 법으로 구성된다. 그러나 출애굽기의 이야기와 법은 모두 잘 짜인 구도 속에 서로 자연스럽게 연결되어 있다. 이야기가 중단되고 법과 규정이 튀어 나와도 출애굽기 이야기는 왜 그런 법과 규정이 이야기 사이에 등장해야 하는지를 분명하게 드러낸다. 예컨대 출애굽기 32~34장은 아론이 시내 광야에서 만든 금송아지 때문에 벌어진 난장판을 처리하는 이야기다. 이 이야기의 앞과 뒤에는 성막의 건축과 관련된 법과 계명이 자리 잡는다. 그런데 이 이야기는 왜 성막 건축에 관한 지시가 출애굽기 25~31, 35~40장에 두 번 반복되어야 하는지를 설명하는 역할을 한다. 레위기는 대부분 법과 규정으로 되어 있다. 그렇지만 레위기에도 드물게 이야기가 나온다. 아론과 그 아들들의 제사장 위임식을 다루는 레위기 8~10장이 바로 그 경우다. 하지만 이 이야기는 레위기 법전의 흐름을 끊기는커녕 참으로 자연스럽게 레위기 법전의 분위기를 강화시킨다. 신명기는 대부분 모세가 설교 형식으로 전하는 가르침으로 되어 있다. 설교문인 까닭에 신명기의 분위기는 이야기보다는 법규 형식의 가르침에 가깝다. 신명기의 복판에는 신명기 법전(신 12~26장)이라고 불리는 단락이 있다. 이 신명기 법전은 그 앞과 뒤에 나오는 언약의 다짐, 언약의 갱신을 전하는 이야기와 아주 잘 어울린다. 역사를 회고하고(신 1~4장), 언약을 맺는 일(신 5~11장)이 언약의 내용(신명기 법전) 앞에 나오고, 언약의 조건을 충실히 이행하는 자에게는 축복을, 그렇지 않은 자에게는 저주를 내리겠다는 단서 조항(신 27~30장)이 언약의 내용 뒤를 따른다. 그리고 나서 그 말미에 가서는 언약의 중재자 역할을 했던 모세의 퇴장(신 31~34장)을 다룬다. 그만큼 신명기의 이야기와 법은 서로 자연스럽게 연결되어 있다.

하지만 민수기에서는 그렇지 않다. 민수기에서 이야기와 법은 처음부터 마지막까지 내내 서로 번갈아 가며 나타난다. 이 점을 확인하는 것이 중요하다. 이런 까닭에 이야기 → 법 → 이야기 → 법 순으로 이어지는 본문의 흐름을 새로운 각도에서 보아야 하는 노력이 필요하다. 이야기가 법의 흐름을 끊는 것이 아니라는 말이다. 법과 규정이 이야기의 흐름을 차단시키는 것이 아니라는 말이다. 대신 민수기에는 이야기와 법이라는 두 가닥의 글말이 서로 엇갈리는 패턴을 형성하고 있다고 보아야 한다. 마틴 노트는 민수기 이야기가 마디마디마다 법과 규정 등으로 차단되는 현상을 지적하면서, 이것이야말로 민수기 본문에 통일성이 없다는 증거가 된다고 단정하였지만,[12] 더글러스는 그와 정반대로 민수기의 두 가닥이 교차로 배열된 현상은 히브리어 시에서 느끼는 이른바 평행법(parallelism)과 같은 시적 구조로 보아야 한다고 주장한다.[13]

메리 더글러스는 신학자가 아니다. 성서학자도 아니다. 그녀는 인류학자다. 인류학, 인문학의 시각에서 구약성경 민수기를 들여다본 것이다. 그만큼 서구의 합리주의적 이성에 기초한 비판적 시각에서 민수기를 들여다보는 기독교 신학자들의 노력과는 경전을 대하는 자세가 다르다. 더글러스는 민수기에서만 발견되는 이야기와 법의 혼재 형식을 단순히 우연히 그렇게 되었을 것이라고 보지 않는다. 그녀는 인류학자로서 경륜에 근거하여 민수기처럼 신앙 공동체의 거룩한 책이 복잡하게 비치는 것에는 그럴 수밖에 없는 어떤 종교적 이유가 숨어 있다고 전제한다. 즉 민수기 텍스트가 아무 주의 없이 그냥 단순히 편집된 것으로 보지 않는다. 그런 까닭에 더글러스는 신앙 공동체의 책인 경전의 글에서 발견되는 형태상의 불협화음을 미숙하거나 부주의한 것으로 단정하는 현대 신학자들의 시각을 경솔하다고 지적한다.[14] 그러면서 더글러스는 민수기의 이야기와 법규가 어떤 모습으로 평행구를 형성하는지를 다음과 같이 제시한다.[15]

1. 이야기: 인구 조사와 여행 준비(1:1~4:49)
2. 법: 신앙을 지키는 규정(5:1~6:27)
3. 이야기: 야웨에게 드리는 제물(7:1~9:23)

4. 법: 절기와 나팔소리(10:1~10)

5. 이야기: 바란 광야에서 생긴 일(10:11~14:45)

6. 법: 제사장을 위한 제물, 정결을 위한 규율, 제의(15:1~41)

7. 이야기: 반역(16:1~17:13)

8. 법: 제사장을 위한 제물, 정결을 위한 규율, 제의(18:1~19:22)

9. 이야기: 시온 광야에서 생긴 일(20:1~27:23)

10. 법: 절기와 나팔 소리(28:1~30:16)

11. 이야기: 가나안 땅의 정복(31:1~33:49)

12. 법: 가나안 땅 정착을 위한 규례(33:50~35:34)

13. 이야기: 요셉의 아들들, 그리고 땅(36:1~13)

더글러스에 따르면 민수기의 이야기와 법은 모두 합쳐 13개의 단락을 이룬다. 이때 이야기나 법 부분은 모두 각각 특정한 어투로 시작한다. 이야기 단락에 해당하는 일곱 개 가운데 세 단락(제1, 3, 5단락)은 특정 날짜를 밝힘으로써 이야기의 말문을 열고(1:1; 7:1; 10:11), 그 나머지 이야기 단락들은 모두 특정한 사람 이름이나 특정한 무리들을 거론함으로써 시작한다(16:2; 20:1; 31:4; 36:1). 경우에 따라서는 거기에 날짜가 첨부되기도 한다. 반면 법에 해당하는 단락들은 대부분 야웨께서 모세나 아론에게 말씀하시는 어구로 시작한다(5:1; 10:1; 15:1; 18:1; 28:1; 33:50). 이른바 야웨 말씀 보도 어구가 법규의 머리말로 자리 잡고 있다. 이런 방법으로 민수기는 13개의 단락들이 서로 엇갈리는 형태로 이야기와 법을 전개한다.

민수기의 동심원 구조

더글러스에 따르면 민수기의 13개 단락들은 평행구를 이룬다. 7개의 이야기와 6개의 법이 모여서 평행구 형식으로 서로 짝을 이루며 민수기를 형성한다는 것이다. 이때 더글러스가 말하는 평행구란 형식과 양식의 평행이 아닌 주제상의 평행이다. 더글러스는 민수기의 13개 단락들이 유대인의 음력(유대인의 음력은 통상 열두 달, 때때로 열세 달로 구성된다)에 맞춘 순환 구조를 띤다고 본다.[16] 절기를 규정하는 레위기 제사법에 의하면 이때 일곱 번째 달은 일종의 안식달이다(레 23:23). 안식일, 안식년에 이어 안식달이 첨가되었다. 일곱 번째 달은 유대력으로는 '티스리'(Tishre)월로 양력 구월 중순 이후에 해당한다. 이스라엘은 일곱 번째 달 초하루, 일곱 번째 달 열흘 날(속죄일), 일곱 번째 달 보름날(장막절)에는 각각 성회를 열고 자기들의 생업을 위한 일은 아무 것도 하지 않는다. 특히 일곱 번째 달 보름날부터 지키는 장막절은 이레 동안 야웨 하나님 앞에서 지키는 장엄한 절기다. 민수기의 제사 규정(민 28~29장)은 이 레위기의 제의력을 보충하는 자료다. 절기의 틀을 정하고 있는 레위기의 규정과는 달리 민수기 규정은 일곱째 달 초하루, 일곱째 달 열흘 날, 일곱째 달 보름날부터 일주일간 각각 개최되는 거룩한 모임에 얼마나 많은 희생 제물(짐승)을 바쳐야 할지를 구체적으로 밝히고 있다.

민수기 29장의 제사 규정에 따르면 일곱 번째 달 초하루는 수송아지 한 마리, 숫양 한 마리, 일년 된 숫양 일곱 마리를 번제로 드리면서, 숫염소 한 마리를 속죄제로 바치는 절기다. 일곱 번째 달 제10일, 곧 속죄일에는 수송아지 한 마리, 숫양 한 마리, 일년 된 숫양 일곱 마리를 번제로 드리면서 속죄제로 숫염소 한 마리를 드린다. 특히 일곱 번째 달 보름날부터 이레 동안 지키게 되는 장막절 절기는 중요하다. 이 기간 동안 이스라엘이 바치는 희생 제물의 수는 엄청나다. 장막절이 시작되는 날(일곱 번째 달 15일) 수송아지 열세 마리, 숫양 두 마리, 일년 된 어린 숫양 열네 마리를 번제로, 숫염소 한 마리를 속죄제로 드리는 것으로 시작해서 장막절이 진행되는 칠일 동안 날마다 계속해서 같은 양의 숫양 두 마리, 일년 된 어린 숫양 열네 마리, 숫염소 한 마리와 함께 수송아지를 희생 제물로 드린다. 이때 수송아지 숫자는 첫날은 열세 마리, 둘째 날은 열두 마리, 그 다음날은 열한 마리 식으로 절기 기간 동안 한 마리씩 줄여 가면서 바치게 된다. 그래서 장막절이 끝나는 장막절 일곱 번째 날(일곱 번째 달 제22일)에는 수송아지 일곱 마리, 숫양 두 마리, 일 년 된 어린 숫양 열네 마리, 숫염소 한 마리를 드리게 된다. 그러고 나서 장막절 절기가 끝나고 새 날이 시작되는 날(장막절 여덟 번째 날, 곧 일곱 번째 달 제23 일)에 다시 성회로 모여 수송아지 한 마리, 숫양 한 마리, 일년 된 숫양 일곱 마리, 숫염소 한 마리를 희생 제물로 바치게 된다. 이렇게 바치는 희생 제물의 수를 합하면 이스라엘은 일곱 번째 달에만 수송아지 73마리, 숫양 23마리, 일년 된 숫양 109마리, 숫염소 10마리를 바친다. 민수기 29장의 제의력에서 칠월은 총 열흘간이나 성회로 모여 희생 제물을 바치는 신앙 축제의 달인 것이다.

민수기 28~29장이 제공하는 제의력에 관한 자료는 일곱째 달에 지키는 신앙 축제를 한 해의 첫째 달에 지키는 유월절(첫째 달 제14일 저녁), 무교절(첫째 달 제15일부터 22일까지)보다 더 비중 있게 다룬다. 이것은 레위기 23장의 규정에서 유월절, 무교절이나 일곱째 달의 절기가 동등하게 다루어지는 것과 차이가 있다. 민수기의 제의력은 바벨론의 새해인 춘분 절기인 유월절/무교절보다 옛 유대력에서 새해에 해당하는 추분에 훨씬 더 무게를 둔다.

여기서 중요한 것은 고대 이스라엘이 칠월의 축제 절기가 소중하다고 해서 바벨론 포로기를 거치면서 지키게 되었던 일년의 시작, 곧 봄의 춘분 절기를 도외시하지 않았다는 점이다. 이스라엘의 제의력에서 한 해의 시작은 여전히 유월절과 무교절이 있는 첫 번째 달이다. 그러면서도 일곱째 달은 한 해의 반환점을 돌아 다시 개시되는 새 출발을 다짐하는 달이다. 물론 유대 미쉬나(Mishnah)가 거론하는 새해는 제이콥 노이스너(Jacob Neusner)가 지적했듯이 일년 중 네 번에 이른다.[17] 니산(Nisan)월 1일은 왕과 축제를 위한 새해다. 엘룰(Elul)월 1일은 짐승을 십일조로 드리는 새해다. 티스리(Tishre)월 1일은 희년을 위한 새해다. 셰밧(Shebat)월 1일은 나무들을 위한 새해다. 민수기의 제의력에서는 이런 시작이 첫 번째 달과 일곱 번째 달로 요약된다. 더글러스는 이런 유대 제의력이 민수기의 구성에 고스란히 반영되어 있다고 본다. 그래서 민수기는 첫째 단락을 시작/끝으로, 일곱 번째 단락을 끝/시작으로 간주하면서 그 사이에 다섯 개의 단락을 서로 마주보는 형태로 짝을 이루게끔 배치되었다는 것이다.[18] 시작/끝에 해당되는 1월과 7월을 중심으로 처음 다섯 달과 나중 다섯 달이 서로 짝을 이루는 형태를 지닌다는 것이다. 그런 구조 속에 민수기의 이야기와 법이 나란히 엇갈려 가며 배치되는 형세를 이룬다는 것이다.

	시작 = 끝	
	1	
2		12
3		11
4		10
5		9
6		8
	7	
	끝 = 시작	

	1, 13 이야기	
2	법	12
3	이야기	11
4	법	10
5	이야기	9
6	법	8
	이야기 7	

왼쪽의 도표는 1월과 7월을 꼭짓점, 반환점으로 삼는 유대 달력의 순환 구조를 도식화한 것이다. 오른쪽의 도표는 거기에 맞춰 이야기와 법으로 되어 있는 민수기 본문의 13개 단락이 짝을 이루는 형태로 배열된 것을 드러내는 도식이다. 위 도표에서 1, 7에 해당하는 단락은 일종의 상징어, 환유어(換喩語 metonym)다. 달력이 창조 세계의 공간적 질서를 시간(숫자)으로 바꾸어 표현해 놓은 것이기에, 새 출발을 알리는 1월과 7월에 해당하는 민수기의 첫 번째 단락과 일곱 번째 단락은 각각 고유한 신학적 의도를 지니게 된다. 이런 시각에서 더글러스는 민수기의 13개 단원을 다음과 같이 해설한다.[19]

서두의 꼭짓점 단락에 해당하는 이야기는 질서와 조직이다(1~4장과 36장). 첫 번째 단락에 해당하는 법은 신앙을 지키는 삶과 관련된 규정을 다루고 있다(5~6장과 33:50~35:34). 두 번째 단락에 해당하는 이야기는 야웨 하나님께 바치는 예물에 관한 이야기다(7~8장과 31~33장). 세 번째 단락에 해당하는 규정은 절기와 나팔 소리 같은 거룩한 시간에 관한 규정이다(10:1~11과 28~30장). 네 번째 단락에 해당하는 이야기는 광야에서 벌어진 반란 사건을 다룬다

(10:12~14:45과 20~27장). 다섯 번째 단락에 해당하는 법은 부정을 벗고 정결에 이르는 제의에 관련된 조항이다(15장과 18~19장). 전환점에 해당하는 단락은 일련의 반란 사건이 마무리되고 아론의 지팡이에 싹이 나면서 지도자의 지도력이 회복되기를 시작했다는 것을 밝히는 이야기다(16~17장).

이상의 논의를 정리할 때 민수기 본문의 이야기와 법은 거대한 교차 대구(chiasmus)를 이루거나, 아니면 중앙의 축을 중심으로 전반부와 후반부가 서로 짝을 이루며 평행하는 동심원 구조(concentric structure)를 이룬다.

a 이야기: 하나님의 질서(1~4장)
  b 법: 신앙 지키기(5~6장)
    c 이야기: 예물(7~9장)
      d 법: 거룩한 시간(10:1~10)
        e 이야기: 반란(10:11~14장)
          f 법: 예물과 정결 예식(15장)
            x 이야기: 세 개의 반란과 아론의 지팡이(16~17장)
          f′ 법: 예물과 봉헌(18~19장)
        e′ 이야기: 반란(20~27장)
      d′ 법: 거룩한 시간(28~30장)
    c′ 이야기: 예물(31:1~33:49)
  b′ 법: 신앙 지키기(33:50~35장)
a′ 이야기: 하나님의 질서(36장)로 이어진다.

더글러스는 우리에게 민수기에 수록된 이야기와 법이 정교하게 짜여 있다는 것을 보여 준다. 더글러스의 제안대로 민수기를 유대 달력의 구조에 따라 읽어야 한다는 데는 논란의 여지가 있다. 해석자의 주관에 따라 설정된 구조물 속에 민수기 본문을 인위적으로 짜 맞춘 느낌에서 벗어날 수 없기 때문이다. 그럼에도 불구하고 민수기의 두 양식이 유대 달력 구조에 맞춰 구성되어 있다는 더글러스의 제안은 민수기가 대단히 정교한 시적 작품이라는 점을 드러내는 데 공헌한다. 민수기의 두 양식인 이야기와 법이 그냥 나열되어 있는 것이 아니라 정교하게 번갈아 가면서 구성되어 있고, 그 정교함은 유대 달력 구조를 반영한다는 것이다. 이 같은 더글러스의 생각을 우리의 민수기 이해에 적극 반영한다면 그것은 어떤 열매를 낳을까? 거기에는 민수기가 단순히 인구 조사나 시내산을 떠나 모압 평지에 이르는 이스라엘의 이동과 이주를 전하는 이야기로 그치지 않는다는 뜻이 깔려 있다. 시내산에서 하나님의 백성으로 조성된 이스라엘은 약속의 땅으로 가면서 창조 세계의 질서와 리듬을 삶에서 풀어 내는 거룩한 백성이 되어야 한다는 뜻이 거기에 감추어져 있는 것은 아닐까?

형식의 정교한 질서

이제 민수기의 두 형식인 이야기와 법이 정교하게 어우러지며 드러내는 질서가 무엇을 의미하는지를 생각해 보아야 한다. 성서 본문의 형식과 구조를 살피는 자들은 누구나 그런 형식과 구조를 통해서 본문이 드러내고자 하는 '생각의 리듬'(thought rhyme)을 물어야 한다. 민수기 본문에서 읽을 수 있는 생각의 리듬은 과연 무엇일까?

토마스 만(Thomas Mann)은 민수기를 하나의 연속적인 이야기로 본다. 이 말은 이야기 속에 법규가 담겨 있다는 소리다. 이야기의 흐름을 법규의 맥락으로 삼아야 한다는 말이다. 토마스 만도 민수기의 핵심은 이스라엘이 시내 광야와 약속의 땅 사이에서 겪은 일을 소개하는 데 있다고 본다.[20] 토마스 만의 민수기 구분—군대 소집(1:1~10:36), 폭동과 반란(11:1~20:13), 저주로 바뀐 축복(20:14~25:18), 땅의 상속자들(26:1~36:13)—에서 두드러지는 것은 이스라엘의 광야 유랑이 정결한 채로 이동하는 행진이어야 한다는 점이다. 레위기 규정이 선포하였던 거룩함과 세속, 정결과 부정의 대조가 민수기의 광야 스토리에 고스란히 적용되고 있다는 것이다. 다시 말해 레위기가 선포하였던 거룩함의 질서를 민수기는 행군하는 질서에 적용하고자 했다는 것이다.[21] 민수기의 법과 규정이 이야기를 해석의 맥락으로 삼아야 한다는 것은 이 때문이다. 법이 있는 이야기가 민수기다. 법을 통해서 이야기의 의도를 선명하게 밝히려는 말씀이 민수기다.

여기서 민수기의 13개 단락 가운데 6개 단락이 법 문제를 다루고 있다는 더글러스의 주장에 다시 귀를 기울여 보자.[22] 이 6개 단락은 신앙 지키기(a 5~6장) → 거룩한 시간(b 10:1~10) → 정결 예식(c 15장) → 정결 예식(c′ 18~19장) →거룩한 시간(b′ 28~30장) → 신앙 지키기(a′ 33:50~35:34) 방식으로 이어진다. 이 흐름을 수사학적 용어로 풀이하면 교차 대구(a–b–c–c′–b′–a′)가 되지만, 자세히 보면 그것은 신앙 지키기(a) → 거룩한 시간(b) → 정결 예식(c)의 흐름을 두 번 반복하는 패턴이다. 이때 신앙 지키기가 부정과 오염에서 벗어나는 삶을 규정하기에 그것은 정결 예식의 관심사와 일정 부분 겹친다고 볼 수 있다. 즉 신앙 지키기와 정결 예식은 모두 행진 중에 있는 성막과 이스라엘 진영을 부정적인 세력으로부터 보호하려는 처방에 속한다. 파괴적인 오염으로부터 성막과 진영의 거룩함을 지키려 한다는 점에서 이것은 자못 소극적인 방책이다. 수세적인 처방이기 때문이다. 그러나 신앙 지키기와 정결 예식 사이에 끼여 있는 거룩한 시간은 적극적인 방침이다. 적극적으로 하나님을 예배하는 삶을 처방하고 있기 때문이다. 이스라엘은 누구나 거룩한 성회를 위해서 안식일, 초하루, 유월절, 칠칠절, 일곱째 달 초하루, 속죄일, 장막절에 예물과 제물을 드려야 한다는 것이다.

이런 까닭에 민수기 법전은 소극적인 처방(a) → 적극적인 처방(b) → 소극적인 처방(a′)으로 재구성된다. 다시 말해 부정(不淨)으로부터 정결(a) → 제의와 예배(b) → 부정으로부터 정결(a′)로 재구성된다. 이런 재구성이 우리에게 가르치는 것은 무엇일까?

첫째, 민수기의 법규와 규정은 많은 것을 다루지 않는다. 민수기의 규정은 오직 두 문제만을 다룬다. 하나는 죄와 부정(不淨)과 오염으로부터 벗어나는 삶이고 다른 하나는 제물과 예물을 드리는 삶이다. 전자에는 정결 예식에 대한 규정이 포함되고 후자에는 정해진 절기마다 지켜야 하는 종교적 의무에 대한 규정이 포함된다. 정결과 예배! 이것이 민수기 법전이 전하고자 하는 중심 사상이다. 진영을 치고 광야를 행진하면서도 이스라엘은 정결해야 하고 예물을 드리는 삶에 신실해야 한다는 것이다.

둘째, 민수기 법전은 이스라엘 모두가 유념해야 할 삶의 원리에 대해서 주의를 기울인다. 시내산을 떠나 약속의 땅으로 나아가는 이스라엘이라면 누구나 지켜야 할 삶의 원칙을 가르친다. 여기서 우리는 민수기의 법이 레위기의 법과 성격상 같지 않다는 점에 주목해야 한다. 레위기는 대체로 특정한 사람이 바치는 예물이나 특정한 경우에 치러야 하는 희생 제물에 대해서 가르친다. 반면 민수기는 이스라엘 모두를 위한 처방을 주요 관심사로 삼는다. 레위기는 종교와 제의 자체에 관심을 기울이는 데 비해 민수기는 광야를 행진하는 공동체를 조직하는 일과 관련된 종교와 제의에 대해서 관심을 쏟는다.[23] 민수기 이야기가 법규 형식의 말씀을 듣게 하는 콘텍스트 구실을 한다는 점을 기억해야 한다.

셋째, 민수기 법전이 지닌 a-b-a′ 형식의 구성은 중앙(b)에 있는 항목을 앞(a)과 뒤(a′)에 자리 잡은 항목이 보호하는 모양새를 지니고 있다. 소극적인 처방이 적극적인 처방을 감싸고 있다. 부정한 오염으로부터 공동체를 보호하려는 규정이 가운데 있는 성막의 거룩함을 지키고 있다. '몸을 더럽히지 말라'나 '죄를 범하지 말라'는 규정이 '하나님의 임재를 증언하는 삶을 살라'는 규정의 외곽에 포진하고 있다. 씻기고, 구별하고, 판단하고, 저주하고, 용서하고, 원 상태로 돌아가게 하는 제사장의 일들이 모임을 알리고, 앞으로 나아가게 하고, 기뻐하게 하고, 축제를 가지게 하는 제사장의 의무를 둘러싸고 있다.[24] 부정과 오염에서 벗어나는 공동체가 성소의 거룩함을 증언하는 공동체를 보호하고 있다.

민수기의 법이 이야기의 진행 속에 사이사이 정교하게 삽입된 모습은 시내산을 떠나 약속의 땅으로 향해 가는 이스라엘의 행진이 얼마나 신실한 모습이어야 하는지를 일깨워 준다. 민수기의 법이 여러 가지를 다루는 것처럼 보이지만, 그 관심사가 정결과 예배로 압축되는 것은 약속의 땅으로 행진하는 이스라엘이 정결해야 한다는 것을 드러내는 데 종사한다. 하나님의 임재를 증언하는 공동체여야 한다는 것을 드러낸다. 민수기의 법전은 특히 이스라엘의 행진에 관한 제사장의 소망이 어떤 것인지를 증언한다. 그것은 성막이 이스라엘 군대를 인도하는 모습으로 요약된다. 야웨 하나님의 임재가 이스라엘의 이동을 이끌고 있는 모습으로 압축된다. 하나님이 앞서 가시기에 그 뒤를 따르는 하나님의 백성의 모습으로 정리된다.

민수기는 이스라엘의 이동과 행진은 반드시 야웨 하나님의 계획대로 준비되어야 하고, 야웨 하나님의 가르침대로 조직되어야 하며, 성막을 중심으로 준비/조직한 대로 광야에서 실천되어야 한다는 것을 가르친다. 민수기의 구조가 여행의 조직(1:1~10:10)과 여행의 실천(10:11~36:13)으로 이루어진 것은 이 때문이다. 민수기 법전은 정결하고 거룩함을 드러내는 삶이야말로 시내산을 떠나 모압 평지로 가는 이스라엘을 제대로 조직하고, 보호하고, 강화하고, 이끈다는 것을 보여 준다.

07

민수기의 거시 구조: 구세대에서 신세대로의 전환

  민수기 전체가 보여 주는 신학적 의미는 무엇일까? 어떻게 하면 민수기의 전체 내용을 한눈에 볼 수 있을까? 민수기에 씌어진 내용을 그대로 일괄해서 나열하기보단, 그들을 묶어 주는 어떤 해석학적 틀이 있지는 않을까? 이런 질문들은 어떤 한 책을 거시적으로 보려는 노력을 반영한다. 특히 이 질문들은 민수기를 연구하는 데 필수적이다. 왜냐하면 민수기의 다양하고 복잡한 내용들 자체가 그것을 요구하기 때문이다.

  민수기는 히브리어 마소라 본문에 의하면 네 번째 자리에 있으며, 그 전체가 1,289절(한글 성경은 1,288절), 36장으로 편집되어 있다. 그 안에는 여러 지명들이 등장한다. 시내 광야(1:1), 바란 광야 (10:12), 신 광야 (13, 21장), 에돔 땅(20:23), 네겝(21:1), 모압 땅(21:11), 아모리 사람의 땅(21:13), 이외에도 이스라엘 민족의 40년 광야 여정을 기록한 33장에서 보는 바와 같이 여러 특정한 장소들이 소개된다. 이런 다양한 지정학적 정보와 더불어 연대기적인 표시도 여러 번 나타난다(1:1; 7:1; 9:1, 15; 10:11; 20:1; 33:38 등). 뿐만 아니라 민수기는 그 어느 성경책보다 더 다양하고 복잡한 내용을 담고 있다. 예를 들면, 두 번의 인구 조사 보도, 반항/분쟁 기사, 여행 보고, 전쟁 기사, 제사장 직제 형성, 발람-발락 이야기, 땅 분배에 관한 규례, 도피성 마련을 지시한 하나님의 명령, 더 큰 문제는 이런 내용들이 산발적으로 흩어져 있다는 것이다. 내적 일관성을 밝혀 줄 만한 뚜렷한 구조 없이 민수기의 지정학적,

연대기적 정보들과 다양한 내용들이 지나치게 혼합적이기에 이 책 전체가 나타내고자 하는 통일된 신학적 메시지를 찾기 어렵다.

지난 200년간의 모세오경 연구사에서 민수기에 대한 연구가 상대적으로 빈약한 점도 바로 이런 특이성 때문이라고 볼 수 있다. 성경 해석자들은 그들의 신앙 배경이 유대교이거나 기독교임을 막론하고 민수기 전체가 갖는 신학적 의미를 설명하는 데 난색을 표한다. 더 나아가 그들은 민수기가 토라인 모세오경 전체에서 어떤 위치를 차지하며, 모세오경의 신학적 메시지에 어떻게 공헌하는지에 대해서 불분명한 태도를 취한다. 따라서 민수기의 거시 구조를 재구성하는 것은 민수기 전체를 총괄하는 민수기만의 독특한 신학적 메시지를 찾는 것과 직결되어 있다. 이글은 민수기의 거시 구조를 논의한 많은 연구들 중에서 새로운 전환점을 마련한 올슨(D. Olson)의 논제를 분석하고 그에 상응한 대안책을 제시하고자 한다.

구세대에서 신세대로의 전환점(민수기 26장)

1985년에 출간된 「구세대의 죽음과 신세대의 탄생」(The Death of the Old and the Birth of the New)에서 올슨은 200년간의 민수기 연구에 새로운 지평을 열었다. 그는 민수기의 구조를 재구성하는 것이 민수기라는 한 책을 통괄적으로 해석하고 이해하는 데 '중심적 문제'임을 주장하고, 이 책의 거시적 구조로 '구세대의 죽음과 신세대의 탄생'을 제안했다. 올슨의 논쟁을 간략하면 다음과 같다.

첫째, 민수기는 '설득력 있고 의미 있는' 구조를 가지고 있다. 둘째, 그 구조는 민수기 1장과 26장에 언급된 두 개의 인구 조사 기록들에 토대를 두고 있다. 셋째, 이 기록들은 애굽에서 탈출한 구세대와 가나안 땅에 거의 도달한 신세대들 사이에 뚜렷한 전환이 있음을 보여 준다. 넷째, 마지막으로 이러한 배치는 야웨 하나님에게 불순종한 이유로 40년간 광야를 떠돌다 죽음을 맞이한 구세대와 그 반대로 야웨 하나님에게 순종한 보상으로 언약의 땅에 들어갈 가능성을 지니게 된 신세대의 탄생에 중점을 두고 있다.

1985년 이후에 발표된 대부분의 민수기 연구들이 올슨의 이 같은 논제를 바탕으로 삼고 있다. 설령 그의 주장을 수정한다 해도 근본적으로 구세대에서 신세대로의 전환, 반역의 출애굽 세대에서 순종과 희망의 광야 세대로의 전환이란 개념이 민수기를 1~25장과 26~36장으로 구분한다는 주장에 동의한다.

올슨이 제시하는 세 가지 주장을 살펴보자. 첫째 그는 민수기 26:1의 '염병 후'가 '나머지 구세대 죽음 이후'라는 신학적 의미를 나타내는 시간적 증표라고 주장한다. 이와 비슷하게 26:3의 "여리고 맞은편 요단가 모압 평지에서…"라는 표현이 신세대가 구세대와는 다르게 약속의 땅 어귀에서 광야 여정을 시작하라는 신학적 의미를 나타내는 지리적 증표라고 주장한다. 그러나 26:1 자체는 전(前) 사건(25:1~18)과 그 후의 사건(25:19~26:65) 사이의 시간적 변화를 나타내고, 후자를 한 문학 단위로 설정하는 역할을 한다. 그런데 왜 유독 이 구절이 민수기 안에 시간적 변화를 알려 주는 수많은 표적들 중에서 이런 자세한 의미를 띠는 걸까? 또한 26:3에 언급된 장소가 22:1에 이미 기록되어 있다. 만약 이 특정한 장소가 올슨이 전하고자 하는 의미와 연관이 있다면, 26:3이 아닌 22:1이 신세대의 출발 지점이라고 해야 하지 않을까? 더욱이 그는 이 장소를 '언약의 땅의 경계선'이라고 해석한다. 그리고 22:1을 구세대들이 '다시 한 번 약속의 땅 언저리까지 오는 특권을 누렸다'고 풀이한다. 따라서 그는 22:1을 구세대에게, 26:3을 신세대에게 부여함으로써 한 장소가 두 개의 다른 의미를 품고 있음을 주장한다. 이런 논리는 이 두 구절들 각각이 갖는 독자적 의미를 간과한 것이며 이 둘에게 편견을 가진 의미를 요구한 것은 아닐까?

두 번째로, 올슨은 몇몇 구절을 특이하게 해석한다. 14:29의 "…너희 이십세 이상으로 계수함을 받은 자 곧 나를 원망한 자의 전부가"라는 구절의 사람들이 1:3에 나타난 사람들과 같은 부류에 속한다고 본다. 그리고 민수기 32장에 나타난 르우벤과 가드 족속이 다른 족속들을 도우려는 의지가 없는 것은 민수기 13~14장에 나타난 구세대의 죽음과 신세대의 탄생이란 주제와 연관이 있다고 본다. 더욱이 26:63~65까지의 내용이 민수기 13~14장의 주제를 이스라엘의 두 번째 인구 조사와 연결시킨다고 주장한다. 민수기 32장이 13~14장에 의존한다는 것은 명료하다. 밀정의 이야기 없이는 32:6~15의 르우벤과 가드에게 한 모세의 연설은 이해하기 어렵기 때문이다. 올슨은 두 구절들을 연결함으로써 두 가지 결론을 내린다. 첫째, 민수기 13~14장에서 가장 핵심적 개념은 세대 전환이고 둘째, 민수기 32장 전(前)에 그 전환이 이루어졌다. 만약 그의 방식대로 민수기 13~14장을 민수기 1장에 나타난 "…너희 이십 세 이상으로 계수함을 받은 자 곧 나를 원망한 자의 전부가"라는 구절로 서로 연결시킨 것이 합당하다면, 13~14장에서 야웨 하나님의 심판은 민수기 1:3에서 조사된 사람들에게만 적용된다는 결론이 된다. 그렇다면 12지파와 별도로 조사된 레위 지파는 어떻게 되는가? 레위 지파는 이스라엘 민족에 대한 야웨 하나님의 사형 선고에서 제외된다고 봐야 하는가? 모세와 아론과 미리암은 어떻게 되는가? 그들 또한 출애굽 세대의 불가피한 운명에 동참해야 하지 않겠는가? 출애굽 세대 중 갈렙과 여호수아만이 야웨 하나님의 심판을 모면할 수 있었고 약속의 땅을 상속 받을 수 있었기에(14:24, 30), 레위 지파, 미리암, 아론, 심지어 모세까지도 야웨 하나님의 심판에서 탈출할 수 있다고 예측할 수는 없다. 분명히 그들은 출애굽 세대이며 이 세대와 동일한 운명을 나누어야만 한다. 민수기 13~14장은 전체적으로 출애굽 세대들 전부의 운명을 결정하며, 민수기 16:1~17:15에 나타날 고라 자손의 반란을 암시하고, 더 나아가서는 20:1~13에 나오는 미리암의 죽음과 모세와 아론의 불순종을 예견한다. 그러므로 민수기 13~14장은 올슨이 주장하는 것보다 훨씬 더 넓은 야웨 하나님의 심판 범위를 드러내고 있다.

또한 올슨은 민수기 26:63~65이 26:4의 의미를 결론짓는다고 이해하고 있으며, 민수기 전체 구조를 확정하는 결정적 요약이라고 간주한다. 그에게는 이 본문이 민수기 26장의 인구 조사 기록의 목적을 나타내는 '마지막 말'로 씌어졌고, 신세대의 시작이 많은 구성원으로 시작됨은 이스라엘 민족에 대한 야웨 하나님의 은혜로운 축복임을 의미한다고 보는 동시에, 민수기 1장에 나타난 구세대들이 받은 은혜와도 비슷하고 선조들과 약속의 부분적 달성이라고 이해한다. 이렇듯 26:63~65이 의미가 있는 이유는 오직 이것이 민수기 전부를 포괄하는 주제와 연관되어 있기 때문이다.

　그러나 그는 문학적 문맥에 나타난 본문의 기능을 무시한다. 올슨의 해석과는 다르게, 이 본문은 이스라엘의 인구 조사에 대한 야웨 하나님의 명령에 관해 최종적인 진술서 역할을 한다. 민수기 26장에 나타난 인구 조사의 목적은 이스라엘 민족을 약속의 땅 배당을 위해 준비시키는 것이다. 이는 민수기 1장에서처럼 앞으로 다가올 전투적 광야 여정을 준비시키는 것은 결코 아니다. 그 이유로는, 먼저 모세와 엘리아살에게 향한 야웨 하나님의 명령은(26:2) 이스라엘로 하여금 전투적 광야 여정을 준비하려는 의도가 1:2~3절에서 보다 적게 나타난다. 둘째, 모세와 엘리아살이 직접 이스라엘 민족에게 명령한 것(26:4)에는 이 인구 조사의 군사적 목적을 언급하지 않는다. 셋째, 26:52~56에 의하면 이 인구 조사에 기록된 인구가 가나안 땅 배당의 근거를 제공한다. 레위 지파 사람들이 다른 지파들과 별도로 계수되어야 함은 그들이 가나안 땅의 어느 부분도 상속할 수 없음이지(26:62하), 1:48~54과 3:5~10에 나타나듯 장막과 연관된 특별한 봉사 때문에 제척된 것은 아니다. 그러므로 민수기 1장과 26장은 동일한 목적을 달성키 위해 기록된 것이 아니다. 이러한 두 번째 인구 조사의 목적에 비추어 보면 26:63~65은 어떤 특별한 정보를 제공해 주지 않을 뿐만 아니라 이 구절이 민수기 26장의 전체적 개념을 구성하는 데 결정적 역할도 하지 못한다. 오직 이 구절의 기능은 독자를 26:3로 인도하는 것이어서 26:4 이하 때문에 일어날 수 있는 오해를 설명한다. 즉 26:63이 26:3의 내용을 다시 설명하는 반면에 26:64~65은 26:5~51에서 모세와 엘리아살에 의해서 등록된 자들이 시내산 근처 광야에서 모세와 아론에 의해 계수된 자들이 아닌 것이다. 그러므로 26:63~65은 인구 조사 보고서를 결론짓는다는 한도에서만 의미가 있는 것이지, 인구 조사의 궁극적 목적인 땅 분배를 위한 준비와는 전혀 상관이 없다. 특히 올슨이 제안하는 목적과는 거리가 멀다.

세 번째로, 올슨은 톨레도트 공식들이 민수기뿐만 아니라 모세오경 전체에서 의도적인 편집의 패턴을 띠고 있음을 지적한다. 이에 의하면 두 개의 모세오경의 구조가 성립할 수 있다. 만일 올슨이 주장하듯 야곱의 톨레도트가 '가장 중요한 것'을 근거로 한다면 다음과 같다.

I 야곱의 톨레도트까지의 세대들	창 1:1~출 1:7
II 야곱의 톨레도트 이후의 세대들	출 1:8~신 34장
A 아론과 모세의 톨레도트까지의 사건들	출 1:8~민 2장
B 아론과 모세의 톨레도트 이후의 사건들	민 3:1~신 34장
1 구세대	민 3:4~민 25:18
2 신세대	민 25:19~신 34장

만일 신세대가 모세오경에서 나타난 톨레도트 시리즈의 '최후의 목표'라는 근거에 입각한다면 다음과 같다.

I 준비: '출애굽 세대'의 마지막까지의 세대들	창 1:1~민 25장
II 목표: 신세대	민 26:1~신 34장

위의 제시된 구조들은 모세오경에 나타난 톨레도트의 공식들이 암시하듯 세대들 간의 일직선적 상속이란 개념에 근거를 두고 있다. 올슨의 결론은 제사장 문서의 전통에서 이러한 웅장한 윤곽이 '현재 모습의 민수기서의 결정적 구조와 일맥상통하다'는 것이다. 그러나 이런 결론은 앞에서 본 바와 같이 민수기 1~25장에서 구세대의 죽음과 민수기 26~36장에서 신세대의 탄생으로 민수기가 크게 두 부분으로 나뉜다는 그의 주장과는 일치하지 않

는다. 민수기 그 자체로는 두 개의 인구 조사 보도가 전체적 구조를 결정짓고 있으며, 민수기가 속한 모세오경은 톨레도트란 공식으로 조직화되어 있다는 주장이다. 문제는 올슨은 후자를 강조함으로 인해 민수기 자체의 독특성이 무시되고 간과되는 오류를 범했다.

올슨의 논제에 대해 전체적인 면에서 몇 가지 질문을 해보자. 그가 주장하듯 만약 민수기 26장까지 신세대가 나타나지 않았다면, 민수기 21:21~35에 나오는 이스라엘 민족이 시온 왕과 옥 왕을 이긴 이야기나, 민수기 14:39~45에선 이길 수 없었던 가나안 사람들을 21:1~3에선 절대적 승리를 거둔 이야기, 민수기 15장과 19장에 나오는 미래 지향적 법령들을 이해하기 어려울 것이다. 이런 것들은 광야에서 멸종할 수밖에 없는 구세대에 해당할 수가 없기 때문이다. 민수기 22:1이 보도하는 발람 이야기의 전략적 위치와 이 이야기에서 이스라엘을 위한 야웨 하나님의 거대한 힘이 발휘됐다는 사실은 과연 무엇을 의미할까? 왜 미리암과 아론의 죽음을 다루는 본문과 야웨 하나님에게 범죄한 모세와 아론 이야기가 20장에 함께 나타나는 것일까? 왜 많은 전쟁 보고들이 민수기 21장(1~3, 21~31, 31~35절)에 몰려 있는 것일까? 이에 반해, 왜 두 개의 반항 기사들이 야웨 하나님을 향한 이스라엘의 자신감을 보도한 직후에 곧이어 나오는 것일까? 왜 21:1~3에서 가나안인들을 향한 이스라엘 민족의 승리가 언급된 뒤에 곧이어 뱀을 통한 징벌 이야기(21:4~9)가 나오고, 민수기 22:1~24:25에서 이방 선지자 발람을 통해 야웨 하나님이 이스라엘 민족을 축복한 이야기가 나온 후에 바알브올에서 그들의 성적 문란 때문에 벌을 받은 이야기(25:1~18)가 나오는가? 올슨이 주장하듯, 이 두 가지 반항 이야기들은 출애굽 세대의 만성적인 반항 자세를 상징하는 것인가? 이런 질문들을 만족시키려면, 올슨의 제안과는 다르게 21:1~3이 세대 전환의 결정적 역할을 하고 있다. 필자는 이 구절의 내용, 현재 위치, 15~26장 내에서 다른 요소들과의 관계, 그리고 주된 개념이 야웨 하나님의 땅 약속 성취의 전환점임을 밝힘으로써 이 구절이 출애굽 세대가 포기한 가나안 땅의 정복을 신세대가 이루도록 부름을 받았다고 주장한다.

출애굽 세대에서 광야 세대로의 전환점(민수기 21:1~3)

필자는 이스라엘 민족에게 주어진 야웨 하나님의 사형 심판은 14:26~35에 기록되었으며 20:1~29에서 완전히 이루어졌다고 생각한다. 20장에서 세 개의 문학적 단위들(1~13, 14~21, 22~29절)이 모두 출애굽 세대의 마지막을 상징하며 광야 세대를 위한 길을 준비한다. 우선 표면적 증거로서 20장의 지형적, 시간적 표시들이 출애굽 세대를 향한 야웨 하나님의 심판이 완성됐음을 암시한다. 모든 학자들이 이스라엘의 에돔과의 대립(14~21절) 그리고 아론의 죽음(22~29절)이 가데스와 그 근점에서 이스라엘 광야 생활 40년째 되는 해에 발생했다고 동의한다. 문제는 20:1~13에서 생긴다. 이 본문은 야웨 하나님께서 모세와 아론의 지도력을 거부하심이 가데스에서 일어났음을 명확히 하지만 이 사건이 과연 40년째 되는 해에 일어났는지는 확실치 않다. 이스라엘 민족이 가데스에 도착한 날짜가 불확실하기 때문이다. 20:1에서 이스라엘은 신 광야의 가데스에 도착한다(비교 20:14, 16, 22; 27:14; 34:36, 37). 도착한 날짜를 정확히 명기하지 않고 "첫 달"이라고만 밝힌 데 반해 13:26에서는 가나안 땅을 조사한 후 밀정들이 돌아오는데 그들 또한 가데스로 온다고 기록하고 있다. 이 본문에 의하면 가데스는 이스라엘이 시내 광야를 떠난 즉시(10:21; 12:16; 13:3) 도착한 바란 광야에 위치하고 있다. 그러므로 지형적 부조화와 연대적 부조화가 같이 드러난다.

버루크 르빈(Baruch Levine)은 이러한 부조화가 Yahwist-elohist(JE)와 Prestly(P) 두 문서들의 상호작용으로 이루어졌다고 주장한다. 그에 의하면 민수기 13:26은 이스라엘 민족이 시내 광야를 떠난(비교 32:8) 바로 직후에 가데스에 도착해서 씌어진 JE 이야기를 반영한다. 가나안을 뚫고 나가는 것을 실패한 후 이스라엘 민족은 가데스에 짧은 시간 동안 머물고 나머지 38년을 에돔의 동쪽과 모압의 남쪽 광야에서 떠돌아다닌다. 반면에 민수기 20:1은 이스라엘 민족이 40번째 해에 도착한다고 기록한 P전통들의 내용을 반영한다. 그들은 거의 모든 38년을 바란 광야의 현장인 시내 광야 북쪽 지방에서 보낸다.

이러한 불협화음의 발단과는 상관없이, 현존하는 본문에서 그들의 목적과 역할은 아직 밝혀지지 않은 상태다. 왜 P작가들은 JE판 이스라엘의 여정을 개정해서라도 이스라엘 민족이 38년을 시내 광야에서 보낸 것으로 재구성했으며, 왜 40번째 해에 비로소 가데스에 도착하도록 이야기를 썼을까? 대답은 출애굽 세대를 향한 야웨 하나님의 심판을 비추어 볼 때 명확히 드러날 것이다. 가데스를 언급함으로 P작가들은 모세와 아론의 반역을 전에 있었던 이스라엘 민족들의 반역과 같은 장소에 위치시켰다. 따라서 모세와 아론이 모든 출애굽 세대가 갖는 파멸의 운명에 포함됨을 합리화한다. 또한 가데스를 시내 광야 북쪽의 바란 광야에 위치시킴으로써 그들은 야웨 하나님이 이 광야, 즉 바란 광야(14:29, 32~33, 34)에서 출애굽 세대를 벌할 것을 보여 준다. 또한 불확실한 날짜를 제시함으로써, P작가들은 JE가 이스라엘이 40년의 광야 기간 초기에 가데스에 도착해서 조성한 긴장을 줄이려 하였다. 더욱 중요한 것은, 그들은 모세와 아론의 반역을 40번째 해로 기록하고 있다는 점이다(비교 33:36~39). 이렇게 함으로써 P작가들은 40년 전체 기간 동안 출애굽 세대가 지속적인 반역을 행한 강조하고 있으며, 지도자들의 반항을 전체 반항의 절정으로 삼고 있다. 이렇게 해서 그들에겐 40년의 광야 시대가 이스라엘 민족 전체의 반란으로 시작해서 지도자들의 반란으로 끝을 맺는다. 민수기 20:1의 가데스의 등장과 '첫 달'은 위의 이러한 의도를 반영한다.

또한 20장의 내용들이 출애굽 세대의 끝임을 잘 나타낸다. 첫 번째 문학 단위(20:1~13)는 이스라엘 민족의 지도자들 중 하나인 미리암의 죽음을 보고함으로 시작한다. 더 나아가서 야웨 하나님이 모세와 아론에게서 선지자적 지도력을 거절하는 모습을 열거한다. 야웨 하나님이 모세와 아론의 죄를 그들이 이스라엘 민족의 목전에서 야웨 하나님의 거룩함을 시인치 아니하게 하는 불신의 증표로서 묘사하는 것은 13~14장에서 나오는 이스라엘이 준비된 야웨 하나님의 계획을 불신하는 것과 연관이 있다. 그들이 저지른 범죄의 벌로써 민족을 이끄는 책임감을 박탈하신다(10:12하). 모세와 아론의 지도권이 거부당함은 언약의 땅을 상속함에서 제외되고 광야에서 그들의 죽음을 상징하는데, 모세와 아론을 향한 야웨 하나님의 심판은 본질적으로 출애굽 세대를 향한 야웨 하나님의 심판과 같은 것이다. 밀정 사건에서 나타난 반란에 관한 이스라엘의 반응에서 이 심판은 이미 예시된 것이었다(14:5). 그 결과 20:2~13은 모세와 아론이 출애굽 세대의 멸망의 운명에 무조건 참여함을 합리화한다.

모세와 아론을 향한 야웨 하나님의 심판은 나머지 20장의 내용에 이르러 두드러지게 나타난다.

두 번째 문학 단위(20:14~21)는 이스라엘이 에돔 땅을 평화롭게 통행하고자 간청했으나 거절되자, 그들과의 군사적 기피가 무효가 됐음을 다루고 있다. 이것은 이스라엘 민족이 가나안 사람들과 접촉한 이후에 가진 다른 민족과의 첫 대면이다. 이 사건에서 이스라엘의 지도자로서 모세의 역할이 많이 축소되었다고 추정된다. 모세가 소식통들을 보내는 14절 이후 그는 뒤로 한 발짝 물러서고 모세를 후원하는 야웨 하나님의 모습 또한 나타나지 않는다. 야웨 하나님의 부재는 두 가지를 암시한다. 첫째, 모세와 이스라엘의 통행 청구는 야웨 하나님께서 지시하신 게 아니며 둘째, 모세의 협상을 방해하는 이스라엘 민족과 에돔의 거절 앞에서 모세의 지도권은 쉽사리 복구되지 않았다는 점이다.

더 나아가 민수기 20:14~21은 쇠약해진 모세의 지도력 그 이상의 것을 알리고 있다. 첫째, 에돔 왕의 영토를 지나가는 통행 허가를 받기 위해 사자를 보냄으로써 모세는 14:25하에 나타난 야웨 하나님의 명령을 불순종했다. "너희는 내일 돌이켜 홍해 길로 하여 광야로 들어갈찌니라." 둘째, 가데스에서 가나안 지방으로 들어가는 최단 거리(이스라엘이 실패한 남쪽 방향을 제외한)가 동쪽을 가로질러 에돔 지역을 여행하는 것이란 사실을 볼 때, 에돔을 안전하게 통행하고자 하는 모세의 요청은 야웨 하나님의 방법이 아닌 다른 방법으로 가나안에 입성하려는 그의 의도가 드러난다. 다시 말해 언약의 땅에 들어가는 자세한 경로에서 이스라엘 민족과 모세, 둘 다 야웨 하나님의 길이 아닌 자신들의 길을 택하였다. 민수기 13~14장에서 야웨 하나님의 계획을 반대하고 가나안으로 들어갈 것을 선도한 것은 이스라엘 민족이었지만, 20:14에서 야웨 하나님의 명백한 지시를 무시한 채 가나안으로 가는 가장 쉬운 길을 찾기를 선도한 것은 모세였다. 셋째, 이스라엘의 노력과 모세의 노력 둘 다 실패한다. 만약 이스라엘이 아말렉 사람과 가나안 사람들에게 진 것(14:39~45)이 출애굽 세대를 향한 야웨 하나님 심판의 초기 그리고 부분적 완성이라면 에돔에서 퇴각한 사건은 지속적인 야웨 하나님 심판의 완성이라고 이해할 수 있다. 넷째, 야웨 하나님이 모세와 아론의 지도력을 거부하신 직후 이스라엘이 에돔과 대면하는 이야기가 나온다는 사실은 결코 우연이 아니다. 20:14~21은 모세와 아론을 벌하신 야웨 하나님의 결정이 결코 극단적이거나 불공평하지 않다는 것을 보여 주는 한편, 그들의 범죄와 비교해 볼 때 '행한 대로 받을 것'이며 완전히 정당하다는 것을 보여 준다. 20:1~13이 야웨 하나님의 뜻을 잘못 전달함으로써 지도자로서 실패한 모세를 묘사한다면, 20:14~21은 야웨 하나님의 경로가 아닌 다른 경로로 이스라엘 민족을 인도한 지도자로서 실패한 모세를 묘사한다. 나머지 출애굽 세대와 같이 모세도 야웨 하나님이 이 민족을 약속의 땅으로 인도할 수 있다는 능력을 믿지 못하였다. 그 결과 모세는 이 세대와 같은 운명을 맞이할 수밖에 없었다. 그 또한 광야에서 죽어야만 했으며 약속의 땅에 들어 갈 수 없었다.

세 번째 문학 단위(20:22~29)는 세 가지 핵심 내용과 함께 20장을 마무리한다. 첫째, 호르산을 향한 이스라엘의 행진(22절)은 남쪽을 통해 가나안으로 들어가려는 또 다른 노력으로 볼 수 있다. 가데스에서 가나안으로 가는 가장 쉬운 길을 거부당한 후, 모세와 이스라엘은 에돔의 북쪽 경계선을 지나감으로써 에돔의 가장자리로 여행하려 했다. 이것은 야웨 하나님의 지시에 불순종한 채 그들만의 경로로 가나안 땅에 들어가려는 모세와 이스라엘의 마지막 노력이었다. 둘째, 아론의 죽음은 모세의 죽음이 임박한 것을 암시한다.

출애굽 세대를 향한 야웨 하나님의 심판이 아론과 모세에게도 임하였음을 말해 준다. 이로써 출애굽 세대 전체를 향한 야웨 하나님의 심판이 완성됨을 보여 준다. 셋째, 아론이 대제사장직을 그의 아들 엘르아살에게 양도한 것은 출애굽 세대에서 광야 세대로 전환되는 내용이다. 엘르아살의 대제사장직은 야웨 하나님이 신세대를 신성한 땅의 약속을 받들어 나아가는 세대로 부르셨음을 나타내는 신호다. 요약하면 첫째, 둘째의 핵심은 출애굽 세대의 마지막 활동을 그리고 있고, 셋째 핵심은 새 세대가 새로운 활동 무대에 오를 것을 암시한다.

대제사장직이 아론에서 그의 아들 엘르아살에게 양도된 것이 암시하듯, 21:1~3은 이스라엘 민족의 다음 세대의 출현을 소개한다. 아래 네 가지 주장들이 이런 결론을 뒷받침한다. 즉 첫째, 본문의 독특한 내용, 둘째, 시간적 배경, 셋째, 다른 전쟁 기사들과의 비교, 넷째, 최종 본문 안에서의 위치다.

우선 21:1~3이 갖는 독특한 내용은 다음과 같다. 21:1이 보고하듯 이스라엘이 아랏 왕에 패한 이야기는 14:39~45에 기록된 그들의 완전한 패배를 비추고 있는 듯하다. 14:45하에 의하면 21:3하의 호르마는 출애굽 세대가 가나안 민족과 아멜렉 사람들에게 패한 장소다. 그들의 적은 언약의 땅에 사는 거주자들이었지 요단 동쪽 지역의 다른 종족들이 아니었다. 그리고 14:43에 나타난 그들의 완전 패배와는 반대로 여기서는 완전 승리를 거둔다(21:2~3상). 이 사실들에서 21:1~3의 이스라엘이 가나안 민족들로부터 얻은 승리는 출애굽 세대보다는 광야 세대에 돌려져야 한다고 주장한다. 그렇지 않다면, 출애굽 세대가 광야에서 전멸하도록 선고된 야웨 하나님의 판결과 그가 가나안과의 전쟁을 헤렘(성전)으로 인정하고 도와준 사실이 무의미해지기 때문이다. 더욱이 본문에서 이스라엘을 하나의 단일화된 정치적 존재로 규정한 것이 독특하다. 우연일 수도 있으나 언약의 땅 정복과 관련해 구세대와 상반된 신세대의 태도, 즉 언약의 땅 쟁취를 위해 만장일치로 확고히 뭉쳐진 결속체임을 나타낼 수도 있다. 야웨 하나님과 모세의 중심적 역할 없이도 그들의 원정이 성공적일 것이라고 생각했던 출애굽 세대와 비교

했을 때(14:41~43) 가나안 민족을 상대로 승리하겠다는 결심과 그들을 완전 초토화시키겠다고 야웨 하나님에게 맹세한 이 세대의 모습은 출애굽 세대와 상반된다. 야웨 하나님이 이 세대의 맹세를 받아들였다는 것은 그들의 조상들과 맺은 땅의 언약을 이 세대를 통해 이루고자 하는 하나님의 의도로 생각할 수 있다. 이는 야웨 하나님이 구세대에 내려진 심판을 넘어서 이 세대를 용서하시는 것으로도 볼 수 있다. 또한 21:1~3은 완전히 모세를 배제시킨다. 이스라엘의 승리는 모세의 임재 또는 그의 참여 없이 얻어진 것이다. 왜 본문은 가나안 민족을 향한 이 획기적인 승리에 모세를 넣지 않고 있을까? 대답은 명백하다. 모세가 출애굽 세대에 속해 있으므로 그는 제외된 것이다. 본문의 실질적 개념은 모세를 요구하고 있지 않으며 이 세대가 가나안으로부터 얻는 승리를 나누지 못하게 막고 있다.

둘째, 시간적 배경이다. 21:1~3은 40번째 해 다섯 번째 달에 일어난 아론의 죽음 후에 위치한다. 본문에서 암시된 시간적 배경은 40년 광야 생활의 후반부다. 출애굽 세대는 40년 동안에 반드시 죽어야 하므로, 40번째 해 끝에 가나안으로부터 얻은 승리는 반드시 신세대의 새로운 시작으로 간주해야만 한다.

셋째, 다른 전쟁 기사들과의 비교다. 21:1~3은 이스라엘이 치른 6가지 전쟁 기사들 중 4개의 승리 기사에서 첫 번째를 기록하고 있다. 이 본문 후에는 패배와 퇴각에 대한 기록이 없다. 또한 이 본문은 앞으로 계속된 전쟁에서 승리한 기사들 중 다른 민족이 아닌 가나안 민족과의 승리를 다룬다. 가나안 민족을 압도하는 것으로 시작해 요단 동쪽 지역 사람들(아말렉, 바산, 그리고 미디안)을 압도한 것이 과연 출애굽 세대의 공적으로 돌려야 하는가? 이 구세대가 이스라엘의 탁월한 군사적 능력을 칭찬하고 야웨 하나님과 그들의 관계를 칭송한 발람의 찬양을 받을 수 있었을까? 40년 광야 생활 끝에 요단 동쪽 영토에서 가나안의 적들을 상대로 진보적인 군사 캠페인을 벌이는 일은 새 세대만이 할 수 있는 일일 것이다.

넷째, 최종 본문 안에서의 위치다. 21:1~3의 배치는 신세대가 신성한 땅의 언약을 성취할 것을 알리는 역할을 한다. 이 본문은 호르산에서 일어난 사건들(20:22~29)과 호르산에서 나오는 이스라엘 (21:4상) 사이에 위치한다. 다시 말해 이 같은 배치는 호르산을 떠나 가데스에서 오봇에로의 여정을 예감케 하는 20:1~21:10의 이스라엘 예정의 연속성을 방해한다. 21:4상은 이러한 방해를 설명한다. "백성이 호르 산에서 진행하여 홍해 길로 좇아 에돔 땅을 둘러 행하려 하였다가…." ① 호르산을 출발 지점으로 언급함으로써 4상절은 20:22~29의 사건을 전제한다. ② 그들이 '에돔 땅을 돌아간다' 는 것을 명시함으로써 4상절은 20:21하의 불분명한 방향을 분명하게 한다. ③ 이스라엘이 '홍해의 길을 향해' 출발했다고 진술함으로써 4상절은 이스라엘이 14:25하에 나온 야웨 하나님의 명령을 실천하고 있다고 진술한다.

①, ② 항목이 12:1~3의 배치 때문에 생긴 긴장감을 줄이려 한 작가의 노력이었다면 ③은 이 배치의 이유를 말한다. 이스라엘이 야웨 하나님의 지시를 따르는 것이 가나안 민족을 정복한 기사 바로 뒤에 기록되었다. 이는 출애굽 세대가 남쪽에서 가나안을 통과하려는 노력과 가데스에서 가나안으로 가는 가장 쉬운 길을 찾는 모세의 모습, 그리고 결국 에돔의 북쪽을 가로질러 가는 이스라엘의 모습과는 전혀 다르다. 그러므로 14:25하의 야웨 하나님의 지시는 21:4상에서 완성된다. 요단 동쪽 지역에서 가나안으로 다가가기로 한 결정은 야웨 하나님의 지시를 따른 이스라엘의 순종적인 면을 보여 주며, 이 순종은 두 번째 세대에게 해당될 수밖에 없다. 더욱히 이 세대는 야웨 하나님의 지시를 실천하기 위해 가나안 마을들을 완전 초토화시킨 후에도 그들 캠페인의 궁극적 목표였던 가나안 정복을 위해 바로 북쪽으로 행군하지 않았다. 40년간 고통 받은 이유가 출애굽 세대들의 불신 때문이라는 사실에 비추어 보면, 신세대들이 가나안에서 뒤돌아서 요단 동쪽 지방으로 행군한 것은 새 세대의 순종을 대조적으로 보여 준다. 그러므로 21:4상은 21:1~3이 만들어 낸 긴장을 줄이는 역할을 하는가 하면 14:25하에 나타난 야웨 하나님의 지시를 실천하는 신세대를 돋보이게 한다.

요약하면 민수기 20장의 세 문학 단위와 21:1~3이 출애굽 세대의 마지막을 예고하며 신성한 땅의 언약을 짊어지고 가야 할 신세대로의 전환을 분명히 밝히고 있다.

민수기 13~14장은 이스라엘 민족이 언약의 땅 언저리에 있음을 기록하고, 그 땅을 애굽의 결박에서 해방된 후 처음으로 정복할 기회가 있었으나 야웨 하나님를 불신함으로써 이 기회를 놓쳐 이 캠페인의 목표인 언약의 땅 정복을 달성하지 못했음을 기록하고 있다. 동시에 갈렙과 여호수아를 제외한 나머지 구세대들에게 야웨 하나님이 죽음을 선고한 것과 이 신성한 땅의 언약을 다음 세대가 대신 이뤄 나갈 것을 기록하고 있다.

분명한 사실은 민수기 14:26~35 이전엔 야웨 하나님께서 이스라엘의 언약의 땅 정복 계획을 늦추려는 의도가 전혀 없었다는 점이다. 이스라엘이 지낸 40년 광야 생활은 야웨 하나님의 본래 계획이 아니었으며, 야웨 하나님를 향한 그들의 믿음을 시험하려는 것도 아니었다. 이것은 전례에 없던 이스라엘의 반란에 대한 심판이었다. 민수기 14장 이후부터 이스라엘이 행진하는 곳이나 광야에서 40년 동안 일어난 사건들, 그리고 그들이 대면하는 사람들과의 일들은 그들의 반란에서 비롯된 결과라고 할 수 있다. 그러므로 세대 간 전환은 민수기 13~14장이 갖는 주된 개념이 아니고 단지 이스라엘의 반란에 대한 야웨 하나님의 반응의 한 부분일 뿐이다. 출애굽 세대를 절대적으로 벌함은 야웨 하나님의 심판 중 하나이며 늦춰진 언약의 땅 완성에 피할 수 없는 부산물일 수밖에 없다. 야웨 하나님의 심판의 중심 관점은 출애굽 세대를 멸하는 것이 아니라 약속의 완성을 늦추는 것이다.

신성한 땅의 언약은 다음 세대를 통해서만 이루어질 수 있다. 광야에서 40년간 방황한 후, 그리고 남쪽 경로를 통한 후에 이루어진다. 그러므로 늦춰진 야웨 하나님의 언약의 땅의 실현은 밀정 이야기 후에 기록된 모든 이스라엘의 활동들에 깔린 지배적 개념이다. 다시 말해서 이 개념이 민수기 14장 이후의 내용들과 심지어는 신명기신, 여호수아서 12장까지, 더 나아가 사사기 2:10까지의 내용들을 근본적으로 지탱하고 있다.

맺는 말

위의 학문적 분석과 토의가 목회와 설교에 무슨 연관이 있으며 어떤 영향을 끼칠 수 있을까 의아해할 수도 있다. 흔히 학술적인 비평과 논쟁은 학술지에만 속한 것이어서 설교하는 데 필요하지 않거나 심지어 방해가 된다고 생각한다. 이런 통념을 깨는 예수님의 말씀을 들어 보자. 한 율법사가 예수를 시험하려 영생에 대하여 묻는다. '선생님 내가 무엇을 하여야 영생을 얻으리이까?' 이에 대한 예수님의 대답은 '율법에 무엇이라 기록되었으며, 네가 어떻게 읽느냐'였다(눅 10:25, 26).

예수님의 'what'과 'how'의 이중적인 대답은 성경을 연구하고 말씀을 전파하는 데 근본적인 방향을 제시한다. 설교하고자 하는 본문을 하나님의 말씀으로 받아들이고, 일점일획이라도 바꾸어서는 안 된다. 설교가의 관심과 신앙에 따라 말씀 자체가 변형될 수는 없다. 어떤 내용이 기록되어졌고 그것이 어떻게 우리에게까지 전해 내려 왔는가를 있는 그대로 살펴보는 것이 성경 연구의 출발점이 되어야 한다(물론 성경 원본이 없기 때문에 논문 비평이란 연구를 통해서 우리가 회복할 수 있는 최종 상태의 사본을 구성하려는 작업이 끊임없이 계속되고 있다).

다음 단계는 기록된 말씀을 '어떻게'(how) 해석하는가다. 이 부분에서 많은 가능성들이 존재한다. 대표적인 예를 들자면, 성경을 알레고리화해서 영적인 메시지를 찾고자 하는 시도, 객관적이고 누구나 수긍할 수 있는 해석을 추구하는 소위 역사적 비평 방법, 개체보다는 전체적 틀을 중요시하는 시도, 본문의 문학성과 수사성에 초점을 둔 방법론들, 본문 그 자체보다 해석자의 관점을 더 중요시한 시도들이 있다. 이런 다양한 방법들 때문에 과연 어떤 해석이 성경적인가 하는 문제에 집착하게 된다. 필자는 성경을 '하나님의 관점' 즉 '신학적 관점'으로 연구하려고 한다. 역사적, 문학적, 해석자의 관점들의 공헌을 인정하면서도 그 어떤 한 방법에 치중하기보다는 이 관점들을 통해서 얻은 연구 결과들을 '하나님의 행동'이라는 틀로 다시 한 번 걸러 낸다면, 성경을 성경답게, 하나님의 말씀답게 읽을 수 있을 것이다. 필자는 이런 규범이 산재한 성경 해석 방법들에 새로운 지평을 열 수 있다고 생각한다.

올슨의 명제를 분석하고 새로운 대안을 제시한 위의 글도 설교자들에게 다음과 같은 결과를 안겨 준다. 첫째, 올슨이 주장하듯 '이스라엘 민족의 세대 전환'이란 개념은 민수기 전체를 통괄할 수 없다. 왜냐하면 이 세대 전환은 남쪽에서부터 언약의 땅을 정복하려 한 이스라엘의 실패를 전제로 하고 있기에, 이 개념은 민수기 13~14장의 밀정 사건의 부산물 중 하나이기 때문이다.

둘째, 민수기 10:11 이후에 기록된 이스라엘 민족의 40년 광야 여정은 하나님의 본래 계획이 아니었으며, 그들의 믿음을 시험하려는 것도 아니라는 사실이다. 하나님은 가급적 빨리 하나님의 백성을 약속의 땅에 들여보내려고 하셨다. 40년 동안의 광야 생활은 이런 하나님에 대한 이스라엘의 반란을 심판한 것이었다. 반항 기사들이 이스라엘이 시내 광야를 떠난 직후부터 시작되었음을 상기하자. 민수기에 나타난 광야는 흔히 이해하듯, 메마르고, 피곤하고, 굶주림이 있는 곳을 의미하지는 않는다. 근본적으로 이 광야는 하나님께서 그의 백성의 불신을 심판한 것이 진행되는 곳이다. 민수기 14장 이후부터 이스라엘이 행진하는 곳이나 광야에서의 40년 동안 일어난 사건들, 그리고 그들이 대면하는 사람들과의 일들은 그들의 반란에서 비롯된 하나님의 심판의 결과라 할 수 있다. 또한 이 광야는 하나님의 용서의 현장이기도 하다. 왜냐하면 하나님은 이스라엘 민족에게 한 약속의 땅에 대한 계획을 파기하지는 않았기 때문이다. 단지 출애굽 세대가 그 완성을 보지 못한 것이지, 약속 자체가 무효화 된 것이 아니다. 하나님은 신세대, 광야 세대를 통해서 약속을 실행하신다.

셋째, 올슨의 '세대 전환' 개념은 지극히 인본주의적이다. 그에 의하면, 구세대인 출애굽 세대가 약속의 땅에 진입하지 못한 것은 그들의 불순종 때문이었으며, 신세대인 광야 세대가 그것을 실행할 수 있었던 것은 그들의 순종 때문이다. 만일 민수기를 1~25장과 26~36장으로 구분한다면 약속의 완성이 이스라엘 백성들의 불순종과 순종에 따라 좌우된다는 논지가 성립된다. 왜냐하면 신세대의 시작인 26장 이후엔 반항 기사가 전혀 나타나지 않았기 때문이다. 과연 약속의 땅 성취가 신세대의 순종의 보상이며 대가일까? 물론 성경 여러 군데에서 이스라엘 민족의 순종을 요구하며 그 대가로 축복을 약속하고 있는 것은 사실이다. 그러나 적어도 민수기에서만큼은 순종-축복이란 공식은 지양되어야 한다. 그보다 더 근본적으로 민수기는 하나님의 정의와 신실함을 주장한다. 출애굽기 19장부터 민수기 10장까지, 무려 58장을 통해 이스라엘 민족을 거룩한 시내 광야에서 철두철미하게 준비시킨 하나님, 가급적 빠른 시일에 그토록 고대하던 약속의 땅으로 진입시키려 했던 하나님, 이런 신실한 하나님을 배반하고 새로운 지도자를 세워 애굽으로 돌아가고자 시도했던 출애굽 세대를 40년 광야 생활에서 전멸코자 심판한 정의의 하나님, 그럼에도 불구하고 신세대, 광야 세대를 다시 일으켜 이스라엘 땅의 약속을 끝까지 지키시는 하나님을 민수기는 증언한다. 필자가 주장하는 대로 세대 전환이 21:1~3에서 이루어졌다면 신세대 역시 구세대처럼 하나님께 반항한 세대다(21:4~9; 25:1~18). 그럼에도 불구하고 이 신세대를 통해 땅의 약속을 성취하신 하나님의 신실하심을 기억하자. 따라서 민수기의 전체적 메시지는 하나님의 정의와 신실하심이다.

08

민수기의 새로운 공동체
형성과 저항

민수기는 인구 조사로 시작된다(1장). 고대 사회에서 인구 조사는 기본적으로 세 가지 목적 하에 실시되곤 하였다. 첫째, 동원 가능한 병력수를 파악하기 위해, 둘째, 세금과 노역 등 각종 부담과 의무를 부과하기 위해, 셋째, 보다 효과적인 사회 통제를 위해서였다. 오늘날에는 통계를 통한 공동체의 현실을 파악하고 미래의 정책 수립을 위한 목적이 더 크다. 그러나 고대 사회에서는 이보다는 앞의 세 가지 목적이 더 우선적이었다. 그렇다면 민수기의 인구 조사는 어떤 의미를 지니고 있는가? 이에 대한 대답은 민수기의 인구 조사 부분에 대한 보다 상세한 주석을 통해 얻을 수 있겠으나 분명한 것은 새로운 공동체의 형성과 무관하지 않다는 점이다.

이집트에서 나온 이스라엘 해방 공동체는 430년 동안 이집트에서 종살이하던 사람들과 그곳에 있던 하층민(하비루)들이 출애굽하여 이룬 공동체다. 그러므로 체제와 질서가 전혀 잡혀 있지 않았다. 출애굽에 관한 묘사에서 부분적으로 군대 조직으로 대열을 지어 나온 것으로 묘사한 부분이 없는 것은 아니지만(출 13:18; 14:8), 여러 가지 정황과 전체적으로 볼 때 충분히 정비된 조직체를 형성하여 출애굽했다기보다는 매우 급하게 서둘러 나온 흔적이 더 많다. 그러므로 시내산에 이르러 더 이상 이집트 군대의 위협과 추격이 불가능한 상황에서 이스라엘 백성들은 보다 체계적인 공동체 정비와 수립의 필요를 느끼게 되었다. 특별히 이제 이동하는 섬과 같은 특수공동체로서 자기 정체성의 수립과 토라에 기초한 질서와 규범의 확립이 요구되었다. 하나님의 언약 백성인 이스라엘은 주변의 다신교적 배경을 지닌 이민족들 속에서 유일신을 믿는 '이동하는 인종―종교 섬'(a moving ethno-religious enclave)과 같은 공동체로서의 분명한 결속력과 역할 분담, 임무의 수행이 필요했다. 그러기 위해서는 공동체를 조직화하고 새롭게 질서를 부여하는 과제를 수행해야 했다. 민수기에 반영된 공동체적 정황을 분석해 보면 어떻게 이런 과제가 수행되었는지 알 수 있으며, 또 그에 따른 반발이나 부작용의 흔적도 엿볼 수 있다.

새로운 공동체의 형성

이집트의 노예 생활에서 해방되어 광야로 나온 이스라엘 사람들은 시내산에 이르러 하나님과 언약을 맺음으로써 하나님의 언약 백성이 된다. 하나님께서 이집트에서 고된 노역에 시달리는 히브리 노예들의 외침에 귀를 기울이신 근본 이유는 아브라함과 이삭과 야곱과 더불어 세운 언약을 지키기 위해서다(출 2:23~25). 이를 위해 백성들을 이집트의 압제에서 해방시킨 후 시내산에 이르러 언약 공동체 형성을 위한 구체적인 절차를 밟는다. 하나님께서 행한 첫 번째 조치는 언약 공동체의 성격과 미래적 이상의 제시다. 출애굽기 19:1~6에 천명된 "제사장의 나라", "거룩한 백성"은 공동체 성격 규정의 단초(端初)를 제공하며, 언약 공동체가 지향해 나가야 할 이상을 제시해 준다. 그런 까닭에 출애굽기 19:1~6은 이후 전개되는 모든 사건들을 예고하는 신학적 요약의 성격을 지닌다.[1]

하나님께서 취한 두 번째 조치는 백성들을 성결케 한 후(19:10~15), 시내산에서 현현하시는 것이다(19:16~25). 시내산에서 하나님의 현현(theophany)은 여러 가지 측면을 반영하지만, 가장 두드러진 모티브는 '이스라엘을 향한 하나님의 다가옴'(Yahweh's coming to Israel)이다.[2] 이집트에서 노예 생활을 하는 사람들을 "강한 손과 편 팔과 큰 위엄과 이적과 기사로"(신 26:8) 이끌어 내신 하나님께서 이제 그들의 하나님이 되고 그들을 자기 백성으로 삼기 위해 백성들에게 다가오시는 것이다. 그런데 불과 연기 가운데 온 산을 진동시키며 내려오는 하나님의 현현 장면은 참가자들에게 두려움과 공포심을 자아낸다. 이는 뭔가 군사적인 신의 모습을 띠고 있는데, 분명 출애굽 전승에 묘사된 하나님의 이미지의 연속으로 볼 수 있다. 즉 바로의 군대를 홍해에 수장시키고 이스라엘 백성들을 구출해 주신 하나님은 이후 아말렉과의 전투에서도 승리케 하신 무장(武將) 하나님(Divine Warrior)이시다. 그래서 모세는 승리의 노래에서 "여호와는 용사시니 여호와는 그의 이름이시로다"(출 15:3)고 노래하였다. "만군의 여호와"(יהוה צבאות 아도나이 체바오트)라는 칭호에는 하늘 군대의 사령관이라는 의미가 들어 있다. 그래서 다윗이 골리앗과의 싸움에서 "너는 칼과 단창으로 내게 오거니와 나는 만군의 여호와의 이름 곧 네가 모욕하는 이스라엘 군대의 하나님의 이름으로 네게 가노라"(삼상 17:45)고 외치며 나아가 골리앗을 물리쳤던 것이다.

하나님께서 취한 세 번째 조치는 이제 모세를 중재자로 세워 이집트에서 이끌어 낸 사람들과 언약을 맺는 것이다. 야웨는 그들의 하나님이 되고, 그들은 야웨의 백성이 되는 것을 핵심 내용으로 하는 언약이다. 이 언약은 단순히 양자 사이의 관계 형성과 규정을 의미하는 것만이 아니라, 공동체의 형성, 즉 신생 공동체의 탄생과 공동체의 신적 기원을 의미한다. 이집트 신들과의 대결에서 그들을 물리치고, 이집트의 병사들을 바다에 수장시킨 후 백성들을 이끌어 낸 전쟁에 능하신 하나님(출 15:3), 그분은 시내산에서 신성불가침의 장엄한 군사적인 신의 모습으로 현현한 후 마침내 백성들과 언약을 체결하신다.

그러므로 하나님을 자신들의 절대적인 수호신으로 삼는 "거룩한 백성", "제사장의 나라"로서의 신생 공동체는 필연적으로 강한 군사적 성격을 띨 수밖에 없다. 게다가 이 신생 공동체를 보다 군사적이고, 전투적이도록 만드는 요소가 있는데, 그것은 바로 '땅에 대한 약속'이다. 이 땅에 대한 약속의 근원은 아브라함에게 있으나(창 12:1~3) 야곱에게도 주어지며(창 28:13~14), 출애굽기 2:23~25에서 마침내 출애굽 전승과 자연스럽게 연결된다. 그 결과 이집트에서 노예 생활을 하던 야곱의 후손들은 이제 하나님이 아브라함과 맺은 언약의 수혜자가 되어 하나님의 능력으로 출애굽하게 되며, 시내산에 이르러 그들 자신이 하나님과 언약을 맺어 보다 구체적인 공동체의 정체성과 이상을 갖게 된다. 언약을 통해 출애굽 공동체에게 주어진 "거룩한 백성", "제사장의 나라"라는 정체성이 조상들에게 주어진 "땅"에 대한 약속과 만나면서 출애굽 공동체는 보다 구체적인 공동체의 이상과 야심을 갖게 되는데, "약속의 땅"에서 "제사장의 나라"를 건설하는 것이 그것이다.

전쟁은 이러한 뚜렷한 이상과 목표를 실현하는 공동체의 구체적인 노력과 방법으로 간주된다. 고대 사회에서 전쟁을 일으키는 군사 집단은 일차적으로 땅의 문제와 무관하지 않다. 일정한 영역을 확보하지 못한 집단은 필연적으로 생존의 환경과 여건을 마련하기 위해 전투적인 자세를 견지하게 되는데, 이때는 여성과 노인, 어린이들을 제외하고는 구성원 전원이 군사적인 조직에 편입되며, 일정한 영역을 확보한 후에는 그것의 보전과 확대를 위해 조직화된 상비군을 갖게 된다. 고대 이스라엘 역사에서 출애굽 이후 가나안 정복까지는 전자의 경우에 해당하며, 다윗 왕 이후부터는 후자의 단계에 해당한다.

따라서 시내산에서 출발하여 약속의 땅을 향해 전진하기 전에 신생 공동체로서 출애굽 공동체가 걸어가야 할 자기 확립의 길이 제시되는데, 그것이 바로 레위기와 민수기다. 레위기는 "거룩한 백성", "제사장의 나라"가 지켜야 할 제의적 규칙들을 보여 주고 있으며, 민수기는 일정한 자기 영역이 없는 유랑 공동체가 약속의 땅을 향해 나아가는 전투적인 모습을 보여 주고 있다. 따라서 광야의 신생 공동체, 즉 유랑 공동체는 필연적으로 제의-군사 공동체(cultic-military)의 모습을 띠지 않을 수 없다. 오경의 전체적인 이야기 구조 속에서 이러한 흐름을 파악해 보면 다음과 같이 정리할 수 있다.

出애굽기

출애굽-이집트에서 홍해까지(출 1:1~15:21)

광야 유랑(I)-홍해에서 시내산까지(출 15:22~19:1)

시내산 체류(출 19:2~민 10:10)

신생 공동체의 정체성과 이상 제시(출 19:5~9상)

〈제사장의 나라 거룩한 민족〉

시내산 현현(출 19:9하~25)

시내산 법전(출 20:1~23:19)

시내산 계약 체결(출 24:1~11)

제의 공동체의 토대 마련-성막 건축(출 25~31, 35~40장)

레위기 〈제의적 토대 구축〉

제의 규칙(레 1~7장)

제사장에 관한 규정(레 8~9장)

정결 법전(레 11~15장)

성결 법전(레 17~26장)

민수기 〈군사적 토대 구축〉

인구 조사와 의무의 부과(민 1:1~10:10)

광야 유랑(II)-시내산 출발(민 10:11이하)

거대 연결 내러티브(macro-chain narrative)의 구조와 흐름에서 볼 때, 출애굽기 19:5~9에서 신생 공동체의 정체성과 이상이 제시되고, 공동체의 규범으로서의 계약법전(출 20:1~23:19)이 주어지며, 광야 공동체의 삶의 중심점인 성막 건축 기사가 뒤따른다(출 25~31, 35~40장). 이어 레위기 전체는 "제사장의 나라"의 실현을 위한 공동체의 제의 행위에 관한 상세한 지침과 설명을 보여 주고, 민수기는 공동체의 군사적 조직화를 위한 구체적인 조치들을 보여 준다.

공동체의 군사적 조직화

공동체의 군사적 조직화의 필요성은 하나님의 땅에 대한 약속에 기인한다. 호렙산에서 하나님께서 모세를 불러 출애굽의 사명을 주실 때 이스라엘 백성들을 출애굽시켜 '아름답고 넓은 땅, 젖과 꿀이 흐르는 땅 곧 가나안 사람과 헷 사람과 아모리 사람과 브리스 사람과 히위 사람과 여부스 사람이 사는 곳으로 데려가려고 한다"(출 3:8)고 출애굽 이후 전진의 방향을 분명히 제시하였으며,[3] 시내산 계약 법전(출 20:1~23:19)이 제시된 후에 주어지는 약속과 지시 부분(출 23:20~33)에서는 그들 토착민들을 쫓아내겠다는 분명한 의지를 표명하셨다(출 23:23, 28). 이렇듯 땅에 대한 약속은 공동체의 군사적 조직화의 근거를 제공하며,[4] 전폭적인 군사 행동(the full-length military campaign)을 개시하기 위해 미리 공동체의 군사적 조직화가 단행된다. 군사적 조직화는 크게 두 방향으로 진행되는데, 실제 싸움에 참가할 수 있는 인력을 파악하고, 적절히 의무를 부과하기 위한 인구 조사와 계층적 위계질서의 구축이 그것이다.

1. 인구 조사

공동체의 군사적 조직화를 보여 주는 민수기는 두 번의 인구 조사(1, 26장)를 축으로 구성되어 있다.[5] 1~25장은 첫 번째 인구 조사에 의해 도입되는데, 첫 번째 인구 조사는 광야에서 점진적으로 죽어 갈 출애굽 세대에 대한 파악이다. 반면, 26~36장은 두 번째 인구 조사에 의해 도입되는데, 두 번째 인구 조사는 약속의 땅 언저리에 서 있는 새로운 세대의 희망을 보여 준다.[6] 이 두 번의 인구 조사는 광야에서의 군사 행동과 약속의 땅에서의 전쟁 수행에 대비한 인구 조사의 성격을 띤다. 따라서 민수기의 인구 조사는 그 자체가 군사적인 조치, 즉 사회의 군사적 조직화의 일환으로 실시된 것이다. 이것은 앞서 레위기에서 추진된 아론을 정점으로 한 제의 공동체의 구축과 궤를 같이 한다. 아론은 제사장으로 임명을 받고 첫 제사를 드린 후 백성들 앞에 나와 모세와 함께 백성들에게 복을 빈다. 이때 주의 영광이 모든 백성들에게 나타나고, 주 앞에서 불이 나와 제단 위의 번제물과 기름을 불사르자 모든 백성이 그 광경을 보고 큰 소리를 지르며 땅에 엎드리는데(레 9:22~24), 이는 제사장으로서 아론의 권위를 드높인 사건이다. 그리고 보다 거시적인 맥락에서 레위기가 공동체의 제의화 조치와 과정을 보여 준다고 할 때 레위기에서의 중심적인 인물은 제사장인 아론이다.

반면, 민수기는 공동체의 군사적 조직화를 위한 조치와 과정을 보여 주는데, 그 첫 시도가 인구 조사로 나타난다. 따라서 민수기의 인구 조사, 특별히 첫 번째 인구 조사는 사실상 병력 조사의 성격을 지닌다. 스무 살이 넘어 전쟁터에 나갈 수 있는 남자들만을 인구 조사의 대상으로 설정한 것이(민 1:3) 이를 뒷받침해 준다. 인구 조사를 통해 조직화되지 않은 백성의 무리를 조직화된 거룩한 군사 조직으로 재편하기 위한 조치인 것이다.[7] 20세 이상의 남자들은 분명히 약속의 땅에 들어가기 위한 목적을 지닌 군사적 토대 위에서 계수된다.[8] 이것은 일차적으로 가까운 장래에 치르게 될 전쟁에 대비한 동원 가능한 병력을 파악하기 위한 조치다. 그러나 인구 조사의 목적이 단순히 동원 가능한 병력 파악에 국한되는 것은 결코 아니다. 그것은 전시 체제에 인구 조사가 지니는 일차적 기능이고, 보다 심층적으로는 공동체 내의 질서, 지도력, 의무 부과 등의 목적을 지닌다.[9]

이러한 복합적 목적에 의해 실시되는 인구 조사는 공동체의 종적, 횡적 구조화와 밀접히 관련된다. 인구 조사를 위해 백성들은 전체 백성들의 집합체인 '온 회중'에서 공동체 구성의 최소 단위인 개인, 즉 '장정'에 이르기까지 '지파별로' 나뉘고 한 지파는 여러 '가문별로', 한 가문은 여러 개의 '집안별로' 나뉜다(민 1:2, 참고 수 7:14).[10] 이와 같은 구조적 분류에 의한 인구 조사는 필연적으로 조직화된 구조 속에 쉽게 개개인을, 즉 20세 이상의 장정들을 편입시키는 결과를 초래하며(민 1:3), 여성은 인구 조사, 즉 병적 조사에서 제외됨으로써 남성 중심의 군사화된 사회에서 더욱 고립되고 소외하게 된다. 사회가 조직화되고, 군사적으로 결집되는 과정에서 여성의 목소리는 더욱 줄어들고, 입지는 약화되게 마련이다. 사회가 서서히 전시 체제의 기동성과 과단성을 제고하는 방향으로 나아갈 때 어린이나 노약자, 그리고 여성의 권익은 상대적으로 약화되고, 사회 조직화 과정에서 소외될 수밖에 없다. 그러므로 인구 조사는 분명히 여성들에게 불리한 사회적 조건과 환경을 만드는 결정적인 동인(動因)으로 작용하였을 것이다. 일반적으로 후방에서 전쟁 수행에 필요한 총체적인 지원을 담당하는 사람은 여성이다. 그럼에도 전쟁의 최대 피해자는 여성일 수밖에 없다.

2. 위계질서의 수립

사회의 군사적 조직화를 위한 또 다른 조치는 위계질서의 수립이다. 이것은 지도력의 확립과 무관하지 않다. 군사적 조직화에 관한 기사들 속에는 다양한 지도자들이 언급되는데, 모든 지도력의 정점은 모세에게로 모아진다. 모세의 지도력 아래에는 총회에서 뽑은 12지파의 지도자들이 있으며(민 1:5~16), 이들은 이스라엘 각 부대의 지휘관들로서 군사적인 위계질서의 상층부를 구성한다. 그 밑에는 집안의 우두머리가 있으며, 이들 역시 군사 지도자의 성격을 지닌다.[11] 군사적 위계질서 내에는 이들 외에도 또 다른 그룹이 있는데, 70명의 장로들이 바로 그들이다. 이들은 다양한 지파나 속지파(sub-tribal), 또는 지역 차원의 지도자들로서 제도적인 측면에서 '우두머리(들)'의 의미와 일치하는데, 군사와 사법적인 일들에서 지도력을 행사하는 사람들이다. 이들의 역할은 현대적인 관점에서 볼 때 정훈장교의 역할과 유사한 것으로 보인다. 사회의 군사적 조직화와 유지를 위해 매우 중요한 과제 중 하나는 시민들이나 그룹 멤버들의 태도, 신념, 행동들을 통일적으로 유지하는 것이며, 군사적인 사회에서 정훈(政訓)의 목적은 주로 수호하고자 하는 체제나 사회의 우월성을 선전하고, 사회나 국가의 이름으로 행해지는 행위에 이념적 정당성을 부여하는 것이다. 일종의 '인지적 기동화'(cognitive mobilization)라고 할 수 있다. 여기서 '인지적 기동화'란 규모가 큰 사회의 정치적인 문제들을 풀어 나가기 위해 요구되는 정치적 기술 발전의 의미를 함축한다. 일반적으로 정치적 행위에 대한 가치의 영향은 높은 수준의 인지적 기동화를 가진 사람들 가운데서 최대화하는 경향이 있다.[12]

시내산에서 군사적 조직화를 위한 조치를 단행한 후 본격적인 행군(military campaign)을 시작하자 곧바로 백성들 중 일부가 심하게 불평하는 사건이 일어난다(민 11:1~3). 이어 또다시 백성들이 광야에서의 궁핍하고 고단한 생활을 견디지 못하고 불평하자(민 11:4~15) 모세는 해결책으로 70명의 장로들을 세운다. 이들은 분명 모세의 지지 그룹들로 구성되며, 모세는 자신에게 내려 준 하나님의 영을 그들과 분유(分有)한다(민 11:17). 그들이 모세에게 내려진 영을 나누어 받았다는 것은 모세에 대한 그들의 종속을 의미하는 것이다.[13] 이들 중 엘닷과 메닷은 모세에 대한 충성도에서 현격한 결함을 보이지만(민 11:26), 모세는 관용으로 그들을 포용한다. 모세의 강력한 지지 그룹으로 선발된 이들은 모세와 같이 백성들의 짐을 감당하게 되는데, 이들은 구체적으로 공동체의 군사적 조직화를 정당화하고 떠받치는 역할을 수행한 것으로 보인다.

이렇듯 이집트에서 탈출한 노예 집단에 지나지 않았던 이스라엘 백성은 시내산에서 하나님과 언약을 맺고 "거룩한 백성", "제사장의 나라"의 이상을 안고 약속의 땅을 향해 행진하기 위해 인구 조사를 통해 공동체를 군사적으로 조직화하기에 이른다. 상대적으로 이러한 군사화 과정은 이스라엘 여성들의 입지를 약화시키는 계기가 된다. 출애굽 당시 여성들은 나름대로 출애굽에 기여했으며, 홍해를 건넌 후에는 해방 공동체의 일원으로서 기쁨을 누렸다. 모세의 노래(출 15:1~18)에 이어 '예언자'(prophetess) 미리암이 손에 소고를 들고 나오자 여인들이 모두 나와 춤을 춘 것은(출 15:20) 해방 공동체의 평등과 조화를 말해 준다. 그러나 시내산에서 공동체의 군사적 조직화 이후에는 남성 중심의 공동체(androcentric community)로 탈바꿈하게 되고 미리암은 더 이상 예언자의 지위를 누리지 못하게 된다(민 12:8). 남녀평등과 조화의 해방 공동체에서 남성 중심의 군사적 공동체로의 전이가 이루어진 것이다.

그렇다면 민수기에서 제시된 공동체의 전환이 잘못된 방향으로 이루어진 것인가? 결코 그렇다고 단언할 수 없다. 앞에서 언급한 것처럼 광야 공동체의 가장 기본적인 성격은 '이동하는 인종-종교적 섬'이라는 사실이다. 다신교를 믿는 이민족들 가운데 유일신 신앙 공동체로서 정체성을 유지하기 위해서는 어쩔 수 없이 공동체의 방향을 '전투 모드'로 바꿀 수밖에 없다. 광야의 길은 열린 길을 따라가는 길이 아니라 끊임없이 이민족들과 싸우며 나아가야 하고 약속의 땅도 전쟁을 통해 쟁취할 수밖에 없기 때문이다. 그러므로 공동체의 군사화와 조직화는 필수적인 작업이 될 수밖에 없다. 제한된 영역에서는 경직된 사회 구조화로 비칠 수 있으나 이 공동체의 근본 주관자는 하나님이시기 때문에 인권과 자유의 억압을 용인하는 군사 독재와 같은 공동체로 변질될 수는 없다. 그것은 결코 하나님의 뜻이 아니기 때문이다. 바로의 전제적 억압에서 백성들을 해방시킨 하나님은 어떤 상황적 이유를 들어언약 백성이 또다시 그런 체제에 놓이게 되는 것을 원치 않으신다. 그러므로 민수기가 보여 주는 공동체의 조직화는 생명과 자유의 하나님의 큰 뜻과 약속을 실현하기 위한 기능적 변화로 이해해야 한다.

공동체 조직화에 대한 저항

위에서 살펴본 바와 같이 공동체의 조직화가 이루어지자 이에 대한 두 번의 큰 저항이 발생한다. 미리암의 저항과 고라 일당의 저항이 그것이다. 미리암은 제의-군사 공동체(cultic-military community)의 최고 지도자인 모세의 리더십에 저항하는 성격을 띠고, 고라 일당의 저항은 최고 제의 지도자인 아론에 저항하는 성격을 띤다. 이들의 저항은 표면적으로는 모세와 아론에 의해 주도되는 공동체의 급격한 성격 변화에 불안과 불만을 드러내는 것이나 내면(심리)적으로는 자신들의 영향력 감소에 대한 불안과 불만을 나타낸 것이다. 그래서 본문은 이들의 목소리에 귀를 기울이지 않고 모세와 아론의 리더십을 옹호하고 강화하는 방향으로 전개된다.

1. 미리암의 저항과 도전

민수기 12장은 모세에 대한 미리암과 아론의 비난을 보도한다. 비난의 이유는 모세가 구스 여인을 데려와 아내로 맞았다는 것(12:1)과 "여호와께서 모세와만 말씀하셨느냐 우리와도 말씀하시지 않니하셨느냐"(12:2)는 것이다. 첫 번째 비난과 관련하여, 미리암과 아론이 모세가 아내 십보라를 두고도 다시 구스 여인을 맞이한 복혼(polygamy)을 비난하는 것인지, 아니면 이방 여인을 아내로 맞이한 것을 비난한 것인지는 분명하지 않다. 본문에서 보다 분명한 것은 첫 번째 비난의 이유와 관련해서는 사건 전체에서 심각하게 취급되지 않을 뿐만 아니라 다시 재론되지도 않는다는 점이다. 그러나 구스 여인을 아내로 맞이한 것에 대한 비난은 모세의 권위에 도전하는 심각한 것이다.[14] 모세의 권위에 대한 도전은 두 번째 비난의 이유와 결부해 보다 심각하게 받아들여진다. 두 번째 비난의 핵심은 하나님 말씀의 수용과 관련된 권위와 특권의 문제다. 그런 까닭에 모세와 아론, 미리암 세 사람을 회막으로 불러 낸 후 다시 아론과 미리암을 불러 내어 하나님이 집중적으로 따지신다(12:6~8).

"너희는 나의 말을 들으라.
너희 가운데 예언자가 있으면,
나, 주가 환상으로 그에게 알리고,
그에게 꿈으로 말해 줄 것이다.
나의 종 모세는 다르다.
그는 나의 온 집을 충성스럽게 맡고 있다.
그와는 내가 얼굴을 마주 바라보고 말한다.
명백하게 말하고,
모호하게 말하지 않는다.
그는 나, 주의 모습까지 볼 수 있다.
그런데 너희는 어찌하여 두려움도 없이,
나의 종 모세를 비방하느냐?"

두 가지 비난의 원인 중 첫 번째 원인에 대한 언급은 빠지고, 두 번째 비난의 원인과 관련하여 모세는 다른 예언자들과는 달리 하나님께서 직접 "얼굴을 마주 바라보고" 모호하지 않게 "명백하게" 말하는 예언자 중의 예언자라고 선언된다. 여기서 예언자가 문제의 핵심으로 부각된 것은 이미 이전에 아론과 미리암이 예언자로 불린 것과 무관하지 않다(출 7:1; 15:20). 특히 미리암의 경우 홍해를 건넌 후 모세에 이어 승리의 노래를 부를 때 그에 대한 소개 문구에서 그를 예언자로 칭하는 것은 그가 해방 공동체에서 예언자로 분명히 인식되었고, 모세와 더불어 예언자의 역할을 수행했던 것을 반영하는 것으로 보인다. 게다가 이 사건 이전에 피택된 70명의 장로들 중 68명이 장막 곁에서 모세에게 임한 하나님의 영을 분유 받아 유일회적으로 예언을 한 반면, 장막 앞으로 나오지 않은 두 명의 장로 엘닷(Eldad)과 메닷(Medad) 역시 예언을 한다. 이 소식이 여호수아에게 전해지자 여호수아가 모세에게 황급히 달려가 '어른께서는 이 일을 말리셔야 합니다'(민 11:28) 하고 요청하지만 모세는 오히려 하나님께서 모든 백성에게 영을 주어 예언자가 되었으면 좋겠다고 응답한다. 모세의 이와 같은 너그러운 반응은 '모세로 말하자면 땅 위에 사는 모든 사람 가운데서 가장 겸손한 사람이다'(민 12:3)는 화자(narrator)의 평가의 근거를 제공하는 한편, 아론과 미리암이 모세만이 유일한 하나님 말씀의 수용자가 아니라는 생각을 갖도록 하는 데 일조하는 것으로 보인다. 70명의 장로들은 모세의 지도력의 강화를 위해 임명되나 그 중 두 명이 그러한 목적에 적극 협력하지 않고 예외적인 인물로 남는데, 그런 그들도 예언을 하게 되는 것을 보자 아론과 미리암은 모세만이—모세의 영을 분유 받은 68명의 예언자는 모세의 예언자적 권위에 종속된다— 하나님의 말씀을 받는 유일한 수용자가 아니라는 생각을 한층 갖게 되었을 것이다. 그래서 그들은 '주께서 정말 모세와만 말씀하시느냐? 우리와도 말씀하시지 않느냐!'고 반문한 것이다. 미리암은 매우 강력히 하나님의 말씀의 수용자(recipient)로서 자신과 모세의 동등성을 주장한다.

모세의 예언자적 권위에 대한 미리암의 도전의 또 다른 토대는 모세를 정점으로 한 남성 중심의 공동체 구성과 운영에 있다. 여예언자(prophetess)이자 출애굽의 여성 지도자였던 미리암의 노래(출 15:21하)가 끝나면서 본문은 바다에서 광야 이야기로 바로 옮겨 간다. 미리암의 노래가 출애굽 사건의 종언(終言)이 되고 있는데, 이것은 출애굽 이야기에서 여성의 역할이 분명히 있었음을 암시한다. 여성들은 출애굽 사건의 방관자가 아니라 적극적인 동참자였고, 미리암과 무명의 여인들이 중요한 역할을 담당하였다(출 1:15~22; 2:1~10; 3:22; 4:24~26; 11:2; 15:20~21). 특별히 미리암은 새롭게 형성되는 공동체의 지도자였다.

그러나 공동체의 군사 조직화의 과정에서 여성들은 군사적인 남성 중심의 가부장적 구조에 의해 소외되고 만다. 군사 행진에서 가장 중요한 것은 병력이기 때문에 기본적으로 여성들은 인구 조사에서 계수되지 않는다. 제도적으로 공동체 자체가 남성 중심의 사회로 개편된 것이다. 나아가 여성들에게 더욱 불리한 준전시 체제의 사회 구성과 규칙이 마련되기 시작하는데, 그 대표적인 예를 들자면, 병사들은 아직 남성을 알지 못하는 포로 여성들을 합법적으로 첩으로 삼을 수 있었다(민 31:18, 35). 이것은 어느 면에서 이스라엘 내 일반 여성들의 위치의 약화를 의미한다. 반면, 남성들의 입지는 군사화된 공동체 내에서 상대적으로 강화되었다. 이러한 전반적인 불평등성은 예언자일 뿐만 아니라 모세와 더불어 출애굽의 공동 지도자였던 미리암의 지위 역시 모세에 대해 종속적인 것으로 인식되는 계기가 되었다. 그런 까닭에 미리암은 다음과 같이 모세에게 도전하는 것이다. '주께서 정말 모세와만 말씀하셨느냐? 우리와도 말씀하시지 않았느냐!'

그러나 미리암의 도전은 공동체 내에서 모세의 독특한 위치와 모세의 리더십에 대한 하나님의 인정에 의해 좌절된다. 더불어 모든 경우에 하나님은 모세와 직접 얼굴을 맞대고 얘기하며, 그의 권위를 인정하기 때문에 모세의 권위에 도전해서는 안 된다는 보다 강경한 선언이 주어진다(민 12:8). 이러한 강경한 선언의 배후에는 하늘 군대의 최고 사령관으로서의 하나님과 그것의 지상적 모형인 이스라엘 지상군의 최고 사령관으로서의 모세라는 수직적 유형론(vertical typology)이 자리 잡고 있다.[15] 준전시 상황이나 전시 상황에서 모세의 결정과 행동은 하늘 군대의 사령관인 하나님의 결정과 행동으로 간주된다. 모세의 독점적인 지도력은 그가 위기 때마다 하나님께 보고하고, 어떻게 해야 할지를 구하여 처리한다는 사실에 연유한다. 그런 까닭에 하나님께서는 아론과 미리암의 불평을 듣자마자 모세를 포함하여 세 사람을 회막 앞으로 불러 세우신다. 그리고 70명의 장로들을 임명할 때처럼 회막 입구에 구름기둥 가운데 임하여 매우 시적으로 표현된 결정을 내리신다(민 12:6~8). 내용은 간단명료하다. 모세는 다른 예언자들과는 본질적으로 다르다는 것이다. 다른 예언자들에게는 "환상"을 통해 알리고, "꿈"으로 말해 주지만 모세와는 직접 얼굴을 맞대고 말하며 모호하지 않고 분명하게 말하신다는 것이다. 여기서 "모호하게"는 환상과 꿈을 통한 계시를 암시하는 것으로 다른 예언자들과는 달리 모세에게는 직접 대면하여 말하는, 모세의 절대적 우월성을 강조하는 표현이다.

결국 미리암은 처벌을 받아 악성 피부병에 걸리게 된다. 그런데 왜 아론은 처벌을 받지 않고 미리암만 처벌을 받는가? 이에 대한 설명으로는, 먼저 모세에 대한 도전에서 미리암이 주도적인 입장이었고, 아론은 수동적인 동조를 한 것으로 볼 수 있으며, 보다 거시적으로는 모세의 권위에 대한 도전은 모세 개인에 대한 도전이라기보다는 모세를 정점으로 한 남성 중심의 공동체와 공동체의 군사화에 대한 저항으로 볼 수 있다. 이 경우 아론은 궁극적으로 미리암보다는 모세로 대표되는 체제에 더 가까우며, 핵심 인물로 분류되기 때문에 아론은 처벌에서 제외된 것으로 볼 수 있다.

그렇다면 미리암의 잘못은 무엇인가? 미리암은 여성이라는 입장에서만 공동체의 상황을 인식했다. 다신교적 이민족들 가운데서 유일신교적 언약 공동체인 이스라엘이 약속의 땅을 향해 미래 지향적 행군을 해야 하고 그를 위해 공동체의 재조직화가 필요하다는 것을 이해하지 못한 것이다. 이러한 미리암에 대해 본문은 악성 피부병에 걸려 이레 동안 진 밖에 갇혀 있다가 모세의 기도로 회복되는 것으로 결말짓고 있다.

2. 고라와 다단과 아비람의 저항

민수기 16장은 고라와 다단과 아비람, 그리고 250명의 백성들이 결탁하여 일으킨 대규모 반역적 저항을 기록하고 있다. 본문에 대한 자료 비평적 관점에서 볼 때 16장은 크게 세 개 층으로 구성되어 있다. 첫째, 다단과 아비람에 의해 추동(推動)된 백성들의 반역 이야기, 둘째, 고라의 반역, 셋째, 고라의 반역에 대한 후대 편집자들의 개정(revision).[16] 그러나 본문의 최종 형태라는 측면에서 볼 때 16장은 하나의 통일적인 본문의 세계를 보여 준다.

단도직입적으로 그들은 왜 반역을 일으켰는가? 본문이 이미 답을 말해 주고 있다. "너희가 분수에 지나도다 회중이 다 각각 거룩하고 여호와께서도 그들 중에 계시거늘 너희가 어찌하여 여호와의 총회 위에 스스로 높이느냐"(16:3). 이들은 이스라엘 백성들의 지지를 이끌어 내기 위해 모세가 추구하는 것과는 다른 공동체 개념을 간접적으로 제시한다. 백성들 모두가 거룩하고 하나님은 그들 모두 가운데 계시다는 완전 평등주의적 공동체상이 그것이다. 그러니 모세와 아론이라고 해서 특별히 거룩하거나 하나님이 그들과만 함께하시는 것은 아니지 않느냐는 것이다. 이러한 정의에 대해 모세는 대꾸하지 않고 누가 거룩하고 누가 하나님으로부터 택함을 받았는지 알아보자고 대답한다(5절). 모세는 공동체의 성격에 대한 이념적 정의나 논쟁보다는 하나님의 선택의 주권이 중요하다고 강조한다. 모든 것은 하나님의 선택에 달렸으니 인간적 평등주의 관점에서 평가할 수 없다는 것이다. 그래서 모세는 향로에 불을 피워 가지고 나와 하나님의 판단을 기다리자고 제안한다(6~7절). 과연 누가 옳은지를 결정하는 시험(ordeal)을 받자는 제안이다. 물론 모세는 이러한 제안을 하지만 반역자들이 숨기고 있는 근본 의도를 꿰뚫어보고 있다. 그것은 공동체를 완전한 평등주의로 만들지 못한 것 때문에 일어난 반란이 아니라 하나의 명분일 뿐 숨겨진 의도는 자신들도 대등한 리더십을 갖겠다는 욕심에서 일으킨 반역이라는 것이다.

12~14절에는 엘리압의 아들 다단과 아비람이 모세에 저항하는 모습을 보여 준다. 이들은 모세가 자신들을 포함하여 백성들을 이집트에서 이끌어

냈지만 젖과 꿀이 흐르는 땅으로 인도하지 못했고 밭과 포도원을 기업으로 주지도 못하면서 왕처럼 군림하려 한다는 명목 하에 반기를 들었다. 이들 역시 모세와 아론의 리더십을 부정하면서 두 사람을 중심으로 한 공동체의 재조직에 대해 강한 거부감을 드러내고 있는 것이다. 왕처럼 군림하려 한다는 항의가 그것을 드러낸다. 그러나 분명한 것은 모세가 왕처럼 군림하려 한 것이 아니라 백성들이 어려움이 있을 때마다 불평하고 원망하면서 모세를 괴롭혔다는 사실이다. 백성들 위에서 군림한 적은 없다. 오히려 백성들이 모세를 괴롭히고 그의 리더십을 흔들었을 뿐이다. 그러므로 이들의 주장은 한낱 선동에 지나지 않는다. 결국 이들은 하나님의 준엄한 심판을 받아 갈라진 땅속에 매몰되고 말았다.

공동체 조직화와 저항의 의미

모세에 대한 미리암의 도전과 저항은 개인적인 불만의 차원보다는 공동체의 성격 변화에 따른 불만과 위기의식에서 비롯된 측면이 강하다. 이집트에서 오랜 세월 노예 생활을 하면서 수동적이고 타성적이며 비조직적인 생활에 젖어 있던 이스라엘 백성은 출애굽 이후 시내산에서 하나님의 언약 백성이 되었지만 제대로 된 공동체의 모습을 갖추지는 못했다. 그러므로 다신교를 믿는 이민족들 속에서 생존하며 약속의 땅을 향해 나아가야 하는 이스라엘 백성들에게 공동체의 재조직은 절실히 요청되는 과제였다. 이것은 "거룩한 백성", "제사장의 나라"라는 하나님의 약속에 기초한 공동체적 이상을 실현하기 위해서는 필수불가결한 사항이었다. 그래서 모세는 본격적인 행진을 앞두고 제의-군사 공동체로의 조직화를 하였던 것이다. 이로 인해 여성이 받게 되는 불이익에 집착한 나머지 미리암은 보다 큰 구도와 하나님이 원하는 미래 지향적 공동체의 형성을 보지 못한 채 저항하였다.

고라와 다단, 아비람 역시 유사한 측면은 있으나 이들은 미리암과는 달리 개인적인 욕망에 치우쳐 그릇된 명분을 만들어 모세와 아론의 지도력에 도전했다. 그 결과 그들은 하나님의 심판을 받아 갈라진 땅속에 매장되고 말았다. 하나님의 뜻에 따른 공동체의 미래를 보지 못하고 당장 눈앞의 이익만을 생각한 나머지 하나님께서 세우시고 인정한 모세와 아론의 리더십을 부정하고, 또 많은 사람들을 선동하여 같이 멸망의 구덩이로 떨어지는 우를 범하고 만 것이다.

여기서 얻을 수 있는 교훈은 지극히 개인적인 관심이나 이익에 눈이 어두워 하나님께서 계획하시고 실천하는 일들을 소홀히 하거나 오히려 반대하는 행위를 하는 것은 자기 자신에게 큰 불행의 원인이 될 수 있다는 사실이다. 미리암은 여성의 입장만을 생각하였고, 고라와 다단, 아비람은 개인적인 입지와 이익만을 생각한 나머지 하나님께서 그려 가시는 큰 밑그림을 보지 못한 채 모세와 아론에게 대들어 공동체를 혼란에 빠뜨렸다. 그리고 종국에는 자신들의 목숨마저 헛되이 잃고 말았다. 어느 시대나 자기 나라나 민족에 반역하는 사람들의 공통점은 민족의 큰 뜻과 역사의 흐름을 제대로 보지 못하고 개인이나 어느 특정 집단의 이익과 이해관계에 얽매여 그릇된 판단과 행동을 한다는 점이다. 미리암과 고라당의 빗나간 저항에서 우리는 이 점을 놓쳐서는 안 된다.

09

발람 이야기를
어떻게 설교할 것인가?

설교자가 설교를 준비할 때는 어떤 주제에 대해 관심을 가지고 본문에 접근할 수도 있고, 아니면 이야기 자체에서 설교 주제를 얻기를 기대할 수도 있다. 민수기 22~24장에 기록된 발람 이야기의 경우도 마찬가지다. 이 글에서는 특정 본문을 정해 놓은 입장에서 그 본문을 읽고 본문과의 대화를 통해 설교의 주제를 얻기까지의 과정을 검토해 보려고 한다. 이것은 필자 자신이 설교자의 입장에서 실제로 설교를 작성하는 과정을 소개하는 것이기도 하다. 필자에게 본문이 주어졌고 주어진 본문을 통해 설교를 어떻게 할 것인가를 묵상해야 하는데, 그것이 어떤 과정을 통해 진행되어야 할지 함께 연구해 보려는 것이다.

성경 해석자의 관심과 방법론

성경을 펼쳐 읽으려는 행동에는 목적과 동기가 있다. 성경학자들은 대부분 학계에서 논쟁이 되는 주제들에 관심을 가지고 성경을 읽고 연구한다. 그에 비해 설교자들은 오늘 우리에게 주시는 하나님의 메시지가 어떤 것인지에 관심을 가지고 성경을 읽고 연구한다. 성경학자들은 자신들의 관심 주제들을 가장 잘 전개하기 위한 성경 연구 방법론을 개발해 왔다. 역사 비평적 방법, 문학 비평적 방법, 사회학적 접근 방법 등 학자들의 연구 관심에 따라 다양한 방법론들이 고안되어 왔다.

설교자들은 성경학자들과는 다른 나름의 관심과 목적을 가지고 있다. 현장의 성도들을 향한 하나님의 뜻과 경륜을 말씀을 통해 발견하려는 것이다. 그런데 그러한 목적으로 성경 읽기 혹은 연구 작업을 하려 할 때, 그런 작업을 가장 용이하게 해줄 방법론이 어떤 것일까 고민하게 된다.

대부분의 설교자들에게 익숙한 것이 아마도 '본문 해석, 그리고 적용'의 도식일 것이다. 먼저 본문의 정황을 정확하게 해석하고 그것을 오늘의 현장에 적용하는 것이다. 이것은 잘 익혀야 하는 상식이다. 본문 해석의 단계에서 설교자들은 성경학자들이 고안한 해석 방법들을 활용하지 않을 도리가 없다. 역사, 문학, 사회 비평적 방법을 통해 연구된 결과들을 읽고 본문의 의미를 가급적 정확하게 재구성하려고 노력한 다음, 적용으로 들어간다.

필자는 구·신약성경 본문을 읽을 때 전통적인 본문 해석 그리고 적용의 도식이 매우 유용한 방법이라고 생각한다. 그러면서도 한국의 설교자들의 장점인 본문 읽기가 있을 수 있다. 본문 읽기는 하나님의 이치 혹은 기독교의 이치를 발견하는 데 도움이 되는 우리의 독서법이라고 생각한다. 읽기와 묵상을 통해 본문 속에 들어 있는 하늘의 지혜, 이 세상을 향한 하늘의 이치가 무엇인지 얻어 내는 것이다. 이것은 해석 및 적용이 단계적으로 구분되지 않고, 읽는 행위 자체에 다 포함되어 있다. 이것은 성경 본문과 읽는 자 사이의 교섭이다. 악보를 보고 악기를 연주하는 사람이 자신의 음악을 만들어 내는 것처럼(비록 세련된 연주가 아니더라도), 설교자도 본문과의 교섭을 통해 자신이 읽은 것을 제시한다. 다른 학자들의 해석이나 이해를 지나치게 염두에 둘필요가 없고 자신의 읽기에 자신 없어 할 필요도 없다. 다만 이러한 작업을 하기 위해서는 설교자의 깊은 영성과 본문을 대하는 폭넓은 안목이 필요하다. 이것은 포괄적으로 설교자의 수양이라고 말할 수 있을 것이다. 이러한 기본적인 전제를 염두에 두고 본문을 읽어 보자.

본문의 줄거리 읽기

우리는 '독서백편의자현'(讀書百遍意自現)이라는 개념에 친숙하다. 본문을 백 번 읽으면 그 뜻이 저절로 드러난다는 뜻이다. 꼭 그렇게 된다고는 말할 수 없지만, 이것은 중요한 착상이다. 반복하여 본문을 읽게 되면 본문에 집중하게 되는 것은 당연하고 본문이 담고 있는 뜻을 깨닫게 될 것이다. 민수기 22~24장과 같이 본문이 역사적인 이야기인 경우 우리가 일차적으로 해야 하는 작업은 그 이야기의 흐름을 파악하는 일이다. 이스라엘 백성이 광야 길을 진행하다 모압 평야에 진을 쳤다(22:1). 이에 모압 왕 발락은 이스라엘을 두려워하여 이스라엘을 저주하도록 발람을 부르러 보냈다(22:2~6). 그러나 여호와의 명령으로 발람이 발락의 청을 거절한다(22:8~14). 발락이 다시 사신들을 보내고, 여호와가 가라 하여 발람이 길을 떠난다(22:15~21). 가는 길에 천사가 나타나고 나귀가 말하는 사건이 발생한다(22:22~35). 발락이 발람을 자신의 신당으로 데려가서 이스라엘 진영을 보여 준다(22:36~41). 발람은 이스라엘을 저주한 것이 아니라 축복했다(23:7~10, 18~24; 24:3, 15~19). 이스라엘을 향한 축복뿐만 아니라 여러 족속의 운명을 예언했다(24:20~24). 그리고 나서 발람은 자기 고향으로 돌아갔다(24:25).

본문 자세히 읽기

이 단계는 본문을 한 구절씩 읽어 가면서 관찰되는 내용들을 적는 것이다. 여기서 설교자 자신이 드러나고 설교자의 삶이 드러난다. 또한 설교자 자신의 영적인 깊이와 폭도 드러난다. 주석이나 설교집을 참고하는 것은 자기 말이 아니기 때문에 설교자 자신이 실리지 않게 된다. 따라서 설교자들은 이 부분을 강화하는 데 진력을 다해야 한다. 계속된 묵상의 훈련, 영적인 삶, 독서를 통한 지적 관심의 확대 등에 주력해야 한다. 우리가 기대하는 것은 나만이 소유하고 있는 나의 언어로 하나님의 말씀을 풀어 내는 설교자들이다. 비록 그것이 투박한 것이라 해도 귀하다. 신학자들의 세련된 언어를 흉내 낼 필요가 없다. 이제는 현장 사역자들의 성경 해석을 '투박한 신학'(crude theology)이라 부르고 그 가치를 높게 평가한다. 설교자들의 성경 해석이 곧바로 신학이 된다는 인식을 가질 필요가 있다. 본문의 흐름을 따라 내용을 묵상해 보자.

민수기 21장까지는 이스라엘 백성의 광야 길 진행이 주제인데 22~24장의 등장인물은 발람과 발락이다. 발람, 발락과 여호와 하나님 사이의 대화가 중심이다. 이스라엘 백성이나 모세가 중심으로 등장하지 않는다. 이스라엘이 길을 내어 달라는 요청이 있기 전에, 모압 왕인 십볼의 아들 발락은 두려워한다. '그대가 복을 비는 자는 복을 받고 저주하는 자는 저주받을 줄을 내가 안다'는 말은 발람의 명성이 고대 근동 지역에 널리 퍼져 있었음을 말해 준다. 이방 세계에서 상당히 존경받는 영적인 인물이었을 것이다. 그러나 발람의 소속이 불분명하다. 그가 이스라엘의 하나님의 선지자인지 이방의 복술가인지 분명하지 않다(22:2~6).

미디안 장로들과 모압의 장로들이 단순한 예물이 아니고 복술의 예물을 가지고 간 것을 보면 당시에 일정한 관습이 있었던 듯하다. 복술의 예물은 대개 값이 비싼 물건들이었던 것을 생각하면, 발람은 부를 충분히 누렸던 사람이었을 것이다(22:7).

발람의 첫 반응이 무척 영적이다. "여호와께서 내게 이르시는 대로 너희에게 대답하리라." 물론 복술의 예물은 거절하지 않았을 것이다. 사람들은 발람의 그러한 반응을 당연한 것으로 여긴다. 발람은 자기의 신분과 영역을 벗어나지 않는 모습을 보인다. 이방의 예언자지만 깊이가 있다(22:8).

그 다음, 발람이 하나님께 실제 있었던 일들을 대화로 자세히 하고 있다. 하나님께서 발람의 복술에 의해 나타나신 것인지 하나님께서 주체적으로 자신을 계시하신 것인지 명확하지 않다. 전자일 가능성이 높은 것으로 볼 수 있다. 발람은 하나님께서 인도하여 내신 이스라엘 백성을 저주해 달라는 발락의 청을 하나님께 고하고 있다. 발람은 하나님이 어떤 분이신지 알고 있었는가? 발람은 순종과 불순종을 왔다갔다 하는 이스라엘 백성을 인도하시는 분이 다름 아닌 하나님 자신임을 알고 있는가? 만일 그가 하나님의 선지자였다면 그것을 몰랐을 까닭이 없다. 그럼에도 불구하고 하나님께서 그에게 나타나서 대화하셨다는 사실이 기이하다(22:9~11).

하나님께서는 첫째, 그들과 가지 말라, 둘째, 이스라엘 백성을 저주하지 말라, 셋째, 그들은 복 받은 자들이라고 정확하게 말씀하셨다(22:12). 그런데 다음날 발람이 발락의 사신들에게 한 말은 '그들과 가지 말라'는 대답뿐이다. 그렇기 때문에 모압 귀족들이 발락에게 보고할 때 발람이 오기를 거절한 것만 언급하고 있다(22:14). 하나님의 의도를 정확하게 옮기지 않은 것이다. 발락의 사신들이 자기에게 한 말은 하나도 빼지 않고 하나님께 고하면서 하나님의 하신 말씀은 어째서 그대로 옮기지 않았는가? 이것은 영적인 허점이다. 이러한 허점이 생기면 반드시 사탄의 공작이 계속된다. 발람이 분명하게 이스라엘은 저주할 대상이 아니며 하나님의 복을 받은 자임을 언급했다면 발락이 다시 청하는 일이 없었을 것이다. 발락은 발람이 오기를 거절하는 이유를 모르기 때문에 다시 청하게 된다(22:15 이하). 발람은 하나님을 "내 하나님"이라고 부르고 있다(22:18). 은금으로 자기 집을 채워도 내 하나님 여호와의 말씀을 덜하거나 더하지 못한다는 점을 분명히 한다. 이런 말을 보면 발람은 하나님의 선지자와 유사하다.

그런데 22:19의 말씀은 이상하다. 하나님께서 '무슨 말씀을 더 하실는지' 기다려 보자고 말한다. 하나님께서는 발람에게 명을 이미 내리셨다. 하나님의 선지자라면 한번 계시하신 그 뜻을 정확하게 전달하는 것으로 거래를 끝냈을 것이다. 무엇을 더 기대한다는 말인가? 하나님께서 혹시 가도 좋다는 말씀을 하실 것을 기대하는가? 발람은 하나님이 어떤 분이고 무슨 일을 행하시는지 잘 모르고 있었음이 분명하다. 하나님께서 현현하셔서 계시한 일도 그렇고, 신과 직접 대화한 일도 장엄한 경험일 것인데, 발람은 하나님과 거래하는 사람이라는 인상을 준다.

하나님께서 밤에 다시 현현하셔서 가도 좋다는 말씀을 주신다(22:20). 다음날 아침 발람의 신하들이 요청하기 전에 발람이 먼저 자기 나귀의 안장을 지우고 길을 떠난다(22:21). 아마도 발람은 발락에게 가고 싶은 마음이 처음부터 있었을 것이다. 그렇지 않다면 어떻게 하나님께서 인도하시는 이스라엘을 저주해 달라는 발락에게 발길을 옮길 수 있단 말인가? 발람이 발락에게 무슨 관심이 있었기에 그랬을까? 발람은 발락에 대한 관심보다 발락이 제공할 재물에 관심이 있었을 것이다. 하나님을 빌미로 거래를 하고 재물을 얻으려 했던 것이다.

나귀가 말을 하고 발람을 책망하는 일이 발생한다(22:21~35). 하나님께서 길 떠날 것을 허락하시지만 그것이 하나님의 뜻을 거스르는 것이기에 진노하신다. 여호와의 사자가 길을 막고 선다. 그것을 나귀가 보았다. 자기가 가는 길이 어떤 길인지, 하나님께서 얼마나 싫어하는 길인지 이렇게 모를 수가 있는가? 하나님을 만나고, 하나님과 대화하고, 하나님에게서 직접 금지 명령을 받았음에도 하나님이 원하시는 바를 이렇게도 파악하지 못할 수 있는가? 하나님께서 발람의 눈을 여셨다. 여호와의 사자가 칼을 들고 서 있었다. 여호와의 사자는 발람의 길이 '패역한 길'임을 정확하게 지적하였다. 발람은 하나님을 만나고 하나님의 사자를 눈으로 보는 기이한 영적 체험을 했음에도 하나님의 마음을 헤아리지 못하고 있다. "당신이 이를 기뻐하지 아니하시면 나는 돌아가겠나이다"라고 말하지만, 그러한 충격적인 경험을 한 사람 치고는 참으로 평이한 말이 아닐 수 없다. 발람은 모압에 도착하여 성대한 환영과 대접을 받는다. 발락에게 발람이 말한다. '나는 임의로 말할 수 없다. 하나님께서 내 입에 주시는 말씀만 말할 수 있다.' 대단히 단수 높게 종교적인 모습을 보인다. 하나님과 재물 사이에서 실속을 차리고 책임을 회피하는 방법을 구사하는 데 가히 천재적이다.

발람은 발락과 함께 바알의 산당에 오른다(20:41). 어찌 바알의 산당에 오르면서도 하나님 앞에서 양심의 가책을 느끼지 않을 수 있는가? 참으로 태연하고 뻔뻔하다. 이런 발람을 하나님께서 이용하신다. 발람은 하나님께서 이스라엘 백성이 복 받은 자임을 애당초 선언하셨음을 잘 알고 있지 않았는가? 발락에게 와도 이스라엘을 저주할 수 없으리라는 것을 잘 알았을 텐데, 무슨 배짱으로 발락에게 왔는가? 그리고 철저히 종교적인 제스처로 대접받고 있는 이유는 무엇인가?

발람은 발락 앞에서 이스라엘을 축복하는 신탁을 말한다(23:7~10). 우리가 주목할 사실은, 발락이 신탁의 내용에 불만을 표현하면서도 발람에 대해 적개심을 가지지 않는다는 점이다. 발락은 발람이 하나님의 선지자가 아니라고 생각하는 것이다. 즉 하나님 편에 서서 예언을 하는 자가 아니라, 복술에 나타나는 대로 신의 뜻을 전하기만 하는 중립적인 사람이라고 인정하는 것이다. 만일 발람이 하나님의 사람이었다면 이것은 차라리 저주였을 것이다. 세상 사람이 하나님의 사람인지 아닌지 알아본다.

두 번째 신탁(23:18~24)은 발락에게 하시는 말씀이지만, 내용은 발람이 들으라고 하시는 것 같다. 하나님은 식언치 않으시고 한 번 말씀하신 것은 그대로 이루신다. 하나님께서 이스라엘을 애굽에서 인도하신 주인공임을 계시하셨다. 이스라엘을 해할 복술이 없음을 선언하셨다. 발람의 심정이 어떠하겠는가? 자신의 입지를 하나님께서 여지없이 무너뜨리실 뿐만 아니라 발람의 행동 자체를 책망하시는 것이다. 자기 입으로 자기가 하는 행동들을 공개적으로 부정해야 하는 참으로 비참한 상황이 아닐 수 없다.

발락은 하나님께서 이스라엘을 저주하실 가능성을 기대한다(23:27). 그런 신탁을 받고도 또다시 하나님의 뜻을 확인하려는 발람의 모습이 안쓰럽기까지 하다. 발락과 발람은 사술을 통해 자신들의 목적을 이루기 위해 하나님을 이용하려고 무진 애를 쓰지만 결국 발람은 사술을 포기한다. 그리고 여호와의 신이 그에게 임하여 이스라엘을 축복하고 이방 족속들의 멸망을 예언한다. 하나님의 신이 임하는 것은 하나님의 임의에 따른 것이다. 발람이 하나님의 선지자요 하나님의 사람이기 때문에 여호와의 신이 임한 것이 아니다.

발람은 발락의 기대를 저버렸음에도 목숨을 부지하고 무사히 자기 집으로 돌아간다. 그것은 발락이 볼 때 발람은 복술가 그 이상도 이하도 아닌 사람으로 여겼기 때문일 것이다.

설교 주제 잡기

민수기 22~24장에서 신학적으로 주로 논의되는 내용은 발람과 관련된 것들이 대부분이다. 발람은 하나님의 선지자였는가, 아니면 사이비 선지자였는가, 발람은 어떤 성품의 사람인가 등이다. 우리는 본문을 읽고 발견하는 하늘의 이치 또는 영적인 원리에 주목하게 될 것이다. 본문 읽기를 통해 단편적으로 얻어지는 통찰들을 근거로 좀 더 깊은 묵상으로 들어가는 것이 순서다. 물론 본문 자체가 발람을 중심으로 진행된 이야기이기 때문에 우리는 발람이라는 사람을 통해 영적 원리들을 확인하게 된다. 우리가 설교 주제로 잡을 수 있는 측면들은 어떤 것인가? 아직도 범위가 넓은 주제가 되겠지만 설교로 전개할 수 있는 주제들을 얻는다면 다음과 같은 것들이 있을 것이다.

첫째, 영적인 사람이라도 하나님의 사람이 아닐 수 있다. 외면적으로 깊은 영성이 있고 종교적인 체험을 가지고 있어도 하나님과 상관없는 사람일 수 있다. 어째서 그런가? 철저하게 종교적인 모습으로 사람들을 대해도, 내면의 탐심이 영적인 눈을 멀게 할 수 있다는 것이다.

둘째, 인간의 목적에 하나님이 이용될 수 있다. 하나님을 제대로 알지 못하면 하나님을 인간의 도구로 생각할 수 있다. 우리는 하나님의 마음을 헤아릴 줄 알아야 한다. 하나님을 안다고 하면서도 하나님의 뜻과 마음과는 전혀 상관없는 행동들을 보일 수 있는 것이다.

셋째, 하나님의 이름으로 하나님의 일을 방해할 수 있다. 발람은 그의 종교적 명성으로 인해 오히려 이스라엘 백성의 광야 길 여정을 상당히 지체시킨 잘못을 초래했다.

넷째, 우리의 영안이 열려야 하나님의 움직임이 보인다. 하나님께서 눈을 열어 주시자 여호와의 사자가 보였다. 그것이 목숨을 살렸다. 눈을 여시는 분은 하나님이시다. 우리도 영적인 무지에서 벗어나기 위해, 하나님께서 싫어하시는 '패역한 길'에서 돌아서기 위해 영안이 열리길 간구해야 한다.

다섯째, 하나님을 만난 경험이 중요한 것이 아니라 하나님의 뜻에 따라 행동하는 것이 중요하다.

여섯째, 은사가 중요한 것이 아니라 하나님의 뜻에 따른 삶이 중요하다. 예언을 해도 하나님의 뜻에 대적할 수 있는 것이다.

일곱째, 하나님의 사람은 세상 사람이 안다. 하나님께 속한 사람인가 아니면 단순한 종교인인가는 세상 사람들이 먼저 안다.

다소 넓다는 생각이 들지만, 본문 읽기를 근거로 쉽게 잡을 수 있는 설교 주제들을 몇 가지 언급해 보았다. 이렇게 설교의 주제 영역이 선정되면, 우리의 삶 속에서 그러한 영적 원리들이 구체적으로 어떻게 확인되고 또한 어떤 성경적 해답을 얻을 수 있는지 본격적인 묵상이 시작된다. 실제로 설교 작성을 위한 준비가 완료된 것이다. 이러한 과정과 재료들을 기초로 설교자 나름대로 하나님의 의도라고 확신되는 내용들을 한 편의 설교로 완성해 내는 것이다.

성경 말씀은 어느 본문이라도 항상 새롭다. 그렇기 때문에 설교자 각자의 삶과 사역 현장에서 읽는 말씀이 설교자 자신의 언어로 전달될 때, 하나님의 뜻이 이 땅에 더욱 풍성해질 것이다.

10

새 시대를 맞기에 앞서
자신을 돌아보라

두 번째 인구 조사(민 26장)

염병 후에 하나님께서는 모세와 제사장 엘르아살에게 이스라엘 자손 중 20세 이상으로 전쟁에 나갈 수 있는 사람들의 수를 세라고 명하신다(1~4절). 이에 그들은 이스라엘의 12지파에 맞춰 각 지파의 수를 세게 된다(5~51절). 이 통계의 목적은 후에 이스라엘이 각 지파의 수에 따라 그 땅의 크기를 결정할 때 기본 자료로 쓰기 위함이었다(52~56절). 이 가운데 레위인들은 이스라엘의 통계에 속하지 않고 따로 계수를 했는데, 이것은 그들이 땅을 기업으로 얻지 못하기 때문이었다. 이런 면에서 그들은 다른 지파들과는 달리 1개월 넘은 남자들을 대상으로 통계를 냈다(57~62절). 그리고 이들이 계수한 사람들 중에는 시내 광야에서 처음 계수한 사람들은(민 1장) 하나도 들지 못했으며, 그들은 갈렙과 여호수아 외에는 한 사람도 가나안 땅에 들어가지 못하고 광야에서 죽었다는 설명으로 인구 조사의 이야기가 끝난다(63~65절).

여기서 언급되는 12지파는 창세기 46:8~27의 야곱의 아들들에 기초하며, 므낫세와 에브라임의 이름의 순서가 바뀐 것 외에는 민수기 1장에서 언급된 12지파와 동일하다. 그리고 1장에서 시므온 지파가 5만 9,300명이었으나 26장에서는 2만 2,200명으로 현저하게 줄어든다. 이 감소는 므낫세, 베냐민, 아셀 지파의 증가로(므낫세 지파는 3만 2,200명에서 5만 2,700명으로, 베냐민 지파는 3만 5,400명에서 4만 5,600명으로, 아셀 지파는 4만 1,500명에서 5만 3,400명으로) 상쇄되고 있다. 결과적으로 전쟁에 나갈 수 있는 20세 이상 이스라엘 남자의 총수는 60만 1,730명으로(민 26:51) 계수되었으며, 이는 첫 번째 조사인 60만 3,550명(민 1:46)과 크게 차이가 나지 않는다. 이 계수의 목적은 이스라엘에 염병이 있은 후에 약해진 이스라엘을 다시 정비하여 다가오는 전쟁에 대비하는 것이었다(2절). 그러나 한편 이 통계는 멀리는 앞으로 들어가 얻게 될 가나안 땅을 지혜롭게 분배하기 위함이기도 했다(53~54절). 한편 땅을 분배할 때 숫자에 따라 나누었을 뿐 아니라 제비를 뽑아 나누기도 했는데(55~56절, 참고 수 18:6, 8, 11 등), 아마도 전자의 기준에 따라 땅을 분배할 경우 문제가 발생할 때 제비를 뽑아 결정했던 것 같다. 즉 땅을 배분할 때 이 두 가지 방법이 서로 보충적으로 작용했던 것 같다.

민수기 26장은 '20세 이상 싸움에 나갈' 이스라엘 남자를 계수하는 장으로 민수기 1장과 서로 유사성을 갖는다. 1장이 출애굽 1세대가 그 계수의 대상이었다면 26장은 제2세대가 그 대상이 된다. 제1세대는 그들의 불순종으로 인해 그 사이에 다 죽고 말았다[참고 14:29 이하. 그리고 이런 불순종으로 인한 이스라엘의 파멸은 염병의 재앙으로 그 절정을 이루게 된다(25장)]. 이제 26장에서 이스라엘의 새 세대가 가나안 정복의 대과업을 이어받게 된다. 새 세대가 새로운 과업을 수행하고자 할 때 하나님께서는 무엇보다 먼저 그들의 병력을 계수하여 정확한 통계를 내라고 하신다. 이같이 새 세대를 맞이할 때 먼저 자신들을 정확히 파악하는 것이 중요하다.

한국 교회는 그동안 하나님의 은혜로 많은 성장을 거듭해 왔지만, 하나님께 대한 불순종으로 인해 자성할 부분이 많은 것 또한 사실이다. 특히 IMF라는 재앙을 맞았을 때 교회가 이런 재앙이 오지 않도록 사회의 정신적인 지도자 역할을 충분히 하지 못한 것은 회개할 일이다. 물질만능주의와 함께 이웃을 위한 사랑의 소비보다 자신의 과시를 위한 낭비를 일삼았던 사회를 교회가 계도하지 못한 것이다. 이에 IMF라는 염병을 뒤로하고 가나안 정복이라는 21세기를 맞이하여, 교회의 새 세대는 자신을 계수하여 정확한 통계를 내야 할 것이다. 한국 교회의 통계는 과연 정확한가? 세 불리기에 바빠 통계를 과장하고 있지는 않은지 자성해 볼 일이다.

이제 우리는 우리의 실정을 정확히 파악하고 분석하여 새 세대를 맞이하는 전략을 짜야 할 것이다. 그래서 과연 새 세대를 이끌고 나갈 인력이 얼마나 되는지 파악해야 할 것이다. 교회의 간판을 걸었다고 해서, 교인이라고 불린다고 해서 다 새 세대를 짊어질 수 있는, '싸움에 나갈 만한 자들'이라고 할 수 없기 때문이다.

이 모든 일은 모세의 인도 하에 일사불란하게 이루어졌다. 그럼에도 이스라엘은 불순종의 길을 걸었다. 따라서 새 시대를 맞이하여 한국 교회의 통일성이 더욱더 요구된다. 통일성을 통해 일체성, 화합, 그리고 수준의 평준화 등을 도모하며, 각각의 개성적인 특성들을 조화 있게 포용할 수 있어야 할 것이다. 이같이 통일된 연합체로서 21세기를 맞이한다면 이것이 새 세대를 열어 가는 교회의 한 모습이 아닐까 한다.

슬로브핫의 딸들(민 27:1~11)

슬로브핫의 딸들이 지금까지의 규례로는 해결하기 어려운 문제를 모세와 이스라엘의 지도자들 앞에 가져왔다(1~2절). 그것은 그들의 아비가 고라 자손과 같이 여호와를 거스른 죄가 아니라 단지 자기 죄로 광야에서 죽은 것인데, 아들이 없는 연고로 기업이 전수되지 못하여 '그의 이름'이 가족 중에서 삭제되는 것은 부당하다는 것이었다(3~4절). 아마도 슬로브핫은 다른 이스라엘 사람들과 같이 하나님을 원망하다 가나안 땅에 들지 못한 출애굽 1세대에 속한 사람인 것 같다(비교 14:26~35). 이같이 지금 있는 법으로 해결하기 어려운 문제들을 지도자들 앞에 내놓고, 다시 해석하여 새로운 판례로 남긴 경우는 종종 있었다(참고 레 24:10~23; 민 9:6~14; 15:32~36).

이에 모세는 이 문제를 하나님께 물었고(5절), 하나님께서는 그들의 말에 일리가 있으니 슬로브핫의 딸들이 기업을 이어받게 하라고 새로운 판례를 주신다(6~7절). 그리고 나서 하나님께서는 이 법을 좀 더 구체적으로 제정해 주신다. 만일 어떤 남자에게 아들이 없으면 대신 딸들이 기업을 물려받고, 딸들도 없으면 그 남자의 형제들이 이어받으며, 그나마 형제도 없으면 가장 가까운 친척이 물려받게 된다. 이 판례는 모든 이스라엘 사람들에게 적용되는 새로운 법이 된다(8~11절). 슬로브핫의 딸들로 인해 새로운 법이 제정된 것이다. 이 새로운 판례에 따라 이들은 아비의 기업을 물려받게 되었다. 그러나 후에 므낫세 지파에서 이들이 다른 지파로 시집을 가게 되면 므낫세 지파의 땅이 감소될 것이라고 문제 제기를 하였다. 그러자 기업을 물려받은 딸들은 같은 지파로만 시집가라고 규정함으로써 이 법은 다시 좀 더 세밀화된다(36:1~12). 이 법은 아들 없이 남편이 죽게 되면 그 여인은 남편의 형제에게 시집가 자식을 낳아 기업을 이으라는 법과 함께(신 25:5~10) 이스라엘 상속법의 기본을 이루게 된다.

새 세대를 시작하는 이스라엘은 슬로브핫의 딸들이 제기한 문제로 시작하여(27장) 그들에 대한 논의로 끝을 맺는다(36장). 이것은 이스라엘의 새 과업에 그들의 문제가 얼마나 중요했는가를 구조적으로 보여 주는 한 예다. 딸들도 기업을 물려받을 수 있다는 사실은 이스라엘의 새 공동체에게 획기적인 일이었다. 하나님께서는 가나안 정복에 앞서 새 세대의 열매인 땅을 배분할 때 딸들에게도 기업을 이을 수 있는 권한을 허락하셨던 것이다. 아마도 하나님은 이를 통해 이스라엘에서 딸들의 적극적인 역할을 아울러 기대하셨던 것 같다.

새 시대를 맞이하는 우리 사회, 특히 한국 교회에서 여성들의 역할과 책임, 그리고 권한이 더욱 인정되어야 할 것이다. 지금까지 여성들이 교회에 기여한 공로도 크지만, 21세기를 정복해 들어감에 있어서 여성들의 역할이 지대할 것이기 때문이다. 그들도 새 시대의 열매를 공유할 수 있는 기회를 가져야 할 것이다.

우선 사회에서 여성이 남자와 균등한 위치와 대우를 받아야 할 것이며, 그들이 기득권을 가진 남성과 동등하게 경쟁할 수 있도록 제도적인 장치를 마련해 주는 일에 교회가 적극적인 역할을 해야 할 것이다. 그리고 교회 안에서 여성이 어떤 위치와 역할을 분배받고 있으며, 아담의 배필로 동등하게 창조된 그들이 어떤 대접을 받고 있는지 심각하게 논의해야 할 것이다. 슬로브핫의 딸들에게 기업을 물려받아 가문을 이어받을 수 있게 한 것처럼, 우리의 딸들이 새 시대를 책임지고 나아갈 수 있도록 교회는 '공평과 균등'의 문호를 활짝 열어 주어야 할 것이다.

모세의 후계자 여호수아(민 27:12~23)

본문은 모세가 곧 하나님께 돌아가게 될 것을 암시한 후(12~14절), 그의 후계자로 여호수아를 세우는 과정을 자세히 설명하고 있다(15~23절). 모세의 죽음에 대한 예견은 신명기 32:48~52에서 거의 같은 말로 반복되었다. 그리고 모세가 가나안 땅에 들어가지 못하고 아론을 따라 죽게 되는 이유를, 그가 신 광야 가데스의 므리바 사건에서 아론과 함께 하나님의 거룩함을 이스라엘 백성들 앞에 드러내지 못했기 때문이라고 설명한다(비교 20:1~13). 그리고 모세의 죽음에 대한 언급 후에 후계자로 여호수아가 세움 받게 되는데, 이 모세의 죽음과 후계자 여호수아는 항상 같이 연결되어 언급되고 있다(참고 신 3:23~29; 31:1~8; 수 1:1~9).

하나님께서는 모세에게 아바림산에 올라가 이스라엘에게 준 땅, 즉 요단강 건너 가나안 땅을 바라보라고 하신다. 여기서 아바림산(33:47에는 '아바림산들'이라고 나온다)이 어디인지는 분명치 않으나, 여리고 맞은편 모압 땅에 있는 산들로서 요단강 건너편을 한눈에 볼 수 있는 곳인 것 같다. 그리고 모세는 아바림산들 중 특히 느보산에 올랐을 것이다(비교 신 32:49). 이곳은 확실히 이스라엘에게 줄 영토 밖의 지역이며, 모세가 하나님이 주실 땅에 들어가지 못함을 강조하는 것이다. 그 이유는 므리바 물 사건 때문이라고 기록되어 있다 (14절).

모세는 후계자를 세울 때 우선권을 가지고 먼저 하나님께 청하였다(15절). 그는 자기가 죽은 후 이스라엘 회중을 인도하여 데려갈 리더를 세워 주실 것을 요청한다. 이 단어는 군사적인 의미를 가진 말로서 이스라엘을 가나안 족속과의 싸움에서 지휘하여 이끌어 갈 장군을 세워 달라는 의미다(비교 삼상 18:13~16; 삼하 5:2 등). 하나님께서는 모세의 요구에 즉시 여호수아를 후계자로 세울 것을 명하신다. 여호수아는 여기서 "그 안에 영이 거하는 자"로 묘사된다. 이 말이 구체적으로 무엇을 의미하는지는 알 수 없지만, 그가 새로운 임무를 맡아 수행하는 데 하나님의 특별한 능력을 부여받았음을 의미하는 것임에 틀림없다.

모세는 그를 데려다가 제사장 엘르아살과 온 회중 앞에서 안수하여 후계자로 세운다. 모세는 그에게 그의 권위 중 일부를 여호수아에게 위임한다. 모세는 하나님께 묻기 위해 제사장과 같은 중계자를 통할 필요가 없었지만 (그가 스스로 제사장의 역할을 했음), 여호수아는 전쟁을 할 때 제사장 엘르아살을 통해 하나님께 물어야 했다. 그리고 이스라엘 회중은 엘르아살의 말에 따라 "나가고", "들어와야" 했던 것이다. 이 말은 여호수아가 가나안으로 인도할 전쟁을 수행할 때 제사장 엘르아살과 의논해야 했던 것을 말해 준다. 엘르아살은 우림과 둠밈을(비교 출 28:30; 레 8:8) 통해 하나님의 뜻을 받아 전했다.

온갖 역경을 다 거치며 이스라엘을 인도했던 모세는 가나안 땅을 앞에 두고 그의 사역을 마쳐야 했다. 그가 이룩한 공로를 생각할 때 가나안의 열매에 동참하는 것이 당연했지만 그는 후진들의 성공(가나안 입성)으로 만족해야 했다. 므리바에서 혈기를 부리고 하나님의 영광을 나타내지 못한 허물은 있었지만 그 정도 실수 없는 사람이 어디 있을까? 그러나 모세는 전혀 실망하거나 불평하지 않는다. 자기의 직무와 권한을 대행할 후계자 여호수아를 세우는 데 어떤 감정도 내보이지 않는다. 오히려 그는 자기의 사역이 끝난 줄 알고 더 적극적으로 후계자를 세울 것을 하나님께 간청한다. 그는 불평하는 생각조차 갖지 않았던 것 같다. 여기서 우리는 위대한 지도자의 모습을 모세에게서 본다. 결국 위대한 지도자는 사역의 과정보다 마무리를 잘하여 훌륭한 후계자를 세우는 데서 더욱 평가받게 되는 것은 아닐까?

하나님에게서 전적인 권한을 부여받아 이스라엘을 인도하던 모세와는 달리 후계자 여호수아는 모세의 권위 가운데 일부만 승계 받는다. 그리고 그의 파트너로 엘르아살이 등장한다. 첫 세대와는 달리 새 세대의 지도자에게는 권력과 책임의 분배가 이루어지는 것이다. 어떤 일을 새롭게 시작하는 사람에게는 혼자서 거의 모든 권한과 책임을 가지게 되지만, 그러나 이런 집중 현상이 계속되는 것은 여러 가지 이유로 바람직하지 못하다.

교회에도 이런 원리가 똑같이 적용될 것이다. 특히 개척을 해서 교회를 성장시킨 사람들에게 이런 집중 현상이 두드러지기 쉬우며, 또한 효율적인 행정을 이유로 그것을 개선하려는 생각을 하지 않는 경향이 있다. 그러나 권한과 책임이 분산되지 않으면 항상 문제가 생기며, 이것은 새 시대에 맞지 않는 사고인 것이다. 새 시대에는 일과 권한을 분담하여 서로 동역하며, 실수하지 않도록 서로 간에 견제하고 동시에 부족한 것을 돕는 동역의 시대가 열려야 할 것이다. 모세의 후계자로 여호수아가 하나님에 의해 지목된다. 그 이유는 그가 '신에 감동된 자'("그 안에 영이 거하는 자")이기 때문이다. 새 시대의 지도자는 그 안에 영이 거해야 한다. 그 안에 부가, 권력이, 학식이 거하기 때문에 지도자가 된다면, 이것은 새 시대의 후계자로서 하나님의 원리에 어긋난 것이다.

이스라엘이 드려야 할 갖가지 제사와 절기들(민 28:1~29:40)

모세의 죽음이 예견되고 여호수아가 후계자로서 지목된 후 하나님은 모세에게 이스라엘 백성이 드려야 할 제사들에 대해 아주 자세한 규례를 주신다. 아마 새 지도자를 만나 새롭게 시작하는 이스라엘을 위해 제사를 새롭게 정비하시려는 목적인 것 같다. 이 길고도 자세한 제사에 대한 규례들은 제의 달력이라고도 부를 수 있는데, 이 달력은 제사를 드리는 시기와 그 방법들을 기록하고 있다.

1. 매일 드리는 상번제(28:2~8)

매일 드리는 상번제는 화제로 드린다. 이 화제는 일년 된 흠 없는 수양 한 마리와 고운 곡식 가루 에바 10분의 1에 기름 4분의 1힌을 섞은 소제(참고 출 29:38~42, 비교 레 2:1~2)로 구성되어 있다. 그리고 이 화제 외에 4분의 1힌의 독주를 붓는 전제를 드린다(전제로는 보통 포도주를 드린다. 비교 민 15:5, 7, 10; 28:14). 이 화제와 전제를 아침과 저녁에 각각 한 번씩 두 번 드리도록 규정되어 있다. 그러나 레위기와 에스겔서에는 이 화제를 아침에 한 번 전제 없이 드리도록 기록되어 있다(레 6:8~18; 겔 45:13~15). 그리고 왕궁에서는 아침에는 번제를, 저녁에는 소제를 정기적으로 드린 것 같다(참고 왕하 16:15, 비교 왕상 18:29; 느 10:33).

2. 매주 안식일에 드리는 제사(28:9~10)

안식일에는 평일의 두 배인 수양 둘과 10분의 2의 기름 섞은 소제 그리고 전제를 아울러 드린다. 레위기 23장은 안식일의 제사에 대해 아무런 언급도 하지 않는다. 그리고 에스겔 46:4~5에는 안식일에 본문보다 훨씬 많은 제물을 드리도록 규정되어 있다(여섯 마리의 어린 양과 한 마리의 수양 그리고 기름 1힌을 섞은 1에바의 소제 등).

3. 매월 초 월삭에 드리는 제사(28:11~15)

매월 초 월삭에는 수송아지 두 마리, 수양 한 마리, 어린 양 일곱 마리와 1.5에바에 기름 섞은 소제를 번제로 드린다. 여기에 3과 12분의 1힌의 전제를 드린다. 이외에 수염소 한 마리를 속죄제로 드린다(참고 겔 46:6~7). 레위기 23장은 월삭을 특별한 날로 언급하지 않으나 민수기 10:10은 제물을 드리며 나팔을 부는 특별한 날로 언급한다(비교 암 8:5; 호 2:13; 사 1:13; 왕하 4:23).

4. 유월절 제사(28:16~25)

1월 14일은 유월절이며 15일부터 일주일간은 무교병을 먹는다. 첫날인 15일과 일곱째 날인 21일에는 아무 노동도 하지 않고 쉬며, 7일 동안 매일 같이 월삭에 드리던 제사와 똑같이 드린다(비교 레 23:5~8).

5. 칠칠절에 드리는 제사(28:26~31)

칠칠절, 즉 처음 익은 곡식을 추수하여 드리는 날에는(참고 출 34:22; 신 16:10, 비교 레 23:9~21) 아무 노동도 하지 않고 쉬며, 역시 월삭에 드리던 제사와 똑같이 드린다.

6. 칠월에 드리는 제사(29장)

1) 1일(나팔절)에 드리는 제사(1~6절)

이 날은 새해가 시작되는 첫날인데, 아무 노동도 하지 않고 쉬며, 수송아지 한 마리와 수양 한 마리와 어린 양 7마리를 번제로 드리고, 1.2에바에 기름 섞은 소제를 드린다. 그 외에 수염소 한 마리를 속죄제로 드린다. 그리고 이 날은 나팔을 부는 날이다(참고 레23:23~25).

2) 10일(속죄일)에 드리는 제사(7~11절)

이 날에는 1일과 마찬가지로 아무 노동도 하지 않고 쉬며 1일과 똑같은 제사를 드린다. 그러나 이 날은 1일과는 달리 마음을 괴롭게 하여, 특별히 어떤 금욕을 행했던 것 같다. 이 날은 따라서 '속죄일'로 불리며(참고 레 23:27; 25:9), 또한 나팔도 불었던 것 같다(참고 레 25:9).

3) 15일부터 8일간(초막절에) 드리는 제사(12~38절)

7월 15일부터 본격적인 새해 축제가 시작되는 것 같다. 15일에 시작해서 7일간, 즉 15일을 포함해서 8일간 축제를 가진 것 같다. 이 축제는 우리에게 초막절로 알려져 있다(레 23:34). 15일 첫날에는 아무 노동도 하지 않고 쉬며(참고 레 23:35), 수송아지 열세 마리, 수양 두 마리, 어린 양 열네 마리를 번제로 드리며, 5.7 에바에 기름 섞은 소제와 그 외에 수염소 한 마리를 속죄제로 드린다. 그리고 둘째 날부터 6일간은(7월 16~21일), 하루 지날 때마다 수송아지 한 마리를 감소하고, 소제는 수송아지 한 마리에 해당되는 10분의 3 에바씩을 감하여 제사를 드린다. 그리고 마지막 8일째는(7월 22일) 아무 노동도 하지 않고 쉬며(참고 레 23:36) 첫날보다 훨씬 적은 수송아지 한 마리, 수양 한 마리, 어린 양 일곱 마리와 그에 상응하는 1.2에바의 소제와 역시 수염소 한 마리를 속죄제로 드린다.

새 시대를 준비하면서 제사 제도를 정비하는 것이 중요했다. 이 제도는 새로 만드는 것이 아니라 이전부터 있었던 것을 재정비하는 것이었다. 이스라엘 사람들은 아마도 광야 생활을 거치면서 제사를 드리는 일에 성실치 못하게 된 것 같다. 이것이 가나안 땅에 들어가기 전에 제사 제도를 재정비하는 이유가 되었을 것이다. 이런 면에서 이것은 제사제도의 개혁이라고 할 수 있다. 개혁은 옛 것을 부숴 버리고 새 것을 만드는 것이 아니다. 개혁은 'reformatum'인데, 이 말은 지금까지 것을 '다시'(re~) '형성한다'(~formatum)는 의미를 갖는다.

우리도 새 시대를 맞이하면서 개혁해야 할 제사, 아니 예배 제도가 없는지 점검하고 재정비를 해야 할 것이다. 이스라엘 사람들은 먼저 그들이 제사를 드리는 때에 대한 규정을 확실히 했다. 그들은 매일 드리는 제사, 주마다, 월마다, 그리고 연중 행사로 드리는 제사들을 구분했다. 우리도 우리 시대와 형편에 맞게 각종 예배에 대해 점검해야 한다(새벽 기도부터 구역 예배 그리고 가정 예배까지). 이와 함께 각 교회마다 특성을 가질 수 있으나 가능한 한 교회 전체가 통일성을 가지고 그 안에서 다양성을 이루는 것은 어떨까? 예를 들어, 주일마다 개 교회에서 같은 본문과 찬송과 설교로 드리되 개 교회의 특성에 맞게 다양성을 가지며 예배가 진행된다면 얼마나 좋겠는가? 그렇게 된다면 한국의 교인들은 예배에서 어느 정도 일관성을 느끼고 또 서로 일체감을 느낄 수 있게 될 것이며, 이것이 앞으로 우리 사회에서 기독교 문화를 창출하는 데 큰 도움이 되지 않을까?

그들은 제사의 때에 대한 정비뿐만 아니라 드려야 할 제물에 대해서도 규정을 확실히 했다. 우리도 역시 헌금에 대한 규정을 확실히 할 필요는 없을까? 헌금의 종류는 만드는 사람마다 달라 이루 말할 수 없이 많은 편이다. 물론 정직한 목회자는 아무 헌금이나 만들어 요구하지는 않는다. 그러나 그렇지 못한 사람들도 많은 것 같다. 그렇기 때문에 어느 정도 헌금에 대한 규정도 일관성을 가져야 하지 않을까? 자의로 내는 헌금에서조차 통일성을 위해 규정을 만든다는 것이 지나치게 느껴질지는 모르나 이것이 헌금을 좀 더 투명하게 해주는 역할을 할 것이다. 헌금을 무조건 많이 걷고, 또 많이 내는 것만이 능사가 아니라 내는 헌금이 투명하게 쓰이고, 또 그것을 관장하는 사람들이 시험받지 않기 위해서도 일관성 있는 제도가 필요할 것이다. 물론 이것은 내는 금액의 양을 규정하자는 것이 아니라 헌금의 기본적인 종류에 대해 납득할 만한 기반을 마련하자는 것이다. 이것이 가나안에 들어갈 이스라엘 사람들처럼 새 시대를 맞이하는 우리에게 필요한 것이 아닐까 한다.

여인들의 서원에 대해(30:1~16)

여기에서는 다른 구약성경에서는 나오지 않는 주제를 다루고 있는데, 곧 여호와께 대해 자의로 한 '서원'이다. 하나님께 대한 서원에는 두 종류가 있다. 첫째는 하나님께 무엇을 하겠다는(예를 들면, 감사제와 같이 하나님께 무엇을 드리겠다는 서원) 적극적이고 긍정적인 의미에서의 약속이고, 다른 하나는 하나님께 무엇을 하지 않겠다는(예를 들면, 자신을 절제하고 잡아매는 금욕적인 서원, 참고 1, 3절) 소극적이고 부정적인 의미에서의 서약이다. 개역한글은 '서원'과 '제어하려는 서약'으로 구분하여 번역되어 있다. 그러나 여기서는 서원에 대한 구체적인 내용들은 언급하지 않고 단지 서원의 본질적 특성, 즉 서원은 반드시 지켜야 한다는 기본적인 전제 하에(2절), 다양한 경우에 행해진 각각의 서원들의 구속력을 어디까지 적용할 것인가를 다룬다(3절 이하, 6절 이하, 9절 이하, 13절 이하). 그런데 본문에서는 서원들 가운데 특히 여인들의 서원에 대해서만 취급하고 있다. 아마도 당시 여인들은 자기 스스로 서원할 권한이 있었던 것으로 보인다. 그러나 그들의 서원은 듣는 자의 동의가 필요했던 것으로 보인다. 이런 점에서 본문에는 세 가지 경우를 예로 들어 서원을 듣는 자의 동의와 그 책임에 대해 언급하고 있다.

첫째, 결혼 전의 소녀가 아버지 집에 살면서 한 서원이다. 이 경우 소녀의 아버지가 그 서원 실행 책임의 결정자가 된다(3~5절). 그러나 소녀가 결혼을 하게 되면 그 결정권은 즉시 새로 맞이하는 남편에게로 넘어간다(6~8절). 따라서 결혼한 여인에게는 남편이 서원 실행의 결정자가 된다. 결국 여인은 자신의 서원에 대해 단지 간접적인 책임과 권한을 가지며, 그 구속력은 전적으로 남편에게 넘어간다(10~15절). 그러나 여인이 이혼하거나, (사별함으로) 과부가 되면 서원 실행에 대한 책임을 자기 스스로 지게 되며, 어떤 남자의 결정으로부터도 자유롭게 된다(9절). 요컨대 서약의 실행에서 여자는 어려서는 아버지에게, 결혼 후에는 남편에게 전적으로 의존적인 입장에 놓이는 것이다(16절).

여기서 남자가 왜 그 결정권을 가지는가에 대해서는 아무런 설명도 없다. 단지 아버지나 새로 맞는 남편이 그녀의 서원을 무효로 선포하면, 그 여자에게는 서원 실행의 책임이 없어지고 여호와께서 사하신다고 기록되어 있다(5, 8절). 아마도 남편은 여인의 서원을 듣는 즉시 어떤 숙고함 없이 즉시로 결정해야 했던 것 같다. 이 경우 여호와께서 그 서원의 책임을 여인에게서 사해 주신다(12절). 그러나 남편이 즉시로 결정하지 않고 시간이 지나서 그 서원을 무효로 만들면, 그 서원을 이행하지 못하는 여인의 죄에 대한 책임은 남편이 져야 한다(15절).

이 규례를 제정하는 동기가 무엇인지 본문에는 분명하게 언급되어 있지 않다. 단지 본문에서는 한 여인이 결혼하게 되면 그에 대한 보호권이 (역으로 얘기하면 소유권이) 아버지에게서 남편으로 넘어가게 된다는 것을 명확히 한 것처럼 보인다. 이것은 한 여인이 아무 생각 없이 경솔하게 서원을 했을 때 남편을 통해 그 책임에서 벗어나게 하려는 의도인 한편, 남편 역시 그 경솔한 서원의 피해자가 되지 않도록 하는 제도적인 장치처럼 보인다(6, 8절).

우리가 이 본문을 잘못 이해하게 되면, 여성에게는 어떤 자치권도 없고, 모든 결정권이 남자에게 있으며, 따라서 여자는 남자에게 의존적인 존재인 것처럼 이해하기 쉽다. 그러나 여기서 여자가 서원을 하는 것은 남자의 강요에 의한 것이 아니며, 여자에게는 자의로 서원할 권한이 부여되어 있다는 것을 간과해서는 안 된다. 여기서 여자가 서원을 실행할 때 남자(아버지나 남편)의 동의가 필요한 것은 남자의 권위를 세우려는 목적이 아니다. 여기서 문제가 되는 서원은 '경솔히 한 서원'이다. 물론 이 말이 모든 경우에 다 나오는 것은 아니지만 이것이 잘못된 서원의 대표성을 갖는 것으로 볼 수 있을 것이다. 여인이 만일 같이 사는 가족이나 공동체를 고려하지 않은 채 한 서원은 그것이 아무리 거룩할지라도 다른 가족에게 피해가 될 수 있다. 그러므로 서원을 하는 데 가족 대표의 동의가 필요한 것이다.

이것은 오늘날에도 적용되는 원리다. 만일 어떤 여인이 하나님의 일만 하겠다고 서원해 가족을 소홀히 하고 특히 남편을 소홀히 한다면, 이것이 바로 경솔한 서원인 것이다. 이런 면에서 여인에게 가족의 대표인 남편의 동의가 절대로 필요하다. 같이 사는 가족이나 공동체에 피해를 주는 서원은 올바르지 못하기 때문이다. 단지 여인이 홀몸이 되면 동의를 구해야 할 상대가 없기 때문에 마음대로 자기가 한 서원을 실행할 자유를 갖게 된다.

11

가나안 안식을 향한
광야 여정의 소망적 마무리

먼저 모세오경이 다섯 분책으로 된 단 한 권의 책이므로 모세오경의 중심 주제 파악과 민수기 이해는 그 유기적 연관을 가진다. 필자가 이해하는 모세오경(내지 구약)의 종말론적인 주제는 다음과 같이 약술할 수 있다. 인간(과 우주) 창조의 목적인 하나님의 은혜 왕국은 언약으로 주어진 삼위일체적 복(왕국 성립의 3요소인 주권, 국민, 영토의 동시적 팽창, 창 1:26~28)의 특성을 가진다. 이스라엘(과 믿는 이방인)의 조상이 된 아브라함과의 언약을 통하여 이 복된 은혜 왕국이 약속되고(창 12:1~3), 하나님이 왕이요 이스라엘은 그 백성으로서 그들의 영토가 될 가나안 땅을 향한 이스라엘 왕국을 탄생시키는 시내산 언약에서 구현된다(출 19~24장). 사탄과 세속과 자신의 정욕이라는 3대 유혹 속에(참고 엡 2:1~3) 이스라엘 백성은 가나안 여정 40년에 열 번이나(민 14:22)[1] 불신앙과 불순종으로 인한 관계 위기(주권, 국민, 영토의 취소 내지 축소)를 자초했으나, 하나님의 주권적 은혜 왕국은 '죄가 더한 곳에 비교할 수 없는 은혜가 더욱 흘러넘치며'(참고 롬 5:20) "만군의 여호와의 열심이 이를 이루시는"(참고 사 9:7) 긴장과 기대의 방식으로 종말론적으로 새 언약의 우리 주 예수 그리스도의 왕국이 완성될 때까지(골 1:13; 벧후 1:11, 참고 계 19:16) 계속 진행되는 것이다.[2]

필자가 이해하는 민수기 본문의 구조는 하나님 은혜 왕국의 복된 팽창을 향하여 영토를 주 강조점으로, 주권과 국민을 그 부차적 강조점으로 놓고,

그 삼위일체적 긴장(미성취)과 기대(성취)의 대비를 보여 준다. 민수기의 히브리어 책명인 '광야에서'(בְּמִדְבַּר베미드바르)는 가나안 땅 정복을 지향한 '광야 여정'이요, 헬라어(בְּמִדְבַּר), 라틴어(Numberi), 영어(Numbers) 한글(민수기) 역본들의 책명인 '(백성의)숫자들'은 그 땅 정복에 필요한 군인(1장에 14회, 31장에 14회 사용. 모세오경 90회 중 민수기에만 77회 사용) 계수를 위한 '인구 조사' 임을 드러낸다.

민수기 구조의 ① 지리적 면이나(시내 광야 1:1~10:10, 가데스 근방 10:11~20:13, 가데스에서 모압 평지까지 20:14~36:13) ② 연대적 면이나[출애굽 첫 세대는 인구 조사로 시작하여(1~4장) 불신앙과 불순종의 진멸로 종결하며(20~25장), 광야 차세대도 인구 조사로 시작하여(26장) 신앙과 순종의 땅 정복과 분배를 전망(27~36장)] ③ 문체적 면[규례(1:1~10:10; 15장; 18~19장; 26:1~27:11; 28~30장; 33:50~36:13)와 서술(10:11~14:45; 16~17장; 20~25장; 27:12~23; 31:1~33:49)의 반복 교체 구조는 하나님의 규례에 대한 신앙과 순종 여부의 서술이 신명기에서 재확인되는 것처럼 가나안 땅에서 본격화될 것임] 모두가 가나안 땅에 대한 강조점을 보여 준다.

미디안 족속과의 전투에서(31장) 시작하여 므낫세 지파 출신인 슬로브핫의 다섯 딸들로 인한 기업 보존 규례로(36장) 끝나는 31~36장은 민수기 전체의 요약이며 결론으로서,[3] 본고에서 주권, 국민, 영토의 주해와 적용의 관점에서 살피고자 한다.

미디안 족속과의 거룩한 전쟁
(민 31장, 참고 32장, 33:50~56; 출 14~15장)

1. 주해

1) 회고와 소망
첫 세대의 실패(1~25장)를 이어받은 차세대의 승리(27~36장)는 먼저 첫 세대의 실패 요인들의 전화위복적 회상과 개혁으로 가능하다는 사실을 전제하면서 31장은 첫 세대의 실패를 성공으로 이끄는 중심 단어들로 엮어져 있다. 미디안(2~3절; 25:16~18), 모세의 임박한 죽음(2절; 20:12; 27:13), 군인 계수 및 소집(3~5, 26, 32~47절; 1~4, 26장), 엘르아살(6절; 16:36~40), 비느하스(6절; 25:7, 11), 나할(6절; 10:2~10), 미디안 왕 수르(8절; 25:15), 발람(8, 16절; 22~24장), 브올의 사건(16절; 25:6, 14~15), 시체 접촉 후 결례(19~24절; 19:11~19), 제사장과 레위인들 응식(應食 28~47절; 5:9~10; 6:19~20 18:8~32), 금패물 헌납(28~47절; 7, 28~29장), 속죄(50절; 25:13).

2) 주권(하나님과 그 백성의 관계성)

예배(제사)적 규례의 본문을 끝내고(28~30장) 예배(제사)적 서술의 본문을 시작하는 31장은 미디안 족속을 진멸하는 하나님의 거룩한 전쟁(2절의 "이스라엘 자손의 원수" 곧 3절의 "여호와의 원수"와 동일시) 기사다.[4] '거룩은 하나님과 그 백성의 교제에 절대 필요조건임을 레위기가 명시하는 대로,[5] 첫 세대를 마침내 패망케 한(민 25장) 원인 근절(진멸)을 명령하므로'[6] 미래에 계속될 모든 형태의 땅 정복의 규범(54절 '기념' 참고)을 만들고 있다. 브올의 아들 이방 선지자 발람을 비롯한 미디안의 다섯 왕(선동자였던 고스비의 아비 '수르'도 포함)과 모든 남자들(전투 군인)을 진멸함으로써 전 세대의 배교와 음행에 종지부를 찍었던 제사장 비느하스가 성소의 기구들(언약궤, 우림과 둠밈 등)과 (돌격)신호 나팔과 함께 참예함은 고대 근동의 정황에서 전쟁은 각국 신들 간의 전쟁이요(왕상 20:23~25), 언약궤는 야영 시든 행진 시든 하나님의 총사령관적 동행의 표시였음을 알 수 있다(10:33~36, 비교 삼상 4:1~11).

따라서 이 거룩한 하나님의 전쟁에는 예배(제사)적 요소가 있으니(참고 대하 20:21~23), 곧 군사 후보생인 남자아이도 다 죽이고, 이방 결혼을 통한 영적 배도(음행)의 첩경이 되며 부정한 자녀를 낳게 될(참고 삿 3:5~6) 남자를 '안'(성경험) 여자도 다 죽였으며, 시체와 접촉한 군인과 그 전리품의 결례식을 행하고(참고 신 23:10~14), 전리품을 군인의 봉급과 백성의 선물로 절반씩 나누었으며, 군인은 그 소득의 500분의 1을 제사장에게, 백성은 50분의 1을 레위인에게 각각 세금으로 주고(28절 원문은 '여호와께 세금을 드리게'로서 37~41절 참고할 것. 따라서 군인과 백성의 1:10의 비율은 18:26의 십일조 정신이다), 특별히 군인 각자가 자원하여 약 272kg의 금패물을 '여호와의 거제'로 드렸다(참고 창 14:20; 삼상 30:24~25; 대하 29:6~9). "여호와께서 모세에게 명하신 대로"(7, 21, 31, 41, 47절) 일사불란한 순종은 먼저 혈육상 미디안 장인 이드로의 동족(출 2~3장; 18:1; 민 10:29)에 대한 모세에서부터 솔선되었다.

3) 국민

전투에서 "한 사람도 축나지 아니했다"는 보고는(49절) 불신앙과 불순종의 출애굽 세대의 진멸과(1~25장) 너무나 대조적인 복의 증거이며(14~18절의 국민의 복에 대한 일시적 위협 참고), 장래에 신앙과 순종으로 싸울 거룩한 전쟁의 백전백승의 귀감이다(21:21~35의 요단 동편 정복 비교).

4) 영토

영토의 복은 국민의 삶에 필요한 땅과 그 소산물과 재물(포로 포함)을 뜻하므로 탈취물에 대한 종류와 총계의 엄청난 숫자(32~35절)에서 강조된다.

2. 적용

기독신자는 신령한 전투에 부름 받은 자다. 이미 이긴 전쟁의 게릴라 소탕전 격의 지역 전투만 남아 있는 상태로, 이 전투는 하나님의 전투요 예수님이 총사령관이시며, 한 사람 한 사람이 다 소중한 전우들로 참전한다. 예수님은 지금도 "주 안에서와 그 힘의 능력으로 강건"(엡 6:10)하라는 돌격 명령(battle cry)을 내리신다. 우리가 '하나님의 전신갑주'를 입고 성령님의 은사와 능력으로 순종할 때 우리 주 예수 그리스도의 왕국은 승리의 전리품을 함께 즐길 것이다(롬 15:16: 고후 10:5~6).[7] 이 전투를 실족케 하는 것은 단호히 '빼고 찍어야' 한다(마 5:29~30; 행 5:1~11; 고전 5:6~8의 아나니아와 삽비라). 또한 혈과 육은 하나님 왕국을 유업으로 받을 수 없으므로(고전 15:50) 아무 사람도

"육체대로"(즉 외모로) 보이지 않아야 하며(마 6:1; 고후 5:16; 갈 2:6), 결혼은 반드시 주 예수님 안에서만 할 것이다(고전 7:39; 고후 6:14).

요단 동편을 분배받을 지파들
(민 32장, 참고 34장; 수 22장; 삿 5:15~17)[9]

1. 주해

1) 회상과 소망
요단 동편 "야셀 땅과 길르앗 땅", "아모리인의 왕 시혼의 국토와 바산 왕 옥의 국토"(1~4, 33~42절; 21:21~35)에 대한 르우벤과 갓 지파의 정착 요청에 대한 모세의 부정적인 반응과(6~15절; 13~14장) 므낫세 반지파(39~42절; 26:29~30).

2) 주권, 국민, 영토
본 장은 약속의 땅 가나안에 대한 하나님의 주권적 계획과 인간의 선택이 가져올 책임에 대한 중요한 질문과 이중적인 해답을 암시한다.[9] '요단 동편이 자신들의 목축에 적합지라는 이유로 르우벤과 갓 지파가 요단을 건너지 않게 해달라'고 요청함은(1~5절) 하나님의 본래 계획에 대한 불순종으로서(11~12절의 "온전히 순종"과 대조) 땅의 복에 대한 위기이며, 첫 세대 각 지파의 정탐꾼들처럼 모든 이스라엘을 낙담과 광야 방황, 진멸케 하는 격이요(13~14장), 이스라엘의 통일성을 위협하는 것(즉 국민의 복에 대한 위기)으로서 모세는 이해했다(6~16절; 수 22:18, 참고 삿 5:15~17). 약속의 '가나안 땅'의 경계선에 대한 성경의 한결같은 정의는 요단강/사해에서 지중해(동서)와 애굽 시내에서 하맛 어귀까지(남북)로서, 요단 동편은 분명히 제외된다(수 22:19은 가나안만이 여호와의 땅이요 요단 동편은 부정한 것으로 봄. 참고 창 12:5; 23:2,19; 35:6;

48:3, 7; 49:30; 출 16:35; 민 34장; 신 32:49; 수 13:4; 삿 3:3; 왕상 8:65; 왕하 14:25; 겔 47:16~20; 암 6:14). 따라서 요단강을 건너는 것을 정복의 시작으로 이해한다 (9, 15절; 신 12:10; 수 5:10~12).

그러나 정반대로 요단 동편의 합법성도 제기된다. 그들은 모세에게 '가까이 나아와'(법정 용어, 출 24:14, 참고 신 25:1) 대안을 제시하여(16~19절) 모세가 지파 간의 계약 형태로 발전시켰으며(20~24절의 복과 저주문 참고), 갓과 르우벤 지파가 계약에 동의하고(25~27절의 모세의 왕적 위치인 '주'와 두 지파의 '종들'), 증인을 채택함과 함께 모세의 태도는 변하였다(28~32절에 차세대 인도자인 엘르아살, 여호수아, 각 지파 두령들이 증인, 참고 34:16~29). 마침내 요단 동편은 두 지파와 후론하게 될 므낫세 반지파에게 주어졌다. 신명기 2장은 모압과 암몬의 영토를 제외한 요단 동편이 이스라엘의 기업이며, 따라서 아르논 강을 건너는 것이 약속한 땅의 정복의 시작으로 보아 요단 동편 정착은 합법적이며, 약속의 땅은 요단 동·서편을 포함한 유브라데 강에서 지중해까지로 확장시킨다 (33~42절, 참고 창 15:18; 출 23:31; 신 1:6~8, 3:12~20; 4:43; 11:24; 29:8; 수 1:3~4; 12:6; 13:8~12, 29; 14:3; 18:7; 시 72:8, 80:11; 89:25; 슥 9:10). 요단 동편 땅도 '여호와께서 쳐서 멸하신 땅'이요(4절), 가나안 정복도 "여호와 앞에서"(21, 22, 27, 29, 32절 YHWH, "여호와의 얼굴을 향하여") 소집되어 요단강을 건너 전투하고 정복하는 하나님의 거룩한 전쟁이다(21:14; 수 4:10~14은 언약궤가 동행함을 암시). 정복한 지명을 고친 것은(34~42절) 여호와 신앙의 고백으로 보아진다(38절의 '느보'와 '바알므온'은 각각 바벨론과 가나안 신의 이름임).

2. 적용

하나님의 은혜 왕국은 '하고자 하시는 대로 하시는 하나님'의 긍휼히 여기심과 불쌍히 여기심에 달려 있으므로(롬 9:14~24) 겸손히 그분의 은혜를 구하되(눅 18:13; 벧전 5:5~6) 오직 하나님의 얼굴 앞에서(마 6:1) 하나님의 뜻을 구하며(마 26:39) 온전한 순종(히 5:7~8)의 본이 되신 예수님을 따라가야 할 것이다. 사탄과 세속 문화의 변혁과 성경적 문화의 개혁이 구체적인 일상생활에서부터 계속되어야 할 것이다(롬 12:1~2).

광야 여정의 야영 일지(민 33장, 참고 출 13:17~22; 15:22~17:15; 32장; 민 10:33~22:1; 25장)[10]

1. 주해

1) 회상과 소망

이 본문은 구약이 제공하는 출애굽(출 12:6)에서 모압 평지까지(45절의 '디본갓'은 32:34의 '디본')의 광야 여정에 대한 가장 완전한 요약 일지로서, 언급된 42곳 중 17곳은 이 본문에만 나타난다. 흔히 광야 여행을 40년 방황(민 14:33~34; 32:13; 신 2:1~3)이라 부르나 이 본문은 그러한 방황에 대한 부끄러운 인상은 전혀 없고(2, 38~39절의 모세와 아론의 순종을 20:24에 나타난 두 사람의 불순종과 비교), 오히려 '그들의 항오대로' 모세와 아론의 '손(군사 지휘 31:49, 참고 삼하 18:2)에 의해' 고대 근동 왕들의 원정 연대기(ex-pedition annals)에 나타나는 정복된 지명들처럼 하나님의 인도 아래 목적지를 향해 나아가는 잘 조직된 군대의 모습을 강조하고 있다.

2) 주권

야영 일지의 서론(1~4절, 특성, 저자, 지리적 연대적 구조)과 애굽에서 시내산까지(5~15절), 시내 광야에서 가데스까지(16~36절), 가데스에서 요단 가 모압 평지까지(37~49절)에 이르는 광야 여정의 필수품은 하나님의 모든 공급하심을 전제로 한다. 성령님을 상징하는(사 63:7~14; 느 9:19~20; 학 2:5; 행 9:31; 고전 10:2) 불기둥과 구름기둥(나침반과 보온/냉방 역할), 언약궤, 만나와 대추라기, 반석의 생수 등(신 8:3~5)이 그것이다.

2. 적용

기독신자는 의식주에 대한 내일을 염려하지 않아야 한다(마 6:25~34; 약 4:13~17). 신앙 여정은 회개한 과거를 묻지 않기에 뒷걸음, 옆걸음, 제자리걸음, 되돌이걸음이 아닌 전진뿐이요(빌 3:12~16), 예수님 안에서 시작할 때 확실한 것을 끝까지 견고히 잡아야 한다(히 3~4장). 문제가 없는 것이 문제이며 문제가 많은 것이 없는 것이라는 하나님의 인생 수업 교과목에 늘 합격하도록 하나님의 선하신 경륜과 인도를 신뢰하면서 문제를 인정하고, 직면하고, 돌파하자(눅 11:9~13).

약속의 가나안 땅 정복을 향한 믿음과 준비(민 33:50~36:13)

1. 가나안 거민을 몰아낼 것(33:50~56)

1) 주해: 주권, 국민, 영토

민수기의 목표인 가나안 땅 정복은 노아(창 9:25~27), 아브라함(창 12:1) 이후의 족장들과 출애굽 후 광야 여정에 재천명된 "내가 너희를 인도할 가나안 땅"(레 18:3)에 대한 마지막 단원의 서론이 주어진다[50절의 시작이 36:6, 13에 연결되는 문체 구조(inclusio) 참고]. 이제 미디안 전쟁에서 경험한 절대 신앙의 순종으로 하나님의 거룩을 시위하는 '제사장 왕국, 거룩한 백성'(출 19:6)이 거하는 가나안 땅이 되기 위한 전제로서 그 땅 거민과 그들의 모든 바알 종교와 문화(석상, 우상, 산당)를 철저히 몰아낼 것을 차세대에게 명령한다. 이 순종이 온전하게 되지 않을 때 그 거민이 바로 눈과 옆구리의 가시가 될 것이며, 이스라엘이 언약의 저주와 오히려 진멸의 대상이 되어 이 약속의 땅에서 추방될 것을 경고한다. 이로써 뒤따르는 이스라엘 역사의 불행한 종말을 예견한다(수 9:26; 23:12; 삿 2:2).

2) 적용

기독신자의 몸은 하나님의 성령이 거하시는 이동용 성전으로서(고전 3:16; 고후 6:16), 이 몸을 더럽힐 때 영혼 구원을 위해 육체를 멸하는 징계가 있다(고전 3:17; 5:5; 6:18; 11:27~32).

2. 그 땅의 경계선(34:1~15, 참고 32장; 신 11:24; 수 22장)

1) 주해: 주권과 땅

하나님이 가나안 땅의 경계[11]를 정하실 때 서론(1~2절), 남쪽(3~5절), 서쪽(6절), 북쪽(7~9절), 동쪽(10~12절) 경계의 원리적이요 이상적인(예를 들어 6절은 주전 44년경에야 현실화) 범위를 정한 후 결론적인 요약을 준다(12~15절). 천지를 창조하사(창 1:1) 모든 땅이 그분에게 속하기에(출 19:5) "토지는 다 내 것임이니라"(레 25:23) 말씀하시는 하나님은 모든 민족의 경계를 정하시되(창 10장; 신 32:8; 행 17:26) 특별히 이스라엘을 그 중심점으로 두셨다(창 10장의 70국가 목록표는 창 46:27 야곱의 가족 70명과 관련지으며, 행 2:5~13의 오순절 사건도 암시적이다). 따라서 각 지파의 경계 속에서 인정된 개인 토지의 경계표도 옮기지 못한다(신 19:14; 27:17; 호 5:10; 왕상 21장).

2) 적용

기독신자는 받은 은사와 능력의 경계에 대한 올바른 자기 판단을 가지며(롬 12:3), 경제 윤리와 생활 환경에 자족의 정신을 지니며(딤전 6:5~10, 17~19; 빌 4:11~13) 이성 관계에 분수를 넘어서 형제나 자매를 성적으로 해하지 않아야 한다(살전 4:3~8; 히 13:4). 이상('이미')과 현실(그러나 '아직')의 신앙적 함수 관계를 잘 이해하고, 이상을 향한 중단 없는 경주를 계속해야 할 것이다.[12]

3. 그 땅 분배를 할 각 지파 족장 명단(34:16~29)

1) 주해: 주권

땅 분배를 향한 첫 세대 지도자는 모세와 아론과 각 지파의 족장(1:5~15)이었으나, 아론은 죽었고(20:25~28; 33:38~39), 모세도 곧 죽을 것이므로 (27:12~13) 여호수아, 엘르아살, 갈렙(첫 세대 신앙 유일 생존자, 16~18절), 그리고 차세대 10지파 족장이 나온다. 그런데 민수기 1, 7장의 순서와는 달리 여호수아 13~19장의 실제 정복 순서를 따라 유다 지파가 선두에 온다. 지정학적으로는 남쪽(4지파, 19~22절), 중앙(2지파, 23~24절), 북쪽(4지파, 25~28절)과 결론이다(29절).

2) 적용

인물과 세대는 오고 가나 하나님의 은혜 왕국은 계속 그분의 주권적 인도 속에 진행한다(고전 3:5~7; 딤후 2:1~2). 영적 세계는 혈육의 연령의 문제가 아니며(신 34:7; 수 14:6~15) 갈수록 속사람이 새롭고 강건해질 수 있다(고후 4:16; 5:17; 엡 3:16).

4. 레위인의 성읍(35:1~8, 참고 수 14:4, 21; 대상 6:54~81; 대하 11:13~15; 13:2)

1) 주해: 주권과 영토

레위인이 6개의 도피성을 포함하여 48개의 성읍을 12지파의 지역마다 얻게 된 역사적 배경은 세겜 주민에 대한 레위의 행동과(창 34장) 야곱의 축복의 예언과(창 49:7), 제사장들로 구별되고(민 18:24; 신 10:8; 수 13:33; 18:7), 여호와가 그들의 기업이며, 장자의 대속물이기 때문이다(민 3:11~12, 41, 45; 8:17~18). 그들이 받은 땅은 목축지로서, 거주나 농작이 불가능하므로 기업으로 간주될 수 없었다. 그들은 제물에서 응식을 받고(민 18:21~24; 신 18:1~4; 수 13:14) 사회적으로는 땅이 없는 과부, 고아, 객과 같이 백성의 도움을 받았으며(신 14:28~29; 16:11, 14; 26:11~13), 성읍과 목축지에서 가축으로써(수 21장; 대상 6:54~81) 생활할 수 있었다. 모든 성읍의 둘레가 2,000규빗의 정방형인 것과, 레위인과 제사장을 구별하며 48성읍은 12지파당 네 개씩이나 실제로 납달리는 세 성읍(수 21:32)인 점을 들어 실제와 이상의 공존으로 이해한다.

2) 적용

우리의 기업과 경제관은 먼저 그의 나라와 의를 구하면 "이 모든 것을 너희에게 더하시리라"이며(마 6:25~34), 복음 전하는 자들이 "복음으로 말미암아 살리라"이다(고전 9:1~14).

5. 살인자 도피성(35:9~34, 참고 출 21:12~14; 신 4:41~43; 19:1~13; 수 20~21; 왕상 1:50~53; 2:23~24, 28~34; 대상 6장)

1) 주해: 주권, 국민, 영토

벌써 요단을 건너 가나안 땅을 정복한 것으로 전제하면서(35:10), 실수로 사람을 죽인 경우(예를 들어 벌목 시 자루에서 빠진 도끼로 인해 살인한 경우, 신 19:5), 공정한 회중의 재판을 받기 전에 친족의 복수가 행해지는 것을 방지하고(창 9:5~6; 민 35:19; 신 19:6) 땅을 무죄한 자의 피로 더럽히지 않게 하려고(신 19:10) '도피성'(35:11)을 요단강 동편(신 4:41~43; 수 20:8에 그 장소 명시)과 서편(신 19:1~13; 수 20:7)에 각각 셋씩(12~14절) 세웠다. 그 대상은 이스라엘은 물론이요 이방인과 객까지도(35:15; 수 20:9)[13] 포함되었으며, 이 법을 악용한 자는 대제사장이 죽은 후에 돌아갈 수 있었다(25, 28절; 수 20:6).[14] 살인자는 그 도시 장로에게 도피성문에서 설명해야 한다. 여호수아 21:36은 베셀이 도피성이 아니라 레위인의 성읍으로, 역대상 6:57의 헤브론과 6:67의 세겜 외에는 모두 레위인의 성읍으로 나타나는 것은 레위인이 도피성 관리에 책임이 있는 듯하다.

지정학적으로 도피성은 사건이 일어난 지점에서 하룻길인 약 50km 이내에 있고, 요단강을 중심하여 양편의 세 도피성은 대략 H자의 꼭 지점마다 놓여 있어 살인자 보호의 실제성, 지파 간의 형평성을 보여 준다.

2) 적용

신약은 형제를 적극적으로 사랑하지 않거나 소극적으로 미워하는 것을 이미 살인으로 간주한다(요일 3:10~15). 성도의 드러난 범죄에 대한 교회 권징의 3단계도 사랑의 정신과(갈 6:1~2) 두세 증인을 필요로 하며(민 35:30; 마 18:15~17), 신약은 사회법으로 사형 받은 자라도 생명의 성령의 법으로는(롬 8:2) 우리 주 예수 그리스도가 영원한 도피성이 되어서 그의 보혈로 어떤 죄도 용서받을 수 있다(히 6:18; 9:14; 요일 1:7).

6. 여성 상속자에 대한 추가 규례(36:1~13, 참고 민 26:33~34; 27:1~11; 수 17:3; 대상7:1)

1) 주해

(1) 주권

민수기 마지막 장은, 첫 세대로서 광야에서 죽은 슬로브핫의 남겨진 다섯 딸들이 자기 아버지의 죽음은 고라 반역과 무관한 자신의 죄로 인한 것임을 밝히고 있는데(27:2~4), 이는 반역자의 기업에 대한 그 당시의 어떤 법적 제재의 가능성을 보여 주고 있다. 딸들의 청원으로 그 기업이 유산으로 주어지도록 규례가 제정된 후(27:8~11), 그 딸들이 자신들의 지파에서만 시집가야 한다는 조항이 추가되는 것은 수혼(嫂婚, levirate) 제도(신 25:5~10)와 병행하여 이해할 때, 하나님의 자기 백성, 특별히 여성의 신분과 지위를 향한 인격적 사랑을 볼 수 있으며(남자 유대인들이 아침 감사 기도 시 여자로 태어나지 않은 것을 감사한 것과 대조적이다. 참고 갈 3:28), 그 딸들은 이 계명을 순종하여 복을 누렸다 (36:10). 13하절의 "여호와께서 모세로 이스라엘 자손에게 명하신 명령과 규례"는 21~36장에 나타난 모든 규례들을 가리키는 것으로 '여호와께서 주시는' 목적지 가나안에서 성취됨을 기대한다(신 4:1; 5:31; 6:1; 12:1; 31:9~13).

(2) 국민

차세대의 땅 정복을 전망하는 27~36장의 문체 구조는(inclusio) ① 슬로브핫의 딸들의 기업(27장) ② 그 땅에서의 절기에 대한 규례(28~29장) ③ 여성의 서원에 대한 규례(30장) ④ 그 땅 분배를 향한 명령과 규례(31~35장). ⑤ 슬로브핫의 딸들의 기업(36장)으로서 그 시작과 중심, 끝에 여성을 강조하고 있다. 첫 세대 진멸의 매개체였던 미디안 여성 고스비(25:15, 18; 31:13~18)에 대비하여 차세대 승리의 매개체로서 신앙과 순종의 이스라엘 여성을 놓고 있다(가나안 땅에서의 적용 실례로서 수 17:3~6; 잠 15:25과 그 뒤를 잇는 룻을 위시한 구약의 신앙 여성들을 참고하라).

(3) 영토

각 지파는 하나님이 주신 자기 기업의 경계를 지켜야 한다(8~9절; 신 19:14). 광야 여정의 마지막 단계의 시작인 22:1에 처음 사용되고 끝맺는 구절인 36:13상에 나타나는 "여리고 맞은편 요단 가 모압 평지"라는 구절에서(inclusio 참고 26:3, 63; 31:12; 33:48, 50; 35:1), "요단 가 모압 평지"는 신명기 1:1에, "여리고"는 신명기 32:49과 여호수아 2:1에 연결되어 미래의 성취를 기대한다.

2) 적용

하나님의 은혜 왕국 확장에서 여성도의 긍정적 위치와 역할에 대한 이 본문의 내용은 시사하는 바가 크다. 모세오경 각 권과 더 나아가 성경 66권의 결어 부분은 신앙 세계는 언제나 미래 지향적이며 끝이 좋고 중요하다는 진리를 확증한다(예를 들어 사사 시대 불순종의 고난의 기간보다 회개 후의 평안의 시기가 길며, 시편 5권의 결어는 어떤 상황의 결론도 "할렐루야 아멘"이며, 요한계시록 22:21은 "주 예수의 은혜가 모든 자들에게 있을찌어다 아멘"으로 전체 성경을 마감한다).

맺는 말

민수기의 요약과 결론으로서의 31~36장은 약속의 땅에 대한 새 세대의 모든 준비가 무르익었고, 그 소망을 미리 맛봄이 원리적으로 시작되었으나 실제로는 여전히 미지수로 남긴 채 끝맺는다. 신앙과 순종의 감동적인 출발을 하였던 첫 세대가(신 5:24~29; 민 1:1~10:10; 렘 2:1~3; 호 2:15) 시간이 흐를수록 진멸로 빠져든 것을 기억할 때, 새 세대에게는 매 순간 하나님의 말씀(규례)을 믿고 순종하는 새로운 결단과 충전으로 이 소망을 현실화하는 과제가 놓여 있다. 바로 이런 점에서 민수기는 "모든 계속되는 세대의 하나님 백성에게 규범으로 작용하며, 모든 세대가 새 세대의 자리에 스스로를 두도록 요청한다."[15]

II. 본문 연구

01

시내 광야 체류와 행군 준비

민수기 1:1~10:10 주해와 적용

출애굽기 19:1~민수기 10:10은 시내 광야 체류 기간 동안 일어났던 일들과 미래의 광야 행군 준비로 채워져 있다. 따라서 민수기 1:1~10:10은 이러한 전체 구조와 맥락에서 이해해야 한다. 민수기의 구조에 관한 학자들의 견해는 다양하다. 민수기 안에는 언뜻 보아 서로 관련이 없어 보이는 다양한 단편 자료들이 많기 때문에 전체를 아우르는 하나의 통일된 구조를 찾기가 쉽지 않다. 웬함(Wenham)은 연대기적 순서, 지리적 관심, 사건의 의미 등 어느 것에 비중을 두고 보느냐에 따라 달라질 수 있다고 보았다. 그는 시내산과 가데스, 모압 평지를 민수기의 구조를 이루는 핵심 공간으로 파악하고, 이와 관련된 자료들을 연결하는 두 개의 연결고리 구절(10:11~12:16; 20:1~22:1)을 제시하였다.[1] 그런가 하면 올슨(Olson)은 두 번의 인구 조사(1, 26장)를 축으로 하는 대칭 구조를 제시하였다. 1~25장은 구시대의 반역을, 26~36장은 새로운 세대의 희망을 보여 주는데, 각 세대를 파악하기 위해 두 번의 인구 조사가 앞에 배치되었다는 것이다.[2] 더글러스(Douglas)는 민수기의 이야기 구조가 반지 구조(ring structure)를 이루고 있으며, 여기에 법을 담은 여섯 개의 본문(5:1~6:27; 10:1~10; 15장; 18~19장; 28~30장; 33:50~35:34)이 삽입되어 이야기(narrative)와 법(law)이 원형적 구조를 이루는 것으로 파악하였다.[3]

이렇듯 민수기의 구조는 다양하게 제시될 수 있는데, 민수기만을 독립적으로 놓고 그 구조를 파악하기보다는 오경의 전체 흐름 속에서 파악하는 것이 보다 적절해 보인다. 왜냐하면 민수기에는 출애굽기와 레위기 이야기 들과 평행을 이루는 구절들이 상당수 있으며, 출애굽에서 가나안까지의 일련의 사건 전개와 이야기 흐름 속에 놓여 있기 때문이다. 이스라엘 백성들이 시내산에 도착하자 하나님께서는 이스라엘의 정체성을 밝혀 주는 하나의 약속을 주셨는데, '거룩한 백성, 제사장의 나라'가 그것이다(출 19:5~6). 이어 '거룩한 백성, 제사장의 나라'를 이루기 위해 하나님의 언약 백성으로서 꼭 지켜야 할 법(시내산 계약법, 출 20:1~23:19)이 주어지고, 언약이 체결되며(출 24:4~8), 거룩한 백성, 제사장의 나라를 실현하기 위한 제도적 장치로서 광야 시대의 삶과 예배의 중심인 성막 건축이 뒤따른다(출 25~31장; 35~40장). 출애굽기에 이어 레위기는 언약–예배 공동체가 지켜야 할 제의(예배) 규정들을 제시하는데, 1~7장은 제의 규정을, 8~10장은 제의를 담당할 제사장 임명에 관한 규정을, 11~16장은 공동체 정결에 관한 규정을, 17~27장은 성결/거룩(holiness)에 관한 규정을 담고 있다. 이것은 출애굽 당시 바로에게 했던 요구 '내 백성을 보내라. 그러면 그들이 (광야에서) 나를 섬기리라'(출 7:16; 8:21; 9:13)와 밀접히 연관되어 있다. "나를 섬기리라"는 '나를 예배하리라'의 뜻으로 읽을 수 있다. 그러므로 출애굽의 근본 목적 중 하나는 예배(제의) 공동체의 형성이라 할 수 있으며, 바로 이 예배 공동체의 이상이 시내산에서 '거룩한 백성, 제사장의 나라'로 구체화되고, 이를 실제적으로 뒷받침하는 것이 레위기다.

'거룩한 백성, 제사장의 나라'로서 이스라엘은 광야를 거쳐 약속의 땅으로 전진해야 하는데, 단순히 광야를 통과하는 것이 아니라 주변 족속들과 끊임없이 싸우며 나아가야 하는 행군(military campaign)이다. 이집트에서 430년 동안 종살이 하던 사람들의 결속력으로는 결코 전쟁에서 이길 수가 없다. 그리고 이제는 하나님의 언약 백성으로서 체계적인 조직과 제도를 갖추어야 한다. 그렇지 않고는 한 발짝도 앞으로 나갈 수가 없다. 그래서 민수기는 인구 조사로 시작하며 백성들의 군사적 조직화와 여러 가지 제도의 정비를 보여 준다. 이러한 관점에서 민수기를 크게 두 부분으로 나눌 수 있다. 공동체의 (군사적) 조직화(1~10장)와 광야 행군(10:11~36:13)이 그것이다. 1~10장의 구조와 주요 내용을 정리해 보면 아래와 같다.

공동체의 (군사적) 조직화 1:1~10:10

A 병력 파악과 군비 확보	**1~4장**
1 인구 조사	1장
2 부대 편성과 행군 순서	2장
3 레위인의 인구 조사와 의무 부과	3~4장
B 광야 제의-군사 공동체의 율법과 규례	**5~6장**
1 부정한 사람의 처리	5:1~4
2 잘못에 대한 보상	5:5~10
3 아내의 간통을 밝히는 절차	5:11~31
4 나실인법	6:1~21
5 제사장의 축복	6:22~27
C 출발을 위한 준비	**7:1~10:10**
1 지도자들의 예물	7장
2 등잔을 차려 놓는 방식	8:1~4
3 레위인 봉헌식	8:5~26
4 두 번째 유월절	9:1~14
5 길을 안내하는 구름	9:15~23
6 나팔 신호	10:1~10

인구 조사와 레위인의 병역 면제(민 1장)

이스라엘 백성이 이집트에서 나온 후 '둘째 해 둘째 달 첫 날'에 인구 조사를 하라고 하나님께서 명령하셨다. 이 명령은 출애굽기 19:1~2의 기록과 맞추어 볼 때 이집트에서 떠난 지 13개월 되었고, 시내산에 도착한 지 11개월이 되는 시점, 그리고 시내산을 떠나기 19일 전에 주어졌다(민 10:11~12). 성막을 세운 지 한 달이 지났다(출 40:17). 이 기간 동안 모세는 20세 이상 되는 모든 남자의 수를 조사했으며, 레위인들은 두 번 실시하였다(3:14~39; 4:34~48). 여기서 20세 이상은 전쟁에 나가 싸울 수 있는 건장한 남자, 즉 군인을 의미한다. 인구 조사는 먼저 각 지파를 대표하는 가문의 우두머리 한 사람씩을 파악하는 것으로 시작된다(1:5~15). 이들 우두머리는 회중이 추대하여 조상 때부터 내려온 각 지파의 지도자들로 이스라엘 각 부대의 지휘관들이다(1:16). 모세와 아론은 임명받은 이들을 거느리고 둘째 달 초하루에 전체 회중을 불러 모은 후 가문별로, 집안별로 20세 이상 남자들을 하나하나 명단에 올렸다. 그러니까 인구 조사를 하라는 명령이 주어진 지 한 달 후의 일이다. 한 달 동안은 각 지파에서 우두머리 한 명씩을 세우는 데 보냈다. 12명의 지파 우두머리를 세우는 데 한 달이 걸렸다는 것은 그만큼 신중하게 자격이 있고, 책임감 있는 사람을 골라 세웠음을 의미한다. 이렇게 해서 파악한 사람들의 수는 총 60만 3,550명이다. 여기에 레위인의 수는 포함되어 있지 않다. 왜냐하면 레위인은 병역이 면제되었기 때문이다.

계수한 이스라엘 백성들의 수는 몇 가지 면에서 논쟁적 이슈를 제공한다. 출애굽기 12:37에는 싸울 수 있는 장정만 60만가량이라고 기록하고 있다. 민수기의 계수와 대강 일치하는 숫자다. 그런데 문제는 가족들까지 합하면 족히 200~300만 명은 된다는 점이다. 이 많은 수가 한꺼번에 이동한다는 것은 당시의 여러 정황으로 볼 때 물리적으로 불가능해 보인다. 예를 들어 200만 명으로 계산할 경우, 행군할 때 1,000열 종대로 세우더라도 2,000횡대가 되고, 행군할 때 사람과 사람 사이의 간격을 횡으로 1m, 종으로 2m만 띄웠다고 하더라도(천막이나 여러 가지 생활용품 휴대, 가축들을 고려할 때) 횡으로 1,000m, 종으로 4,000m가 된다. 이는 행군할 때 소요되는 면적이 400만 ㎡로, 평(坪)으로 환산하면 121만 2,000평에 해당한다. 일반 축구장의 크기를 보통 3,000평으로 계산할 때 축구장 400개 정도 크기의 광야를 덮으며 이동한다는 계산이다. 물론 지파별로, 가문별로, 집안별로 거리를 두고 행진할 경우, 행렬은 더 길어질 수밖에 없다. 야영을 할 때도 문제다. 천막 하나에 30명씩 들어간다고 가정할 경우 6만 7,000개 이상의 천막을 쳐야 한다. 활동 공간과 천막 사이 등을 감안하고, 한 사람이 한 평을 차지할 경우 200만 평 정도가 필요하다. 이와는 다른 가정과 계산법이 있을 수 있으나 어느 경우든 결코 간단한 수치와 정황은 아니다. 여기에 같이 따라 나온 수많은 잡족들을 합산한다면 수치는 더 커질 수밖에 없다.

이러한 문제점들 때문에 인구 조사를 통해 제시된 숫자에 대해 여러 학문적인 해석들이 제시되었는데, 그 하나가 '천'으로 번역된 히브리어 '엘레프'(אֶלֶף)가 정확한 숫자를 나타내는 것이 아니라 부족 단위를 나타낸다는 것이다(출 12:37~42). 이 경우 600부족이 된다. 그러나 이것도 어디까지나 가정일 뿐이다. 중요한 것은 수치의 정확성 여부가 아니라 아브라함에게 준 두 개의 약속(창 12:1~3) 중 후손에 대한 약속이 이루어져 이집트 왕 바로의 전대미문의 영아 학살령에도 불구하고 한 민족을 이루기에 충분한 수로 불어났다는 점이다.

왜 레위인들은 원천적으로 병역이 면제되었으며, 이들의 역할은 무엇인가? 이들은 증거궤가 보관된 성막 둘레에 진을 치고 살면서 성막을 보살펴야 한다. 이동할 때는 성막과 그 안의 모든 기구를 운반하고, 진을 쳤을 때는 성막을 에워싸고 지냈다. 레위인들 바깥에는 12지파가 사면을 둘러 진을 쳤다. 그러니까 레위인들의 근본 역할은 완충 장치(buffer)다. 거룩하신 하나님의 임재를 상징하는 증거궤가 있는 성막과 일반 백성들 사이에 진을 쳐 백성들이 함부로 성(聖)의 영역을 범접하지 못하도록 하기 위한 것이다. 역으로 보면 이것은 하나님의 진노가 백성들에게 내리지 않도록 하기 위한 보호 장치다. 정당하지 않은 사람이 함부로 성막에 들어와 성막과 성물을 더럽히지 않도록 하기 위한 것이다. 왜냐하면 사람이 무단으로 성막을 출입하여 하나님의 거룩함을 범접할 경우 하나님은 무서운 진노를 내리시기 때문이다.

부대 편성과 행군 순서(민 2장)

이스라엘은 진을 칠 때 회막을 중심으로 하여 12지파가 그 둘레에 진을 치되 각기 자기가 속한 부대기가 있는 곳에 자기 가문의 깃발을 함께 세우고 진을 쳤다. 12지파를 4개의 지파 그룹으로 나누고 각 그룹에 대표 지파를 선정하여 가운데 배치하였다.

동쪽에 진을 친 지파는 잇사갈, 유다, 스불론인데, 유다 지파가 대표 지파다. 동쪽에 위치한 지파는 이동할 때 성막 기둥을 옮기는 역할을 담당했으며, 행진할 때 제일 먼저 나아갔다. 남쪽에는 갓, 르우벤, 시므온이 진을 쳤으며 르우벤이 대표 지파이고, 행진할 때 두 번째로 나아갔다. 서쪽에는 베냐민, 에브라임, 므낫세가 진을 쳤는데, 에브라임이 대표 지파다. 북쪽에는 아셀, 단, 납달리가 진을 쳤으며 단지파가 대표 지파다.

이처럼 12지파를 네 그룹으로 나누고 그 안에 대표 지파를 선정하여 이동할 때 먼저 나아가도록 했는데, 이것은 각 지파의 공동체적 위상을 반영한 것이다. 성막의 사면을 에워싸고 있는 열두 지파에 비해 진 안쪽에서 성막을 에워싸는 레위 지파는 보다 높은 성결의 등급을 차지하고 있으며, 그 중에서도 동쪽에 진을 친 아론계 제사장들은 최고의 성결 등급을 나타낸다. 제사장들을 제외한 다른 레위인들의 위상도 남쪽, 서쪽, 북쪽 순으로 그 위상과 중요성에 따라 배치되었다. 이는 성막을 중심으로 한 삼층 구조(tripartite structure)를 반영한다. 성막은 지성소와 제단, 틀로 구분되며, 각각의 공간이 성결의 등급을 반영하고, 성막의 기물이 금, 은, 동으로 구분되는 것과 궤를 같이 한다. 이러한 등급은 보다 큰 맥락에서 성막, 진, 진 밖으로 구분되어 나타난다. 성막은 거룩한 영역이고, 진은 백성들이 생활하기에 안정한 일상의 영역이며, 진 밖은 부정하고 위험한 영역이다. 이러한 공간 구분과 성결 등급 의식은 제의 공동체로서 이스라엘의 거룩(holiness)과 질서를 유지하기 위한 고도의 신학적 사유의 산물로 '제사장의 나라 거룩한 백성'(출 19:6)으로 살아가기 위한 공동체의 제도적 노력을 반영한다.

유사한 방식으로 레위인들의 위치도 배정하였다. 레위 지파 중에서도 가장 거룩한 위치에 있는 모세와 아론계 제사장들은 회막 출입구를 지키는 동쪽에 진을 쳤다(3:38). 고핫 자손은 남쪽에 진을 치고 이동할 때 법궤, 금촛대, 진설병을 차려 놓는 상과 같이 매우 거룩한 성물을 옮기는 일을 맡았다. 게르손 자손은 서쪽에 진을 치고 이동할 때 성막 휘장과 큰 제단을 옮기는 일을 맡았다. 므라리 자손은 북쪽에 진을 치고 이동할 때 장대와 두꺼운 판자, 실, 말뚝 등을 옮기는 일을 맡았다. 진이 이동할 때 회막은 종대(縱隊) 한가운데 위치한다(2:17). 행군할 때는 유다를 필두로 잇사갈, 스불론이 뒤를 따르고, 그 뒤에 게르손 자손과 므라리 자손이 성막을 걷어 가지고 출발한다. 그 다음에는 남쪽에 진을 친 르우벤 지파를 필두로 시므온, 갓 지파가 출발하고 그 뒤를 고핫 자손이 성막 기구들을 메고 출발한다. 므라리 자손과 게르손 자손이 고핫 자손보다는 다소 낮은 위상을 가지고 있지만 먼저 출발한 것은 고핫 자손이 법궤를 가지고 도착하기 전에 성막과 안마당을 설치해야 하기 때문이다. 그래야 법궤는 백성들의 시선을 벗어나 곧바로 성막 지성소에 안치될 수 있다. 고핫 자손 뒤에는 서쪽에 진을 친 에브라임을 필두로 므낫세, 베냐민 지파가 뒤따라 출발한다(10:13~27). 이것이 행군 순서다.

위에서 열거한 배치 상황을 도표로 정리하면 아래와 같다.

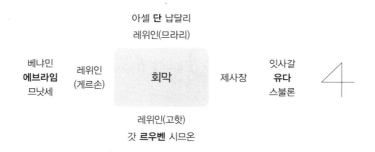

12지파에서 각각 한 명씩 지휘자를 선정하여 지파를 지휘하게 하였는데, 그 명단과 지파별 병사들의 수를 정리해 보면 아래와 같다.

	지 파	지 휘 관	군인수	비 고
동	유다	암미나답의 아들 나손	74,600	
	잇사갈	수알의 아들 느다넬	54,400	
	스불론	헬론의 아들 엘리압	57,400	
남	르우벤	스데울의 아들 엘리술	46,500	
	시므온	수리삿대의 아들 슬루미엘	59,300	
	갓	르우엘의 아들 엘리아삽	45,650	
서	에브라임	암미훗의 아들 엘리사마	40,500	
	므낫세	브다술의 아들 가말리엘	32,200	
	베냐민	기드오니의 아들 아비단	35,400	
북	단	암미삿대의 아들 아히에셀	62,700	
	아셀	오그란의 아들 바기엘	41,500	
	납달리	에난의 아들 아히라	53,400	
	12지파		603,550	

본격적인 행군을 앞두고 이스라엘 백성들이 구축한 부대 편성과 행군 순서는 여러 가지 면에서 중요한 의미를 지닌다. 당시의 현실적인 측면에서 보면 이집트에서 탈출해 나온 노예 집단에 지나지 않은 이스라엘 백성들이 시내산에서 하나님과 언약을 맺고 이제 언약 백성으로서 거듭나고 그에 맞게 공동체의 조직을 재정비하였다는 점에서 중요한 의미가 있다. 그것도 공동체의 근본 성격을 좌우하는 '거룩한 백성 제사장의 나라'라는 하나님의 약속에 맞추어 고양된 성결 의식을 가지고 진법(陣法)을 발전시키고 역할을 분담했던 면이 두드러진다.

이는 오늘날 한국 교회와 사회 현실에 비추어 생각해 볼 때 몇 가지 중요한 교훈을 준다. 첫째, 질서의 중요성이다. 각 지파의 규모에 맞추어 전쟁에서 싸울 수 있는 적절한 병력수를 파악하고, 그들을 '살아 계신 하나님의 군대'(*militia dei vivi*)의 병사로 삼았는데, 이 과정에서 결코 불균형 또는 어떤 무리한 수단이나 방법을 동원하지 않고 지파별로, 가문별로, 집안별로 파악하였다는 점이다. 그리고 진을 칠 때도 12지파를 넷으로 나누어 대표 지파를 정하고, 그 가운데 지도자를 세워 불평 없이 친밀하고도 강력한 진을 구축하고, 행군할 때도 정해진 순서에 따라 질서정연하게 전진할 수 있도록 했다는 점이다. 사방이 열려 있고 무질서하며 혼돈이 도사리고 있는 광야에서 그와 확연히 대비되는 질서를 구축한 것이다.

둘째, 맹목적 평등이 아니라 공동체의 근본 질서와 기조 안에서 상대적으로 파악할 수밖에 없는 위상과 역할을 정하고 그에 순응하는 형평의 원리를 보여 주고 있다는 점이다. 오늘날 우리 사회에서 하나의 병폐처럼 도사리고 있는 획일적 평등 의식과는 분명 다른 모습이 아닐 수 없다. 동, 남, 서, 북순으로(시계 방향으로) 결정되는 지파의 위상에 따르고, 대표 지파는 대표 지파로서, 제사장은 제사장으로서, 비중에 차이가 있는 레위인들은 각자 자기에게 주어진 역할을 수용하고 감당한다는 점에서 우리는 많은 것을 배우고 생각해 볼 수 있다.

레위인의 인구 조사와 임무(민 3~4장)

레위인에 대한 인구 조사는 두 번 등장한다. 먼저 태어난 지 한 달이 넘는 남자를 모두 파악하는 인구 조사가 실시된다(3:14~39). 레위의 세 아들 게르손, 고핫, 므라리의 자손들이 대상이다. 게르손의 아들들은 가문별로 립니와 시므이다. 고핫의 아들들은 아므람, 이스할, 헤브론과 웃시엘이다. 므라리의 아들들은 마흘리와 무시다. 게르손의 자손은 모두 7,500명으로 라엘의 아들 엘리아삽이 좌장이다. 이들에게는 성막 덮개와 각종 휘장을 관리하는 임무가 주어졌다. 고핫의 자손은 모두 8,600명으로 웃시엘의 아들 엘리사반이 좌장이다. 고핫 자손에게는 법궤의 상과 등잔대, 제단과 제사드릴 때 쓰는 거룩한 도고 및 휘장, 이와 관련된 예식을 보살피는 임무가 주어졌다. 므라리 자손은 모두 6,200명으로 아비하일의 아들 수리엘이 좌장이다. 이들에게는 성막의 널빤지와 여러 기둥과 말뚝을 관리하는 임무가 주어졌다. 민수기 3:39에는 레위인 전체 인구(생후 1개월 된 남자 수)가 2만 2,000명으로 기록되어 있으나, 22, 28, 34절의 숫자를 합산하면 이들 레위 자손의 수는 모두 2만 2,300명이다. 39절의 숫자는 오산(誤算)에 기인한다기보다 서기관들이 필사할 때 300을 나타내는 글자를 생략한 데서 비롯된 숫자로 보인다. 아론의 아들들은 나답, 아비후, 엘르아살, 이다말인데, 나답과 아비후는 제단의 불을 잘못 관리하여 죽고(레 10:1~2), 엘르아살과 이다말이 제사장직을 수행하였으며, 성막 앞 해뜨는 동쪽에 진을 쳤다. 이들은 성소에서 제사장의 임무를 담당했는데, 일반 백성은 이들이 있는 성소에 가까이 갈 수 없었다 (3:38~39).

레위인의 두 번째 인구 조사는 서른 살에서 쉰 살까지 군대에 입대할 수 있는 사람들의 수를 조사하는 것이다. 일반 백성들은 전쟁에서 싸울 수 있는 스무 살 이상의 남자들을 인구 조사의 대상으로 삼았던 것에 비해 전쟁에 참가하지 않는 레위인들은 서른 살부터 조사 대상에 포함시켰다. 이것은 레위인들은 서른 살이 되어야 성막 일을 할 수 있었음을 말해 준다. 파악된 숫자는 고핫 자손이 2,750명, 게르손 자손이 2,630명, 므라리 자손이 3,200명으로 전체 8,580명이다. 따라서 첫 번째 인구 조사에서 파악된 2만 2,000명에서 8,580명을 제하면 레위인으로서 어떤 임무도 수행하지 않았던 사람들의 숫자(1만 3,420명)가 나온다.

이들 레위인들은 이스라엘 백성들의 맏아들과 가축의 맏배를 대신하여 하나님의 몫이 되었다. 다시 말하면, 모든 이스라엘 백성들의 맏아들과 가축의 맏배는 '하나님의 것'인데 레위인들이 이를 대신한 것이다. 따라서 레위인들은 백성들의 맏아들과 가축의 맏배를 대신하는 대속물로서 철저히 하나님께 속한다. 3:45에서 '레위 사람은 나의 몫이다'고 하나님께서는 선언하신다. 생후 1개월이 넘는 이스라엘 맏아들의 수는 2만 2,273명이다. 민수기 3:39에 언급된 생후 1개월이 넘는 레위 남자 수(2만 2,000명, 사실은 2만 2,300명)에 비해 273명이 초과하는데, 이 초과분에 대해서는 속전으로 한 사람당 성소의 세겔(공식 기준 세겔)로 5세겔씩, 도합 1,365(5x273)세겔을 거두어 아론과 그의 아들들에게 주었다. 한 세겔(shekel)은 20게라(gerah)다. 한 게라의 무게는 0.6그램이며, 한 세겔의 무게는 11.5그램에 해당한다.

레위 자손들에게 주어진 임무를 살펴보면 고핫 자손은 성막 안에서 가장 거룩한 물건을 보살피는 일을 맡았다. 진을 이동할 때 아론과 그의 아들들이 법궤와 그에 딸린 모든 기구들을 싸 놓으면 고핫 자손이 그것을 둘러메고 갔다. 이때 그들은 몸이 직접 거룩한 물건에 닿지 않도록 주의해야 한다. 만약 직접 닿을 경우 바로 죽게 된다. 따라서 이들은 아론의 아들 엘르아살의 지휘 하에 임무를 수행하였다. 게르손 자손은 성막의 각종 휘장과 그에 딸린 장비와 기구들을 맡았으며, 아론의 아들 이다말의 지휘를 받았다. 므라리 자손은 각종 기둥과 받침대 관리를 맡았으며 역시 이다말의 감독을 받았다.

레위인들은 이스라엘 백성의 맏아들과 가축의 맏배를 대신하는 대속물로서 '하나님의 것'으로 관리되었으며, 그들에게는 하나님의 진노가 백성들에게 직접 임하지 않도록, 즉 백성들이 함부로 하나님의 거룩함을 침범하지 못하도록 막아 주는 인간 울타리(human fence) 또는 완충 지대(buffer) 역할을 수행하였다. 그리고 그들 자신이 잘못하여 하나님의 진노를 사 죽는 일이 없도록 하기 위해 아론의 아들들인 제사장 엘르아살과 이다말의 지휘 감독을 받아 임무를 수행하였다. 이것은 그들이 하나님과 백성 사이의 중간자적 역할을 수행하였음을 의미한다.

고대 이스라엘의 종교 사회 제도를 액면 그대로 우리의 현실에 적용할 수는 없지만, 그 의미로부터는 소중한 교훈을 얻어 낼 수 있다. 무엇보다도 기독교인은 하나님의 자녀 또는 '하나님의 것'으로 자기 자신을 인식한다. 그렇다면 마치 고대 이스라엘에서 레위인이 '하나님의 것'으로서 중간자적인 역할을 수행했듯이 기독교인은 늘 성결한 생활을 해야 할 뿐만 아니라 세상에 대해 중간자적인 역할을 수행해야 한다. 중간자적인 역할의 의미는 매우 다양하게 규정될 수 있으나 먼저 생각해 볼 수 있는 것은 세상(공동체) 안

에 하나님의 영광이 온전히 드러나도록 노력하는 것이다. 하나님의 거룩함
(holiness)과 영광(glory)은 동전의 양면과 같은 것이다. 하나님의 거룩이 훼손
되는 곳에서는 하나님의 영광이 드러날 수 없으며, 하나님의 영광이 드러나
지 않는 곳에서는 하나님의 거룩 또한 드러나지 않는다. 그러므로 기독교인
들은 늘 이 점을 마음에 새기고 생활 속에서 성서의 가르침에 기초한 바른
신앙 윤리에 따라 살며 타의 모범이 되어야 한다. 목회자일 경우는 더더욱
그렇다.

광야 생활에 필요한 다양한 율법과 규칙(민 5~8장)

5~8장에는 비정상적이거나 잘못된 것을 처리하는 규정(5장)과 헌신자인
나실인에 관한 규정(6장), 이스라엘 지도자들이 바친 봉헌물 목록(7장), 등잔
을 차려 놓는 방식과 레위인의 봉헌(8장)에 관한 규정들로 채워져 있다.

1. 부정한 사람의 처리(5:1~4)

여기서는 세 종류의 부정(不淨)에 대해 말하고 있다. 나병 환자와 유출증
이 있는 자와 주검으로 부정하게 된 자인데, 이들이 구체적으로 어떤 사람들
인지에 대해서는 상세히 알 수 없으나 번역에 있어서 대응어의 선택을 새롭
게 하면 보다 구체적으로 알 수 있다. '나병 환자'에 해당하는 히브리어는 '차
라아트'(צרעת)인데, 전통적으로는 나병으로 알려져 왔으나 '차라아트'는 여러
가지 악성 피부병을 뜻한다. '치명적인 피부병'으로 번역할 수도 있다(참고 레
13장). '유출병'에 해당하는 히브리어는 '자브'(זב)인데 상한 피부에서 흘러나
오는 유출물로 고름이 대표적인 유출물이다(참고 레 15장). 이러한 피부병은
전염성이 강하기 때문에 공동체의 위생상 진 밖으로 나가 생활해야 한다. 죽
은 사람의 시체와 접촉하는 것 역시 부정한 것으로 간주된다(참고 레 21:1~12;
19:11~22:19). 여기서 말하는 '부정'은 제의적으로 '더렵혀짐'을 의미한다. 왜

냐하면 성막에 계시는 하나님은 자기 백성들이 정결한 상태로 있기를 원하시기 때문이다. 그래야 그들이 진 안에 안전하게 거할 수 있으며, 하나님께 예배드릴 수 있기 때문이다. 그 다음이 공동체의 위생적인 차원을 반영한 깨끗함이다.

2. 잘못에 대한 배상(5:5~10)

이 규정은 레위기 6:1~7(또한 출 22:1~15)에 기록된 규정을 보충하는 내용을 담고 있다. 레위기의 규정에 의하면, 이웃이 맡긴 물건이나 담보물을 속이거나, 도둑질하거나, 이웃의 것을 강제로 빼앗거나, 남이 잃어버린 물건을 주워 감추거나, 거짓을 하거나, 사람이 하면 죄가 되는 일들 가운데 어느 하나라도 하면 다시 모두 물어내야 한다. 뿐만 아니라 물어내는 물건 값의 5분의 1에 해당하는 값을 보태어 본래 임자에게 갚되 속건제물을 바치는 날에 갚아야 한다. 레위기의 이와 같은 법률적 상세 규정을 보충하는 민수기의 본문은 보상의 도덕적, 신앙적 차원을 가미하여 그 의미를 풍부히 하고 있다. 즉 남에게 위에서 언급한 것과 같은 잘못을 저지르는 것은 곧 하나님을 거역하는 죄에 해당한다. '거역하다'의 히브리어 원어는 '마알'(מעל)로 남편을 둔 아내가 부정한 행위를 하거나, 하나님께 충실하지 못하고 다른 신을 예배하거나, 하나님의 뜻에 어긋나는 행위를 묘사할 때 주로 사용된다. 이웃에게 죄를 범하는 것은 곧 하나님께 죄를 범하는 행위와 같다는 뜻이다. 이러한 생각은 요셉의 입을 통해 분명히 고백된다. "그런즉 내가 어찌 이 큰 악을 행하여 하나님께 득죄하리이까"(창 39:9). 보디발의 아내와 동침하는 것은 자기를 믿고 모든 것을 맡겨 준 주인에게 죄를 짓는 일일 뿐만 아니라 하나님께도 죄를 범하는 일이기 때문에 요셉은 여주인의 유혹을 뿌리쳤던 것이다.

또한 이웃에게 죄를 범했을 때는 자기 죄를 자백할 것을 추가하고 있다. 자기 자신의 잘못에 대한 고백과 반성 없이 단순히 물질적인 보상만을 하는 행위는 보상의 진정성이 결여된 행위로 마지못해 또는 어쩔 수 없어 하는 행위일 수 있기 때문이다. 보상을 하되 본래 물건에 5분의 1을 더해 갚아야 하는데, 이 5분의 1은 바로 자기 자신의 잘못을 인정하는 가시적 표현이자 용서와 화해를 위한 물질적 표현에 해당한다. 다시 말해, 입으로만 사과하고 용서를 구하지 말고 그에 상응하는 행위적, 물질적 징표를 보이라는 것이다. 만약 피해자가 죽고 그에게 친척이 없을 경우에는 그 배상액은 죄를 속하려고 바치는 속죄양과 더불어 제사장의 몫이 된다.

3. 아내의 간통을 밝히는 절차(5:11~31)

결혼한 여자가 남편이 아닌 다른 남자와 부정한 일을 저질렀다고 남편이 의심하지만 증거가 없을 경우 행해지는 시죄 절차(試罪節次, Ordeal)를 담고 있다. 의심하는 남편은 아내를 제사장에게 데리고 가 아내 몫으로 보릿가루 10분의 1에바를 제물로 바쳐야 한다. 이때 보릿가루에 기름이나 향을 부을 필요는 없다. 왜냐하면 의심에서 비롯되는 미움 때문에 바치는 제물이며 잘못을 기억하게 하는 제물이기 때문이다. 1에바(ephah)는 10오멜(omer)에 해당한다. 따라서 10분의 1에바는 1오멜에 해당한다. 1오멜은 2리터(liters) 분량이다. 제사장은 여인이 머리를 풀게 한 후 하나님 앞에 세우고 곡식 제물을 들고 있게 한다. 그리고 자신은 깨끗한 물에 성막 바닥에서 취한 흙을 섞어 만든 저주의 쓴물을 들고 '네가 부정한 짓을 하였으면 허벅지가 마르고 배가 부어오르며 마침내 자녀를 낳지 못하게 될 것이고 부정한 짓을 행하지 아니하였으면 온전할 것이다'고 선언한다. 그러면 여인은 '아멘, 아멘!' 하고 응답하여야 한다. 그런 후 제사장은 저주의 글을 써 물에 씻은 후 그 물을 마시게 한다. 남편은 의처증 때문에도 시죄 절차를 밟을 수 있었으며(30절), 무죄로 밝혀져도 아내는 남편에게 어떤 책임을 물을 수 없었다(31절).

이것은 가부장적인 남성 중심의 사회에서 때로 여성이 부당하게 겪어야 하는 시죄 절차를 보여 준다. 의심받는 여자로 하여금 머리를 풀고 제사장 앞에 서게 하는 행위 자체가 최종 판결 이전에 이미 수치와 모욕을 주고 느끼게 하기 때문이다. 고대 이스라엘에서 이런 일로 여인이 머리를 풀게 하는 것은 모욕 행위다. 따라서 최종 판결이 무죄라 할지라도 그 여인은 이 과정에서 치명적인 상처를 받을 수밖에 없고, 또 애초 의처증이 있어 아내를 의심한 사람일 경우 심리적인 문제이므로 결코 흔쾌히 의심을 풀지 않을 것이다. 현대 의학에서 의처증은 정신 질환의 한 종류로 간주된다. 그러나 본문을 현대적 시각만으로 읽고 평가하는 것은 곤란하다. 당시 사회 제도와 생활 규범이 남성 중심의 가부장적 질서에서 비롯된 것임을 감안할 필요가 있다. 고대 사회는 일부 모계 사회를 제외하고는 대부분 가부장적 사회 질서에 기초한 사회 윤리를 가지고 있었다. 특별히 성윤리는 남성 중심적이었다. 그렇기 때문에 오늘날 본문에 대한 시대적 고려 없이 액면 그대로 현실에 적용하는 것은 해석의 오류를 범하는 것이 된다.

  'Ordeal'이 성적 영역을 넘어 일반적인 범죄 행위에 대한 유·무죄 판결을 위해 광범위하게 적용된 경우는 중세 튜튼족 사이에 행해진 재판 관행과 중세 교회에 의해 행해진 마녀 재판을 들 수 있다. 튜튼족들은 명백한 증거나 자백이 없어 범죄 여부를 가릴 수 없을 때 범죄자로 의심받는 자에게 뜨거운 물이나 불에 손을 넣거나 독을 마시게 하였는데, 결백한 자는 아무런 해를 입지 않는다고 믿었다. 중세의 마녀 재판도 유사한 방식으로 진행되었다. 16~18세기 영국과 미국에서 마녀에 대한 공포가 두루 퍼져 많은 사람이 마녀 재판으로 인해 희생되었다. 마녀(witch, 남자는 'wizard'라 한다)가 밤중에 빗자루(broomstick)를 타고 공중을 날아다니며 사회에 여러 해독을 끼친다는 황당한 이야기를 당시 대중들은 사실로 믿었으며, 종종 미워하는 사람을 여론 몰이를 통해 마녀로 둔갑시켜 희생시킨 사례로 있다.

  이렇듯 인권 의식이 부족한 시대에 행해진 일방적인 혐의에 대한 재판이 액면 그대로 현실 속에서 적용되어서는 안 된다. 오히려 역으로 생각해 교훈을 얻어야 한다. 즉 구체적인 물증이나 신뢰할 만한 자백 없이 막연한 정황 설정이나 추정 하에 범인으로 단죄하거나 인권을 유린하는 것은 잘못된 일이며, 중세의 마녀 재판에서처럼 믿을 수 없는 소문이나 비이성적인 여론 몰이를 통해 특정인을 희생시키는 행위는 근절되어야 한다. 오늘날 인터넷 공간에서 종종 자행되는 이런 유의 일방적인 비난이나 단죄 행위는 그 자체가 또 하나의 범죄 행위에 해당한다.

4. 나실인법(6:1~21)

나실인(Nazarite)은 남자든 여자든 하나님께 자기 자신을 봉헌하기로 서약하고 '구별'된 사람을 의미한다. 히브리어 '나지르'(נזיר)의 뜻은 '헌신한', '바쳐진'을 의미한다. 이런 나실인 규정에서 핵심 내용은 세 가지로 요약된다. 첫째, 나실인으로 서원한 자는 포도주나 포도밭에서 생산된 그 어떤 것도 마시거나 먹어서는 안 된다. 둘째, 머리털을 삭도로 밀어서는 안 된다. 셋째, 어떠한 경우에도 시체와 접촉해서는 안 된다. 나실인은 평생 나실인과 한시적 나실인 두 종류가 있다. 전자는 평생을 하나님께 구별된 사람으로 살아가는 나실인이고, 후자는 일정 기간 나실인으로 살아갈 것을 서원한 나실인으로 기간이 끝나면 나실인의 의무는 사라진다. 민수기의 나실인 규정은 한시적 나실인에 관한 규정이다. 평생 나실인은 대부분 태어날 때 부모에 의해 하나님께 '바쳐진' 사람들이다. 대표적인 사람이 사무엘(삼상 1:11, 28), 삼손(삿 13:2~5), 세례 요한(눅 1:15) 등이다. 이들은 부모에 의해 태어날 때 이미 나실인으로 구별되었다.

나실인 제도는 이스라엘 역사에서 아주 오랫동안 지속되었던 것으로 보인다. 주전 8세기 예언서인 아모스서(암 2:11~12)와 주전 2세기 문헌인 마카비서(마카비상 3:49)에 나실인이 등장하고, 예수님과 동시대인 세례 요한에게서 나실인의 모습을 찾을 수 있기 때문이다. 나실인이 지켜야 할 세 가지 금기 사항은 여러 각도에서 해석할 수 있으나 일반적으로 다음의 의미로 해석된다. 첫째, 포도주와 포도밭에서 생산된 것은 일체 먹지 못하도록 한 규정은 초창기 이스라엘이 가나안 땅에 들어갔을 때 가나안 농경 문화에 물들지 못하도록 하기 위한 노력과 관련이 있다. 원래 이스라엘은 아브라함 때부터 유목 생활을 했으며, 신앙 안에 유목 전승을 강하게 간직하고 있었는데, 가나안에 들어가 농경 사회를 접하게 되었다. 농경 사회에서는 곡물과 포도주를 주로 생산하는데, 포도 수확기에 풍요를 가져다 준 바알과 아세라에 감사하며 먹고 마시고 춤추는 축제(orgiastic festival)를 즐겼다. 이때 가나안 종교에서는 바알과 아세라의 성적 결합을 제의적으로 재현하는 의식으로 신전의 제사장과 신전에 부속된 성창(聖娼) 사이에 성적 결합을 갖는 의식을 거행하였다. 이런 음란한 분위기는 처음에 이스라엘 백성들에게 많은 유혹거리를 제공하였다. 이런 맥락에서 볼 때 나실인들은 전적으로 하나님께 구별되어 드려진 존재이기 때문에 포도주를 마시지 않을 뿐만 아니라 포도 씨와 껍질마저도 먹지 않았다. 그 이유는 가나안적인 것의 유입을 철저히 차단하려는 데 있다. 이렇게 해서 비롯된 금주 관행은 변함없이 지속되었던 것으로 보인다. 삼손은 나실인이었으나 블레셋 딤나(Timnah) 지역의 한 여인과 결혼할 때 그곳 결혼 풍습에 따라 이레 동안 잔치를 베풀었는데, 이때 그는 블레셋 청년들과 더불어 술을 마시며 흥겹게 지냈던 것 같다.

둘째, 삭도로 머리털을 밀지 않도록 한 것은 서원 기간이 끝나 희생 제물을 바칠 때 머리털을 밀어 화목 제물 밑에서 타고 있는 불 위에 얹어 태우도록 한 것과 밀접히 연관되어 있다. 고대 종교에서 머리털은 신체 중 가장 빨리 자라는 곳으로 신이 부어 주는 생명력(divine life-giving power)을 나타내기도 한다. 나실인들이 서원 기간 동안 머리를 밀지 않은 것은 신이 공급해 주는 생명력을 지닌 것에 대한 상징적 확인을 의미한다.

셋째, 시체와 접촉하지 못하도록 한 것은 부정 타는 것을 막기 위한 방편이다. 설사 부모 형제가 죽었을 때라도 시체를 만져서는 안 된다. 만약 만졌을 경우에는 몸을 정결케 하는 날 즉 이레 동안을 기다렸다가 머리털과 수염을 밀고 그 다음날 산비둘기 두 마리와 집비둘기 두 마리를 제사장에게 주면 제사장은 한 마리는 속죄 제물로 한 마리는 번제물로 드려 죄를 속한다. 그러면 그간의 서원 기간은 무효가 되고, 다시 서원에 필요한 절차를 거쳐 나실인으로서의 생활을 시작해야 한다. 비둘기를 제물로 바친 것은 가난한 사람도 쉽게 바칠 수 있도록 하기 위한 배려다(레 5:7; 12:8). 하나님은 거룩한 분이니 그에게 구별되어 바쳐진 사람 역시 깨끗하게 성별되어야 한다. 궁극적으로 생명의 신이며 산자의 하나님께 자기 자신을 구별하여 드린 나실인은 늘 정결하고 성결한 상태를 유지하며, 비방 종교의 유혹에 물들어서는 안 된다. 이러한 이유들로 인해 나실인은 세 가지 금기 사항을 지켜야 했다.

5. 제사장의 축복(6:22~27)

하나님께서 모세에게 명하여 아론과 그의 아들들이 제사장으로서 이스라엘 자손들을 위하여 복을 빌 때 다음과 같이 축도(benediction)하도록 하셨다.

> 주께서 네게 복을 주시고,
> 너를 지켜 주시며,
>
> 주께서 너를 밝은 얼굴로 대하시고,
> 너에게 은혜를 베푸시며,
>
> 주께서 얼굴을 너에게 향하시고,
> 너에게 평화 주시기를 원하노라.

제사장의 축도는 크게 세 부분으로 나뉘고, 각각은 다시 두 부분으로 나뉘는데, 여기서 강조되는 것은 '너'(you)다. '너'가 총 여섯 번 등장한다. 모두 단수 형태다. 창조주 하나님의 형상을 닮은 유일한 피조물인 인간, 특별히 하나님의 언약 백성인 이스라엘 회중, 그 회중에 속하는 개개인으로서의 '너'를 향한 하나님의 축복은 창세기 1장의 천지창조 패턴을 따라 매우 시적으로 형성된 축복문이다. 하나님께서 6일간 천지를 창조하신 숫자에 맞추어 '너'가 여섯 번 언급되었다. 그리고 창세기 1장의 천지창조에서 하나님께서 세 번 복을 주셨던 것(첫째 공중의 새와 바다의 물고기, 둘째 인간과 동물, 셋째 안식일)에 대응하여 제사장의 축도를 크게 셋으로 구성하였다. 여기에 축복의 주체인 하나님을 포함하면 고대 이스라엘에서 가장 성스러운 숫자로 간주된 7이

된다. 이 일곱째 날은 안식일로 주님의 날이며, 주님께서 쉬신 날이다. 하나님의 창조는 완벽한 천·지·인의 조화를 나타내는데, 축복의 마지막 내용은 바로 이 조화를 가장 완벽하게 드러내는 '샬롬'(שָׁלוֹם), 즉 평화/평강에 대한 기원으로 끝맺고 있다.

여섯 개의 세부 내용을 좀 더 상세히 살펴보자. '주께서 너에게 복을 주시고'에서 복의 내용은 물질적, 영적 두 측면을 다 포함한다. 신명기 28:1~14에 열거된 일련의 물질적, 현실적 복의 총괄을 의미하며, 동시에 영적인 복을 의미한다. '너를 지켜 주시며'의 의미는 위에서 열거한 물질적 복의 내용이 반대로 나타나지 않도록, 즉 빈약한 추수, 가축의 불임, 좋지 않은 기후, 전쟁에서의 패배와 같은 물질적, 현실적 불행의 상황과 악한 영으로부터 지켜 주시는 것을 의미한다. '주께서 너를 밝은 얼굴로 대하시고'에서 '밝은 얼굴'(a shining face)은 하나님의 기쁨을 의미한다. 그리고 구약성경에서 하나님이 밝은 얼굴로 대하는 것은 그 사람에 대한 사랑과 은혜를 나타낸다 (시 31:16; 80:3 ,7, 9). '너에게 은혜를 베푸시며'는 우리의 삶이 보다 은혜롭고 (more gracious) 보다 품격 있는(more graceful) 삶이 되는 것을 의미한다. '주께서 얼굴을 너에게 향하시고'에서 하나님께서 얼굴을 누군가에게 향하신다는 것은 그와 함께 하신다는 임재의 상징적 표현이다. 가인과 아벨의 이야기에서 '하나님께서 가인과 그의 제물을 받지 않았다'의 히브리어 원문은 '로 샤아'(לֹא שָׁעָה)인데, 직역하면 '그가 보지 않았다'(He has not seen), 즉 하나님께서 가인과 그의 제물에 눈길을 주지 않았다는 뜻이다. 반대로 아벨과 그의 제물은 바라보셨다. 이렇듯 하나님께서 누군가에게 얼굴을 향하신다는 것은 그 사람을 인정하고 그와 함께하신다는 뜻이다. '너에게 평화 주시기를 빈다'에서 '샬롬'은 고대 이스라엘의 축복의 핵심이자 종합이다. '샬롬'은 단순히 불화/불일치/불미스러움이 없는 상태(absence of discord)나 불행이 없는 상태(absence of misfortune)를 의미하는 소극적인 의미가 아니라 전적으로 하나님 안에 머물고, 하나님께 의존할 때 성취되는 적극적인 참살이(well-being)를 의미한다.

27절은 제사장들이 이러한 내용의 축도를 하나님의 이름으로 행하면 하나님께서 이스라엘 자손들에게 복을 주시겠다는 선언을 담고 있다. '하나님의 이름으로'의 히브리어 원문은 '쉐미'(שׁמי)로 '나의 이름으로'라는 뜻이다. 하나님의 이름으로 축도한다는 것은 곧 축도의 주체가 제사장 자신이 아니라 하나님이란 뜻이다. 제사장은 단지 도구일 뿐이다. 따라서 하나님의 축복의 도구로서 제사장은 함부로 또는 경솔히 축도해서는 안 된다. 그것은 곧 하나님의 이름을 망령되이 일컫는 행위다. 십계명 중 제3계명, '하나님의 이름을 망령되이 부르지 말라'의 히브리어 원문은 '로 팃사 에트 쉘 아도나이 엘로헤이카 랏샤베'(לא תשא את-שם יהוה אלהיך לשוא)인데, '부르다'에 해당하는 히브리어 '팃사'(תשא)의 동사 원형은 '나사'(נשא)로 원뜻은 '들다/들어올리다'(lift up)라는 뜻이다. 그러므로 '하나님의 이름을 헛되이/가볍게 들어 올리지 말라', 즉 하나님의 이름을 가볍게/헛되이/함부로 입에 담지 말라는 뜻이다. 이런 맥락에서 볼 때 하나님의 이름으로 축도를 하는 제사장은 함부로/가볍게/헛되이 축도를 해서는 안 된다.

이 본문을 토대로 설교를 위한 적용점을 생각해 보자. 구약 시대에 축도권은 아론과 그의 아들, 그리고 아론계 제사장만이 할 수 있는 특권이었다. 오늘날 교회에서 축도권은 안수 받은 목회자만이 행할 수 있는 제사장적 특권으로 간주되고 행해지고 있다. 따라서 목회자는 축도할 때 구약 시대 제사장이 한 축도의 의미와 정신을 깊이 새기고 명심해야 한다. 위에서 살펴본 바와 같이 구약 시대 제사장의 축도는 창세기 1장의 하나님의 천지창조와 패턴을 같이 한다. 이것은 광야 시대의 성전인 성막 건축이 하나님의 천지창조 패턴을 따라 이루어진 것과 같은 맥락이다. 대우주(macrocosm)로서 하나님의 창조 세계에 대한 소우주(microcosm)로서의 성막/성전은 원형(archetype)과 대형(antitype)의 관계에 있다. 그리고 그 성전에서 행해지는 제사장의 축도 역시 하나님의 세계 창조의 패턴을 따라 매우 시적으로 구성되어 있다. 따라서 목회자는 교회에서 축도할 때 바로 이와 같은 원대한 신학

사상에 입각하여 축도의 우주적 중요성을 확신하고 축도하여야 한다.

하나님의 이름으로 행해지는 축도는 어떠한 경우에도 가볍게/헛되이/함부로 행해져서는 안 된다. 왜냐하면 십계명 중 제3계명에서 분명히 '하나님의 이름을 함부로/헛되이/가볍게 일컫지('들어 올리지') 말라'고 하셨기 때문이다. 목회자가 사사로운 이익을 위하여, 하나님의 뜻에 어긋나는 상황에서, 부끄러운 일의 성취를 원하는 사람들을 위해 손을 들어 함부로/가볍게 축도하는 것은 심히 잘못된 일이다. 과거에 조직 폭력배들이 신앙 집회를 가장하여 단합대회를 하면서 목회자를 불러 말씀을 전하고 축도하게 한 적이 있다. 목회자는 위장 집회인 줄 모르고 참석했겠지만 어쨌든 목회자로서 신중하지 못했다는 책망은 피할 수 없다. 그러므로 목회자는 새삼 축도의 중요성을 인식하고 행해야 한다.

오늘날 목회자들이 행하는 축도문은 고린도후서 13:13('주 예수 그리스도의 은혜와 하나님의 사랑 성령의 사귐이 여러분과 함께 하시기를 기원합니다')에 근거한 것인데, 위에서 살펴본 구약 시대 제사장의 축도 내용을 포함시켜 보다 풍성하고도 간결한 축도문을 구성하여 사용하면 훨씬 통합적이며 성서적인 축도가 될 것이다.

6. 지도자들이 바친 봉헌물(7장)

7장은 성막을 봉헌한 후 이스라엘 지파 지도자들이 바친 봉헌물(offerings)을 상세히 기록하고 있다. 7장에 기록된 이야기는 출애굽 이후 두 번째 해 첫째 달 첫째 날─시내산에 도착한 지 9개월 후 인구 조사를 행하기 한 달 전(민 1:1; 출 40:17)인 아홉째 달 첫째 날─의 일이다. 먼저 성막과 그 부속 기구들을 나르는 데 필요한 수레 여섯 개와 황소 열두 마리가 드려졌다(7:3). 아주 거룩한 물건들은 고핫 자손이 직접 어깨로 날랐다(7:9). 그리고 12지파 지도자들이 순서대로 헌물을 드렸다. 수레는 지도자 두 사람이 한 대씩, 황소는 한 사람이 한 마리씩 드렸는데, 게르손 자손에게 수레 두 대와 황소 네 마리가, 므라리 자손에게는 수레 네 대와 황소 여덟 마리가 주어졌다. 고핫 자손에게는 주어지지 않았다. 그들은 전적으로 '어깨로 옮겨야 하는 책임'(shouldering responsibility)이 주어졌다. 다른 물건들과 달리 거룩한 물건이기 때문에 직접 어깨로 져 날라야 하는 고단하지만 거룩한 사명이 주어진 것이다.

12~88절은 이스라엘 지도자들이 바친 봉헌물의 종류와 각 봉헌물의 수량을 기록한 목록이다.

7장의 봉헌물 기록에서 두드러진 내용은 두 가지다. 첫째, 각 지파의 지도자들은 자신에게 할당된 양에 대해 어떤 불평이나 망설임 없이 기꺼이 봉헌했다는 점이다. 둘째, 가장 거룩한 물건은 수레에 싣지 않고 직접 고핫 자신이 어깨에 메어 옮기도록 했다는 점이다. 다윗 왕이 아비나답의 집에 있는 법궤를 옮길 때 아비나답의 두 아들 웃사와 아효가 새 수레에 법궤를 싣고 나곤의 타작마당을 지날 때 소들이 놀라 뛰는 바람에 법궤가 떨어지려 하자 웃사가 손을 내밀어 법궤를 붙잡았지만 하나님이 진노하셔서 그를 쳐 그 자리에서 죽게 한 사건이 있다(삼하 6:1~8). 광야 시대에 가장 거룩한 성물인 법궤는 고핫 자손이 직접 어깨에 메어 옮기도록 했듯이 웃사와 아효는 마땅히 법궤를 어깨에 멨어야 했다. 그러나 그들은 블레셋 사람들처럼(삼상 6:1~18) 수레에 실어 옮기려 했기 때문에 하나님께서 진노하신 것이다. 자신에게 주어진 임무를 수고와 고난 없이 손쉬운 방법으로 해결하려 했던 발상이 죽음의 비극을 초래한 것이다.

예수님께서도 하나님의 구원의 뜻이 담긴 십자가를 직접 어깨에 메고 골고다로 올라가셨다. 만약 예수님께서 손쉬운 방법으로 하나님의 구원의 역사를 이루려 하셨다면 예수님은 결코 그리스도가 되지 못했을 것이다. 값지고 소중한 것일수록 '어깨로 지는 책임'(shouldering responsibility)이 요구된다. 오늘날 목적 달성을 위해서는 수단과 방법을 가리지 않고 그저 손쉬운 방법을 동원하려는 그릇된 사회 풍조, 때로는 목회 풍조에 경종을 울리는 메시지가 아닐 수 없다.

7. 등잔을 차려 놓는 방식(8:1~4)

등잔을 차려 놓고 불을 밝혀야 할 의무가 아론에게 주어진다. 등잔 모형과 제작에 관한 내용은 출애굽기 25:31~40과 37:17~24에 상세히 기록되어 있다. 특별히 4절의 등잔대 양식 '마르에'(מראה)는 출애굽기 25:9와 40절에 근거하고 있다. 아무렇게나 임의적으로 만들지 못하도록 하나님께서 직접 '양식'(model)을 제시해 주신다. 이것은 성막과 그 부속물들은 단순히 인간의 건축적, 공예적 고안(design)에 따라 짓지 못하도록 천상의 양식, 즉 '타브닛'(heavenly model)을 주신 것과 같은 맥락이다.

등잔은 일곱 개에 불을 밝히도록 했는데, 유대 역사가 요세푸스(Josephus)에 의하면 일곱은 해와 달, 그리고 다섯 개의 행성(지구, 금성, 화성, 수성, 명왕성)을 나타낸다(Antiquities III. 6.7). 그리고 일곱 등잔은 하나님의 창조적 능력을 나타내는 상징이다. 하나님은 첫째 날 빛(אור오르)을 창조하셨고, 넷째 날 해와 달과 별들, 즉 우주 공간에서 빛을 발하는 일월성신(日月星辰)을 창조하셨다. 그러므로 성막에는 하나님의 창조적 능력을 상징하는 등잔 일곱 개를 밝혀 두어야 한다. '일곱'은 7일간에 걸친 하나님의 창조 사역을 나타내기도 한다. 한글성경은 창세기 2:2을 70인역(LXX)과 사마리아 오경, 시리아 역본을 따라 하나님께서 6일간 창조하시고 7일째 되는 날에는 쉬신 것으로 번역하고 있으나, 히브리어 본문(Masoretic Text)에는 하나님께서 이렛날까지 일하신 것으로 되어 있다. 따라서 일곱 등잔은 하나님의 7일에 걸친 창조 사역의 전 과정을 상징하기도 한다.

하나님은 빛의 근원이시다. 그러므로 하나님의 제단에는 어둠이 틈타지 못하도록 항시 불을 밝혀야 한다(출 30:7). 마찬가지로 교회에도 늘 빛의 밝음이 있어야 하며, 기도의 불이 꺼져서는 안 된다. 그러기 위해서는 신랑을 기다리는 열 처녀 비유에서 지혜로운 다섯 처녀처럼 기름을 충분히 준비해야 한다(눅 25:1~13). 늘 제단을 밝혀야 하는 등잔은 우리의 가슴과 삶 속에서도 켜져야 한다. 예수님께서는 '나는 세상의 빛이다'(요 8:12)고 말씀하셨고, 또한 '너희는 세상의 빛이다'고도 말씀하셨으며(마 5:14), 사도 바울은 우리 몸에는 하나님의 영이 거하는 지성소가 있다고 가르쳤다(고후 6:16). 그러므로 모이는 교회뿐만 아니라 흩어지는 교회로서 우리의 가슴과 삶 속에는 늘 밝고 따뜻한 불이 밝혀져 있어야 한다.

8. 레위인의 봉헌식(8:5~26)

레위기 8장에 기록된 제사장에 관한 규정과 평행을 이루는 이 본문은 이미 민수기 3:5~13에 언급된 내용의 반복으로, 레위인의 정결과 하나님께 바침(presentation to God)에 관한 규정을 추가하고 있다. 제사장에 관한 규정에서는 성화(sanctification)가 중요한 것처럼 레위인에 관한 규정에서 중요한 개념은 정화(purification, cleansing)다. 레위인은 먼저 정결케 되어야 한다. 레위인은 정결 의식에 따라 속죄의 물을 몸에 뿌린 다음 온몸을 삭도로 밀고 옷을 빨아 입어야 한다(7절). 그런 다음 수송아지 한 마리와 기름에 반죽한 고운 밀가루를 제물로 드린 후 레위 사람들을 성막 앞에 세우고 이스라엘 사람들이 레위인들의 머리에 손을 얹고, 레위인은 수송아지 머리 위에 손을 얹도록 한 후 아론이 레위인들을 흔들어 바치는 제물로 하나님 앞에 바친다. 이것은 제사장들이 희생 제물을 드리는 방식과 같다. 다시 말해 백성들은 자신들의 죄를 레위인을 통해, 레위인은 자신들의 죄를 수송아지를 통해(전가하여) 죄를 속하는 의식이다. 이런 의식을 통해 레위인들은 하나님께 드려져 하나님의 것이 된다.

이렇게 해서 하나님의 것이 된 레위인들은 백성과 하나님 사이의 완충 장치 역할을 담당하게 된다. 백성들이 함부로 하나님께 접근하지 못하고, 백성들이 성소에 접근할 때 하나님의 진노가 바로 백성들에게 닿지 않도록 하기 위한 제도적 장치인 것이다. 또한 이스라엘의 모든 맏이와 가축의 맏배는 하나님의 것으로 하나님께 드려져야 하는데 이를 대신하여 레위인이 하나님께 드려지는 것이다. 그리고 레위인들이 드려지는 것은 백성들의 죄를 속하기 위해서다. '속하다'의 히브리어 '코페르'(כפר)는 본래 '덮다'(cover), '걸러 내다'(screen)라는 뜻을 가지고 있다. 레위인을 대속제물로 드리는 것은 이집트의 모든 장자를 치신 것과도 연결되어 있다. 이스라엘 백성들은 치지 않으셨으므로 장자를 대신하여 레위인들을 하나님께 드리는 것이다.

성별된 레위인들은 스물다섯 살부터 마흔아홉 살까지 성막에서 일할 수 있었다. 쉰 살부터는 성막에서 일하지 않았다. 그러나 성막에서 일하는 동료들을 도울 수는 있었다(24~25절).

의미에 있어서 레위인의 역할을 부분적으로 수행하는 목회자는 레위인의 성별과 봉헌으로부터 다음 몇 가지 중요한 교훈을 얻을 수 있다.

첫째, 늘 자신을 정결케 해야 한다는 점이다. 본래는 레위인도 하나의 지파로서 자연인이다. 그러나 그들은 특별한 임무를 위해 정결 의식을 거쳤다. 마찬가지로 오늘날 목회자는 자연인이나 세속인과는 다른 정결의 차원을 가져야 한다. '목회자도 인간인데' 하고 생각하는 순간 유혹에 넘어가기 쉽다.

둘째, 목회자는 자신만을 위해 사는 존재가 아니라 다른 사람을 위해 대신 드려지는 대속적 존재라는 점이다. 자신의 존재와 삶을 자신의 것이라고 주장하기보다는 하나님의 것으로서, 하나님께 속한 특별한 사명 의식을 가지고 그에 맞는 삶을 살아야 한다.

셋째, 타인의 죄와 허물을 가려 주고, 덮어 주는 삶을 살아야 한다. 예수님은 인간의 죄를 대속하셔서 십자가의 고난을 받으셨다. 레위인들의 대속적 기능은 유월절 어린 양인 예수님을 통해 완벽하게 심화, 확대, 완성되었다.

두 번째 유월절 행사(민 9:1~14)

유월절 절기는 유대력의 첫째 달인 아빕월 14일 저녁부터 시작된다. 첫 유월절은 애굽을 떠나기 직전에 지켰고(출 12:1~14), 두 번째 유월절 행사는 출애굽한 이듬해 첫째 달 14일 해거름에 지켰다. 이 두 번째 유월절은 인구 조사를 실시하기 두 주 전이다(민 1:1). 그런데 그때 시체를 만져 부정을 탄 사람은 유월절을 지킬 수 없었기 때문에 한 달 후에 지키도록 규정을 마련해 주었다. 그 상세한 내용이 9:10~12에 제시되어 있다. 내용인즉 한 달 후 14일 해거름에 유월절 의식을 행하는데, 누룩을 넣지 않은 빵과 쓴 나물과 함께 유월절 양을 먹는 것이다. 다음날 아침까지 아무 것도 남겨서는 안 되고, 희생 제물의 뼈를 부러뜨려서도 안 된다.

이 규정은 출애굽기 12:46에 따른 것인데, 신약성경은 예수님을 유월절 어린 양으로 묘사하고 있으며(고전 5:7), 예수님의 십자가 고난을 묘사하는 장면에서 로마 병정들이 두 명의 죄수의 다리는 꺾었지만 예수님의 다리는 꺾지 않은 것을 두고 "이 일이 일어난 것은 그 뼈가 하나도 꺾이지 아니하리라 한 성경을 응하게 하려 함이라"(요 19:36 개역개정)고 해석하고 있다. 신약성경에서 예수님은 분명히 유월절 어린 양으로 인식되고 있다. 유월절을 지키지 않으면 백성 중에서 끊어지게 된다(13절). 백성에게서 끊어진다는 것은 하나님의 백성 중 하나로 받아들여지지 않는다는 뜻으로, 회중이 드리는 예배에서 축출되고, 조상들과 함께 묻히지 못하며, 경우에 따라서는 죽임을 당하게 된다는 뜻이다. 유월절은 그만큼 중요한 절기다. 왜냐하면 이집트에서 이스라엘 백성들을 구출해 주신 분이 바로 하나님이며, 그 하나님의 위대한 구원의 능력을 기억하고 기념하는 절기이기 때문이다. 그렇기 때문에 이스라엘에 거류하는 타국인이나 이스라엘에 몸 붙여 사는 타국인 또는 그 땅의 본토인이 유월절을 지키고자 할 때도 유월절의 율례와 규례에 따라 지키도록 했다(14절).

광야의 해방 공동체가 과거 출애굽 당시를 회고하며 유월절을 지키는 근본 이유는 이집트의 장자를 치시고 이스라엘을 극적으로 해방시킨 하나님의 위대한 역사(magnalia Dei)를 기억하고 기념하기 위해서다. 그러므로 예외 없이 지켜야 한다. 그런데 어떤 이유에서든 시체와 접촉하여 부정을 탄 사람은 한 달 후에 지키도록 배려해 주었다. 이 과정에서 우리는 모세의 태도에 주목할 필요가 있다. 시체를 만져 유월절을 지킬 수 없게 된 사람들이 자기들은 어떻게 하느냐고 항의성 질문을 했을 때 모세는 '기다리라. 주께서 너희들에게 어떻게 지시를 내리실지 들어 봐야겠다'고 대답했다(8절). 모세는 '왜 시체와 접촉을 해가지고서 귀찮게 구느냐?'는 투로 대답하거나, 자기 자신의 생각과 소견대로 즉답하지 않고 '기다리라'고 한 후 하나님께 여쭈어 해법을 제시했다. 신앙생활에서 기다리는 자세는 매우 중요하다. 그래서 시편 저자는 악인의 형통함을 부러워하지 말고 오직 하나님을 기다리며, 악인이 조롱을 퍼부을 때도 낙심하지 말고 하나님을 기다리라고 권한다(시 42:5; 43:5). 다윗도 '이 세상에 머무는 내 한 생애, 내가 주님의 은덕을 입을 것을 나는 믿는다. 주님을 기다려라'(시 27:13~14), '내 영혼아 잠잠히 하나님만 기다려라. 내 희망은 그에게서 온다'(시 62:5)고 소망의 기다림을 강조하였다. '기다리라'는 히브리어로 '임두'(עִמְדוּ)다. 동사 어근은 '아마드'(עָמַד)로 '멈춰서다', '머무르다', '서 있다' 등의 뜻을 가지고 있다.

유월절은 정통 이스라엘 사람들만이 아니라 함께 거주하는 외국인이나 나그네, 본토민들도 지킬 수 있도록 했다. 왜냐하면 이집트에 열 가지 재앙을 내린 하나님의 근본 목적은 이스라엘 사람들과 이집트 사람들로 하여금 하나님이 참 하나님임을 알게 하는 것이었기 때문이다. 그러므로 출애굽의 하나님의 위대한 역사를 기억하고 기념하는 유월절은 이스라엘 사람들만의 절기가 아니라 하나님의 능력을 인정하는 모든 사람들의 절기가 된다. 이것은 마치 안식일을 지킬 때 주인뿐만 아니라 종이나 객이나 집짐승까지도 쉬도록 한 것과 같다. 그들 모두는 창조주 하나님의 피조물이기 때문이다. 창조주 하나님의 능력을 인정하는 존재들은 안식일에 참여할 권리가 주어졌던 것처럼 출애굽의 하나님의 능력을 인정하는 모든 사람들은 다 유월절 행사에 참여할 수 있었다. 여기서 우리는 인종과 계급을 초월한 열린 보편주의적 신앙을 발견할 수 있다.

길을 안내하는 구름(민 9:15~23)

성막을 세우던 날 구름이 성막을 덮고 하나님의 영광이 성막에 가득 찼으며, 길을 가는 동안 낮에는 구름이 성막 위에 있고, 밤에는 구름 가운데 불이 있어 온 이스라엘 백성들을 비춰 주었다(출 40:34~38). 구름이 성막 위로 걷혀 올라갈 때면 이스라엘 백성들은 그것을 보고 길을 떠났고, 내려와 머물면 진을 쳤다. 여기서 백성들의 길을 인도하는 구름은 하나님의 임재의 상징이다. 시내산에서 가나안에 이르는 광야 길은 멀고도 험하며, 낮에는 뜨거워 숨조차 쉬기 어려울 정도로 고통스러운 곳이다. 반대로 밤에는 계절에 따라 기온이 뚝 떨어진다. 이러한 기후 조건 속에서 낮에 구름으로 인도한다는 것은 크게 그늘을 드리워 주는 보호의 상징이 되기도 한다. 아무리 더운 여름이라 하더라도 구름이 하늘을 가리고 있는 동안은 직사광선을 피할 수 있다. 그리고 추운 밤에는 불기둥이 하늘을 환히 밝히고 있어 심리적으로도 덜 춥게 느끼고 견디기 쉬울 것이다. 길을 잃어버릴 염려도 없고. 이처럼 성막 위에 떠오르는 구름과 불은 하나님의 보호의 상징이기도 하다.

나팔 신호(민 10:1~10)

모세는 하나님의 명령을 따라 은 나팔 두 개를 만들었다. 나팔에는 두 종류가 있는데, 숫양의 뿔로 만든 양각 나팔(ram's horn)과 은으로 만든 은 나팔이 그것이다. 양각 나팔은 일반인도 불 수 있었지만 은 나팔은 제사장만이 불 수 있었다. 양각 나팔은 히브리어로 '쇼파르'(שׁוֹפָר)이고, 은 나팔은 '하초체라'(חֲצֹצְרָה)다. 은 나팔의 용도는 크게 다섯으로 분류된다. 첫째, 백성들을 불러 성막으로 오게 할 때는 나팔 두 개를 다 분다(10:3). 둘째, 각 가문의 지도자인 천부장들을 불러 모을 때는 나팔 하나만을 분다(4절). 셋째, 천막을 걷고 행군할 때(5~6절) 나팔을 부는데, 나팔을 짧게 급히 불면 동쪽 진영이, 두 번째로 짧게 불면 남쪽 진영이 뜨고, 총회를 소집할 때는 길게 분다. 넷째, 침략자들이 쳐들어와 전쟁을 할 때는 짧게 급히 불어야 한다(9절). 다섯째, 경축일과 정기적인 절기와 매달 모이는 초하루에 불러야 한다. 나팔은 아론의 혈통을 이어받은 제사장만이 불 수 있다. 나팔 소리의 강약과 길이에 따라 전하는 내용이 달라지기 때문에 착오나 실수 없이 목적에 맞게 정확히 불기 위해서는 숙련된 아론계 제사장이 불어야 했다.

그래서 사도 바울은 이 나팔에 비유해 방언의 명확성을 설명한 바 있다. '또 나팔이 분명하지 않은 소리를 내면 누가 전투를 준비하겠습니까? 이와 같이 여러분도 방언을 사용하여 알아들을 수 없는 말을 하면 그것이 무슨 말인지 어떻게 알겠습니까? 결국 여러분은 허공에다 대고 말하는 셈이 될 것입니다'(고전 14:9).

유비유환(有備有患)
─준비 끝 문제 시작

민수기 10:11~12장 주해와 적용

유비무환(민 10:11~36)?

1. 준비 끝! 출발!(11~12절)

우리는 민수기 10:1이 아니라 10:11부터 읽으려고 한다. 이렇게 한 장을 중간에서 끊어 읽는 까닭은 10장이 10절을 지나면서 상황이 달라지기 때문이다. 그리고 앞으로 더 자세히 밝히겠지만, 10:11부터 12:16까지가 문학적으로 한 묶음을 이룬다. 그러면 민수기 10:11~12:16 연구를 10:11, 12을 읽는 것으로 시작해 보자.

> "둘째 해 둘째 달 스무날에 구름이 증거의 성막에서 떠오르매 이스라엘 자손
> 이 시내 광야에서 출발하여 자기 길을 가더니 바란 광야에 구름이 머무느라"
> (민 10:11~12).

이스라엘 백성들이 드디어 출발한다. 그동안 이스라엘 사람들은 떠날 준비를 열심히 했다. 민수기 1장에서 10:10까지는 준비 과정을 기록한다. 그들은 완벽할 만큼 떠날 차비를 철저히 했다. 더욱이 그들이 스스로 알아서 떠날 준비를 한 게 아니다. 하나님이 일러주신 대로 그들은 하나씩 준비를 한다. 그러니 모든 것을 빈틈없이 준비했을 것이 분명하다. 예를 들어, 바로

앞 본문인 민수기 10:1~10은 나팔 둘을 만드는 것에 대해 말하는데, 서로 신호를 보내기 위해 은 나팔 둘을 만들게 하신다. 하나님은 여러 상황에서 어떻게 신호를 보낼 것인지를 이스라엘 사람들에게 상세하게 일러주신다. 앞으로 이스라엘 사람들은 은 나팔 둘을 사용해서 필요한 경우 서로 신호를 주고받으며 의사소통을 하고, 어떤 급박한 상황에 적절하게 대응하고 효과적으로 그 일들을 처리할 것이다. 하나님이 이렇게 세심하게 일러주시는 것을 보면 지나치다 싶은데, 그래도 하나님은 매사에 허점이 없도록, 어떤 일도 차질이 발생하지 않도록 온 정성을 다하신다. 유비무환(有備無患)이다.

그런데 과연 그럴까? 앞으로 본문을 읽다가 절감하겠지만, 도대체 이스라엘은 무엇을 준비한 것인지 의심스럽기 짝이 없다. 그들이 그토록 치밀하게 준비했건만, 모든 면에서 너무나 허술하기 때문이다. 그러니 유비무환이 아니라 유비유환이요, '준비 끝 문제 시작'인 셈이다.

어쨌든 출발 준비를 마친 다음, 드디어 그들은 떠난다. 11절(둘째 해 둘째 달 스무날에 구름이 증거의 성막에서 떠오르매)은 그들이 출발하는 날이 언제인지를 밝힌다. 11절에서 우리가 알 수 있는 사실은 이스라엘 사람들은 애굽에서 나온 것을 기준으로 날짜를 계수한다는 점이다. 즉 이스라엘 사람들은 시간의 기점을 출애굽 사건으로 삼았다는 것이다. 그리고 거의 모든 이야기의 중심 장소는 회막(會幕) 또는 성막(聖幕)이다. 그런데 여기서 둘째 해라는 것은 애굽에서 나온 지 둘째 해인데, 이날까지 이스라엘 사람들이 어디서 무엇을 했는지 궁금해진다. 그 궁금증을 풀기 위해 민수기 10장 이전 본문들을 살펴보자. 민수기는 이렇게 시작한다. "이스라엘 자손이 애굽 땅에서 나온 후 둘째 해 둘째 달 첫날에 여호와께서 시내 광야 회막에서 모세에게 말씀하여 이르시되"(1절).

지금 이스라엘 사람들은 시내 광야에 머무는 중인데, 그렇다면 그들은 시내 광야에 언제 도착한 것일까? 이스라엘 사람들이 애굽을 떠나 시내 광야에 온 것은 애굽에서 나온 지 3개월 되던 날이었다. 본문을 한참 더 거슬러 올라가서 출애굽기 19장을 보자.

"이스라엘 자손이 애굽땅을 떠난 지 삼 개월이 되던 날 그들이 시내 광야에 이르니라 그들이 르비딤을 떠나 시내 광야에 이르러 그 광야에 장막을 치되 이스라엘이 거기 산 앞에 장막을 치니라"(출 19:1~2).

그러니까 이스라엘 사람들은 시내 광야에서 1년 동안 머문 것이다. 이 1년 동안 그들은 많은 것을 준비했다. 모세가 시내산에 올라가서 십계명을 비롯한 여러 법들을 하나님으로부터 계시 받고(출 19~23장), 성막을 만들었다 (출 24~40장). 그리고 제사 제도를 수립하고 제사장들을 위임했다(레위기). 그런 다음 인구 조사를 하고(민 1장) 진을 편성하고 행진 순서를 정했다(민 2장). 그리고 레위인들에게 각각 임무를 부여하고(민 3~4장), 성막 봉헌식을 했다 (민 7장). 그리고 두 번째 유월절을 지켰다(민 9장).

그런데 민수기 1:1은 제2년 2월 1일이고 10:11은 제2년 2월 20일이니까, 1장에서 10:11까지는 20일이 지나는 것이다. 그 20일 동안 이스라엘 사람들이 무엇을 했는지를 본문 기자는 민수기 1장에서 10:10까지 상세하게 밝힌다. 그리고 본문을 좀 더 거슬러 올라가면, 출애굽기 40:17은 "둘째 해 첫째 달 곧 그 달 초하루에 성막을" 세웠음을 알려 준다. 이스라엘 사람들은 출애굽 제2년 1월에는 성막을 세웠고, 2월에는 떠날 준비를 한다. 그리고 2월 20일에 드디어 길을 떠나는 것이다. 이스라엘 사람들은 그들이 언제 어디로 떠날 것인지 계획을 세우지 않았다. 그들은 하나님이 명령하시는 것에 따라서 행동했다. 하나님이 은 나팔 둘을 가지고 이스라엘 사람들이 서로 신호를 주고받으라고 했듯이, 하나님과 이스라엘 사이의 의사소통을 '구름'으로 하셨다. 구름에 관한 이야기는 출애굽기 40장에 나온다.

"구름이 회막에 덮이고 여호와의 영광이 성막에 충만하매 모세가 회막에 들어갈 수 없었으니 이는 구름이 회막 위에 덮이고 여호와의 영광이 성막에 충만이었으며 구름이 성막 위에서 떠오를 때에는 이스라엘 자손이 그 모든 행진하는 길에 앞으로 나아갔고 구름이 떠오르지 않을 때에는 떠오르는 날까지 나아가지 아니하였으며 낮에는 여호와의 구름이 성막 위에 있고 밤에는 불이 그 구름 가운데에 있음을 이스라엘의 온 족속이 그 모든 행진하는 길에서 그들의 눈으로 보았더라"(출 40:34~38).

이렇듯 구름은 하나님과 이스라엘이 의사소통하는 신호였다. 민수기 9장은 이것을 더욱 상세하게 설명한다.

"성막을 세운 날에 구름이 성막 곧 증거의 성막을 덮었고 저녁이 되면 성막 위에 불 모양 같은 것이 나타나서 아침까지 이르렀으되 항상 그러하여 낮에는 구름이 그것을 덮었고 밤이면 불 모양이 있었는데 구름이 성막에서 떠오르는 때에는 이스라엘 자손이 곧 행진하였고 구름이 머무는 곳에 이스라엘 자손이 진을 쳤으니 … 혹시 구름이 저녁부터 아침까지 있다가 아침에 그 구름이 떠오를 때에는 그들이 행진하였고 구름이 밤낮 있다가 떠오르면 곧 행진하였으며 이틀이든지 한 달이든지 일 년이든지 구름이 성막 위에 머물러 있을 동안에는 이스라엘 자손이 진영에 머물고 행진하지 아니하다가 떠오르면 행진하였으니 곧 그들이 여호와의 명령을 따라 진을 치며 여호와의 명령을 따라 행진하고 또 모세를 통하여 이르신 여호와의 명령을 따라 여호와의 직임을 지켰더라"(민 9:15~23).

이처럼 이스라엘 사람들은 구름을 하나님이 보내신 신호로 철저히 믿었고, 그것을 통해 하나님이 보여 주시는 명령을 준행했다. 그런데 출애굽기 40장과 민수기 9장은 시제가 과거다. 즉 이스라엘 사람들이 앞으로 그렇게 할 것이라는 게 아니고, 그렇게 했다는 것이다. 이것은 이스라엘 사람들이 광야를 지나는 동안 구름을 신호 삼아서 머물거나 떠났음을 의미한다. 이스라엘 사람들은 결코 그들 마음대로 어느 곳에 머물거나 어디로 떠나지 않던 것이다.

10:11은 이 "구름이 증거의 성막에서" 떠올랐다고 한다. 하나님이 이스

라엘 사람들에게 시내 광야를 떠나라고 신호를 보내신 것이다. 그런데 11절에서 특이한 것은 그냥 성막이나 장막이 아니고 '증거의 장막'이라고 한 점이다. '증거의 성막'은 히브리어로 '미쉬칸 하에두트'(משכן העדת)인데, 미쉬칸은 직역하면 '거처(居處)'이고, 에두트는 '증거'다. 그래서 미쉬칸 하에두트는 '증거의 거처'다. 대개 성막을 '장막'이라고 하는데, 이렇게 '증거의 장막', 즉 '증거의 거처'라고 칭한 까닭은 무엇일까? 이것을 알아보기 위해 본문, 즉 민수기 10:11~12:16에서 성막을 무엇이라 부르는지 살펴보자.

10:17 성막(미쉬칸), 성막(미쉬칸)

10:21 성막((미쉬칸)

11:16 회막(אהל מועד 오헬 모에드)

11:24 장막(오헬)

11:26 장막(오헬)

12:4 회막(오헬 모에드)

12:5 장막(오헬)

12:10 장막(오헬)

이렇게 본문은 성막과 회막, 또는 장막이라는 용어를 사용하는데, 성막과 장막이 천막을 가리키는 동의어라고 한다면, 회막은 뉘앙스가 조금 다르다. 회막(會幕)은 '만남의 천막'이라는 의미를 갖기 때문이다. 그런데 성막과 장막을 회막과 동일시할 경우, 우리는 매우 혼란스러울 수밖에 없는데, 그것은 성막과 회막을 동일시할 수 없는 경우가 있기 때문이다. 출애굽기 33:7을 보자.

"모세가 항상 장막을 취하여 진 밖에 쳐서 진과 멀리 떠나게 하고 회막이라 이름하니 여호와를 앙모하는 자는 다 진 바깥 회막으로 나아가며."

이 구절은 분명히 성막과 회막이 서로 다른 것임을 우리에게 알려 준다. 이스라엘 사람들이 만든 성막은 진 중앙에 세운다. 민수기 2:17은 회막을 진 중앙에 세웠음을 명시한다.

> "그 다음에 회막이 레위인의 진영과 함께 모든 진영의 중앙에 있어 행진하되 그들의 진 친 순서대로 각 사람은 자기의 위치에서 자기들의 기를 따라 앞 으로 행진할지니라."

이처럼 성막은 어느 곳에 머물 때나 이동할 때 항상 이스라엘 진영 가운 데에 위치한다. 그리고 이 성막도 하나님이 이스라엘 사람들과 만나는 장소 이기 때문에 '회막'이라고 부르는 것이 자연스럽다. 출애굽기 29장을 읽어 보자.

> "이는 너희가 대대로 여호와 앞 회막 문에서 늘 드릴 번제라 내가 거기서 너희 와 만나고 네게 말하리라 내가 거기서 이스라엘 자손을 만나리니 내 영광으 로 말미암아 회막이 거룩하게 될지라 내가 그 회막과 제단을 거룩하게 하며 아론과 그의 아들들도 거룩하게 하여 내게 제사장 직분을 행하게 하며 내 가 이스라엘 자손 중에 거하여 그들의 하나님이 되리니 그들은 내가 그들의 하나님 여호와로서 그들 중에 거하려고 그들을 애굽땅에서 인도하여 낸 줄 을 알리라 나는 그들의 하나님 여호와니라"(출 29:42~46).

여기서 보는 것처럼, 이스라엘 사람들이 만든 성막은 하나님이 그들을 만 나시는 회막이다. 그래서 어느 구절은 성막 또는 장막, 회막을 혼용한다.

> "구름이 회막에 덮이고 여호와의 영광이 성막에 충만하매 모세가 회막에 들 어갈 수 없었으니 이는 구름이 회막 위에 덮이고 여호와의 영광이 성막에 충 만함이었으며"(출 40:34~35).

여기서 보는 대로, 회막과 성막을 동일한 것으로 본다. 이 성막 또는 회막은 진 중앙에 세운다. 그러나 모세가 개인적으로 하나님과 만나는 또 다른 회막은 진 중앙이 아니라 진 밖에 세운다. 그러니 회막이라고 할 때 그것이 성막을 가리키는 것인지 모세가 개인적으로 세운 장막을 가리키는 것인지 불분명해지는데, 모세가 세운 '회막'이 시간이 흐를수록, 성막에 흡수되어서 나중에는 성막과 회막을 완전히 동일시한 것으로 보인다.

지금까지 성막과 회막의 관계에 대해 살펴보았는데, 이제 다시 '증거의 성막'이라는 용어에 대해 생각해 보자. 개역개정판에서 '증거의 성막'은 민수기에만 나오는데, 1:50, 53(2회); 9:15; 10:11이다. 민수기 9:15은 '성막 곧 증거의 성막'이라고 하는데, 이 구절은 히브리어로는 '함미쉬칸 레오헬 하에두트'(המשכן לאהל העדת)다. 즉, '그 거처, 증거의 천막에'다. 출애굽기 38:21은 '함미쉬칸 미쉬칸 하에두트'(המשכן משכן העדת)라고 한다. 즉 '그 거처, 증거의 거처'(개역개정판은 '성막 곧 증거막'이라고 번역한다)다. 출애굽기 39:32은 '미쉬칸 오헬 모에드'(משכן אהל מועד)라고 한다. 즉 '거처, 모임의 천막'(개역개정판은 '성막 곧 회막'으로 번역한다)이다. 출애굽기 40:2, 6, 9도 '미쉬칸 오헬 모에드'라고 한다. 민수기 1:50, 53은 '미쉬칸 하에두트'(משכן העדת)다. 민수기 19:13은 '미쉬칸 아도나이'(משכן יהוה), 즉 야웨의 거처라고 한다.

그런데 왜 성막을 민수기는 증거의 장막이라고 했을까? 그것은 증거의 궤를 그 안에 두었기 때문으로 보인다. 언약궤, 또는 법궤를 '증거의 궤'라고도 한다(출 25:22; 26:33, 34; 27:21; 30:6, 26, 36; 31:7; 35:12; 39:35; 40:3, 5, 21; 레 16:13; 24:3; 민 3:31; 4:5; 7:89; 17:4, 10; 수 4:16).

2. 행진은 순서대로 질서 있게(13~28절)

10:12을 보면, 이스라엘 사람들이 시내 광야를 떠나서 걸어가는데, 바란 광야에 구름이 머물렀다고 한다. 그러니까 시내 광야를 떠나서 얼마 동안 걸어서 바란 광야에 도착했고, 그곳에 머물렀다는 것이다. 그런데 10:33을 보면, 그들이 3일 길을 갔고, 11장을 보면, 그곳 이름을 '다베라'라고 칭한다.

그리고 거기서 떠났다는 말이 없이 바로 탐욕으로 인한 범죄로 많은 사람들이 죽어서 그곳 이름을 기브롯 핫다아와라고 했다는 이야기가 나온다. 그 후 그곳을 떠나서 하세롯에 머물고(11:35), 하세롯을 떠나 바란 광야에 머문다 (12:16). 그렇다면 시내 광야에서 출발해서 바란 광야에 머물렀다는 10:12 이야기는 10:11부터 12장까지를 아우르는 종합적인 언급이라고 할 수 있다. 이럴 경우 10:11~12:16은 하나의 문학 단위를 이룬다. 그리고 13장부터는 바란 광야에 머무는 동안 일어난 일을 다룬다. 표준새번역은 11절과 12절을 이렇게 번역한다.

> "제 이년 둘째 달, 그 달 이십일에 증거궤가 보관된 그 성막에서 비로소 구름이 걷혔다. 이스라엘 자손은, 시내 광야를 떠나서 구름이 바란 광야에 머물 때까지, 여러 곳을 거쳐 행군을 계속하였다."

앞으로 우리는 이스라엘 사람들이 시내 광야를 떠나서 바란 광야까지 가는 여정을 살필 것이다. 출발은 순조로웠다. 민수기 기자는 이렇게 말한다.

> "이와 같이 그들이 여호와께서 모세에게 명령하신 것을 따라 행진하기를 시작하였는데"(13절).

이스라엘 사람들은 하나님이 모세에게 말씀하신 것을 그대로 준행한다. 이 얼마나 당연하면서도 기특한 말인가. 그들은 지금까지 준비해 온 대로 하면서 한 걸음 한 걸음 앞으로 나아간다. 과연 이스라엘 사람들이 어떻게 행진했을까? 본문 기자는 여기에 14절에서 27절까지 모두 14절을 할애한다. 이스라엘 사람들이 몇 개 단위로 나뉘어 어떤 순서로 행진을 했고, 각 지파를 누가 인도했는지 밝힌다. 이것은 민수기 2장에 더 자세하게 나온다. 민수기 2장과 10장에 나오는 명단을 비교해 보자.

위치/지파		인도자(민수기 10장)	인도자(민수기 2장)
동쪽	유다	나손(암미나답의 아들)	암미나답
	잇사갈	느다넬	느다넬
	스불론	엘리압	엘리압
남쪽	르우벤	엘리술	엘리술
	시므온	슬루미엘	슬루미엘
	갓	엘리아삽	엘리아삽
서쪽	에브라임	엘리사마	엘리사마
	므낫세	가말리엘	가말리엘
	베냐민	아비단	아비단
북쪽	단	아히에셀	아히에셀
	아셀	바기엘	바기엘
	납달리	아히라	아히라

이 도표를 보면, 유다 지파만 인도자가 바뀌고 나머지는 동일하다. 그리고 특히 13절부터 28절은 그 구조를 찬찬히 들여다보면, 잘 짜인 작은 목공품 같다.

(1) 13절 서문 ("이와 같이 그들이 여호와께서 모세에게 명령하신 것을 따라 행진하기를 시작하였는데")

(2) 14~16절 유다 진영 ("선두로 유다 자손의 진영의 군기에 속한 자들이 그들의 진영별로 행진하였으니")

① 14절 유다

② 15절 잇사갈

③ 16절 스불론

(3) 17절 게르손, 므라리

(4) 18~20절 르우벤 진영 ("르우벤 진영의 군기에 속한 자들이 그들의 진영별로 출발하였으니")

① 18절 르우벤

② 19절 시므온

③ 20절 갓

(5) 21절 고핫

(6) 22~24절 에브라임 진영 ("에브라임 자손 진영의 군기에 속한 자들이 그들의 진
영별로 행진하였으니")

① 22절 에브라임

② 23절 므낫세

③ 24절 베냐민

(7) 25~27절 단 진영 ("단 자손 진영의 군기에 속한 자들이 그들의 진영별로 행진
하였으니")

① 25절 단

② 26절 아셀

③ 27절 납달리

(8) 28절 결문 ("이스라엘 자손이 행진할 때에 이와 같이 그들의 군대를 따라 나아
갔더라")

여기서 분명히 보듯이, 본문은 이스라엘 사람들이 각기 그들이 속한 진영
별로 행진했음을 강조한다. 그리고 각 지파별로 1절씩을 할애한다. 이스라
엘 사람들이 각 진영별로 행진하는 것을 도표로 그리면 다음과 같다.

진행 방향 ➡

게르손 자손과 므라리 자손들은 성막을 걷고 그 성막을 메고 걸어간다.
그리고 고핫인들은 성막 안에 두는 성물들을 메고 걸어간다.

"이에 성막을 걷으매 게르손 자손과 므라리 자손이 성막을 메고 출발하였으며"(17절).
"고핫인은 성물을 메고 행진하였고 그들이 이르기 전에 성막을 세웠으며"(21절).

그런데 성막을 걷는 일은 레위인들이 아니라 제사장들이 한다. 민수기 4장을 읽어 보자.

"진영이 전진할 때에 아론과 그의 아들들이 들어가서 칸 막는 휘장을 걷어 증거궤를 덮고 그 위를 해달의 가죽으로 덮고 그 위에 순청색 보자기를 덮은 후에 그 채를 꿰고 진설병의 상에 청색 보자기를 펴고 대접들과 숟가락들과 주발들과 붓는 잔들을 그 위에 두고 또 항상 진설하는 떡을 그 위에 두고 홍색 보자기를 그 위에 펴고 그것을 해달의 가죽 덮개로 덮은 후에 그 채를 꿰고 … 봉사하는 데에 쓰는 모든 기구 곧 불 옮기는 그릇들과 고기 갈고리들과 부삽들과 대야들과 제단의 모든 기구를 두고 해달의 가죽 덮개를 그 위에 덮고 그 채를 꿸 것이며"(5~14절).

이렇게 한 다음에 고핫 자손들이 그 물건들을 메고 간다. 레위 자손들이 성막과 성물을 운반하는 것에 대해서는 민수기 3장과 4장에서 자세하게 다루었다.

게르손 자손	3:21~26	4:21~28
므라리 자손	3:33~37	4:29~33
고핫 자손	3:27~32	4:4~20

민수기 3장은 게르손, 고핫, 므라리 순으로 기록하고, 민수기 4장은 고핫, 게르손, 므라리 순으로 기록한다. 민수기 4장은 고핫 자손에 대해서 17절을 할애한다. 이것은 상당히 많은 분량인데, 실제로 5절부터 14절까지는

제사장들이 성막을 걷는 것에 관한 규정이다. 이것은 그만큼 고핫 자손을 강조한다는 의미일 것이다. 민수기 3:17을 보면, 레위 아들들은 게르손, 고핫, 므라리 순인데, 민수기 3:21~37과 4:4~33은 이 순서를 따르지 않는다.

여기서 보면, 고핫 자손들이 성막을 세우는데, 이스라엘 각 지파들이 도착하기 전에 성막을 세웠다고 한다. 앞에서 인용한 민수기 2:17을 보면, 성막은 행진하는 동안에도 진영 중앙에 위치한다.

우리는 이스라엘 사람들이 얼마나 체계적으로 이동했는지 짐작할 수 있다. 각 지파별로 순서에 따라 이동하고, 발생하는 문제들을 지파별로 해결했을 것이다. 요즘 이 구절을 읽으면서 경영 전략과 성공 전략을 이야기하고 싶은 사람들이 많을 것이다. 예수님에게서 경영 전략을 찾아내고 예수님을 CEO 모델로 삼고 싶어서 안달인 사람들이 보기에 이 조직적인 움직임은 좋은 이야기 거리일 것이다. 그들은 모세를 CEO 모델로 삼고 싶을 것이고, 사람들을 어떻게 조직적으로 관리하는지를 이야기할 것이다. 그런데 여기서는 그런 경영 전략을 말하려는 것이 아니다. 모세가 이스라엘 사람들을 지파별로 조직적으로 지도했음을 높여 말하려는 것이 아니다. 본문은 그 모든 것들을 하나님이 지시하셨고, 모세와 이스라엘 사람들은 하나님이 말씀하신 대로 수행했을 뿐임을 말하고 있다.

3. 함께 갑시다, 함께 복 받읍시다(29~32절)

본문을 읽다 보면, 글 흐름이 29절에서 갑자기 끊어지는 것을 알 수 있다. 이러한 단절은 32절까지 이어지는데, 28절은 33절에서 다시 이어진다. 그렇다면 29절에서 32절은 별개 에피소드다.

모세가 호밥에게 함께 가자고 청하는 장면인데, 이야기 결말을 짓지 않았다. 호밥이 누구인지도 많은 논란거리다. 출애굽기 18장을 보면, 모세의 장인 이드로가 르비딤으로 모세를 찾아온다. 그리고 모세에게 부장 제도를 제안하고, 다시 자기 땅으로 돌아간다(27절). 그런 다음에 처가 식구들이 모세를 찾아왔다는 기록을 발견할 수 없기 때문에, 호밥이 언제 모세에게 왔는지 알 수 없다. 어쨌든 모세가 호밥에게 동행을 청하는 까닭은 광야 생활에 대해 그들의 도움을 얻기 위해서다. 31절을 보자.

> "모세가 이르되 청하건대 우리를 떠나지 마소서 당신은 우리가 광야에서 어떻게 진 칠지를 아나니 우리의 눈이 되리이다"(31절).

출애굽기를 보면, 모세는 그리 눈치가 빠른 사람이 아니다. 그리고 다른 사람에게 도움을 청하는 성격도 아니다. 그런데 여기서는 호밥에게 도움을 청한다. 그리고 호밥에게 그들의 눈이 되어 달라고 말한다.

하나님이 모든 것을 지시하시고 모세와 이스라엘 사람들은 거기에 따르는 상황에서 모세가 호밥에게 도움을 청하는 것은 어울리지 않아 보인다. 그런데 본문을 읽어 보면, 모세가 그들과 함께 거하기를 원했음을 알 수 있다. 모세는 그들에게 '우리와 동행하자'고 말한다. 모세는 이스라엘의 미래를 낙관한다. 하나님이 그들에게 복을 주실 것이고, 그 복을 함께 누리자는 것이다. 호밥이 어떤 결정을 내렸는지는 알 수 없지만, 아마도 호밥은 모세가 청한 대로 모세와 함께 거한 것으로 보인다.

4. 언약궤를 앞세우고(33~36절)

33절에서 36절까지는 언약궤에 대해 말한다. 언약궤가 이스라엘 사람들을 앞서 갔는데, 이것은 하나님이 길을 인도하심을 상징하는 것으로 보인다. 언약궤가 앞장섰다는 것은 하나님과 이스라엘이 언약을 맺었으며, 하나님은 언약을 지키시는 분, 즉 아브라함 때부터 약속하신 대로 이스라엘을 애굽에서 나오게 하셨고, 그들에게 땅을 선물로 주시는 분임을 의미한다. 그리고 이스라엘 백성들도 하나님과 맺은 언약을 앞세우고 그 언약에 따라 살 것을 말한다. 33절을 읽어 보자.

> "그들이 여호와의 산에서 떠나 삼 일 길을 갈 때에 여호와의 언약궤가 그 삼

일 길에 앞서 가며 그들의 쉴 곳을 찾았고"(33절).

언약궤가 앞서 가면서 무엇을 했는가? 이스라엘 사람들이 쉴 곳을 찾았다고 명확하게 밝힌다. 언약궤를 멘 사람들이 이스라엘이 쉴 곳을 찾고 거기에 머물면, 사람들도 그곳에 도착하는 대로 장막을 치고 쉬었을 것이다. 이처럼 하나님은 이스라엘을 쉼으로 인도하시는 분이다.

그들은 언약궤가 그들을 앞서 가기 위해 출발할 때, 그리고 그들이 쉴 곳을 찾고 그곳에 함께 쉴 때 그들은 '언약궤 노래'를 불렀다. 언약궤 노래를 통해서 우리가 알 수 있는 것은 이스라엘 사람들이 적들을 염려했다는 것이다. 그런데 이스라엘 사람들은 적들을 '주의 대적'이라고 한다. 이것은 그들이 행진하는 과정에서 만날 적들을 얼마나 두려워했는지를 보여 준다. 그들은 걱정할 수밖에 없었다. 그들은 염려하는 게 많았다. 그들은 하나님을 의지할 수밖에 없었다. 그래서 하나님께서 그들과 언제나 함께 하시기를 원했다.

이 짧은 노래를 불렀다는 것은 언약궤의 떠남과 귀환을 위해 간단한 예식을 행했음을 의미한다. 그들은 이 짧은 노래에 믿음과 확신을 담았다. 구름이 떠올라서 이스라엘 사람들이 떠날 차비를 할 때, 언약궤를 멘 사람들이 먼저 출발했을 것이다. 여기서 한 가지 새롭게 생각할 것이 있다. 언약궤가 이스라엘 사람들보다 앞선다는 것은 사람들이 언약궤를 뒤에 두고 보호하는 것이 아니라는 의미다. 그러니 무엇보다 언약궤는 매우 취약한 상태다. 적들이 나타나면 제일 먼저 공격을 당할 수밖에 없다. 언약궤가 하나님 임재를 상징한다고 할 때, 하나님이 상징적인 위험에 처하는 것이다. 하나님은 이스라엘을 쉴 곳으로 인도하기 위해 이런 위험을 감수하신다. 그렇다. 하나님은 언제나 우리를 앞서신다.

탐욕의 무덤-탐욕과 진노, 그리고 죽음의 악순환(민 11장)

1. 다베라(1~3절)

이스라엘 사람들은 그야말로 만반의 준비를 했고, 하나님과 약속한 신호, 즉 구름이 내려앉고 뜨는 것에 따라서 이동했다. 이렇게만 하면 하나님이 예전부터 이스라엘 사람들에게 주시기로 약속하신 가나안 땅에 별 문제 없이 금방 들어갈 것처럼 보인다. 약간 재미없어 보이지만, 어쨌든 이스라엘 사람들이 별 탈 없이 가나안 땅에 진입할 것처럼 보인다. 그런데 이런 기대는 11장에 들어가면서 바로 무너진다. 11장은 이렇게 시작한다.

> "여호와께서 들으시매 백성이 악한 말로 원망하매"(1절).

이스라엘 사람들이 악한 말로 하나님을 원망했고, 이것을 하나님이 들으셨다는 것이다. 대체 무슨 일이 일어난 것일까? 우리는 10장에서 11장으로 넘어오는 사이에 어떤 일이 일어났는지 도무지 알 수 없다. 하나님 뜻대로 준행하던 사람들이 어떤 일로 갑작스럽게 하나님을 원망한단 말인가. 백성들이 무슨 말을 했는지는 알 수 없지만, 그게 무엇이었는지는 추측할 수 있다. 무엇 때문에 사람들이 하나님을 원망했겠는가? 전쟁이나 기근 같은 것은 아니었을 것이다. 4~30절은 만나에 대해서, 그리고 31~35절은 메추라기에 대해서 이스라엘 사람들이 불평한 것을 기록해 놓았는데, 혹시 이런 먹을거리에 대한 불평이었는지도 모르겠다. 그런데 그들이 무엇 때문에 불평했는지를 밝히지 않는 것으로 보아, 본문이 그것을 문제 삼는 것은 아닌 듯하다. 본문은 이스라엘 사람들이 하나님을 원망한 것을 문제 삼는다. 여기에 대해서는 이미 출애굽기 17장에서 명확히 밝혔다.

> "그가 그 곳 이름을 맛사 또는 므리바라 불렀으니 이는 이스라엘 자손이 다 투었음이요 또는 그들이 여호와를 시험하여 이르기를 여호와께서 우리 중에

계신가 안 계신가 하였음이더라"(출 17:7).

문제는 바로 이것이다. 그들은 하나님을 시험하고 하나님을 의심했다. 길 떠나면 고생이라고 많은 사람들이 이동하는데 문제가 생기지 않을 리 없다. 하나님도 그것을 예상하셨기 때문에 이스라엘 사람들로 하여금 여러 가지 준비를 철저하게 하도록 했을 것이다. 문제는 그들이 길을 떠나는 순간부터 하나님을 원망하기 시작했다는 것이다. 아무리 형편을 이해한다고 해도 이 것은 매우 실망스럽다. 어려운 일을 당했을 때 불평하고 원망할 수는 있다. 그러나 하나님을 원망하는 것은 정말 어리석은 행동이다. 하나님은 이스라 엘 사람들이 하나님을 원망하는 것을 들으셨다. 하나님은 진노하셨다. 그리 고 불을 내려서 진을 조금 태웠다.

그래서 사람들이 모세에게 와서 기도를 부탁했고, 모세가 하나님께 기도 하자 불이 꺼졌다. 그리고 그곳 이름을 '다베라'라고 했다. 다베라라고 이름 을 붙인 까닭은 그곳에 '여호와의 불'이 붙었기 때문이다.

이 과정에서 이스라엘 사람들이 문제를 해결하는 방식은 참으로 유치하 기 짝이 없다. 어떤 문제가 발생했을 때 그들은 자신들이 그 문제를 해결하 려는 마음을 전혀 보이지 않는다. 그들은 전혀 책임을 지려 하지 않는다. 본 문이 언급하지 않은 어떤 문제가 발생했을 때, 이스라엘 사람들은 그냥 철딱 서니 없이 무턱대고 하나님을 원망할 것이 아니라, 그 문제를 어떻게 해결할 것인지를 고민했어야 한다. 그들은 자신들이 직면한 문제를 해결할 능력이 전무했고, 그리고 그것을 해결하기 위한 방안을 마련하지도 않았다. 그저 하 나님을 원망하고, 일이 터지니까 모세를 찾아와서 그들이 당하는 어려움에 서 벗어나게 해줄 것을 간곡하게 요청했다. 비겁하고 옹졸하기 짝이 없는 행 위다.

그런데 여기서 10장을 되돌아보면, 10장은 33절에 여호와의 언약궤가 삼 일 길 내내 앞서 갔다는 구절을 제외하고는 구체적으로 이동하는 흔적을 찾기 어렵다. 그렇다면 10장은 이스라엘 사람들이 길을 떠날 준비를 하는 장면과 이동 대형(隊形)에 대해 전반적으로 이야기했다면, 구체적인 이동은 11장에서 시작한 것으로 볼 수 있겠다. 그리고 11:1~3은 백성이 모세에게 부르짖어서 모세가 하나님께 기도해서 사건을 마무리하는데, 12장도 아론이 모세에게 간청해서 모세가 미리암을 위해 하나님께 부르짖어서 문제를 해결한다는 점에서 동일한 양상을 보인다. 이런 점으로 보아, 11장과 12장은 10:11~12:16에서 문학적인 한 묶음을 이룬다.

2. 목구멍이 포도청(4~30절)

이스라엘 사람들은 일어나는 문제를 책임지고 해결하려는 자세를 보이지 않기 때문에, 언제든지 어떤 일에 대해 동일한 반응을 보일 가능성이 크다. 그들은 다베라 사건으로 중한 교훈을 얻고 새로운 각오와 의지로 삶을 살아가리라 다짐했을 것으로 생각하기 쉬운데, 4절을 보면, 그들이 전혀 그렇지 않았음을 알 수 있다.

"그들 중에 섞여 사는 다른 인종들이 탐욕을 품으매 이스라엘 자손도 다시 울며 이르되 누가 우리에게 고기를 주어 먹게 하랴"(4절).

다베라 사건을 겪은 다음에도 이스라엘 사람들은 전혀 달라지지 않았다. 그렇게 떠날 준비를 철저히 했음에도, 이스라엘 사람들은 어려움을 이겨낼 준비를 하지 못한 것으로 보인다. 물론 이번에는 그들이 문제의 발단이 되지는 않았다. 이스라엘 사람들과 함께 거주하는 다른 종족 사람들이 탐욕을 품었다는 게 문제다. 그런데 여기서 논란이 될 수 있는 것이 '탐욕'이라는 게 도대체 무엇인가 하는 점이다. 그들은 무엇을 욕심냈을까? 알 수 없는 노릇이다. 본문 기자도 그것을 밝히지 않는다. 이것은 본문 기자가 거기에 관심을 기울이지 않았음을 보여 준다. 본문 기자가 관심을 갖는 것은 다른 인종들이 보여 준 탐욕스러움이 이스라엘 사람들에게 영향을 미쳤다는 사실이다. 그래서 이스라엘 사람들이 '다시' 울기 시작했다. 다베라 상황으로 '다시' 돌아간 것이다. 본문 기자는 그들이 울면서 하는 말을 기록해 놓았다. "누가 우리에게 고기를 주어 먹게 하랴?" 문제는 고기였다. 고기를 먹고 싶은데 아무리 찾아봐도 고기를 먹여 줄 만한 사람이 없다는 것이다. 그런데 그들이 하는 말을 들어 보면, 누군가를 비난하는 듯하다. 누군가가 그들에게 고기를 주어서 먹게 해야 하는데, 그가 능력이 없어서 그렇게 하지 못한다고 비난하고, 그들에게 고기를 줄 사람이 없음을 한탄하는 것이다. 그러면서 그들은 애굽 시절을 부러워한다.

> "우리가 애굽에 있을 때에는 값없이 생선과 오이와 참외와 부추와 파와 마늘들을 먹은 것이 생각나거늘 이제는 우리의 기력이 다하여 이 만나 외에는 보이는 것이 아무 것도 없도다 하니"(5~6절).

이스라엘 사람들은 이런 불평을 지금만 한 것이 아니다. 출애굽기 16장을 보면, 거의 동일한 장면을 볼 수 있다.

> "아침에는 너희가 여호와의 영광을 보리니 이는 여호와께서 너희가 자기를 향하여 원망함을 들으셨음이라 우리가 누구이기에 너희가 우리에게 대하여 원망하느냐 모세가 또 이르되 여호와께서 저녁에는 너희에게 고기를 주어 먹이시고 아침에는 떡으로 배불리시리니 이는 여호와께서 자기를 향하여 너희가 원망하는 그 말을 들으셨음이라 우리가 누구냐 너희의 원망은 우리를 향하여 함이 아니요 여호와를 향하여 함이로다"(출 16:7~8).

그들은 애굽에서 종노릇 할 때는 그래도 좋은 것들을 많이 먹어서 기력이 괜찮았는데, 이제는 만나 외에는 먹을 게 없어서 기력이 다했다고 하소연한다. '최소한 애굽은 우리에게 먹을 것을 그냥 주었다. 먹을거리는 무상이었다. 그런데 너는 뭐냐? 애굽에서 종살이할 때보다 먹고 사는 게 뒤떨어지면, 도대체 출애굽이 무슨 의미가 있는가? 우리를 애굽에서 데리고 나왔으면, 의식주는 해결해 주어야 할 것이 아닌가? 왜 책임도 못질 일을 하는가?' 이렇게 비난하는 것이다. 본문 기자는 7~9절에서 만나에 대해 이야기한다. 만나를 묘사하는 것을 읽으면서 느끼는 것은 만나가 매우 고급스러워 보인다는 점이다(7절). 그리고 이스라엘 사람들은 만나를 갖고 여러 음식을 만들어서 먹었는데 그 맛이 좋았을 것으로 보인다(8절). 그리고 9절은 하나님이 만나를 이스라엘 사람들에게 이슬과 함께 내려 주셨음을 밝힌다. 이스라엘 사람들은 그저 들에 나가서 만나를 적정 분량만 주워 오면 된다. 이것은 하나님이 만나를 이스라엘 사람들에게 무료로 주셨음을 밝히는 것이다. 생선과 오이와 참외, 부추, 파와 마늘은 물과 땅에서 나는 것들이고, 만나는 하늘에서 내리는 것이다. 그러니 만나가 훨씬 더 귀하다. 그런데도 이스라엘 사람들은 만나가 얼마나 귀한 것인지를 모른다. 그들은 만나를 하찮게 여긴다. 그런데 10절을 보면, 한두 사람이 그런 게 아니었던 모양이다.

"백성의 온 종족들이 각기 자기 장막 문에서 우는 것을 모세가 들으니라"(10절).

사람들이 집 앞에 나와서 먹을 게 없다고, 매일 만나만 먹어야 하느냐고 우는 소리를 하는 장면을 생각해 보라. 애굽에서 살 때가 더 좋았다고 불평하는 것을 생각해 보라. 이렇게 제대로 먹여 주지도 못할 거면 왜 자기들을 애굽에서 데리고 나왔느냐고 따지는 것을 생각해 보라. 이게 누구를 탓하고 원망하는지 짐작할 것이다. 결국 이스라엘은 그들을 출애굽케 하신 하나님과 모세를 탓하는 것이다. 그래서 상황은 다시 다베라 사건과 같은 방식으로 흘러간다. 하나님은 진노하실 것이고("여호와의 진노가 심히 크고"), 이스라엘 사람들에게 벌을 내리실 것이다. 그런데도 이스라엘 사람들은 어떤 일이 벌어질 것인지도 모른 채, 하나님을 원망하는 말을 계속한다. 다베라 사건을 경험했는데도, 어쩌면 이렇게 무지몽매하단 말인가?

그들이 하는 불평과 원망을 하나님이 들으시고, 하나님이 화를 내셨는데, 10절은 "여호와의 진노가 심히 크"다고 하면서, 하나님이 다른 어느 때보다 대노하셨음을 알려 준다. 진노하신 하나님이 이제 이스라엘 사람들에게 벌을 내리실 차례다. 그런데 하나님이 벌 내리는 것을 지연시키는 일이 일어난다. 모세가 개입한 것이다. 10절 마지막 부분을 보면, 이스라엘 사람들이 고기가 없다고 불평하고, 만나밖에 보이는 게 없다고 원망하는 것을 "모세도 기뻐하지 아니"했음을 밝힌다. 그런데 기뻐하지 않는 정도가 아니었을 것이다. 모세가 하나님을 향해서 맺힌 심정을 토로하는데, 이것이 11절에서 15절까지 무려 다섯 절을 차지한다. 이것은 상당한 분량이다. 이 구절을 읽어 보면, 우리는 모세가 얼마나 한이 맺혔는지 알 수 있다.

> "모세가 여호와께 여짜오되 어찌하여 주께서 종을 괴롭게 하시나이까 어찌하여 내게 주의 목전에서 은혜를 입게 아니하시고 이 모든 백성을 내게 맡기사 내가 그 짐을 지게 하시나이까 이 모든 백성을 내가 배었나이까 내가 그들을 낳았나이까 … 그들이 나를 향하여 울며 이르되 우리에게 고기를 주어 먹게 하라 하온즉 책임이 심히 중하여 나 혼자는 이 모든 백성을 감당할 수 없나이다 주께서 내게 이같이 행하실진대 구하옵나니 내게 은혜를 베푸사 즉시 나를 죽여 내가 고난당함을 내가 보지 않게 하옵소서"(11~15절).

이것은 모세의 탄원이다. 모세는 하나님을 원망한다. 그러면서 하나님께 탄원을 한다. 모세는 하나님이 자신을 이스라엘의 지도자로 삼아서 이스라엘 사람들을 출애굽케 하는 일을 맡긴 것에 불만이 많다. 싫다고 거부하는 자신을 억지로 설득해서 지도자로 삼고 이스라엘 사람들을 출애굽케 하는 놀라운 역사를 일으켰다면, 그 다음부터 일어나는 일들에도 최소한 공동으로 책임을 져야 하는 것이 아닌가? 모세는 자신이 어려운 일을 당할 때 하나님이 자신을 홀로 내버려 두셨다고 탄원한다. 모세는 버림받았다는 생각에 심적 상처가 깊다. 그는 철저히 혼자임을 느낀다. 모세가 보기에 이스라엘 사람들은 철없는 아이와 같다. 하나님은 모세에게 이스라엘 사람들을 아이처럼 안고 가라고 하지만, 그들을 품에 안고 간다는 것이 얼마나 어려운 일인지를 모세는 하소연한다. 많은 사람들이 모세만 보면 고기를 달라고 아우성인데, 모세는 고기를 구할 방도가 전혀 없어서 백성들이 요구하는 기본적인 욕구를 해결해 주지 못하는 무능한 지도자로 낙인찍혔을 것이다. 모세는 그 많은 사람들에게 고기를 먹일 방법이 없는데도 백성들이 시시각각 고기를 달라고 하니 도무지 견딜 수가 없기 때문에 차라리 하나님이 은혜를 베푸셔서 자기를 죽여 달라고 간청한다. 우리는 모세가 하는 이 탄원을 읽으면서, 지금 이스라엘이 얼마나 심각한 사태에 직면했는지를 짐작할 수 있다. 이스라엘 사람들을 출애굽시키기 위해서 하나님이 선택하신 지도자 모세가 하나님이 자신을 죽이는 것이 오히려 은혜라고 생각했다면, 당시 상황이 얼마나 힘겨웠는지 알 수 있지 않겠는가? 모세를 돕는 사람이 아무도 없었다. 그저 불평하고 원망할 뿐, 그래서 문제를 더욱 꼬이게 만들 뿐, 모세를 도와서 문제를 해결하려는 사람은 아무도 없었다.

그런데 문제가 이토록 어렵게 된 원인은 어디에 있는 걸까? 많은 사람들이 백성들에게서 원인을 찾을 것이다. 물론 백성들 때문에 일이 일어난 것은 사실이다. 그렇지만 모세도 문제다. 모세는 지도자이면서도 백성들이 요구하는 것을 들어 줄 능력도 없었거니와, 백성들이 요구하고 불평하는 것들을 적절하게 대처해서 해소할 능력도 없었고, 또 주변 사람들과 함께 문제를 해결해 나가는 능력도 부족했다. 그저 혼자서 모든 문제를 떠맡고 죽겠다고 아우성치는 것이다. 이것은 출애굽기 18장을 떠올리게 한다. 특히 13절부터 27절을 읽어 보자.

모세는 우둔해 보이기까지 한다. 다른 사람과 일을 나눠 하는 것을 전혀 알지 못한다. 미디안에서 양을 치는 이드로도 아는 조직 운영 방법을 애굽 궁중에서 40년을 보내면서 훈련받았다는 모세는 전혀 알지 못하는 것이다. 그저 혼자만 모든 것을 끌어안고 힘겨워 하는데, 이게 모세뿐 아니라 이스라엘 전체에도 부정적인 결과를 가져온다는 사실을 이드로는 지적한다. 모세는 이드로가 지적하는 것을 경청하고 이드로가 알려 준 대로 부장 체제를 갖춘다.

출애굽하고 행진하는 과정에서 이 제도는 상당히 효율적이었던 것으로 보인다. 그런데 이 제도는 먹을 것 때문에 일어난 일에는 전혀 무용지물이다. 모세는 함께 일할 사람이 없었다. 아무도 모세와 함께 짐을 지려 하지 않는다. 이것은 모세의 지도력에 문제가 많았음을 보여 준다. 이런 점에서 모세는 결코 리더의 모델이 될 수 없고, 최고 경영자 모델은 더더욱 아니다. 모세는 참으로 어설프기 짝이 없는 리더다.

하나님도 답답했을 것이다. 그래서 이드로처럼 모세에게 문제를 함께 해결할 사람들을 모으고 조직하는 법을 알려 준다.

> **"여호와께서 모세에게 이르시되 이스라엘 노인 중에 네가 알기로 백성의 장로와 지도자가 될 만한 자 칠십 명을 모아 내게 데리고 와 회막에 이르러 거기서 너와 함께 서게 하라 내가 강림하여 거기서 너와 말하고 네게 임한 영을 그들에게도 임하게 하리니 그들이 너와 함께 백성의 짐을 담당하고 너 혼자 담당하지 아니하리라"(16~17절).**

백성들이 고기를 먹고 싶다고 아우성일 때, 그 상황을 해결하기 위해 하나님이 긴급히 조직하게 하신 것이 바로 이스라엘 앞에서 모세와 '함께 설'(16절) 장로 제도다. 하나님이 택하신 방식은 이미 모세에게 부어 주신 하나님 영을 장로들에게 동일하게 부어 주어서, 함께 백성의 짐을 감당하게 하는 것이다. 이것은 모세가 이스라엘 유지들과 원만한 관계를 맺지 못했음을 암시한다. 서로 생각이 다르고, 그래서 갈등을 빚고 심지어 반목했을 가능성이 크다. 모세는 홀로였다. 하나님이 모세에게 주신 영과 동일한 영을 장로들에게 부어 주시겠다는 것은 그들이 같은 뜻을 갖고 같은 목표를 향해서 힘을 합해 나아가게 하겠다는 것이다. 모세나 이스라엘 유지들이나 그렇게 할 마음도 능력도 없다. 이 모든 일을 하나님이 계획하고 진행하신다.

그런데 16절 가운데 나오는 "네가 알기로 백성의 장로와 지도자가 될 만한 자 칠십 명을 모아"라는 구절을 보면, 모세는 이미 누가 백성을 인도할 만한 능력이 있는 지도자 후보인지를 알았던 것으로 보인다. 그런데도 모세는 자기 혼자 끙끙거리면서 문제를 해결하려고 할 만큼 충분히 어리석다. 그리고 하나님은 백성들에게 할 말도 모세에게 일러주신다.

> "또 백성에게 이르기를 너희의 몸을 거룩히 하여 내일 고기 먹기를 기다리라 너희가 울며 이르기를 누가 우리에게 고기를 주어 먹게 하랴 애굽에 있을 때가 우리에게 좋았다 하는 말이 여호와께 들렸으므로 여호와께서 너희에게 고기를 주어 먹게 하실 것이라 하루나 이틀이나 닷새나 열흘이나 스무 날만 먹을 뿐 아니라 냄새도 싫어하기까지 한 달 동안 먹게 하시리니 이는 너희가 너희 중에 계시는 여호와를 멸시하고 그 앞에서 울며 이르기를 우리가 어찌하여 애굽에서 나왔던가 함이라 하라"(18~20절).

하나님은 모세에게 백성들로 하여금 준비하게 하신다. 고기 먹을 준비를 하라고 하신다. 이것은 아이러니컬하다. 이스라엘 사람들이 하나님을 만날 준비를 해야 하는데, 고기 먹을 준비를 하라는 것이 얼마나 우스꽝스러운가. 그리고 하나님이 그들에게 고기를 주실 것임을 알리신다. 그런 다음 그들이 하나님을 멸시하고 출애굽을 거부하는 죄를 저질렀음을 지적하신다. 이 죄 지적이 핵심이다. 그런데 이스라엘 사람들이 출애굽을 거부하는 것은 출애굽한 지 얼마 지나지 않았을 때부터 시작된다. 출애굽기 14장을 읽어보자.

> "… 애굽에 매장지가 없어서 당신이 우리를 이끌어 내어 이 광야에서 죽게 하느냐 어찌하여 당신이 우리를 애굽에서 이끌어 내어 우리에게 이같이 하느냐 우리가 애굽에서 당신에게 이른 말이 이것이 아니냐 이르기를 우리를 내버려 두라 우리가 애굽 사람을 섬길 것이라 하지 아니하더냐 애굽 사람을 섬기는 것이 광야에서 죽는 것보다 낫겠노라"(출 14:10~12).

여기서 보는 대로, 그들은 출애굽을 거부하고 애굽에 머물면서 애굽 사람들을 섬기는 것이 낫다고 말한다.

하나님은 이렇듯 세심하게 모세를 가르치신다. 애굽 궁중에서 보낸 40년, 미디안에서 보낸 40년은 모세를 지도자로 삼기에 충분하지 않았다. 일어나는 일마다 어쩔 줄 몰라 하는 모세를 하나님은 시시때때로 가르치고, 대책을 일러주시고, 할 말도 일러주신다. 그런데 하나님이 모세를 통해서 이스라엘 백성들에게 하시는 말씀을 보면, 무언가 심상치 않은 것이 있음을 알 수 있다. 하나님이 그들에게 고기를 주시기는 하지만, 그냥 주는 게 아니라는 것이다. 뭔가 비꼬는 듯하다. 우리는 그것을 19절과 20절에서 확인할 수 있다. 이스라엘 사람들은 이 말을 듣고 마음 편하게 고기를 먹지 못했을 것이다.

하나님이 이렇게 말씀하시는데, 모세가 하는 말을 보면, 한심하기 짝이 없다. 모세는 이스라엘 백성들이 하나님을 멸시하고 출애굽을 거부하는 것에 관심을 갖지 않는다. 그리고 하나님이 이스라엘 백성들에게 얼마나 진노하셨는지에 대해서도 관심을 갖지 않는다. 모세는 하나님이 과연 그 많은 사람들을 먹일 만한 고기를 주실 수 있는지에 관심을 갖는다. 심지어 모세는 하나님이 과연 그런 능력이 있는지 회의하는 말을 한다.

> "모세가 이르되 나와 함께 있는 이 백성의 보행자가 육십만 명이온데 주의 말씀이 한 달 동안 고기를 주어 먹게 하겠다 하시오니 그들을 위하여 양 떼와 소 떼를 잡은들 족하오며 바다의 모든 고기를 모은들 족하오리이까"(21~22절).

이 구절을 보면, 모세가 하나님을 비꼬는 느낌을 받는다. '나도 못했는데 하나님이라고 별 수 있겠어요? 아무리 하나님이라도 육십만 명에게 한 달 내내 고기를 먹이는 것은 불가능한 일입니다' 하는 식이다. 하나님은 이스라엘 사람들이 하나님께 불평하고 하나님을 원망하는 것에 초점을 맞추는데, 모세는 하나님이 과연 이스라엘 사람들에게 한 달 동안 고기를 먹게 할 능력을 가졌는가에 초점을 맞춘다. 그렇게 함으로써 모세는 이스라엘 사람들과 같은 생각을 한다. 모세는 하나님께 야단을 맞은 다음에야 비로소 하나님이 하신 말씀에 주목한다. 그리고 장로들을 회막으로 불러 모은다. 그들이 회막에 모이자, 하나님이 구름 가운데 강림하시고, 모세에게 말씀하신다. 그런 다음 모세가 받은 영을 장로들에게도 동일하게 부어 주신다. 동일한 영을 부어 주시자 장로들이 예언을 한다. 그런데 계속 예언을 하지는 못한다.

모세가 장로로 삼을 만한 사람들 명단을 작성했는데, 그 가운데 두 사람이 회막에 오지 않았다. 본문 기자는 그들 이름을 밝힌다. 그들은 엘닷과 메닷이다. 이것은 그 두 사람이 모세와 심각하게 반목하는 사이임을 암시한다. 그들은 모세를 지지하기는커녕, 모세와 대립한다. 모세가 지명해서 장로로 삼은 사람들 가운데 회막에 간 사람들은 그나마 모세와 뜻을 같이 하겠다는 마음으로 갔을 것이다. 그런데 모세가 그들을 회막으로 불렀는데도 가지 않고 진에 그냥 머무는 것은 모세를 무시하는 행동이고, 모세와 같이 일하지 않겠다는 것으로 볼 수밖에 없다. 그런데 그들에게도 하나님 영이 임했고, 그들도 다른 장로들처럼 예언을 한다.

엘닷과 메닷은 대단히 놀랐을 것이다. 그들은 회막에 가지 않았는데도 영이 임하고 예언을 했다는 것에 놀랐을 것이다.

우리는 여기서도 하나님 관심사가 무엇인지 알 수 있다. 하나님은 엘닷과 메닷에게도 기회를 주신다. 하나님은 장로들이 모세와 마음을 같이해서 이스라엘 사람들을 책임지고 인도하게 하려 하신다. 모세도 그들과 더 이상 다투고 싶지 않았을 것이다. 엘닷과 메닷이 진중에 머물러 있었는데도 그들에게도 하나님이 영을 내려 주셔서 얼마 동안 예언하는 것을 한 젊은이가 보고 그것을 모세에게 알려 주었다. 그 말을 들은 여호수아가 그들을 제지하라고 모세에게 말한다. 이때 모세는 이렇게 말한다.

"네가 나를 위하여 시기하느냐 여호와께서 그 영을 그 모든 백성에게 주사 다 선지자 되게 하시기를 원하노라"(29절).

모세는 장로들을 불렀을 때 이를 거부하고 진중에 머문 엘닷과 메닷이 염려되었을 것이다. 그래서 그들을 감시하기 위해 한 청년을 보냈을 것이다. 여호수아는 엘닷과 메닷이 예언하는 것을 못마땅하게 여겼고, 다른 장로들 역시 엘닷과 메닷을 모세가 징계하기를 원했는지도 모른다. 특히 여호수아는 엘닷과 메닷을 매우 위험시했던 것으로 보인다. 여호수아는 엘닷과 메닷이 예언하는 것이 하나님이 내리신 영에 의해서 이미 모세와 뜻을 같이 할 수밖에 없는 상황을 의미하는 것임을 깨닫지 못한 것이다. 모세는 그것을 깨달았다. 엘닷과 메닷이 아무리 모세를 거역하려 해도 하나님이 그들도 모세와 뜻을 같이 하게 하셨음을 깨달은 것이다. 모세와 장로들, 특히 엘닷과 메닷 사이에 발생한 갈등과 위기는 모세와 그 두 사람이 만나서 푼 게 아니다. 하나님이 모세에게 내린 영을 그들에게도 내렸기 때문에 문제가 해결된 것이다. 하나님이 나서서 문제를 해결하신 것이다. 그래서 하나님의 영은 '일치의 영'이다. 이것은 매우 중요한 의미를 갖는다. 갈등과 그로 인한 위기는 사람들 마음이 서로 같지 않기 때문이다. 이때 필요한 것이 바로 일치의 영이다. 모세는 장로들뿐만 아니라 모든 백성들도 하나님께서 영을 내려 주셔서 한마음이 되기를 원한다. 영이 내려서 장로들이 예언을 했다는 것은 상징적인 의미를 갖는다.

그리고 모세는 이스라엘 모든 사람들이 영을 받아서 선지자, 즉 예언자가 되기를 바란다. 그런데 왜 예언자인가? 본문은 장로들이 구체적으로 무엇을 예언했는지는 밝히지 않는다. 그래도 예언자라는 칭호에서 알 수 있는 것은 예언자는 하나님이 하시는 말씀을 사람들에게 전하는 일을 한다는 것이다. 이 기능을 강조하기 위해 '예언'을 언급한 것으로 보인다. 모세가 하는 역할은 하나님이 하시는 말씀을 백성들에게 그대로 전하는 것이다. 그 역할을 다른 사람들에게 맡기셔서 모세와 함께 문제 해결 방법을 찾게 하시는 것이다.

그렇게 해서 모세와 장로들 사이에 일어났던 갈등과 위기가 사라지고 그들은 한마음으로 진중으로 돌아갔다. 장로들이 진중으로 돌아갔다는 것은 그들이 모인 장막이 진 가운데 있지 않고, 진 밖에 있었기 때문인데, 이것은 그 장막이 진 중앙에 세우는 성막이 아니고, 모세가 하나님과 대면하는 회막임을 알려 준다. 회막은 진 밖에 세웠고, 거기서 모세는 홀로 하나님을 만났다. 그곳에서 모세와 장로들이 함께 하나님을 만난 것이다.

하나님은 모세가 제기한 문제를 해결해 주셨다. 모세가 홀로 감당하기 어렵다고 불평하고 원망할 때, 하나님은 그 불평과 원망을 들으시고, 장로들로 하여금 모세를 도와서 모세 홀로 담당하던 짐을 나눠 지게 하셨다.

이것으로 모든 문제를 다 해결한 것처럼 보인다. 그런데 11장 앞부분으로 가보면, 근본적인 문제는 아직 해결되지 않았음을 알 수 있다. 모세가 홀로 짐을 질 수 없다고 불평하고 원망하는 것은 이차적인 문제다. 일차적인 문제는 백성들이 하나님께 불평하고 원망해서 하나님이 심히 진노하셨다는 것이다. 이 문제는 아직 남아 있다.

3. 기브롯 핫다아와—탐욕의 결국(31~35절)

모세가 하나님께 불평하고 하나님을 원망하는 것으로 시작한 에피소드가 상당한 분량을 차지하면서 끝나자, 성경 기자는 다시 원래 문제로 돌아간다. 이스라엘 사람들이 먹을 게 만나밖에 없고 고기를 먹을 수 없다면서 우는 소리를 한 것이다. 거기에 대해 하나님은 진노하셨지만, 모세가 짐을 홀로 질 수 없다고 하소연하자, 하나님이 문제를 해결해 주시겠다고 하신다. 그래서 장로들을 불러 모으고 그들에게 영을 내려서 하나 되게 하신다. 그러면 그 일 후에 장로들이 회막에서 진으로 돌아와 이스라엘 사람들에게 고기를 먹일 대책을 마련했는가? 그렇지 않다. 그런 흔적이 전혀 보이지 않는다. 일은 하나님이 하신다. 하나님이 바람을 불게 해서 메추라기를 이스라엘 진 쪽으로 날아오게 한다. 먹을 고기가 없다고 불평하던 이스라엘 사람들이 그것을 보고 얼마나 신났을지 짐작할 수 있다. 백성들은 이틀 동안 내내 메추라기를 잡고 그것을 진 사면에 놓아 두었다. 이틀 동안 얼마나 많이 모았던지 적게 모은 사람도 열 호멜을 모았다고 한다.

"바람이 여호와에게서 나와 바다에서부터 메추라기를 몰아 진영 곁 이쪽 저쪽 곧 진영 사방으로 각기 하룻길 되는 지면 위 두 규빗쯤에 내리게 한지라 백성이 일어나 그 날 종일 종야와 그 이튿날 종일토록 메추라기를 모으니 적게 모은 자도 열 호멜이라 …"(31~32절).

고대에 하룻길이면 17~23마일 정도다. 즉 27km에서 37km다. 진영 사방으로 각기 하룻길이면, 하루에 백 리, 즉 40km를 간다고 하면, 이쪽 저쪽으로 40km 되는 지역에 메추라기가 가득 찬 것이다. 이게 어느 정도 면적인지 짐작하기 어려울 텐데, 우리나라에서 가장 크다는 서울을 예로 들어 보자. 인터넷 다음 백과사전은 서울에 대해 "강동구 상일동 산12번지(동경 127° 11′06″475)에서 강서구 오곡동 624번지(동경 126°45′55″137)까지 동서 간 거리가 36.78km, 서초구 원지동 산4번지 62호(북위 37°25′32″301)에서 도봉구 도봉동 산29번지 1호(북위 37°41′55″237)까지 남북 간 거리가 30.30km에 이른다"고 일러준다. 그러니까 대략적으로 말하면, 서울 면적만 한 공간에 메추라기들이 떼로 몰려왔다는 것이다. 그 두께는 두 규빗, 즉 1m 정도다. '호멜'은 정확히 알 수 없지만, 대략 100~200리터쯤이고, 후대에는 360리터 정도다. '10호멜'은 1,000~2,000리터다.

그런데 33절을 보면, 그들이 메추라기를 먹는 도중에 하나님이 이스라엘 백성에게 진노하시고 큰 재앙으로 그들을 치셨다. 23절을 보면, 많은 사람들이 죽은 것으로 보인다. 죽은 사람들을 한 곳에 모아서 장례를 치렀는데, 그곳 이름을 '기브롯 핫다아와'라고 하였다. 이것은 본문이 탐욕 문제를 심각하게 제기하는 것을 의미한다. 여기서 우리가 본문을 좀 더 섬세하게 살펴야 한다. 하나님이 이스라엘 사람들에게 진노하셔서 그들을 쳐서 여러 사람들을 죽인 까닭은 4~6절에서 언급한 대로 이스라엘 사람들이 우는 소리를 했기 때문인가? 아니면, 하나님이 그것으로 인해 매우 진노하셨지만, 그래도 모세와 대화를 나누면서 진정했는데, 그리고 약속한 대로 메추라기를 보내 주셨는데, 이스라엘 사람들이 지나치게 욕심을 부리고 하나님께 감사하지 않은 것을 보고 다시 크게 진노하셔서 이스라엘을 치신 것인가?

우리는 그곳 이름을 기브롯 핫다아와, 즉 탐욕의 무덤, 직역하면 죄의 무덤이라고 하는 것에 주목해야 한다. 문제는 탐욕이라는 것이다. 그러니까 일상적으로 필요해서 그것을 구하는 것은 문제 삼을 필요가 없다. 먹을 것이 없어서 어려움을 겪고 그것을 하소연하는 것은 문제가 아닐 것이다. 그렇다고 하나님을 원망하고 하나님이 하시는 일에 반대하는 것이 문제다. 하나님이 메추라기를 보내 주신 까닭은 이스라엘 사람들이 그것을 잡아서 먹게 하시기 위함이다. 그러니 이스라엘 사람들이 메추라기를 잡는 것이 문제는 아니다. 메추라기를 잡았다고 해서 하나님이 그들을 죽이신 것은 아니라는 말이다. 그렇다면 다른 이유가 있을 텐데, 그것이 무엇일까?

앞에서 살핀 대로, 이스라엘 사람들은 이틀 동안 내내 메추라기를 잡았다. 혹시 이게 문제를 일으킨 게 아닐까? 이틀 내내 메추라기를 잡으면서 이스라엘 사람들은 과도한 탐욕을 보인 게 아닐까? 그랬을 가능성이 크다. 그리고 죽은 사람들이 많았을 것으로 보이는데, 그 까닭은 하나님이 이스라엘 사람들을 '심히 큰 재앙으로 치셨'다고 기록하기 때문이다. 우리는 하나님을 진노케 하는 것이 다름 아닌, 죄, 특히 탐욕임을 알아야 한다. 인간들은 탐욕을 벗어나기 어렵고, 그래서 인간이 사는 세상은 '기브롯 핫다아와'다. 시편 78편이 이 사건을 언급한다.

"그들이 그들의 탐욕대로 음식을 구하여 그들의 심중에 하나님을 시험하였으며 … 그러나 그들이 그들의 욕심을 버리지 아니하여 그들의 먹을 것이 아직 그들의 입에 있을 때에 …"(시 78:18~30).

시편 78편도 역시 인간이 지닌 근원적인 탐욕을 지적한다. 35절은 이스라엘이 그곳을 벗어나서 하세롯에 머물렀다고 말한다. 기브롯 핫다아와를 벗어났다고 해서 그들이 탐욕에서 벗어난 것일까? 그렇지 않다는 사실을 우리는 12장에 들어가면서 바로 확인할 수 있다.

자리다툼, 그 유치함의 비극적 현실(민 12장)

기브롯 핫다아와 사건은 이스라엘 사람들에게 충격이었을 것이다. 그들은 그 비극적인 곳에서 하루 속히 벗어나고 싶었을 것이다. 그런 그들이 그곳을 떠나서 머문 곳이 하세롯이었다. 하세롯에서는 어떤 일이 일어났을까? 12장은 이렇게 시작한다.

> **"모세가 구스 여자를 취하였더니 그 구스 여자를 취하였으므로 미리암과 아론이 모세를 비방하니라"(1절).**

미리암과 아론은 모세가 구스 여인을 아내로 맞아들인 것을 비난한다. 처음에는 이스라엘 사람들이 모세를 어렵게 했고, 그 다음에는 장로들이 모세를 어렵게 했다. 이제는 미리암과 아론이 모세를 어렵게 한다. 갈수록 태산이다. 다른 사람들도 아닌 미리암과 아론이 모세를 비방하니 모세가 어떻게 견뎌낼 수 있겠는가? 다베라와 기브롯 핫다아와를 떠났어도 상황은 여전하다.

미리암과 아론이 모세를 비방한 까닭은 1절에서는 모세가 구스 여인을 아내로 맞아들였기 때문이라고 하는데, 2절을 읽어 보면 상황이 조금 다르다.

> **"그들이 이르되 여호와께서 모세와만 말씀하셨느냐 우리와도 말씀하지 아니하셨느냐 하매 여호와께서 이 말을 들으셨더라"(2절).**

1절과 2절은 연결이 부자연스럽다. 2절을 보면, 1절과 달리 미리암과 아론이 문제 삼는 것은 모세가 구스 여인을 아내로 맞아들인 것이 아니다. 그들은 모세와 동등함을 주장한다. 그리고 하나님이 모세와만 말씀하신 것이 아니고, 자기들과도 말씀하셨음을 그 근거로 제시한다. 미리암과 아론은 모세가 독주하는 것을 곱게 여기지 않았던 것으로 보인다. 자신들도 모세만 못하지 않다고 생각하고, 모세와 동등한 역할을 하려 했던 것으로 보인다. 모세는 이스라엘 사람들을 인도하는 일을 맡아서 동분서주하는데, 미리암과 아론은 그 자리를 탐내는 것이다. 기브롯 핫다아와를 벗어났어도 그들은 여전히 탐욕으로 충만하다. 모세는 짐을 홀로 질 수 없다고 하나님께 하소연하고, 하나님은 장로들을 회막으로 불러서 그들에게 영을 내려 주시면서 모세와 힘을 모아서 이스라엘을 책임지고 인도하게 하셨는데, 모세는 자기를 공개적으로 반대한 엘닷과 메닷뿐만 아니고, 이스라엘 모든 사람들이 다 영을 받아서 선지자가 되기를 바라는 마음인데, 그 자리를 한시라도 빨리 내려놓고 싶어 하는데, 미리암과 아론은 그 자리를 노리는 것이다. 모세는 정말 죽고 싶은 심정이었을 것이다. 무엇을 어떻게 해야 할지 몰랐을 것이다.

이때 하나님이 개입하신다. 하나님이 개입하신 까닭은 미리암과 아론이 하는 말을 들으셨기 때문이다. 하나님이 미리암과 아론이 하는 말에 대해서 어떤 반응을 보이셨는지는 알 수 없다. 그러나 매우 심각하게 생각하신 것으로 보인다. 하나님은 모세를 가엾게 여긴 듯하다. 본문 기자도 이것을 감지하고, "이 사람 모세는 온유함이 지면의 모든 사람보다 더하더라"고 기록한다. 그런데 이 말을 여기서 한 까닭은 무엇일까? 왜 갑자기 모세가 온유하다고 강조하는 것일까? 3절은 군더더기 같다. 2절에서 4절로 바로 이어지는 것이 문맥상 자연스럽기 때문이다. 그런데 3절을 사이에 기록한 것은 이것을 강조하기 위해서일 것이다. 모세가 아무런 대책도 세우지 못하고 전전긍긍하면서, 제 자리에 연연하지 않았기 때문일 것이다. 이스라엘 모든 사람들이 영을 받고 선지자가 되어서 모두가 한마음으로 이스라엘을 다스리기를 바라는 마음을 온유함으로 규정한 것으로 보인다.

하나님이 상황을 심각하게 여기신 것은 '갑자기'(פּתְאֹם피트옴 4절)라는 단어에서 파악할 수 있다.

"여호와께서 갑자기 모세와 아론과 미리암에게 이르시되 너희 세 사람은 회막으로 나아오라 하시니 그 세 사람이 나아가매"(4절).

하나님이 세 사람을 회막으로 부르신다. 그런데 한 가지 궁금한 점은 이 회막이 성막일까 아니면 모세가 하나님을 만나는 회막일까 하는 것이다. 출애굽기 33장을 다시 읽어 보자.

"모세가 항상 장막을 취하여 진 밖에 쳐서 진과 멀리 떠나게 하고 회막이라 이름하니 여호와를 앙모하는 자는 다 진 바깥 회막으로 나아가며 모세가 회막으로 나아갈 때에는 백성이 다 일어나 자기 장막 문에 서서 모세가 회막에 들어가기까지 바라보며 모세가 회막에 들어갈 때에 구름 기둥이 내려 회막 문에 서며 여호와께서 모세와 말씀하시니 모든 백성이 회막 문에 구름 기둥이 서 있는 것을 보고 다 일어나 각기 장막 문에 서서 예배하며 사람이 자기의 친구와 이야기함 같이 여호와께서는 모세와 대면하여 말씀하시며 모세는 진으로 돌아오나 눈의 아들 젊은 수종자 여호수아는 회막을 떠나지 아니하니라"(출 33:7~11).

여기에 의하면, 하나님이 모세와 미리암, 그리고 아론을 부르시고 구름기둥 가운데 나타나신 곳은 바로 모세가 진 밖에 세운 개인용 회막이었을 것으로 보인다. 이때 미리암과 아론은 무슨 생각을 했을까? 하나님이 자신들을 인정하셔서 모세와 동등하게 하실 것으로 기대했을까? 그들이 회막에 갔을 때 하나님이 회막 문에서 미리암과 아론을 부르신다. 그리고 이렇게 상당히 길게 말씀하신다.

"이르시되 내 말을 들으라 너희 중에 선지자가 있으면 나 여호와가 환상으로 나를 그에게 알리기도 하고 꿈으로 그와 말하기도 하거니와 내 종 모세와는 그렇지 아니하니 그는 내 온 집에 충성함이라 그와는 내가 대면하여 명백히 말하고 은밀한 말로 하지 아니하며 그는 또 여호와의 형상을 보거늘 너희가 어찌하여 내 종 모세 비방하기를 두려워하지 아니하느냐"(6~8절).

이 구절을 보면, 하나님은 선지자에 대해서 먼저 말씀하신다. 하나님은 선지자에게 환상이나 꿈으로 하나님 뜻을 알리기도 하고 말씀하시기도 한다. 그러니 선지자는 매우 귀한 신분이다. 그런데 모세는 선지자 이상이다. 하나님은 모세가 하나님의 온 집에 충성한다고 말한다. 하나님은 이것을 귀히 여기신다. 그리고 하나님은 8절에서 두 번째 이유를 말씀하신다. 그런데 6~8절은 내용 전개상 조금 어색하다. 6절을 보면, 하나님은 선지자에게 환상과 꿈으로 자신을 계시한다고 말씀하시고, 7절 첫 구절에서 '내 종 모세와는 그렇지 아니하니'라고 말씀하시는데, 그렇다면 하나님은 다른 선지자들과는 달리 모세에게는 특별한 방식으로 계시하신다는 말씀이 이어져야 한다. 즉 8절이 '내 종 모세와는 그렇지 아니하니'에 이어져야 한다.

이르시되 내 말을 들으라 너희 중에 선지자가 있으면 나 여호와가 환상으로 나를 그에게 알리기도 하고 꿈으로 그와 말하기도 하거니와 내 종 모세와는 그렇지 아니하니 (그와는 내가 대면하여 명백히 말하고 은밀한 말로 하지 아니하며 그는 또 여호와의 형상을 보거늘 너희가 어찌하여 내 종 모세 비방하기를 두려워하지 아니하느냐) 그는 내 온 집에 충성함이라

이렇게 하는 것이 더 자연스럽다. 그리고 "그는 내 온 집에 충성함이라"는 구절은 맨 뒤에 놓아도 왠지 생뚱맞아 보인다. 문맥상 잘 어울리지 않기 때문이다. 문제는 모세가 충성하느냐 안 하느냐가 아니라, 미리암과 아론이 모세와 동등한 지위를 주장하는 문제이기 때문이다. 그런데 하나님은 왜 "그는 내 온 집에 충성함이라"고 말씀하시고, 이 구절을 앞에 두셨을까? 하나님은 이것을 문제 삼는 것으로 보인다. 모세는 하나님을 위해서 충성을 다한다. 그런데 미리암과 아론은 그렇지 않다는 뜻일까? 모세는 자신을 위해서 무엇을 주장하지 않았다. 그는 오직 하나님과 백성들만 생각한다. 그래서 자기 자리에 연연하지 않는다. 모든 백성이 다 하나님 영을 받아서 선지자 되기를 원하는 것이 모세의 심경이다. 그런 모습을 곁에서 보았으면서도, 미리암과 아론은 자신들이 높은 지위에 오르기를 바란다. 이것은 탐욕이다. 그리고 원래 아론은 모세를 돕는 사람이다. 하나님은 이미 이렇게 말씀하셨다.

> "여호와께서 모세를 향하여 노하여 이르시되 레위 사람 네 형 아론이 있지 아니하냐 그가 말 잘 하는 것을 내가 아노라 그가 너를 만나러 나오나니 그가 너를 볼 때에 그의 마음에 기쁨이 있을 것이라 너는 그에게 말하고 그의 입에 할 말을 주라 내가 네 입과 그의 입에 함께 있어서 너희들이 행할 일을 가르치리라 그가 너를 대신하여 백성에게 말할 것이니 그는 네 입을 대신할 것이요 너는 그에게 하나님 같이 되리라"(출 14:14~16).

하나님은 모세를 부르셨다. 그리고 모세를 돕게 하기 위해 아론을 부르셨다. 아론은 하나님이 왜 자신을 부르셨는지를 알아야 했다. 그런데 그렇지 못하고 모세와 동등한 지위를 갖고자 했다. 모세는 하나님과 직접 대면하고 하나님 형상을 본다. 이런 사람인데 너희들이 왜 모세를 비방하느냐? 모세를 비방하는 것은 매우 두려운 일이어야 한다. 그런데 미리암과 아론은 모세를 비방하면서도 그것이 얼마나 큰 죄인지 알지 못했다. 자신들이 선지자급이긴 하지만, 그럼에도 불구하고 모세가 얼마나 독특한 위치에 있는지, 그리고 그런 자리가 얼마나 힘겨운 자리인지 전혀 알지 못했다. 그래서 그 자리를 욕심낸 것이다. 그들은 모세가 가진 장점을 갖지 못했다. 모세는 자리에 대한 욕심 없이 그저 묵묵하게 하나님의 온 집에 충성을 다했다.

하나님은 미리암과 아론이 모세를 비방하는 것에 대해서 못마땅하게 생각하셨을 뿐만 아니라 진노하셨다. 미리암과 아론이 모세를 비방하는 것은 마땅히 두려워할 일이었다. 삼갈 일이었다는 말이다. 그것은 하나님을 공격하는 것이고 이스라엘을 불안하게 하는 일이었다. 하나님은 탐욕을 증오하신다. 탐욕이 발생하는 곳에 하나님은 개입하시고, 진노하신다. 구름기둥 속에서 회막 문에 임하셨던 하나님은 진노하신 채 그곳을 떠나셨고, 구름도 회막에서 떠났다.

하나님이 떠나가신 후에 미리암은 심한 피부병에 걸려서 피부가 눈처럼 희어졌다. 레위기를 보면, 사람 피부를 보고 질병 여부를 확인하는 것은 제사장의 역할이다.

"여호와께서 모세와 아론에게 말씀하여 이르시되 만일 사람이 그의 피부에 무엇이 돋거나 뾰루지가 나거나 색점이 생겨서 그의 피부에 나병 같은 것이 생기거든 그를 곧 제사장 아론에게나 그의 아들 중 한 제사장에게로 데리고 갈 것이요 제사장은 그 피부의 병을 진찰할지니 환부의 털이 희어졌고 환부가 피부보다 우묵하여졌으면 이는 나병의 환부라 제사장이 그를 진찰하여 그를 부정하다 할 것이요"(레 13:1~3).

아론은 미리암이 피부병에 걸린 것을 보고, 이렇게 말한다.

"아론이 이에 모세에게 이르되 슬프도다 내 주여 우리가 어리석은 일을 하여 죄를 지었으나 청하건대 그 벌을 우리에게 돌리지 마소서 그가 살이 반이나 썩어 모태로부터 죽어서 나온 자 같이 되지 않게 하소서"(11~12절).

아론은 하나님이 진노하신 채 회막을 떠나시고, 그 직후에 미리암이 피부병에 걸린 것을 보고, 그들이 무엇을 잘못했는지를 깨닫는다. 그래서 바로 모세를 "내 주여"라고 부른다. 그리고 미리암을 위해서 간청한다. 12절은 미리암이 이미 그런 상태인 것인지 아니면 앞으로 그럴 가능성이 있기 때문에 하는 말인지 알 수 없지만, 상태가 아주 심각했던 것으로 보인다. 10절은 미리암이 피부병에 걸려서 눈처럼 희어졌다고 말하는데, 전신이 희어진 것은 아닌 듯하다. 전신이 희어졌다면, 정한 자로 여기기 때문이다.

"제사장이 보기에 나병이 그 피부에 크게 발생하였으되 그 환자의 머리부터 발끝까지 퍼졌으면 그가 진찰할 것이요 나병이 과연 그의 전신에 퍼졌으면 그 환자를 정하다 할지니 다 희어진 자인즉 정하거니와"(레 13:12~13).

전신이 희어진 사람은 피부병에 걸리긴 했어도 정하다고 인정받기 때문에, 감금하지 않았고 행동을 자유롭게 했다. 대표적인 사람이 바로 엘리사를 돕던 게하시다. 게하시는 나아만에게서 재물을 취했다가 그 징벌로 피부병에 걸렸는데, 온몸이 하얗게 되었다(왕하 5:27). 하지만 그는 행동에 제약을 받지 않았고, 심지어 왕과 대화를 나누기도 한다(왕하 8:4~5).

아론이 미리암을 위해서 간청하자, 모세의 심경은 복잡했을 것이다. 하나님은 문제를 해결해 주셨지만, 모세는 문제가 하나 더 생긴 셈이다. 그래서 모세는 "여호와께 부르짖어 이르되 하나님이여 원하건대 그를 고쳐 주옵소서"라고 간청한다.

이것을 통해서 모세는 지도력을 회복한다. 미리암과 아론은 모세와 동등한 지위를 요구했다가 어려움을 당했고, 그것을 모세가 하나님께 간청함으로써 풀었기 때문에 모세는 미리암과 아론이 넘볼 수 없는 지도력을 갖게 되었다. 그런데 하나님은 모세가 간청할 때 이렇게 말씀하신다. 14절을 보라.

"여호와께서 모세에게 이르시되 그의 아버지가 그의 얼굴에 침을 뱉었을지라도 그가 이레 동안 부끄러워하지 않겠느냐 그런즉 그를 진영 밖에 이레 동안 가두고 그 후에 들어오게 할지니라 하시니"(14절).

여기서 드는 의문은 미리암과 아론이 모세의 권위에 도전하고 그로 인해서 하나님을 진노케 했는데, 왜 미리암만 피부병에 걸리고 아론은 징계를 받지 않았을까 하는 것이다. 하나님은 미리암과 아론도 매우 아끼셨음을 알 수 있다. 하나님이 원하는 것은 그들이 모세를 도와서 하나님의 온 집을 위해 충성을 다하는 것이다. 아론이 대제사장이기 때문에 하나님이 징계하지 않았다고 하는 사람들도 있는데, 아론 대신 다른 사람을 세울 수도 있기 때문에, 이것은 적절해 보이지 않는다. 그리고 14절을 보면, 하나님은 미리암에게 피부병이 걸리게 한 것을 명분용으로 여기신 듯하다. 그리고 이스라엘 사람들에게도 경고하는 상징적인 행동으로 보인다. 그래서 미리암은 일주일 동안 진 밖에 갇혀 있다가 돌아왔다. 이것은 미리암이 죽었다가 다시 살아난 것을 상징하는 것으로 보인다. 이 일 이후로 미리암과 아론은 모세에게 도전하지 않았을 것이다. 그런데 그렇다고 해서 이후로 모세가 강력한 권위를 갖고 아무도 넘볼 수 없는 확고한 위치를 확보한 것은 아니다. 더 큰 문제들이 앞으로 발생하는데, 16장을 보면, 미리암과 아론이 모세에게 도전하는 것과는 비교할 수 없는 일이 일어난다.

> "레위의 증손 고핫의 손자 이스할의 아들 고라와 르우벤 자손 엘리압의 아들 다단과 아비람과 벨렛의 아들 온이 당을 짓고 이스라엘 자손 총회에서 택함을 받은 자 곧 회중 가운데에서 이름 있는 지휘관 이백오십 명과 함께 일어나서 모세를 거스르니라 그들이 모여서 모세와 아론을 거슬러 그들에게 이르되 너희가 분수에 지나도다 회중이 다 각각 거룩하고 여호와께서도 그들 중에 계시거늘 너희가 어찌하여 여호와의 총회 위에 스스로 높이느냐"(16:1~3).

이런 문제가 발생할 때마다 하나님은 시시콜콜한 것에까지 다 개입하시고, 사소한 것까지 일일이 일러주신다. 사람들은 여전히 문제만 일으키고, 그 문제를 해결하는 데는 무능하다. 그러니 하나님이 나서서 문제를 해결할 수밖에 없는 것이다.

백성들은 미리암을 기다렸다. 그들은 미리암이 돌아오기까지 행진하지 않았다. 여기까지가 그들이 하세롯에 머무는 동안 일어난 일들이다. 기브롯 핫다아와를 떠나서 하세롯에 도착했지만, 하세롯 역시 기브롯 핫다아와였다. 비록 기브롯 핫다아와에서처럼 사람들이 죽지는 않았지만, 하세롯 역시 탐욕으로 인해 하나님을 진노케 한 곳이었다. 이제 이스라엘 사람들은 그곳을 떠난다. 그들은 하세롯을 떠나서 바란 광야에 진을 쳤다. 이렇게 해서 10:11~12:16의 이야기 한 묶음이 끝난다.

정탐하는 백성들

민수기 13~14장 주해와 적용

불신과 반역의 역사 전개

이스라엘이 애굽에서 출발하면서 시작된 광야 생활 동안 범한 가장 큰 죄 둘을 지적하라면, 본문에서 언급되는 가나안 땅 정탐꾼 파송과 금송아지(출 32~34장) 사건을 꼽을 수 있다. 이 두 사건은 이스라엘의 광야 시절 가장 결정적인 사건들일 뿐만 아니라, 몇 가지 공통점을 지니고 있다. 모세는 모압 평지에서 가나안 땅 입성을 바로 눈앞에 둔 출애굽 세대의 후손들에게 지난 40여 년의 광야 생활을 회고하면서, 이 두 사건을 특별하게 언급하고 있다(신 1:22~45; 9:12~25). 여호와가 그의 백성의 죄에 분노하여 그들을 몰살시키고 모세를 통하여 새로운 백성을 창조하겠다고 선언하신 것도, 이 두 사건만이 지니고 있는 공통점이다(출 32:10; 민 14:12).

또한 본문의 사건은 시내산 밑에서 금송아지를 만들어 하나님의 진노를 샀던 이들이 그곳을 떠나(민 1~10장) 가나안 땅으로 들어가려는 과정 중 가데스(민 13:26)에서 일어난 사건이라는 연결성도 지니고 있다. 가데스는 브엘세바(창 21:14)에서 남쪽으로 약 80km 지점에 있으며, 약속의 땅 최남단인 신 광야와 바란 사이에 있었던 오아시스를 중심으로 형성된 지역이었다. 이 지역의 이름은 가데스 바네아(민 32:8), 엔미스밧(창 14:7), 므리바(민 20:13)로 불리기도 하며 이스라엘 민족은 이 지역에서 40년 광야 생활의 대부분을 마치게 된다. 본문은 앞뒤에 전개되는 사건들과 구체적인 연관성을 유지하면서 확실한 문맥과 플롯의 흐름을 이어가고 있다. 10장은 이스라엘이 시내산을 떠나 가데스로 오고 있는 과정을 수록하고 있다. 11~12장은 백성들이 다베라에서 여호와를 원망한 것(11:13), 기브롯 핫다와에서 여호와를 원망한 것 (11:4~35), 그리고 미리암과 아론이 모세를 비방한 사건(12:1~16)으로 구성되어 있다. 특히 12장에서 노출된 아론과 미리암의 모세에 대한 불신임이 이백성의 심리적 분위기를 잘 반영할 뿐 아니라, 본문(13~14장)에서 온 이스라엘이 노골적으로 표현한 여호와와 모세의 지도력에 대한 불신임을 유발하는 동기로도 간주될 수 있다.

이스라엘의 반역은 그들에게 광야 생활을 38년 동안 추가로 하게 했으며 (신 2:14), 이 시간은 15장에서 시작되어 20장에서 끝이 난다. 이 38년 동안 일어났던 사건들 중 유일하게 우리에게 전해 내려오는 것들은 고라를 중심으로 한 반역(16장), 아론의 꽃피는 지팡이(17장), 모세의 죄(20장) 등이다.

본문은 출애굽을 한 이스라엘이 곧장 약속의 땅 가나안으로 들어가지 못하고 40년 동안 광야 생활을 해야 했던 동기를 설명하고 있다. 저자는 실패한 가나안 정복의 클라이맥스를 백성들이 정탐꾼들의 말을 귀담아듣고 하나님과 모세의 지도력에 불신임의 반응을 표하는 데(14:1~10) 두고 있다.

다음과 같은 본문의 구조가 감지된다.[1]

> **A 정탐꾼의 원정**(13:1~24)
> 하나님께서 예비 조사를 결정하심(1~2절)
> 모세가 선발대를 선출하고 지시함(3~20절)
> 예비 조사가 완료됨(21~24절)
> > **B 정탐꾼의 보고**(13:25~33)
> > 대다수의 객관적인 보고(25~29절)
> > 갈렙의 상반된 보고(30절)
> > 대다수의 주관적인 보고(31~33절)

X 백성들의 반응(14:1~10상)

　　　대다수의 반응: 정복을 포기하자(1~5절)

　　　여호수아와 갈렙의 대조적인 반응(6~9절)

　　　대다수의 반응: 반대파를 돌로 쳐라(10상절)

　B´ 하나님의 반응(14:10하~38)

　　모세를 제외한 이스라엘의 멸종(10하~12절)

　　모세의 중보 기도(13~19절)

　　하나님이 결정을 완화하심(20~38절)

A´ 백성들의 원정(14:39~45)

　백성들이 정복을 결정함(39~40절)

　모세가 반대함(41~43절)

　정복이 중지됨(44~45절)

정탐꾼의 원정(민 13:1~24)

　본문을 읽어 내려가다 보면, 이스라엘이 곧바로 가나안 땅 정복에 나서지 않고 먼저 스파이들을 파견하여 그 땅을 40일 동안 정탐하게 한 일이 마치 하나님의 명령에서 비롯된 것처럼 느껴진다. 그러나 이 사건은 40년 후 모세가 모압 평지에서 이스라엘에게 회고한 것을 기초로 해석되어야 한다(신 1:19~45). 모세는 자신의 회고에서 그가 처음에 이 백성들에게 곧장 가나안 정복에 나설 것을 요구한 것으로 밝혔다(신 1:20~21). 그러나 백성들은 모세에게 먼저 정탐꾼들을 그 땅에 보내 그곳의 상황을 파악하고 올라갈 것을 요구했고, 모세는 이런 백성들의 요구를 수용했다(신 1:22~23).

1. 하나님의 마지못한 정탐 동의
　그렇다면 본문을 시작하는 하나님의 '정탐꾼을 보내라'는 명령은, 출애굽

과정에서 여호와가 베푸신 그 많은 이적을 체험했으면서도 아직 그분의 능력과 지도력을 신임하지 못하는 이스라엘 사람들의 요구에 하나님이 마지못해 동의하신 것으로 해석해야 한다.

이런 해석을 뒷받침하는 증거가 있다. 먼저, 가나안을 정탐하게 될 이스라엘의 지도자를 선정한 자가 하나님이 아니고 모세란 점이다. 하나님은 이스라엘이 시내산을 출발하기 전에 각 지파의 두령을 세우셨으며 이 두령들을 직접 지명하셨다(1:4~17). 가나안 입성을 눈앞에 두고 공정한 땅 배정을 위하여 백성들 중 지도자들이 세워졌을 때(34:16~29)도 하나님께서 직접 지명하셨다. 반면에 본문은 모세가 이 정탐꾼들을 지명한 것으로 밝히고 있다 (13:3). 무언가 석연치 않은 점이 포착되는 것이다. 또한 문맥의 흐름을 살펴보면, 본문은 연속되는 이스라엘의 죄와 실패에 대한 보고의 한 부분으로 등장한다. 11~12장에서는 세 가지 죄에 대하여 전한다. 그리고 본문에서 두 가지 죄를 더 언급하고 있다. 이런 문맥에서 이 사건을 생각한다면 정탐꾼을 보내는 일은 처음부터 잘못 시작된 것임을 상상할 수 있다.

2. 정탐은 하나님에 대한 불신의 죄

그리고 훗날 모세는 이 일로 인하여 가나안에 입성하지 못하게 됨을 회고하고 있다(신 1:37). 본문은 모세의 죄나 실수에 대하여 전혀 언급하지 않는다. 그럼에도 모세가 백성들과 한 부류로 취급을 받아 광야에서 죽는 심판을 받게 되는데 이를 통해 그도 이들의 죄에 동참했을 것이라는 결론이 나온다.

무엇이 이들의 죄였는가? 백성들이 범했고 모세가 동조했던 죄는 여호와에 대한 불신이었다. 하나님은 벌써 어느 누구보다도 가나안 땅에 대하여 잘 알고 계셨으며 이 백성을 그 땅으로 곧장 인도하시기를 원하셨다. 가나안 정복은 궁극적으로 여호와 자신이 싸워야 할 성전(聖戰)이기에 이스라엘의 군사적 무장의 유무는 큰 문제가 아니었던 것이다.[2] 그들은 단순히 여호와의 명령에 순종하며 그가 어떻게 가나안 땅을 정복해 나가는가를 지켜보면 되었다. 그러나 이스라엘은 어떠했는가? 이런 하나님의 계획에 불안감을 표현했을 뿐만 아니라 '보고 믿을 수 있는 증거'를 요구했다. 때로는 하나님께서 그의 백성들에게 보지 않고도 순종하는 믿음을 요구하신다. 그때에는 어떤 자세로 응답해야 하는가?

3. 지파의 두령들이 교체되다

각 지파의 대표로 선출된 두령들을 살펴보면 1장의 두령들과 다르다. 즉 1장에서 지도자로 선정되었던 사람들은 이 일에는 적합하지 못했음을 의미한다고 하겠다. 우리가 행하는 하나님의 사역이 바로 이런 모습이 아닐까? 우리들 각자의 믿음과 맡은 바 달란트대로 때로는 선두에서 당기고, 때로는 뒤에서 밀며 서로가 합심하여 한 폭의 아름다운 그림을 조금씩 채워 나가는 여유로움과 너그러움이 있는 것 말이다. 선발된 열두 명의 이름은 대부분 성경의 다른 부분에서 더 이상 거론되지 않는다. 그러나 갈렙과 여호수아의 이름은 다른 곳에서도 계속 언급된다. "모세가 눈의 아들 호세아를 여호수아라 칭하였더라"(16절)는 두 가지의 기능을 성취하고 있다. 여호수아가 앞으로 중요한 위치에 오를 것을 암시하며, 또한 이 호세아가 바로 그 유명한 여호수아라는 점을 독자들에게 알려 주는 것이다. 갈렙은 그나스 사람 여분네의 아들이었다(32:12). 그나스 사람들은 에돔 족속에 속한 자들로 에서의 큰아들 엘리바스의 막내아들 그나스에 의하여 시작된 지파다(창 36:10, 11). 갈렙이 유다의 대표로 선발된 것을 보면, 그의 조상은 오래전에 유다에 속하게 된 것 같다.

4. 헤브론으로 올라가길 거부하다

정탐꾼들은 40일 동안 여러 곳을 두루 돌아다니다가 헤브론을 거쳐 돌아왔다(22절). 때는 포도가 처음 익을 무렵이었다. 7월 중순쯤이다. 돌아오는 길의 한 골짜기에서 포도 한 송이를 따서 두 사람이 막대기에 꿰어 둘러메고 왔다. 그리고 그곳의 거대한 포도송이를 기념하기 위하여 이름을 '에스골'(송이)이라 했다. 그만큼 그 땅이 비옥했다는 뜻이다. 훗날 유다가 이 땅을 차지

하게 될 것이며, 땅의 비옥함에 대해서는 야곱의 예언에서 벌써 언급되었다
(창 49:11). 이 과정에서 중요한 것은 헤브론에 대한 언급이다. 헤브론은 예루
살렘에서 남서쪽으로 약 30km에 위치한 곳으로 원래 이름은 기럇아르바(창
23:2)였다. 훗날 다윗은 이 지역을 자신의 정치 중심지로 삼고 이곳에서 7년
동안 유다를 통치했다(삼하 2:11). 또한 이곳은 북쪽의 세겜과 같이 이스라엘
의 종교 역사에서 매우 중요한 위치를 차지하며, 헤브론의 중요성은 선조 시
대까지 거슬러 올라간다(창 13:18).

　이곳에서 하나님은 처음으로 아브라함에게 가나안 땅을 약속하셨다. 이
후 이스라엘이 애굽으로 내려가기 전까지 그들의 모든 선조들이 이곳에서
거주했다(창 35:27). 이스라엘의 선조들과 그들의 아내들 중 라헬을 제외하고
는 모두가 이곳에 묻혔다(창 23장).

　이 땅은 아브라함이 벌써 값을 치르고 산 땅이다. 이와 같이 헤브론은 이
스라엘의 선조들에게 역사적으로 매우 중요한 의미가 있는 땅이었을 뿐만
아니라, 이스라엘이 합법적으로 소유권을 요구할 수 있는 땅이었다. 그러므
로 이스라엘이 헤브론으로 올라가기를 거부한 것은 하나님께 반역하는 행
위였을 뿐만 아니라, 자신의 권리를 포기하는 행동이었다. 이미 주어진 특권
과 권리마저도 포기하는 이들의 모습이 매우 안타깝기만 하다.

정탐꾼의 보고(민 13:25~33)

　돌아온 사람들의 보고는 긍정적인 면모와 부정적인 면모를 동시에 지니
고 있다. 하나님이 그동안 수차례 말씀하신 것같이, 그 땅은 정말 젖과 꿀이
흐르는 비옥한 땅이란 것을 확인한다(27절). 그러나 문제는 바로 다음에 사용
되는 '그러나'(but)이다(28절).

　그 땅에는 많은 족속들, 그것도 매우 강하고 용맹스러운 자들이 평지(남쪽)
에서 산악 지대(북쪽)에 이르기까지 그리고 요단(동쪽)에서 바닷가(서쪽)에 이

르기까지 고루 퍼져 살고 있으며, 이들이 거하는 성읍들은 견고한 요새라는 것이다(28~29절). 당시 가나안 성벽의 높이가 915m에 이르고 폭이 45m에 이른 것을 감안하면, 이들의 평가는 매우 현실적이다. 그곳에 사는 이들은 몸집이 매우 큰 거인들이었으며, 33절에서는 이들을 노아 홍수 이전에 살았던 것으로 전해지는 네피림의 후손이라고 주장한다.

갈렙이 침울해져 가는 분위기를 바꾸어 보려고 노력하지만(30절), 그들은 더 커다란 낙담의 수렁으로 빠져 들어간다. "우리는 능히 올라가서 그 백성을 치지 못하리라 그들은 우리보다 강하니라"(31절). 정탐꾼들은 지금 진실을 말하고 있다. 이들이 가나안 땅의 거주민들을 이기지 못할 것은 당연하다. 그러나 안타까운 것은 비록 이들이 자신의 힘으로는 할 수 없지만 여호와가 함께하시면 능히 이기고도 남음을 깨닫지 못하고 있다는 점이다.

또한 다른 민족의 관점에서 바라볼 때 이스라엘이 가나안 정복에 실패하면 여호와가 정복에 실패한 것과 다름이 없다. 그러므로 정탐꾼들이 말한 '우리는 그들을 이기지 못한다'는 '하나님은 그들을 이길 수 없다'는 의미로 해석될 수밖에 없다. 이들이 애굽을 출발하여 이곳까지 오는 동안 수없이 많은 여호와의 능력과 역사를 체험했으면서도 이렇게 소극적이고 부정적으로 변했다는 것을 생각하면 더욱더 그렇다.

정탐꾼들은 한 걸음 더 나아가 그 땅을 '거민을 삼키는 땅'으로 악평한다(32절). 정탐꾼들은 벌써 이 땅이 옥토라는 것을 보고했기 때문에(27절) 극히 소산이 적은 땅을 의미하는 것은 아니다. 두 가지 측면에서 이 땅은 지속적으로 전쟁을 불러일으키므로 거민을 죽일 땅이란 의미인 것 같다. 먼저 땅이 비옥해서, 그리고 아시아와 아프리카를 연결하는 이 땅의 위치 때문에 정치적, 경제적 이권을 위하여 이 지역을 소유하고자 하는 외부의 끊임없는 침략과 간섭을 받아 평화로운 날이 없으리라는 의미로 풀이된다. 정탐꾼들의 이러한 평가는 논리적으로 타당성이 있다. 그러나 이들의 논리는 지역의 지리적, 정치적 상황에도 불구하고 이 땅을 선물로 주겠다고 약속하시고 이곳까지 인도하신 하나님에 대한 불신앙일 뿐만 아니라 망언이었다.

백성들의 반응(민 14:1~10상)

정탐꾼들의 현실적이지만 비관적인 보고(13:28~29)는 백성들을 술렁이게 했다(13:30). 그리고 그 땅에 대한 악평은 온 백성으로 하여금 여호와를 원망하게 했다(14:1~30). 또한 이 백성들의 원망은 여호와와 모세를 버리고 새 지도자를 세워 애굽으로 되돌아갈 계획을 꿈꾸도록 했다(14:4).

저자는 이스라엘의 모든 사람이 반역에 동참했음을 강조하기 위하여 그들을 언급하는데, 세 가지 다른 표현을 사용한다. '온 회중'(1, 2절), '백성'(1절), '(모든) 이스라엘의 자손'(2절)이 그것이다. 저자는 또한 이들이 얼마나 심하게 하나님을 원망했는지를 드러내기 위하여 사람들의 울부짖음을 네 가지로 표현한다. '소리를 높여'(1절), '곡하였더라'(1절), '원망하며'(2절), '이르되(우리가 애굽 땅에서 죽었거나)'(2절). 즉 저자의 관점에서 볼 때 몇 명을 제외한 이스라엘의 모든 사람이 죽어 마땅한 죄를 범하고 있는 것이다.

생활이 어려우면 사람은 지긋지긋했던 과거마저도 동경하고 그 시절을 그리워하는 경향이 있다. 이스라엘 백성도 이런 향수병을 앓고 있는 것이다. 애굽에서의 노예 생활이 뭐가 좋아서 지금 그때를 그리워하고 있는가(23절)? 그들이 그리워할 것은 없지만 그만큼 현실이 불만스럽다는 뜻이다. 이들의 불만이 타당한가는 이슈(issue)가 아니다. 감정이 격해진 이들의 심리가 정탐꾼들의 보고에 그만큼 위축되었다는 것이다.

그리고 그들은 여호와와 모세의 리더십을 거부하고 장관을 세워 다시 애굽으로 돌아가려 한다(4절). 애굽으로 돌아가는 것은 영원히 금지된 행위다(신 17:16; 28:68). 애굽을 선호하는 것은 이스라엘의 영적 변절(apostasy)의 상징이기도 했다(사 30:17). 백성들의 이러한 집단행동은 모세와 아론으로 하여금 심히 두려워하여 그들 앞에 엎드리게 했다(5절). 갈렙과 여호수아가 모세와 아론의 이런 모습을 보고 옷을 찢으며 백성들을 설득하려 했다(6~9절). 그들의 메시지의 요지는 아주 간단하다. '임마누엘'(9절)이다. 그들의 논리인즉 '여호와가 우리와 함께하시는데 무엇이 두렵겠는가?'였다. 그러나 백성들은 설득당하기는커녕 도리어 이들마저 돌로 치려 했다.

상당수의 사람들이 마치 민주주의가 하나님주의인 양 착각을 한다. 그러나 본문은 분명히 이것이 사실이 아님을 드러내고 있다. 모세를 중심으로 한 네 명이 지금 200만 명과 대립하고 있다. 백성들이 돌을 들어 이들을 치려는 순간 이 네 명은 어떤 생각을 했을까? 기나긴 시간으로 느껴졌던 몇 초가 지나고 하나님의 영광이 임하며 죄인들에 대한 심판이 내려진다. 내용을 살펴보면 이 백성들은 자신이 내뱉은 말을 스스로 먹어야 했다(14:28).

하나님의 반응(민 14:10하~38)

이스라엘을 위하여 베푸신 그 많은 이적을 체험하고도 위와 같은 원망을 하는 그들에게 하나님이 진노하시는 것은 너무나 당연하다. 여호와는 이스라엘의 행동을 멸시와 불신으로 받아들이셨다(11절). 여호와는 이들을 멸하고 모세를 통하여 새 민족을 형성하기를 원하셨다(12절). 그러나 모세는 여호와께 간절히 기도함으로 그의 회심을 부탁했다.

1. 기도는 들으셨으나 죄는 심판하심

모세의 기도는 세 가지 원리에 근거한 기도였다. 첫째 애굽과 세상 사람들의 눈에 비추어질 하나님의 명예 손실(13~16절), 둘째 하나님의 진정한 권능은 죄 지은 자들을 심판하시는 데 있지 않고 오래 참으시고 용서할 수 없는 자들을 용서하시는 데 있다는 것(17~18절), 셋째 애굽에서부터 지금까지 베푸신 끊임없는 은혜와 자비의 강물이 계속 흘러야 한다는 것(19절)이었다. 즉 모세는 하나님의 명예, 그의 말씀, 그리고 그동안 행하신 일에 기초하여 이번에도 이들을 용서하실 것을 부탁했다.

2. 전쟁에 대한 직무 유기

여호와는 이런 모세의 논리적인 기도를 수용하셨지만 이들의 죄는 심판하셨다. 비관적인 보고를 통하여 온 백성을 동요시킨 정탐꾼 10명이 재앙으로 죽고(37절), 또한 20세 이상 된 사람들 중 갈렙과 여호수아를 제외하고는 모두가 가나안 땅에 들어갈 수 없거니와 40년의 세월을 광야에서 지내며 객사해야 했다.

20세를 기준으로 삼은 것에는 두 가지 이유가 있는 것 같다. 첫째 1장의 인구 조사와 직접 연관이 있다(1:18, 20, 22, 24). 1장에서 성인들만 인구 조사에 포함시키면서 20세에 그 기준을 두었다. 즉 20세 이상의 성인들은 자신의 죄에 대한 책임을 지라는 것이다. 둘째, 20세는 전쟁에 나가서 싸우는 나이다(1:3). 전쟁에 나가 싸워야 할 자들이 싸우기를 거부하였으니 일종의 직무 유기가 아닌가? 그러므로 이 심판은 맡은 일을 충실하게 이행하지 않은 점에 대한 하나님의 징계다.

성경을 살펴보면, 하나님이 이스라엘을 이곳까지 인도하신 것은 그들이 가나안 정복을 위한 전쟁에 임할 준비가 되어 있다고 생각하셨기 때문이다. 이스라엘이 애굽을 출발하여 곧장 직선을 그으며 가나안 땅에 입성하지 않고 홍해 쪽으로 돌았던 두 가지 이유는 모세가 백성들을 이끌고 시내산에서 하나님께 예배를 드려야 했고(출 3:12), 이스라엘이 곧장 가나안으로 들어가려면 전쟁을 치러야 하는데 이들이 준비되지 않았기 때문이다(출 13:17). 즉 이스라엘이 가나안 입성을 위하여 가데스 바네아에 오게 된 것은, 하나님 보시기에 이들이 전쟁 치를 모든 준비를 했기 때문이다. 다만 그들의 마음이 준비되지 않았기에 이런 엄청난 죄를 범하게 된 것이다.

3. 원망스런 불신의 말대로 죽어 가다

하나님은 이들이 원망의 목소리로 내뱉었던 말들과 행동에 대하여 스스로 책임지게 하셨다(28절). 이들은 앞으로 나가는 것을 두려워했다(24절). 이제 그들은 앞으로 나가지 않아도 된다. 오던 길로 돌아가야 하기 때문이다

(25절). 차라리 '광야에서 죽었다면 좋았을 것'(2절)이라 말한 자들은 광야에서 죽게 되었다(28, 29, 32절). 아론과 모세로 하여금 땅에 엎드리게 한 자들(5절)의 시체가 광야에 엎드러졌다(29, 32절). 이들은 칼에 맞아 죽을까 두려웠다(3절). 이제 이들은 칼에 맞아 죽게 되었다(43절). 이들은 자녀들이 광야에서 죽을까 두려워했다(3절). 이제 이들이 광야에서 죽게 되었다(32절).

그리고 그들이 염려했던 자식들은 그들을 대신해서 가나안 땅을 취하게 된다(31절). 이들은 자식들이 사로잡힐까 두려워했다(3절). 이제 그들의 자식은 광야에서 40년 동안 방황하면서 부모의 죽음을 지켜봐야 한다(33절). 이들은 하나님이 그들과 함께하신다는 것을 의심했다(참고 9절). 그들의 의심이 현실화되었다(42, 43절). 사람이 하는 말에 대한 책임을 묻는 하나님의 모습이 드러나는 순간이다.

백성들의 원정(민 14:39~45)

상황을 알아차린 백성들이 통곡을 하며 가나안으로 올라가기를 원했다(39~40절). 자신들의 죄에 대하여 조금이라도 책임을 지겠다는 자세에서 비롯되었을 것이다. 그러나 이들의 통곡은 회개의 통곡이 아니었다. 만약에 이것이 회개의 통곡이었다면 비록 받아들이기 어렵지만 하나님의 말씀을 그대로 순종했을 것이다.

그러나 그들은 이 일로 인하여 또 한 번 여호와를 거역했다. 모세는 여호와가 함께하시지 않기 때문에 부질없는 일이니 가지 말라고 말렸다(41~43절). 그러나 그들은 끝까지 우겨 올라갔지만 결과는 뻔한 것이었다(45절). 여호와의 언약궤가 모세와 함께 가데스에 있었으니 당연한 일이었다(44절).

맺는 말

본문에서 믿음의 정의가 내려진다. 믿음이란 무지하거나 맹목적인 낙관(optimism)이 아니다. 이스라엘의 죄는 현실의 난제들을 올바른 관점에서 바라보지 못한 데서 비롯되었다. 갈렙의 '이길 수 있다'는 발언(13:30)은 결코 그들이 당면한 문제들이 가상적이거나 별것 아니라는 태도에서 비롯된 것이 아니다. 그는 단순히 믿음의 눈을 통하여 바라보면 이스라엘이 충분히 이길 수 있음을 호소했을 뿐이다. 믿음이란 우리가 당면한 실존의 문제들을 '하나님의 관점'에서 바라보는 것이다.

04

이 법대로 할 것이라

민수기 15~19장 주해와 적용

여호와께 드리는 제물에 관한 규정(민 15장)

1. 개요

15장은 이스라엘 자손의 불평과 원망, 패역과 반란을 전하는 본문(11~17장) 속에 끼여 있다. 15장은 이스라엘 자손이 약속의 땅에 들어가 살 때 지켜야 할 규정을 다룬다. 화제, 번제, 서원을 갚는 제, 낙헌제, 정한 절기제 등하나님께 예배하며 제물을 드리는 제사에 관한 규례가 그 내용이다. 이처럼 15장은 이스라엘 자손이 가나안 땅에 들어가 살 때 반드시 지키고 따라야 할 예배와 제사에 관한 규정을 전한다. 하나님의 뜻을 존중하며 사는 방법을 여호와께 제물을 드리는 삶으로 표현하는 것이다.

학자들에 따라서는 15장을 부록이나 후대의 삽입으로 간주하기도 한다. 15장의 규정이 어휘, 스타일, 글의 형식과 주제 등에서 11~14, 16~17장과 차이가 난다고 보기 때문이다. 14장에서 이스라엘은 하나님이 주시는 땅을 수령하기를 거부하는 죄를 범했다. 15장은 그런 이스라엘에게 가나안 땅에 들어가서 지켜야 할 규례를 전하고 있는 모양새다. 그만큼 어색하다. 또 15장과 병행하는 다른 규정들(예를 들어 레 1, 2, 3장; 6:8~13; 7:11~21; 22:21~25; 23:19; 민 6:15, 17; 겔 46:5~7, 11, 14 등)을 검토해 볼 때 15장은 기존에 있던 처방이나 규정 등을 수정하거나 보충하는 구실을 한다고 보기도 한다.

그러나 15장을 단순한 삽입 형식의 글로 보아서는 안 된다. 15장은 11~14장이 쏟아 냈던 절망적인 분위기를 일소에 해소시키는 말씀이다. 모세의 지도력에 대들다가 하나님의 인도하심까지 불신하게 되었던 이스라엘에게 야웨 하나님의 리더십(leadership)을 다시 회복시키려는 의도로 본문이 전개되고 있기 때문이다. 11~14장에서 이스라엘의 편력(遍歷)은 분란과 소란으로 점철되어 있다. 신앙인 이스라엘과는 거리가 먼 불신과 아집에 가득 찬 백성들이 거기에 나온다. 14장의 마지막은 아예 '이스라엘 중에 계시지 아니하는 야웨 하나님'(14:42)으로 끝나 버렸다. 이스라엘과 함께하지 않으시는 하나님! 11~14장 이야기는 그렇게 막을 내렸다.

하지만 15장은 그처럼 실패하고만 이스라엘을 상대로 '너희가 내가 주어 거하게 할 땅에 들어가서 여러 가지 예물을 드릴 때에는'(15:2~3)이라는 하나님의 말씀으로 시작한다. 15장의 서두는 무너져 버린 여호와 하나님의 지도력을 이스라엘 속에 다시 세우고자 한다. 15장은 이스라엘의 출애굽 세대가 약속된 땅 밖에서 죽게 될 것을 예고하는 하나님의 말씀(14:26~35) 바로 직후에 소개되고 있다. 이 같은 구도는 예사롭지 않다. 13~14장에서 이스라엘 백성들은 하나님이 주시려는 땅을 수령하기를 거부하였다. 그래서 하나님은 그들을 그들의 소원대로(14:2) 광야에서 죽게 하신다. 그렇다면 가나안 땅은 어떻게 되는가? 15장은 이스라엘의 실패에도 불구하고 가나안 땅을 상속받게 될 자들은 여전히 이스라엘 백성이라는 것을 일깨워 준다. 이스라엘은 하나님께 신실하지 못했지만, 그런 이스라엘을 향한 하나님의 마음은 여전히 신실하다는 것이다.

주목할 것은 15장이 이스라엘 자손뿐 아니라 이스라엘 사회 속에 머물고 있는 나그네도 지켜야 하는 규정이라는 점이다(15:14~16, 26 30). 왜 이스라엘 중에 우거하는 타국인들까지 이 규정을 지켜야만 하는 것일까? 그것은 바로 11~14장이 고발하는 탐욕과 불평, 소란과 난동이 모두 '이스라엘 중에 우거하는 무리들'로부터 시작되었기 때문이다. 소요의 주범이 이스라엘 백성 가운데 머무는 외국인 나그네들이었기 때문이다. 새로움의 은총은 이스라엘 백성들에게만 적용되지 않는다. 이스라엘 백성 중에 머물며 사는 외국인들에게도 똑같이 적용된다.

1) 제사에 관한 규정(15:1~21)

15:1~21은 가나안 땅에 들어가서 드려야 하는 제사에 관한 규정이다. 3~16절은 제단 위에 소나 양을 태우는 모든 희생 제사에 대한 규정이고, 17~21절은 곡식 가루로 드리는 제물과 관련된 규정이다. 이스라엘은 화제, 번제, 서원제, 낙헌제, 정한 절기제로 소나 양을 하나님께 드릴 때 적당한 양의 고운 가루, 기름, 포도주를 함께 섞어 드려야 한다(3~16절). 이스라엘은 가나안 땅에 들어가 그 땅의 양식을 먹게 될 때 하나님께 온전한 '거제'를 드려야 된다(17~21절). '거제'란 일종의 선물이다. 하나님께 바치는 조공과도 같다(19절, 참고 5:9). 하나님께 첫 열매와 맏물을 드림으로써 그 소산이 하나님이 주신 것임을 확인하고 나머지 열매와 수확물도 온전히 수확되기를 바라는 기원을 표시하는 제물이다. 왜 본문은 이런 식으로 이스라엘이 하나님께 드리는 제물과 예물에 대해서 말하고 있는가? 거기에는 가나안 땅을 이스라엘에게 주시겠다는 하나님의 결심과 의지가 작용한다. 15장이 말하는 제물과 예물은 모두 하나님께서 이스라엘에게 가나안 땅을 주신다는 사실을 확인하는 증거들이다. 이스라엘의 실패와 반역에도 불구하고 하나님은 이스라엘에게 마침내 가나안 땅을 차지하게 해주시겠다는 것이다. 15장은 바로 그런 희망을 제의적으로 표현하여 설명하는 가르침이다.

15:1~21은 이스라엘의 실패에도 불구하고 가나안 땅을 아브라함의 후손에게 주겠다는 하나님의 약속은 유효하다는 점을 가르친다. 특히 본문의 1~16절이 주지하는 제사들은 모두 하나님과 이스라엘이 맺은 관계를 지속적으로 유지하게 하는 장치다. 구약의 예배는 하나님과 이스라엘 사이에 오고 가는 '교제'(communication)였다. 민수기 15장에 소개되는 많은 예물과 제물은 모두 하나님의 말씀을 이스라엘의 삶 속에 풍성하게 만드는 장치다. 예

배하고 제사하면서 이스라엘은 하나님과 맺은 언약을 다시 한 번 확인하게 된다.

가나안 땅에서 이스라엘이 하나님께 바치는 예물 가운데는 "그 땅의 양식"으로 만든 떡이 있다(17~21절). 거제가 바로 그것이다. 거제는 이스라엘이 매일 먹는 음식을 통해서, 밥상을 받을 때마다 하나님을 인정하고 하나님께 신앙을 고백하는 제물이다. 거제는 처음 익은 곡식 가루로 떡을 만들어 하나님께 드리는 제물이다. 말하자면 가나안 땅에서 얻은 '처음 것'을 하나님께 바치는 것이다. 그렇지만 본문의 거제에서 하나님께 드리는 '처음 것'만 확인하는 것으로 그쳐서는 안 된다. 그것은 음식상 앞에서 땅과 그 소산을 주관하시는 창조주 하나님, 땅에서 나는 것으로 이스라엘을 먹이시는 아버지 하나님, 가나안 땅의 소산으로 이스라엘을 보살피시는 여호와 하나님을 인정하는 거룩한 몸짓이다. 거제는 일종의 식사 기도라고도 말할 수 있다. 주님의 기도가 "오늘날 우리에게 일용할 양식을 주옵시고"(마 6:11)라고 가르치고 있듯이 본문은 일맥상통하게 이스라엘 백성에게 일용할 양식을 주신 여호와 하나님께 대한 기도를 가르치고 있다. 날마다 대하는 식탁은 세상살이 속에 차려진 제단이다. "그리스도의 평강이 너희 마음을 주장하게 하라 평강을 위하여 너희가 한 몸으로 부르심을 받았나니 또한 너희는 감사하는 자가 되라…"(골 3:15~17).

2) 범죄에 대한 처리 규정과 사례(15:22~36)

15:22~36은 두 가지를 우리에게 가르친다. 하나는 하나님의 말씀을 듣지 않고 저지른 범죄에 대한 처리 규정이다(22~31절). 다른 하나는 안식일에 나무를 함으로써 실제로 하나님의 명령을 어겼던 자를 어떻게 처리했는지를 소개하는 사례다(32~36절). 본문은 이스라엘이 하나님의 명령을 지키지 못하는 범죄를 저질렀을 경우, 하나님께 드려야만 되는 제사에 대해서 설명하고 있다(비교 레 4장). 회중 전체가 부지중에 죄를 저질렀을 경우(24~26절)와, 한 개인이 부지중에 범죄 했을 경우를 다룬다(27~31절). 예컨대 회중의 경우

소제, 전제와 함께 수송아지 하나를 화제로, 숫염소 하나를 속죄제로 드려야 한다(24~25절). 개인의 경우에는 속죄제로 암염소 한 마리를 드려야 된다(27절). 이 규정은 레위기 4장에 대한 추가적인 말씀이다.

그러나 이스라엘 회중이나 개인이 고의적으로 하나님의 명령을 어기는 죄를 저질렀다면, 상황이 달라진다. 그런 범죄에는 엄한 처벌이 따른다. 그런 범죄를 저지른 자는 공동체에서 추방되어야 한다. 15:29~31이 바로 이것을 다루고 있다. 안식일에 나무를 한 자에 대한 처형 기사(32~36절)는 이런 형벌에 연관된 사례다(출 31:14~15; 35:2). 안식일에 나무를 함으로 가사(家事)가 이어지고 결국은 안식일에 불을 지펴서는 안 된다는 계명을 어기게 된다고 보았던 것이다(출 35:3).

본문은 한마디로 무의식적인 실수로, 다시 말해 '부지중에' 하나님의 명령, 계명, 가르침을 어기게 된 자들에 대한 처리 규정을 다루고 있다. 패만하여 잘못을 저지른 자라 할지라도 하나님 신앙의 공동체를 부정하게 만들수 있기 때문이다. 실수가 잘못을 정당화하지 않는다. '몰라서 그랬습니다'란 변명이 부정하게 된 결과를 합리화시키지 못한다. '알지 못했기에 하나님의 말씀을 어기게 되었습니다'란 해명이 저질러 놓은 죄악을 바로 세우지 못한다. 그렇기에 본문은 '어떻게 하면 부지중에 부정하게 된 자라도 정결한하나님의 백성이 되게 할 수 있을까?'라는 문제에 깊은 관심을 기울이고 있다. 이스라엘의 신앙은 부정한 것과 정결한 것을 엄격하게 구별하는 의식상의 특징을 가지고 있다. 정한 것과 부정한 것을 구별함으로써 날마다 취하고, 선택하고, 따라야 할 삶의 자세가 어떤 것인지를 세밀하게 익히고자 하였다. 날마다 대하는 음식에서, 날마다 접촉하는 사회생활에서, 날마다 이루어지는 가정생활에서 하나님의 백성은 정결하고 성결하게 살아야만 하였다. 정결한 삶은 하나님의 말씀을 좇아 사는 삶에서 이루어진다. 부정한 삶은 하나님의 말씀을 어기는 행동 때문에 나타난다. 정결한 자가 하나님의 백성이다. 부정하게 된 자는 그 부정이 씻겨질 때까지 정결한 자들이 사는 자리에 들어오지 못한다. 부정하게 된 자는 부정한 자들이 사는 영역으로, 곧 이스라엘 공동체 밖으로 쫓아내야만 한다. 이런 까닭에 부정하게 된 자들은 일정 기간 정상적인 공동체 생활을 영유할 수가 없었다. 잠시 동안이라도 제의적인 유배(cultic exile)를 받아야 했기 때문이다.

본문의 궁극적인 관심은 속죄제를 드리는 규정이다. 속죄제란 부정하게 된 자들을 부정의 짐에서 해방시키는 예배다. 무의식적으로 잘못이나 실수, 죄악을 범했을지라도 반드시 속죄함을 받아야 한다. 속죄제는 구약에서 죄지은 자들을 용서하시는 하나님의 방법이다. 죄를 지어 부정하게 된 자들은 하나님과 정상적인 교제를 가질 수 없다. 죄 지은 자, 부정케 된 자들은 거룩한 여호와 하나님과의 교제를 파손시키고 말았다. 속죄제는 이렇게 파손된 이스라엘과 하나님의 관계를 다시 이어 주는 기능을 한다. 이스라엘의 신앙에서 속죄제는 하나님과의 거룩한 교제를 항상 유지하도록 만드는 장치다. 그렇기에 이스라엘 백성이 하나님께 드리는 예배와 제사에서 속죄제는 언제나 계속되어야 했다. 예수 그리스도는 십자가에서 단번에 드려진 희생 제물이다. 예수 그리스도의 속죄함으로 우리는 단번에 하나님을 "아바 아버지"라고 부르는 그의 백성이 되었다. 염소의 피나 송아지의 피가 아닌 예수 그리스도의 십자가의 보혈로 우리는 단번에 죄사함을 받았다(히 9:13~14).

3) 하나님의 명령을 기억케 하는 장치(15:37~40)

15:37~40의 "옷단 귀에 술을 만들고 청색 끈을 그 귀의 술에 더하라"(38절, 비교 신 22:12)는 규정은 하나님의 명령을 잊지 않고 기억하게 하는 장치를 만들라는 지시다. '옷단 귀에 술을 만들라'는 말씀에서 '술'(치치트)은 고대 근동 지방의 사람들이 걸치는 겉옷에다 이스라엘의 신앙적 의미를 가미한 상징이다. 그런데 이 술의 색깔은 청색이다. 왜 청색 끈인가? 청색이란 하늘의 색깔과 무관하지 않다. 유대 미드라쉬는 청색이란 바다를 나타내고, 바다는 하늘을 시사하며, 하늘은 영광의 보좌를 드러낸다고 생각하고 있다.[1]

우리말의 술은 히브리어로 '치치트'다. 이 히브리어의 자음을 숫자 값으로 환산하면 모두 600이 된다. 90에 해당되는 '차데'가 두 번, 10에 해당되는

'요드'도 두 번, 400에 해당되는 '타우'를 모두 더하면 600이 된다. 이 '치치트'에 모두 여덟 개의 실과 다섯 개의 매듭이 달려 있다. 이 숫자들을 모두 더하면 합계가 613이 된다. 바로 토라에 보존된 613개의 계명과 일치하는 숫자다. 또 유대인들은 이 옷단 귀에 술을 만들 때 다섯 개의 매듭 사이에 긴 끈을 다른 끈에 7, 8, 11, 13번 각각 감는다. 이때 처음 7, 8, 11번이라는 숫자는 합계가 26으로서 여호와를 나타내는 히브리어의 자음 4개에 해당하고, 나머지 13은 '하나'를 뜻하는 히브리어 '에하드'의 숫자 값이다. 그래서 26과 13이라는 두 숫자를 통해서 '하나님은 한 분이시다'라는 신명기의 '쉐마'를 상기시킨다. 이런 식으로 유대인들은 옷단 귀에 단 술에서 613개의 계명을 기억할 뿐만 아니라 여호와는 한 분이시라는 유대 신앙의 중심 교리를 되새겼다.

하나님의 계명을 상기시키는 도구를 만들어 의복에다 달라는 명령은 15장의 결론으로 자연스럽다. 15장은 하나님의 말씀을 순종하는 수단으로 제물을 드리는 삶을 설명한다. 그 과정에서 의도적으로 하나님의 명령을 어긴 자에 대한 엄한 처벌을 이야기한다. 나아가 하나님의 말씀을 부지중에 어기게 된 자들에 대한 속죄의 처방도 가르쳐 준다. 이런 일련의 가르침에 이어 등장하는 37~41절은 하나님의 계명을 늘 기억하게 하는 방법을 일러주는 역할을 한다. 곧 자신이 겉에 걸치고 다니는 옷의 술을 보고 하나님의 말씀을 기억하는 삶을 살라는 것이다. '옷단 귀에 술을 만들라'는 본문의 가르침은 궁극적으로 겉옷으로 하나님의 신앙을 드러내라는 말씀이다. 이에 따라 이스라엘 백성은 겉옷의 단 네 귀에 청색 끈을 매단 술을 달아서 입어야 했다(신 22:12; 마 9:20; 14:36; 막 6:56). 이 단 네 귀에 술을 보면서 이스라엘은 여호와의 계명을 기억하고, 준행하며, 방종한 행실을 하지 않으며, 마음과 눈의 욕심을 좇지 않게 된다(39절). 왜 옷단의 술을 보면서 하나님의 계명을 기억하라고 말씀하시는가? 이스라엘의 신앙과 정신이 그 끈과 술 속에 새겨져 있다. 이 옷은 몸을 감싸는 옷이기도 하고 잘 때 몸에 덮는 이불이기도 했다. 유대인들은 기도할 때 그 겉옷으로 몸을 감쌌다.

단 귀에 술을 단 겉옷을 걸친다고 하나님의 거룩한 백성이 되는 것은 아니다. 옷단 귀에 술을 단 겉옷을 '봄으로써' 하나님의 계명을 기억하게 되고, 그 결과 거룩한 백성답게 살게 되는 것이다. '옷단 귀에 술을 만들라'는 명령에서 우리는 세속의 욕심과 방탕한 풍조 속에서 이스라엘 신앙인의 마음과 몸을 지키고자 애를 썼던 신앙인의 지혜를 보게 된다. 이것은 날마다 걸치는 의복을 통해서 하나님의 말씀을 기억하는 삶을 살라는 가르침으로 연결된다. 세속에서 구현되는 하나님의 말씀! 세상살이 중에 의지하는 하나님의 계명! 세상살이의 한복판에서 세상 사람들과 구별되는 복장을 함으로써 이스라엘의 하나님 앞에 거룩하게 되리라(40절).

죽음과 생명(민 16~19장)

1. 개요

16~19장은 아론의 권위, 제사장의 권위, 레위 사람의 역할에 대해 집중적으로 설명한다. 제사장과 레위인의 역할에 대해서는 3~4, 7~8장에서도 다루었다. 3~4, 7~8장의 규정은 이스라엘이 시내산/시내 광야를 떠나기 전에 서술된 말씀이다. 거기에는 '장차 이스라엘은 이러해야 한다'라는 식의 희망과 꿈이 담겨 있다. 이스라엘 회중의 모습, 이스라엘 회중의 구성, 이스라엘 회중의 조직과 관련되어 서술된 제사장의 위상과 레위인의 역할이 거기에 고스란히 나타나 있다. 16~19장이 다루는 이야기도 레위 사람과 제사장을 주제로 삼고 있는 점에서는 마찬가지다. 하지만 16~19장은 제사장과 레위인 사이에 벌어진 갈등을 다룬다는 점에서 3~4, 7~8장과는 구별된다. 16~19장은 광야 유랑 중 레위 사람들 사이에서 일어났던 갈등을 전한다. 그래서 16~19장은 그 여파로 심각하게 훼손되었던 제사장의 지위와 역할을 거듭 밝히려는 의도를 품고 있다.

6:1~19:22는 가데스를 떠나 모압 평원으로 가는 이스라엘의 이동 중 일

어난 사건들을 보도하고 있다. 가데스에서 모압 평원까지 가는 길은 참으로 멀게 느껴지는 길이다. 길이 험해서라기보다는, 길이 멀어서라기보다는, 그 길을 걸어가는 이스라엘 백성들의 마음이 험악해서다. 끊임없이 이어지는 불평과 원망, 계속되는 반란과 소동, 그에 따라 줄곧 소개되는 징계와 처방 등이 가데스에서 모압 평원까지 가는 길의 시종을 채우고 있다. 그만큼 암울하고 답답한 여정이 가데스에서 모압 평원까지 가는 길이다. 이런 길을 걷는 자들이 자아내는 무거운 분위기가 16:1~19:22을 짓누르고 있다.

16~19장은 글의 형식상 크게 둘로 구분된다. 하나는 이야기이고(16~17장), 다른 하나는 규정이다(18~19장). 전자는 이야기체로, 후자는 가르침 형식으로 기록되어 있다. 민수기 16~17장과 18~19장은 이렇게 말씀의 형식에서 서로 구분된다. 그러면서도 16~19장은 레위인에 대한 설명, 레위인에 대한 관심, 레위인의 지위와 역할에 대한 소개 등에서 일관된 줄거리를 이룬다. 16장 외에도 레위인에 대한 언급이 이어진다(17:3, 8; 18:2, 3, 6, 21, 23, 24, 25, 30). 이런 틀 속에서 16~19장은 산 자와 죽은 자를 거론한다. 이스라엘 백성이 광야 유랑 중 어떻게 사망에 이르게 되었는지를 보도한다. 죽음은 반란에 대한 징계다. 죽음에 대한 공포가 이스라엘의 분위기를 사로잡고 있다. 죽음과 그 처리에 관련된 이야기나 규정이 본문 전체를 감싸고 있는 것은 이 때문이다(16:31~35, 41, 49; 17:12~13; 18:3, 22, 32; 19:11, 13, 14, 16 등).

본문은 다음과 같은 질문에 해답을 내리고자 한다. 누가 성소에서 하나님을 제대로 섬길 수 있는가? 하나님의 성소를 섬기는 권한은 누구에게 있는가? 하나님의 성소에 접근하다가 도리어 화(禍)를 당하게 되는 까닭은 무엇인가? 여호와 하나님의 성막에 가까이 나아갈 수 있는 자는 누구인가? 부정(不淨)하게 되었다면, 그래서 하나님의 영광을 침해하게 되었다면, 누가, 어떻게 그런 부정을 깨끗하게 처리할 수 있는가?

2. 구성

16:1~19:22에는 크게 두 가지 형식의 이야기가 있다. 하나는 이야기

이고(16:1~17:13) 다른 하나는 규정이다(18:1~19:22). 16:1~19:22은 그 이야기의 주제, 소재만을 가지고서도 여러 단락으로 구분된다. 반란과 폭동(16:1~3, 12~14, 41~42), 타이름과 호소(16:4~7, 8~11), 탄원(16:15, 22; 17:12~13), 모세의 명령(16:16~17, 26, 46), 명령에 따른 후속 행동(16:18, 27, 47~48), 하나님의 현현(16:19, 42), 하나님의 말씀(16:20~24, 36~38, 44~45; 17:1~5, 10), 모세의 연설(16:28~30), 징계(16:31~35), 사건 보도(16:49~50; 17:6~7, 8~9) 등이 그것이다. 하나님의 말씀도 전해지는 내용에 따라서 세분된다. 예를 들어 심판 선언(16:20~21, 23~24), 놋 향로에 대한 말씀(16:36~38), 지팡이에 대한 말씀(17:1~5) 등이다. 본문의 규정이 무엇을 지시하느냐도 여러 가지로 구분된다. 레위인과 제사장의 직무에 관한 지시(18:1~7), 제사장과 레위인이 받는 예물과 보수에 관한 규정(18:8~20, 21~25), 레위인이 하나님께 드리는 십일조에 관한 규정(18:25~32), 정결례에 관한 규정(19:1~22) 등이 거기에 해당한다. 정결례에 관한 규정도 붉은 암송아지의 재를 마련하는 규정(19:1~10), 시체에 접촉한 자에 대한 처리(19:11~13, 14~19), 부정한 자에 대한 규정(19:20~22) 등으로 이루어져 있다. 이처럼 16:1~19:22의 이야기와 규정에는 여러 형식, 내용들이 있다.

그렇지만 16:1~19:22이 무작정 나열된 것은 아니다. 거기에는 일정한 구도와 배열의 순서가 있다. 본문을 세밀히 읽어 보면 이야기(16:1~17:13)와 규정(18:1~19:22)이 의미상 서로 보완되는 수사학적 구조를 띠고 있음을 알게 된다. 본문에 수록된 글들은 형식상 여러 가지지만, 그 주제와 흐름은 일정한 리듬을 지키고 있다. 16~19장에서 전반부에 해당되는 이야기(16:1~17:13)는 반란과 심판을 서술하고 보도한다. 먼저 반란이 일어난다(16:1~19). 반란에는 심판이 따른다(16:20~35). 그리고는 반란이 낳은 질병을 속죄하며 치유한다(16:36~17:11). 그러자 이스라엘이 자기들에게 닥친 한계 상황(죽음에 대한 공포)을 인식하고 탄식한다(17:12~13). 무질서(반란)와 죽음(심판)이 이야기의 중심 제재다. 무질서와 죽음이란 이스라엘의 신앙에서 가장 부정한 상태다. 온 이스라엘 회중이 죽음이라는 극단적인 위기에 내몰리면서 본문의 전반부는 끝을 맺는다. 본문의 후반부인 규정(18:1~19:22)은 질서 있는 삶, 생명을 얻는 삶에 대한 처방을 내리고 있다. 본문의 전반부가 쏟아 냈던 소란과 위기는 어디론가 사라지고 대신 평안함과 엄숙함이 본문의 후반부를 감싸고 있다. 앞부분에서 크게 부각되었던 사람 소리는 이제 사라지고 들리지 않는다. 오직 하나님의 말씀만 들릴 뿐이다. 이런 분위기에서 제사장과 레위인이 수행하고 구현해야 할 백성을 위한 삶이 소상하게 밝혀진다(18:1~7). 백성을 위한 속죄를, 그리고 백성을 위한 봉사를 업(業)으로 삼아야 하는 제사장과 레위인의 지위, 자격, 권리, 의무가 속속 밝혀지고 있다(18:8~24). 이어지는 처방과 해설은 헝클어진 이스라엘 사회의 질서를, 아니 무질서와 부정함으로 치닫던 이스라엘 사회의 삶을 정결하고 질서 있는 삶으로 회복케 하는 과정(정결례)을 다룬다(19:1~22). 한마디로 생명의 회복이 본문의 규정 속에 새겨진 관심사다. 그렇기에 우리는 '죽음'과 '생명'을 본문의 전반부(이야기)와 후반부(규정)를 연결하는 주제상의 장치라고 말할 수 있다. 이것을 도표로 정리하면 16:1~19:22은 다음과 같은 수사학적 구도를 낳는다.

민수기 16~19장의 수사학적 배열

A 반란과 죽음(16:1~35)

    B 징계와 속죄-놋향로, 염병, 지팡이(16:36~17:11)

        C 온 이스라엘의 탄성-'우리가 망하게 되었다'(17:12~13)

        C' 이스라엘 자손이 죽지 않으려면죄-죽음의 공포에 대한 처리(18:1~7)

    B' 제사장과 레위인의 질서와 체계(18:8~32)

A' 부정을 벗는 길, 정결례(19:1~22)

16:22~19:22은 대칭 구조(A-B-C-C'-B'-A')로 이루어져 있다. 이 구조의 전반부(A-B-C)는 이스라엘의 죽음을 증언하는 보도문이다. 반란과 심판, 반역과 질병이 이스라엘을 죽음으로 내몰고 있다. 이 구조의 후반부(C'-B'-A')는 이스라엘이 토로하는 죽음에 대한 공포를 처리하는 규정이다. 생명을 얻

는 길, 정결을 회복하는 길이 소개된다. 이처럼 16:1~19:22을 구성하는 각 요소들은 서로 대칭을 이룬다.

16~19장은 이스라엘 백성들이 무리지어 모세와 아론에게 반항하는 이야기를 우선 전한다(16:1~17:11). 이 반란의 주모자는 레위 자손이다. 레위 자손이 주동이 되어 왜 모세와 아론만 하나님을 섬기느냐고 따진다. 반란은 반란을 낳는다. 고라의 반란이 다단과 온의 반란으로, 다시 그것이 250명의 족장들이 일으킨 반란으로, 급기야 온 회중이 일으키는 대반역으로 이어지고 있다(16:1~35). 하나님은 이 소요 사태에서 모세와 아론 편이시다(16:36~17:11). 모세와 아론을 거슬린 자들에게 하나님이 엄한 재앙을 내리신다(16:19, 42, 45). 아론이 드리는 분향만을 하나님께서 받으신다. 모세와 아론을 거슬렸던 자들을 산채로 음부에 빠지게 하신다(16:25~33). 아론과 동등한 지위를 가지고자 대들었던 자들을 불로 태워 버리신다(16:34). 아론의 손에 들린 향로를 통해서 백성들의 죄악을 속하게 한다(16:36~40, 46~48). 이스라엘 자손의 여러 지팡이 중에서도 유독 레위 지파 아론의 지팡이에 움이 돋고 순이 나고 꽃이 피어서 살구 열매를 맺게 하신다(17:1~11). 아론과 그 아들들만이 회막에서 하나님을 섬기는 지위를 보장받고 있는 것이다. 고라 자손의 반란이 도화선이 되어 치닫기 시작했던 패역한 소동은 이스라엘 백성이 온통 죽음에 대한 공포를 진하게 느끼면서 반환점을 돈다. 모세와 아론만 하나님을 섬기는 특권을 지녔느냐고 따지며 덤비던 자들의 무모한 용기가 꼬리를 내리게 된다(17:12~13).

이제부터 본문은 반란과 죽음을 전하는 이야기와는 달리, 이스라엘 백성이 느끼는 죽음에 대한 공포를 처리하는 규정을 다루게 된다(18:1~19:22). 17:12~13을 전환점으로 이전에는 죽음과 재앙이, 이후에는 생명과 정결례가 소개된다.

왜 이스라엘 백성이 죽음에 대한 공포를 느끼게 되었는가? 그것은 아무나 하나님께 가까이 나아갈 수 없다는 현실을 알았기 때문이다. 16~19장의 흐름을 이해하기 위해서는 죽음에 대한 공포가 하나님을 섬기는 일 때문에 일어났다는 사실을 확인하는 것이 중요하다. 죽음에 대한 두려움은 하나님을 섬기고자 하나님께 가까이 나아가고자 했기 때문에 생긴 결과였다 (17:12~13). 아니 모세와 아론만 하나님을 섬기는 특권을 지닌 것이 아니라 우리 모두도 마찬가지로 하나님을 섬길 수 있다고 대들던 섣부른 평등주의 (?)가 전체 이스라엘의 분위기를 장례식장으로 내몰고 말았다. 18:1~19:22 은 바로 이런 죽음의 공포를 처리하는 규정을 다룬다.

이스라엘 백성이 느끼는 죽음에 대한 공포를 어떻게 없앨 수 있는가? 그것은 한마디로 누가 과연 하나님을 바로 섬기는 자인지를 명확하게 규정하는 것으로 정리된다(18:1~7). 본문이 제사장과 레위인의 질서와 체계를 바로 잡는 데(18:8~32) 이어, 부정에서 벗어나는 정결례를 소개하는 것(19:1~22)은 이런 구도에서 파악될 수 있다. 하나님의 회막에 가까이 나아갈 수 있도록 지정된 자가 하나님을 바르게 섬기기만 하면, 이스라엘 회중은 자연 죽음에 대한 공포를 지닐 필요가 없게 되는 것이다.

3. 본문 주해

1) 지도자 간의 내분(16장)

16장이 다루는 문제는 지도자 간의 내분이다. 아론 제사장과 레위 사람 간에 벌어진 내분을 다룬다. 같은 종교인들 사이에서 갈등이 일어나고 있다. 다 같이 하나님을 섬기도록 제정된 종교 지도자들 사이에서 누가 더 높은가, 누가 제사장직을 행사하는가 등의 문제를 놓고 서로 대립하고 있다. 아론 제사장의 지위에 대해서 레위 사람들이 반란을 일으켰다! 본문은 제사장과 레위인 사이의 갈등과 긴장을 보여 준다.

16장은 반란 이야기다. 16장은 길다. 16장은 고라 자손의 반란, 다단과 아비람의 반란, 250명의 족장들이 가세한 반란으로 시작한다(1~2절). 반란을 진압하는 분은 하나님이시다. 모세는 반란을 일으킨 무리들을 타이르고 (4~11절), 분노하며(15절), 지시하지만(12상, 16~17절) 문제를 해결할 능력이 없다. 하나님이 나타나셔서 고라의 손을 막으시고(19하절), 반란에 가담한 모든 자에게 사형을 언도하신다(20~25절). 그래서 다단과 아비람을 심판하신다(25~34절). 그리고 나서 250인의 반도(叛徒)들을 불로 태워 죽이신다(35절).

16:36~50은 히브리어 성서로는 17:1~15이다. 이 본문은 우리에게 두 가지를 전한다. 하나는 벌 받아 죽은 250명의 향로(35절)로 제단을 채우는 이야기다(36~40절). 다른 하나는 이 향로를 가지고 백성들의 죄를 속죄하는 아론의 목회 이야기다(41~50절).

다단과 아비람에 대한 하나님의 심판(25~34절)에는 히브리어의 곁말/말장난(word play)이 담겨 있다. 다단과 아비람은 모세의 권위에 도전하기 위해서 '일어섰다.' 하지만 그들은 산채로 음부로 '내려가는' 종말을 맞는다. 다단과 아비람은 회막으로 '올라가기를' 거부하고 애굽으로 '내려가기'를 소원했다. 그런 다단과 아비람을 하나님은 아예 산 채로 음부로 '내려가게 하는' 벌을 내리신 것이다. 250명이 들었던 향로(36~40절)에는 시각적인 효과를 지니는 이러한 경고가 있다. 이것은 모든 자들에게 교훈이 되는 기념물이 된다. 250명의 평신도 지도자들이 들었던 향로는 정녕 잘못된 향불이다. 아론 제사장들만이 향로를 피울 수 있었기에 250인이 피운 향로는 잘못된 것이다. 잘못된 향로를 하나님이 받지 않으시는 것은 자명하다. 이런 식으로 본문은 아론계열의 제사장만이 하나님 앞에 분향을 드리는 권리를 지니고 있음을 강조한다.

고라의 추종자들에게 하나님이 벌을 내리시자 온 이스라엘 회중이 모세와 아론을 다시 원망하였다(41~42상절). 그들의 원망은 자못 심각하다. 모세와 아론이 여호와의 백성을 죽였다고 힐난하면서 치려고 한다. 하나님께서 이런 이스라엘의 손길을 막으시고 그들에게 재앙을 내리신다. 염병을 퍼지게 하신 것이다. 이때부터 아론은 향로를 가지고 하나님의 분노를 가라앉히고 이스라엘을 위하여 속죄하게 된다(46~50절). 아론의 속죄는 '향으로 드리는 제사'(offering of incense)다. 아론이 백성을 위하여 속죄할 때 그는 "죽은 자와 산 자 사이에 서" 있는(48절) 자다. 아론의 속죄로 염병이 그치게 된다.

16장이 고발하는 갈등은 이스라엘을 지도하는 자리에 있는 자들 사이에서 '누가 더 큰가? 아니 왜 너는 나보다 더 큰 역할을 맡고 있는가?'를 따지는 불평이 자아낸 결과다. 고라 자손이 다단, 아비람, 250명의 족장과 함께 모세에게 항거한 사실이 그것을 드러낸다. 이 문제로 고라 자손과 모세, 아론과 맺어져 있던 영적 친교가 깨진다.

고발이 문제가 되는 것은 그 말이 다른 사람을 힐난해서가 아니다. 그 일로 그 전에 맺어 있던 영적인, 신앙적인 친교가 깨지게 되는 데 있다. 구약의 민수기는 아론 제사장과 레위인의 역할을 엄격하게 구분한다(3:1~4, 5~36; 8:1~4, 20~26; 18:1~7). 다 같이 이스라엘의 하나님 여호와를 섬기지만 민수기가 전하는 이들의 책임과 역할은 서로 다르다. 고라의 문제는 바로 자기에게 주어진 역할에 대한 불만에 있었다. 고라 자손이 털어놓는 고발 속에는 '너도 나도 다 같은 레위 사람인데 너만 특정한 일을 할 수 있느냐'라는 시기가 깔려 있다. 그래서 "입술로는 꾸미고 속에는 궤휼을" 품고(잠 26:24) 지도자를 향해 공박하였다. 불만과 불평, 원망과 피해의식이 화음을 이루어 고라 자손의 무리는 그만 이스라엘 공동체의 영적인 친교를 깨뜨리고 만다.

16장의 교훈에서 중요한 것은 모세의 태도다. 모세는 자기에게 닥친 위기를 어떻게 관리했는가? 본문 서두에 대두된 소용돌이는 출애굽 이후 모세가 겪었던 위기 가운데 가장 큰 위기에 해당한다. 본문에서 고라 자손의 반란은 차츰 동조 세력을 규합하면서 그 세력이 커가는 모양새를 띤다. 고라의 불만에 르우벤의 자손들이 가세하고, 거기에 이스라엘 회중에서 선출된 명망 높은 지도자 250인이 가세하는 형세를 이룬다. 어떤 의미에서 이 같은 분란은 다수의 힘으로 모세와 아론을 밀어붙이는 폭력의 성격을 지닌다. 출애굽과 광야 유랑 이야기가 우리에게 전하는 진실은 결코 다수의 감정에 있지 않다. 대중들의 여론에 진리가 있지 않았다. 구약 출애굽과 광야 유랑 이야기는 진실은 하나님이 세우신 한 사람 모세에게 있었음을 웅변적으로 전한다. 60만 대 1의 대결! 본문의 위기는 이런 절대 절명의 위기다.

모세는 과연 이 엄청난 시련을, 지도력의 위기를 어떻게 극복했는가? 모세는 먼저 하나님께 완전히 엎드렸다(16:4)! 모세는 "듣고 엎드렸다가" 무엇을 했을까? 자신을 얽어매려는 반도들과 타협하려고 했을까? 자신의 무력함을 탄식했을까? '모세가 듣고 엎드렸다'는 행동은 하나님께 기도하는 자세다. 나아가 자신이 지금 어디에 속해 있는지를 판단하는 시간이다. 모세는 듣고 엎드려 있다가 자기는 바로 하나님께 속해 있다고 확신하게 된다. 아니 하나님께서 자기와 함께하신다고 확신하게 된다. 그래서 분연히 일어나 제안한다. 여호와께 속한 자가 누구인지 시험해 보자(16:5~7). 모세는 자기를 비방하는 무리들에게 누가 하나님께 속한 자인지를 내기하자고 선포한 것이다.

고난이 닥칠 때 우리가 해야 할 최초의 행동은 무엇인가? 엎드려 하나님을 의지하는 것이다. 엎드려 기다리는 것이다. 엎드려 간구하는 것이다. 엎드려 하늘에 계신 하나님께 우리가 속해 있음을 확인하는 것이다. 우리가 하나님께 바로 속해 있을 때 그 다음 단계 일은 하나님이 절로 해결해 주시리라. 모세는 자기가 당한 위기를 돌파하기 위해 자기변명을 하는 데 시간을 보내지 않았다. 자기의 소신, 철학, 신앙, 경력을 늘어놓으며 자기를 변호하려는 노력을 하지 않았다. 모세가 노력한 것은 하나님께서 무엇을 하실지를 기다리는 것이었다. 모세는 하나님이 자신을 위해서 일하시도록 기도하며 기다렸다. 시련을 당하고 있는가? 하나님이 나를 위해서 일하시도록 기다리라. 거기에 새 길이 열린다.

하나님은 이스라엘 신앙 공동체의 질서를 깨뜨리는 자들을 진멸하신다. 하나님의 심판은 자연사로 그치지 않는다. 이 심판은 야웨 하나님을 멸시하는 자에 대한 종말이 어떠한지를 극적으로 표현하는 징벌이다. 다단과 아비람의 무리들은 그들이 서 있는 땅이 입을 벌려 삼키는 전대미문의 죽음을 당하게 된다(30~32절). 향로를 들고 하나님 앞에 섰던 250인의 지도자들은 하나님이 내리신 불에 타 죽는 징벌을 받게 된다(35절, 비교 레 10:1~2). 다단과 아비람이 땅(음부) 속에 그대로 직행했다는 본문의 증언은 참으로 충격적이다. 하나님의 심판이 얼마나 무서운지를 본문은 냉철하게 묘사하고 있다. 그러자 모세가 아론에게 이른다. "너는 향로를 취하고 단의 불을 그것에 담고 그 위에 향을 두어 가지고 급히 회중에게로 가서 그들을 위하여 속죄하라 여호와께서 진노하셨으므로 염병이 시작되었음이니라"(46절). 아론은 조금 전에 자기를 죽이려 하던 폭도들을 속죄하는 제사장의 위치로 되돌아간다. 향로를 취하고, 단의 불을 그것에 담고, 그 위에 향을 두고서 회중에게로 달려가는 것이다. 아무리 급해도 하나님이 인정하시는 제단 불을 피우게 하는(피우는) 모세(아론)를 보라. 제사장의 사역은 죽음의 병에 걸린 회중들을 치료하는 것이다. 제사장이 해야 할 본연의 임무는 염병으로 인한 시체가 산더미처럼 쌓여 가는 현장의 한복판에서 생명을 회복시키기 위한 속죄의 사역을 이루어 나가야만 한다. 그때 염병으로 인해 죽은 자를 본문은 1만 4,700명이라고 증언한다(49절). 아론은 그야말로 '산자와 죽은 자 사이에서'(48절) 죽은 자를 치료하는 의사였다.

아론이 서야 할 자리가 어디인가? 자기를 향해 돌을 던지려고 하던 군중들이다. 하나님의 심판을 받아 죽어 가는 회중이다. 염병에 걸려 신음하며 죽어 가는 시체가 있는 현장이다. 제사장은 홀로 거룩한 곳에 머물러 있어서는 안 된다. 제사장은 거룩한 성소에서 하나님을 섬기다가도, 백성이 죽어 가는 현장을 보면, 그곳으로 뛰어 들어가 백성을 위해서 속죄하는 의사가 되어야 한다. 목자가 있는 자리는 자기를 칭송하는 자들이 있는 현장이 아니다. 생명과 환희가 넘치는 화원이 아니다. 죽음이 있는 곳, 미움과 질투가 있는 곳, 자기를 배척하려고 했던 연민이 있는 곳, 버림 받아 죽어 가는 신음 소리가 있는 곳, 바로 그곳에 제사장의 도구 등을 들고 뛰어드는 자가 되어야 한다. 이런 사역을 감당하는 자에게 하나님은 그 손에 들린 지팡이에 꽃이 피고 열매가 맺는 징표를 허락하신다(17:1~11).

2) 제사장과 레위인의 임무와 분깃(17, 18장)

17:1~13은 아론의 지위를 합법화하는 이야기다. 아론 계열의 제사장들이 모든 이스라엘과는 달리 하나님을 섬기는 특권을 지니고 있음을 상징적

으로 드러내고 있다. 모세가 하나님의 명령에 따라 이스라엘의 열두 지파 족장들에게 지팡이 하나씩을 가져오게 한다. 지팡이는 대표자를 나타내는 상징이다. 지파의 대표권이 이 지팡이로 표현된다. 지팡이를 모은다는 것은 지파들의 총회를 연다는 것과 같다. 각 지팡이에 해당 지파 족장의 이름을 쓰게 한다. 레위 지파의 지팡이에는 아론의 이름을 적게 한다. 그리고 나서 그 지팡이들을 회막 안 언약궤 앞에 진열하였다. 그러자 아론의 이름이 새겨진 지팡이에서 싹이 나고 꽃이 피어 살구나무 열매가 맺혔다. 고라 자손이 아론의 지위에 반기를 들었지만, 레위 자손들이 아론의 위치에 반감을 품었지만, 이스라엘의 족장들이 아론의 권위에 이의를 제기했지만, 하나님께서 아론과 그 아들들을 모든 이스라엘 위에 뛰어나게 하셨다는 상징적 메시지가 여기에 담겨 있다. 아론의 제사장직은 아론이 인간적으로 성취한 것이 아니다. 그것은 하나님이 제정하신 질서요 원칙이다. 아론의 지팡이에 싹이 나고 꽃이 피며 살구나무 열매가 맺힌 것은 이런 하나님의 제도를 반영하는 상징인 것이다. 16:41~50이 아론이 수행하는 '향 제사'(offering of incense)를 묘사하고 있다면, 17:1~13은 아론의 지위를 합법화하는 이야기다. 아론 외에는 누구도 하나님의 성소에 다가갈 수 없는 것이다. 그러다가는 죽게 될 것이기 때문이다(12~13절).

17:1~13 이야기는 아론과 그 후손의 지위를 하나님께서 합법화하는 사건을 전한다. 아론과 그 후손이, 다시 말해 아론 계열의 제사장들이 모든 이스라엘과는 달리 하나님을 섬기는 특권을 지니고 있음을 상징적으로 드러내고 있다. 고라 자손이 아론의 지위에 반기를 들었지만, 레위 자손이 아론의 위치에 반감을 품었지만, 이스라엘의 족장들이 아론의 권위에 이의를 제기했지만, 하나님께서 아론과 그 아들들을 모든 이스라엘 위에 뛰어나게 하셨다는 상징적 메시지가 여기에 담겨 있다. 아론의 제사장직은 아론이 인간적으로 성취한 것이 아니다. 그것은 하나님이 제정하신 질서요 원칙이다. 아론의 지팡이에 싹이 나고 꽃이 피며 살구나무 열매가 맺힌 것은 이런 하나님의 제도를 반영하는 상징인 것이다.

18:1~32은 한편으로는 제사장과 레위인의 의무/임무/책임에 대한 근본적인 설명을 다룬다(1~7절). 다른 한편으로 본문은 제사장과 레위인이 차지하는 몫/보수에 대해서 설명한다(8~32절). 전자가 이스라엘을 향한 제사장과 레위인의 임무를 규정하고 있다면, 후자는 제사장과 레위인을 향한 이스라엘의 책임을 규정하고 있다. 전자는 사역을, 후자는 후원을 가르쳐 준다. 목회자의 입장에서 본다면, 전자는 의무를 후자는 권리를 해설한다. 회중의 입장에서 본다면, 전자는 혜택을, 후자는 책임을 설명하고 있다. 중요한 것은 하나님께서는 이스라엘의 성직자들에게 일을 시키시면서(1~7절), 그들이 받을 혜택을 선물로 규정하고 있다는 점이다(8~32절). 제사장과 레위인이 하는 역할은 하나님의 증거의 장막을 지키며 섬기는 일이다. 제사장과 레위인이 이처럼 성소의 직무, 단의 직무를 제대로 지킬 때 이스라엘의 회중에게는 하나님의 화가 미치지 않는다. 제사장의 직분, 레위인의 직무는 이처럼 이스라엘 회중들을 죽음으로 몰고 가는 죄악을 지키는 책임을 진다. 제사장과 레위인이 받는 몫/보수(18:8~32)는 그들이 수행하는 영적 사역에 대한 이스라엘 백성의 지원을 설명한다. 이것은 다시 제사장에게 할당된 제물(18:8~20)과 레위인이 받는 보수/십일조(18:21~24)로 나뉘어서 설명된다. 그러고 나서 마지막으로 제사장에게 드리는 레위인의 십일조에 대한 규정이 나온다(18:25~32).

사회 경제사적으로 볼 때 고대 중동 지방에서 사제는 지주 계층에 속한다. 왕이 사제를 겸한 고대 중동 지방의 사상 이면에는 이처럼 정치−경제−종교가 하나로 뭉쳐 있는 밑그림을 보게 된다. 그러나 이스라엘의 신앙에서 제사장은 땅이 없는 사람이다. 그에게 땅이 없다는 측면에서 제사장은 가난해질 수밖에 없는 운명을 타고났다. 땅이 중요시되던 사회에서 땅이 없었던 제사장들은 그 태생이 가난해질 수밖에 없는 것이다. 이스라엘의 법은 이런 사제들에게 이스라엘이 제물과 십일조를 바쳐야 한다고 가르친다. 이스라엘의 사제는 하나님이 받으실 거제물을 "영영한 응식"(18:8)으로 받는 것이다. '거제물'을 제사장이 차지하는 선물로 받는다. 이것은 결코 보수가 아니다. 선물이다. 예물이다. 곧 제사장이 먹을 음식은 하나님이 직접 주신다는 것이다. 하나님이 책임을 져 주신다는 것이다. 이것은 레위인이 차지하는 것을 보수라고 부르는 것과 구별된다. 레위인은 백성이 먹여 살려야 한다는 것이다.

성직자는 회중을 위해서 존재한다. 이것이 목회다. 목회는 경영이 아니다. 목회는 운동이 아니다. 목회는 섬김이다. 종이 되는 것이다. 자기에게 주어진 사명과 특권을 도구로 백성을 섬기는 것이 목회다. 하나님의 성소와 하나님의 제단을 위한 제사장과 레위인의 직무는 바로 이스라엘 백성을 섬기는 사역임을 가르쳐 준다. 제사장과 레위인의 일은 단순한 직업이 아니다. 그것은 하나님의 진노가 이스라엘 백성에게 미치지 않도록, 백성들을 지키고 보살피는 사역이어야 한다. 이스라엘 신앙의 성직자는 백성들을 섬기도록 부름을 받은 것이다. 회중은 목회자를 후원해야 한다. 이 후원은 단순히 경제적인 후원이 아니다. 그것은 먼저 정신적인 후원이다. 마음으로 드리는 후원이다. 경제적인 조목들은 그 뒤를 따라간다. 하나님은 이스라엘의 회중들이 제사장과 레위인에게 바치는 희생 제물과 십일조를 통해 이스라엘이 표현하는 하나님께 대한 헌신을 규정하고 있다. 제사장이 받는 예물은 보수가 아닌 것이다.

3) 부정을 씻는 예식(19장)

19:1~22은 부정을 씻는 예식을 정해 준다. 이스라엘의 제사장은 한편으로는 여호와 하나님의 성소가 더럽혀지지 않도록 노력해야 한다. 나아가 다른 한편으로는 백성을 죽음에서 해방시키는 일도 감당해야 한다(18:3, 7, 32; 19:11, 12, 14, 16, 18). 전자가 소극적이라면 후자는 적극적이다. 왜 그런가? 부정이 궁극적으로는 하나님의 성소를 더럽히게 하기 때문이다(19:20). 또 한시적으로는 부정에 머물러 있는 자를 죽음에 이르게 하기 때문이다.

19:1~22은 부정을 씻는 예식에 관한 율례를 다룬다. 이 예식은 의심받는 아내가 마셔야 하는 '쓴 물'(성막의 티끌을 담은 물에 저주의 말을 기록한 두루마리를 빤

물)을 준비하는 의식과 흡사하다(5:16~28). 다른 점은 전자가 '뿌리는 의식'인데 비해(19:13, 18, 19, 20), 후자는 '마시는 의식'이라는 점이다(5:24). 본문은 부정을 씻는 물을 준비하는 과정을 소개한다(1~10절). "암송아지의 재를 거두어 진 밖 정한 곳에" 두었다가 그것을 이스라엘 자손의 "부정을 깨끗케 하는 물을 만드는데" 쓰게 된다(9절). 재를 얻기 위해서 희생해야 하는 짐승은 흠 없고 멍에를 메지 아니한 붉은 암송아지다(2절).

왜 붉은 암송아지를 잡아서 그것을 불살라 재를 얻어야만 할까? 여기에는 여러 가지 설명이 있다. 밀그롬은 이것을 유대 제사 제도에 부분적으로 남아 있는 '고대인들의 마귀 쫓기 주술'(archaic exorcism)의 잔재로 본다.[2]

예를 들어 고대 바빌론에는 '슈르푸'(Shurpu)라는 마귀 쫓는 의식이 있었다. 이 의식은 '쿠피라투'(kupiratu)라고 불리는 물질로 귀신 들린 자를 '문지르는'(kuppuru 쿱푸루) 의식이다. 그러면 부정한 귀신이 바깥들로 뛰쳐나간 것으로 간주한다. 흥미 있는 것은 이 의식에서 귀신 들린 자를 '문지른다'는 말이 히브리어로 '(죄를) 속한다'는 단어인 '키페르'(כפר kipper)와 동의어라는 점이다. 이런 증거들은 잿물을 뿌리는 의식이 고대 바빌론의 귀신 쫓기 의식에서 전해 내려오다가 유대 제사 제도에 동화된 속죄 의식일 가능성이 있음을 일깨워 준다.

중요한 것은 붉은 암송아지의 붉은 가죽이 피를 대신하는 상징이라는 점이다. 암송아지를 속죄 제물로 드리는 것은 특이하다. 보통 속죄 제물은 수송아지, 숫염소, 양이다(레 4:1~12, 13~21, 22~26; 16:11). 그렇지만 평민들은 속죄 제물로 암염소나 암양을 바쳤다(레 4:22~35; 민 15:27~29). 그러므로 본문이 준비하는 속죄 제물은 평신도를 위한 것이다. 평신도들을 위한 속죄제를 위해서는 흠 없는 붉은 암송아지가 선택되고, 도살되고, 피는 뿌려지고, 태워져야 한다. 그리고 나서 깨끗케 하는 재가 모아지고 그것을 가지고 깨끗케 하는 물을 만들게 된다.

삶에는 부정함이 늘 있다. 부정한 삶은 늘 정결하게끔 속죄 받아야 한다. 붉은 암송아지의 재는 이 일을 위해서 쓰인다. 피는 죄와 부정을 씻어 내는

'제의적 세제'(ritual detergent)다. 흥미 있는 것은 "백향목과 우슬초와 홍색실"을 암송아지를 사르는 불 가운데 던지라고 명령하고 있다는 점이다(6절). 이것들은 모두 피와 함께 부정을 깨끗케 하는 역할을 한다(레 14:4, 6, 49, 51~52).

궁금한 것은 부정을 씻는 재를 만드는 과정에 동참한 자들이 역설적으로 부정케 된다는 사실이다(7~8절). 왜 그런 역설적인 일이 발생하는가? 암송아지 재는 '이스라엘 회중의 죄를 속하고 그 부정을 씻어 내는 물'로 쓰이지만, 정작 그 재를 만들기 위해서 암송아지를 불사른 사람, 재를 거둔 사람은 백향목과 우슬초와 홍색실을 불살라지는 암송아지에 던진 제사장과 함께 '자기 옷을 빨고, 몸을 물로 씻고 저녁때까지 부정한 상태로 남아 있어야' 하는 부정을 초래한다는 것이다. 다시 말해 암송아지 재는 부정한 자를 정결케 하고, 정결한 자는 부정케 한다. 밀그롬은 이것을 피로 드리는 속죄제에서 피 묻은 옷은 빨아야 하고, 희생의 고기를 담은 그릇은 깨뜨리거나 (질그릇일 경우), 물에 씻어야만 (유기일 경우) 된다는 것(레 6: 27하, 28)과 비교한다.[3] 그것은 그 피가 부정함을 빨아들인 것으로 이해하기 때문이다. 부정을 씻어 내는 재도 같은 이치에서 파악된다. 불태운 암송아지의 재도 피로 드리는 속죄제에서처럼 사물의 부정을 흡수하는 기능을 한다. 그러므로 그 재를 만드는 자나 (7, 8, 10절), 그 재를 다루는 자가 부정하게 된다는 것이다(19절). 그래서 '자기 옷을 빨고 몸을 물로 씻고 저녁까지 기다리지' 않으면 안 된다. 이런 맥락에서 볼 때 암송아지를 사른 재는 부정한 자를 정결케 하면서도, 정결한 자를 부정케 한다.

하지만 부정을 씻기는 잿물을 준비하는 제사장의 일은 현대 의학에서 백신(vaccination)을 준비하는 과정에 견줄 수 있다. 백신은 실험실에서 배양된 병원균이다. 그것 자체는 위험하다. 그것을 만들거나 다루는 사람은 위험에 노출되어 있다. 하지만 그것을 소량 주사를 통해 맞은 사람은 그 병에 대한 면역을 갖게 된다. 백신 만드는 사람은 위험에 노출되지만, 그것을 주사로 맞은 사람은 병 걸림에 대한 공포에서 해방되는 것이다. 즉 민수기 19장이 거론하는 잿물을 준비하는 자는 백신을 만드는 과정에, 잿물로 뿌려지는 사람은 부정에 대한 보호(면역)에 견줄 수 있다. 면역과 백신의 관계가 본문의 역설을 푸는 핵심적인 역할을 한다. 암송아지의 재로 부정을 씻는 물의 재료를 만드는 과정에 동참한 자가 부정하게 되는 반면, 그것을 물에 타서 마시는 자는 정결하게 된다는 이치는 이런 유비 관계에서 풀이될 수 있다.[4] 19장은 이런 식으로 이스라엘 회중을 부정에서 해방된 정결한 공동체가 되기를 기대하고 있다.

부정을 씻기는 잿물은 일상적인 속죄제와는 여러 가지 점에서 다르다. 레위기에서 속죄제는 제물로 드리는 짐승의 피를 성소 앞에 뿌리거나(레 4:6, 17), 속죄소 앞에 뿌리고(레 16:14), 제단 뿔에 바르기도 하며(레 4:7, 18, 25, 30, 34), 나머지는 전부 번제단 밑에 쏟아 버린다. 속죄제로 드리는 희생 제사에서 피는 부정을 씻기는 세제(洗劑) 역할을 한다. 그러나 민수기 19장 본문에서는 그 경우가 다르다. 암송아지는 불살라지지만, 그 피는 제단에 드려지지 않는다. 이 암송아지의 피는 가죽, 고기, 똥과 함께 진 밖에서 몽땅 불살라져야 한다(5절). 그것도 진 밖에서 불살라진다. 송아지를 태워 재를 얻자는 것이 목적이다. 피 대신 재를 '의식상의 세제'(ritual detergent)로 쉽게 활용하는 셈이다. 빨래를 하면서 더러운 때를 벗기기 위해서 세제(비누)를 사용하듯이 본문이 준비하게 하는 붉은 송아지 재는 이스라엘의 일상적인 더러움을 씻게 하는 영적인 세제가 된다는 것이다. 붉은 암송아지로 재를 만드는 것은 '붉다'고 하는 것이 피의 색깔과 관련이 있기 때문이다. 그렇기에 비록 이 재가 물에 타서 '항시 계속될 수 있는 속죄 예식'으로 활용되기는 하지만, 그렇다고 해서 그것을 속죄 제사와 같은 희생 제사로 볼 수는 없다. 더구나 이 의식을 '악마 추방 의식'의 잔재로 보아서도 안 된다. 이스라엘의 신앙은 유일신 신앙이다. 부정을 씻기는 의식을 악마 추방 의식과 어떤 연관을 맺는 것은 곤란하다. 암송아지를 불사른 재가 항상 사용 가능한 정화수를 만드는 재료가 됨을 기억하는 것이 중요하다.

정화수는 이스라엘 자손만이 아닌, 그들 중에 머무는 외국인들에게도 사용될 수 있다(10절). 이 정화수는 주로 시체나 주검을 접촉한 자를 정결케 하는 수단으로 활용된다(12, 17절). 특이한 것은 정결 예식 이후에 별도의 어떤 속죄 제사(핫타아트)도 요구되지 않는다는 점이다. 레위기의 규정에서 모든 정결 예식이 필히 속죄제를 동반한다는 점과 크게 대조된다(레 12:6~8; 14:10, 21~23; 15:14, 29). 시체 접촉으로 인한 부정이 여호와의 성막을 오염시킬 만큼 심각한 부정이 아니어서 그랬을까? 하지만 시체를 접촉한 제사장이나 나실인은 정결 예식 마지막에 반드시 속죄제를 드려야만 된다고 가르치는 규정은 어떻게 이해해야 할까(6:10~12; 겔 44:27)? 연대적으로 따져 볼 때 민수기 19장의 정결 예식(붉은 암송아지를 불사른 재를 탄 물을 뿌리는 의식)은 레위기 12~15장의 정결 예식(정결 예식 마지막에 속죄제를 드려야만 하는 의식)보다 비교적 후대의 것으로 여겨진다. 더글라스의 설명이 우리에게 도움을 준다. "만약 정결 예식이 모든 사람들에게 항상 쉽게 베풀어질 수 있기를 제사장이 원했다면, 부정하게 된 사람에겐 양이나 염소를 제단에서 희생 제사로 드리는 것보다는 정결케 하는 물로 뿌림을 받는 것이 훨씬 더 쉽고 비용이 덜 드는 수단이었을 것이다."[5]

본문의 가르침은 우리를 예수 그리스도의 보혈의 은혜로 초대한다. 오늘날 우리를 진정 정결한 새 사람이 되게 하는 것은 순전히 예수 그리스도의 대속의 은혜. "염소와 황소의 피와 및 암송아지의 재로 부정한 자에게 뿌려 그 육체를 정결케 하여 거룩케 하거든 하물며 영원하신 성령으로 말미암아 흠 없는 자기를 하나님께 드린 그리스도의 피가 어찌 너희 양심으로 죽은 행실에서 깨끗하게 하고 살아계신 하나님을 섬기게 못하겠느뇨"(히 9:13~14).

05

출애굽 세대의 광야 유랑

민수기 20~21장 주해와 적용

민수기는 그 지리적인 특성에 비추어 볼 때 크게 세 부분으로 나뉜다. 첫 번째 부분(1:1~10:10)은 출애굽기 19장 이후로 레위기에 이르기까지의 내용과 동일한 지리적인 배경을 가진 것으로서, 이스라엘이 시내 광야에 계속 머물면서 약속의 땅을 향해 떠날 준비를 하는 내용을 담고 있다. 그리고 두 번째 부분(10:11~22:1)은 시내 광야를 떠나 모압 평지에 도착할 때까지 계속된 출애굽 공동체의 광야 유랑 생활에 대해 기록하고 있으며, 마지막 세 번째 부분(22:2~36장)은 모압 평지 체류 기간을 다룬다. 첫째 부분과 둘째 부분이 주로 이스라엘의 불신앙과 반역에 대한 처벌 내지는 심판에 초점을 맞추고 있다면, 셋째 부분은 첫 세대의 종말과 더불어 출현한 광야 세대의 새로운 희망에 초점을 맞추고 있다.

이 글에서 다루고자 하는 20~21장은 두 번째 부분을 종결짓는 본문이기 때문에, 이스라엘의 불신앙에 대한 처벌에 무게를 두면서도 부분적으로는 전쟁에서의 승리를 통해 장차 있을 희망을 예견케 한다. 이와 아울러 민수기 전체에 나오는 날짜를 기준으로 본다면, 출애굽 제40년째 되던 해의 정월(20:1)을 기점으로 하는 20~21장과 출애굽 제2년째에 있었던 일들을 주로 다루는 19장까지의 내용들(1:1; 10:11~12)사이에는 상당한 시간적인 간격이 있음을 알 수 있다.

이렇듯 이스라엘의 광야 유랑 생활이 끝나 갈 무렵의 상황에서 서술하기 시작하는 20:1은 가데스 바네아로부터 모압 평지에 이르기까지의 여정에 대해서 기록하고 있다. 이 여정은 20장의 경우 미리암의 죽음(20:1), 므리바 물 사건과 모세의 실수(20:2~13), 에돔 사람들의 반대로 호르산으로 우회한 일(20:14~21), 그리고 호르산에서 아론의 죽음(20:22~29) 등이 기록되어 있다. 그리고 21장은 아랏 사람들과의 전쟁 및 승리(21:1~3), 이스라엘 백성의 불평과 불뱀을 통한 징계(21:4), 비스가산까지 계속되는 여정(21:10~20), 아모리 왕 시혼과의 전쟁 및 승리(21:21~32), 바산 왕 옥과의 전쟁 및 승리(21:33~35) 등 다양한 내용들을 포함하고 있다.

므리바 물 사건(민 20:1~13)

20장은 미리암의 죽음(1절)으로 시작하여 아론의 죽음(22~29절)으로 끝을 맺는다. 그 와중에 있는 므리바 물 사건은 출애굽기 17장(1~7절)의 신(Zin) 광야에서 있었던 일과 비슷하지만, 신 광야에서의 일을 다루는 이 본문은 출애굽기 본문과는 달리 하나님께서 이스라엘의 불평과 원망을 들으시고 기적적인 방법으로 물을 공급해 주셨다는 데 별다른 관심을 기울이지 않는다. 도리어 이 본문은 이스라엘의 광야 유랑 생활이 끝나는 시점에서 왜 모세와 아론이 가나안 땅에 들어가지 못했는가를 설명하려는 데 목적이 있다. 민수기 27:14과 신명기 32:51은 모세가 가나안 땅에 들어가지 못하는 이유를 설명하면서 이 본문에 나오는 이야기를 근거로 들고 있다.

1. 미리암의 죽음(1절)

가데스를 출발하기 전에 있었던 첫 번째 사건은 미리암의 죽음(1절)이었다. 그녀의 죽음은 출애굽의 지도자들(미 6:4) 및 세대가 가나안 땅에 들어가지 못함을 암시하는 것으로, 곧 모세와 아론이 가나안 땅에 들어가지 못하게 된 이야기를 예비하는 역할을 한다. 미리암의 죽음을 애도했다는 언급은 없지만, 아마도 이스라엘 백성은 아론(민 20:24)이나 모세(신 34:8)의 경우처럼 일정한 기간 동안 그녀의 죽음을 애도했을 것이다.

2. 백성의 불평과 모세의 실수(2~13절)

이스라엘 백성은 가데스에 머무는 중에 물이 부족하여 갈증에 시달리자 모세와 아론을 원망한다. 그들은 고라 무리가 모세의 지도권에 반역한 일을 회상하며 그들이 '여호와 앞에서' 죽었을 때(민 16:32~33, 49) 같이 죽었으면 좋았을 뻔했다면서, 모세와 아론이 자기들을 광야로 인도하여 짐승들과 함께 광야에서 죽게 한다고 불평한다(2~4절). 그들은 또한 광야를 이집트와 비교하면서 광야에는 파종할 곳도, 무화과도, 포도도, 석류도, 마실 물도 없다는 점을 강조한다(5절, 참고 11:4~6).

모세는 하나님의 명령을 따라 지팡이를 가지고서 이스라엘 백성을 바위 앞에 모았으나, 화를 참지 못하여 그들을 패역한 무리로 칭하면서 지팡이로 바위를 두 번 쳤다. 이때 모세가 한 말("우리가 너희를 위하여 이 반석에서 물을 내랴" 10절)이나 하나님의 명령을 거역하고서 바위에게 물을 내라고 명하는 대신에 지팡이로 바위를 두 번씩이나 친 것은, 자신이 하나님의 도구에 지나지 않음을 망각한 것이라고 할 수 있다. 뿐만 아니라 모세는 이스라엘 백성을 향하여 화를 냄으로써, 그들의 불평에 대해 아무런 말씀도 하지 않으시고, 단지 그들의 갈증을 해결할 것을 명하신 하나님의 근본 의도(8절)를 넘어서는 행동을 하고 말았다(20:24; 27:14; 시 106:33).

이러한 이유로 여호와는 모세와 아론을 책망하시면서, 그들이 하나님의 명령에 불순종함으로써 이스라엘 자손의 목전에서 그의 거룩하심을 나타내지 아니한 까닭에, 이스라엘 백성을 약속의 땅으로 인도하여 들이지 못할 것이라고 말씀하신다(12절: 신 1:37; 3:26; 4:21). 이것은 그들 역시 출애굽 이후의 부정한 세대에 속해 있음을 의미한다. 이 일을 계기로 아론은 얼마 안 있어 호르산에서 죽고(20:28) 모세는 가나안 땅 진입 직전에 여리고 맞은편에 있는 비스가 산꼭대기에서 죽는다(신 34:5~6).

하나님은 비록 모세와 아론이 불순종함으로써 자신의 거룩함을 드러내지 못했지만, 이스라엘 백성에게 물을 주시고, 자기 말에 불순종한 두 사람을 징계하심으로써, 곧 자신의 거룩함을 이스라엘 백성 중에 드러내는 일을 성취하신다(13상절). 13상절은 이 일을 계기로 그곳의 이름을 '므리바'라 칭하는 바, 이 이름은 모세와 아론의 실수보다는 이스라엘 백성이 야웨와 다툰 것에 초점을 맞춘다. 이 므리바는 때때로 '가데스의 므리바'(27:14; 신 32:51; 겔 47:19; 48:28)라고 칭함으로써 출애굽기 17:7의 므리바(신 33:8; 시 95:8)와 구별된다.

에돔 땅을 우회함(민 20:14~21)

이스라엘 백성은 앞서 남쪽 지역을 통해 가나안 땅에 진입할 수 있었으나 불순종으로 인하여 실패한 까닭에(14:39~45), 이제는 가나안 땅에 들어갈 수 있는 다른 길을 찾아야만 했다. 이에 가장 적합한 곳은 곧바로 동쪽으로 행진하여 에돔 땅을 통과하는 길이었다. 그리하여 모세는 가데스에서 에돔 왕에게 사람을 보내어 에돔 땅을 통과할 수 있게 해달라고 요청하되, 지난날의 역사에 근거하여 이스라엘을 에돔의 '형제'(참고 신 2:4; 23:7; 암 1:11; 욥 1:12)로 칭한다(14절).

그러나 에돔 왕은 통과를 허용치 않고 도리어 칼로 그들을 막겠다고 거부 의사를 분명하게 밝힌다(18절). 그 까닭은 모세가 왕의 대로(大路, the King's Highway)를 통하여 에돔 땅을 통과할 수 있게 해달라고 요청했기 때문이다(17절). 여기서 말하는 왕의 대로는 다메섹에서 바산, 길르앗, 암몬, 모압, 에돔 등을 거쳐 아카바 만에 이르는 주요 교역로를 의미했다. 모세는 에돔 왕에게 밭으로도 포도원으로도 통과하지 않고 우물물도 마시지 않고 또 에돔을 완전히 통과할 때까지 좌우로 치우치지 않겠다고 약속하는 바, 이것은 왕의 대로 주변이 비옥한 지역임을 의미한다.

비록 모세가 에돔 나라에 전혀 부담이 되지 않도록 왕의 대로로만 통과하겠다고 했지만, 출애굽 공동체의 규모나 근본 성격을 잘 알고 있는 에돔 왕으로서는 그들이 에돔 땅을 통과하다가 갑자기 정복군이나 약탈자의 무리로 변할지도 모른다는 염려 때문에 그들의 에돔 통과를 허용할 수 없었다. 모세가 다시 왕의 대로로만 통과하고 혹시 사람이나 짐승이 물을 마시면 변상하겠으며 오로지 도보로만 통과하겠다고(군대나 전차의 행진이 아님) 했으나, 에돔 왕은 도리어 자기 나라를 방비하려는 목적으로 많은 군대를 이끌고 나와서 이스라엘 백성이 자기 땅을 통과하지 못하도록 막았다(19~21절). 이에 이스라엘 백성은 도리 없이 북쪽으로 먼 길을 돌아갈 수밖에 없었다.

아론의 죽음(민 20:22~29)

에돔 땅을 통과하지 못하게 된 이스라엘은 마침내 가데스를 떠나 에돔 땅 변경에 있는 호르산으로 갔다(20절). 호르산에서 하나님은 먼저 아론이 죽을 것이므로 그와 그의 아들 엘르아살로 하여금 호르산에 오르게 하고 제사장직 이양의 절차(출 29:29~30)를 따라 아론이 입고 있는 대제사장의 옷(레 8:7~9)을 벗겨 엘르아살에게 입히라고 명한다(23~26절). 이 일이 있는 후에 아론은 산꼭대기에서 죽고 모세와 엘르아살은 산에서 내려온다(27~28절). 민수기 33:38~39에 의하면 아론은 출애굽한 지 40년째 되던 해 5월 1일에 죽었으며, 그때 그의 나이는 123세였다(참고 출 7:7)

아론이 죽은 후에 모세가 대제사장의 옷을 입은 엘르아살과 함께 산에서 내려오자, 이스라엘 자손은 아론을 위하여 30일을 애곡하였다(29절). 이스라엘의 통상적인 애곡 기간은 7일(창 50:10; 대상 10:12)이었으나, 모세와 아론은 중요한 직분을 수행한 사람들이어서 보통 사람들보다 애곡 기간이 길었을 것이다. 이처럼 이스라엘의 첫 제사장인 아론이 죽음으로써 모세와 아론에게 주어진 하나님의 무서운 징계의 말씀(12절)은 먼저 아론을 통해 이루어졌다. 모세가 죽은 다음에도 이스라엘 자손은 아론의 경우와 마찬가지로 그를 위하여 30일 동안 애곡하였다(신 34:8).

아랏 사람들과의 전쟁(민 21:1~3)

그러는 중에 남방에 거하는 가나안 사람 곧 아랏의 왕이 이스라엘 백성이 아다림 길로 온다는 소식을 듣고서 이스라엘을 쳐서 그 중 몇 사람을 사로잡았다(1절). 아다림 길은 남쪽에서 아랏에 이르는 길이므로, 본문의 전체적인 흐름에 의하면, 이스라엘은 아론이 죽은 곳인 호르산에서 잠시 남쪽으로 옮겨 갔다가 다시 호르산으로(21:4) 돌아온 셈이 된다. 아니면 이 부분은 본래 이스라엘 백성이 가데스에서 호르산으로 오는 길에 있었던 일을 기록한 것인데 21장 후반부에 있는 승리들과 연결시키기 위해 현재의 자리에 배열된 것인지도 모른다. 아랏의 공격을 받은 이스라엘은 만일 아랏 백성을 자기들의 손에 붙이시면 그들의 성읍을 다 멸하겠다고 여호와께 서원한다(2절). 여기서 아랏 성읍을 완전히 멸한다는 것은 그 성읍 전체를 여호와께 바침으로써 승리의 결과를 온전히 돌리겠다는 결심을 뜻한다. 하나님은 그들의 이러한 소원을 들으시고 가나안 사람들을 그들의 손에 붙이셨고, 이스라엘 백성은 아랏 사람들과 그들의 성읍을 다 멸했다. 그러고 나서 그 지역 전체의 이름을 호르마('파괴' 또는 '파멸')라고 붙였다.

그런데 호르마라는 곳은 이스라엘 백성이 과거 40년 광야 유랑의 벌을 받은 다음 자기들의 잘못을 깨닫고서 바로 가나안 땅으로 들어가려다가 가나안 사람에게 패배하여 밀려난 곳이었다(14:39~45). 이스라엘 사람들은 38년이 지난 지금 같은 장소에 이르렀는데, 그때는 가나안 사람들에게 패배하였지만 이제는 거꾸로 가나안 사람들에게 승리를 거두었다. 이렇듯 옛 세대들이 완전히 사라지기 직전에 가나안 사람들을 상대로 한 싸움에서 승리를 거둠으로써 약속의 땅에 들어갈 수 있는 여건이 조성되기 시작한다.

마지막 불평과 불뱀의 징계(민 21:4~9)

이스라엘 백성들은 좀 전에 하나님의 도우심에 힘입어 승리를 거두었으나(1~3절), 광야 생활의 어려움 때문에 금방 승리의 기쁨을 잊어버리고 하나님과 모세를 향해 원망했다(4~5절). 원망의 근거는 그곳에 먹을 양식도 없고 물도 없으며 음식물이 있다고 해도 먹기 싫어하는 것(만나)뿐이라는 데 있었다.

과거에는 하나님께서 그들의 불평을 듣고 먹을 양식을 공급해 주셨지만(11:4~35), 이제는 상황이 달랐다. 여호와께서 그들의 불평에 진노하신 나머지 불뱀(뱀의 독이 불타는 듯한 염증을 유발한다는 뜻, 신 8:15; 사 14:29; 30:6)들을 백성 중에 보내어 그들을 물게 하셨다. 이로 인하여 이스라엘 백성 중에 죽은 자가 많았다(6절). 고통을 견디지 못한 이스라엘 백성은 모세에게 자기들이 원망과 불평의 죄악을 범했음을 인정하고 여호와께 기도하여 뱀들이 떠나가게 해달라고 간청한다. 이에 모세는 전에도 그랬던 것처럼(11:2; 12:11~13) 백성을 위한 중재의 기도를 드렸고(7절), 여호와께서는 모세에게 불뱀을 만들어 장대 위에 달라고 명하시면서 그것을 바라보는 자는 누구든지 살 것이라고 말씀하신다(8절).

모세가 놋뱀(구리뱀)을 만들어 장대 위에 달고 난 후에 하나님의 말씀에 순종하여 그것을 쳐다본 자는 누구든지 생명을 건질 수 있었다(9절). 그런데 이 놋뱀은 후에 우상숭배의 한 상징물로 바뀌고 말았다. 남왕국의 히스기야(주전 715~687년)는 이스라엘 백성이 계속해서 그것을 향해 분향했기 때문에, 종교개혁을 하면서 그것을 부수고 느후스단('구리 조각'이라는 뜻)이라는 별명을 붙였다(왕하 18:4). 반면에 예수께서는 요한복음 3:14~15에서 놋뱀의 표상을 자신에게 적용하심으로써 구원의 의미를 개개인에게 적용하신 바 있다.

비스가산까지의 여정(민 21:10~20)

여행 일지 형식으로 된 이 부분은 여행 기록(10~13, 16, 18상~20절)과 두 개의 노래(14~15절과 17~18상절)로 이루어져 있으며, 모압 평지에 이르기까지의 과정을 최대한으로 줄이고(참고 33:41~49), 아모리 땅에서의 싸움(21~35절)에 초점을 맞추려는 분명한 의도를 가지고 있다.

불뱀 사건이 있은 후에 이스라엘 백성이 아모리 사람들의 땅으로 북진(北進)하면서 진을 치고 머문 곳은 오봇, 모압 앞 해 돋는 편(모압 동편) 광야에 있는 이예아바림, 세렛 골짜기와 아모리인의 지경에서 흘러나와 광야에 이르는 아르논 강 건너편 등지였다. 아르논 강은 모압과 아모리 사이에서 모압의 경계가 된 곳에 있었다(10~13절). 아르논 강의 이러한 위치는 「야웨의 전쟁기」에 자세하게 기록되어 있다. 이 책은 그 제목으로 미루어 보아 여호와께서 이스라엘의 대적들—더 정확하게는 가나안 원주민들—을 물리치고 승리를 거두신 것을 경축하는 노래들을 포함하는 것으로 보인다. 이스라엘은 아르논 강 건너편을 지나 계속 북진하여 브엘('우물'이라는 뜻)에 이르렀는데, 브엘은 여호와께서 모세를 통하여 이스라엘 백성에게 물을 주리라고 약속한 우물이 있는 곳이었다(16절). 이 우물에 대해서는 이스라엘 자손이 부른 노래가 전해지는 바(17~18상절), 그 우물은 족장들이 팠고 백성의 귀인들이 홀과 지팡이로 지시하여 판 것이었다. 브엘에 진을 친 이스라엘은 계속 행진하여 맛다나에 이르렀고 맛다나에서 나할리엘, 바못, 모압 등에 있는 골짜기 등지를 거쳐 마침내 광야가 내려다보이는 모압 평지의 비스가산 꼭대기에 도착하였다(18하~20절).

시혼, 옥과의 전쟁에서 승리함(민 21:21~35)

이 부분은 이스라엘 백성이 모압 평지에 이르기 전에 아모리 사람들의 땅을 정복하고 그곳에 거하게 된 배경에 대해서 설명한다. 이스라엘 백성은 먼저 아모리 왕 시혼에게 사자를 보내어 그들의 땅을 통과하되 그들의 밭이나 포도원에 들어가지 않고 우물물도 마시지 않고 왕의 대로로만 통행하겠으니 허용해 달라고 청한다(21~22절). '아모리'라는 전문 용어는 구약에서 여러 지역을 가리키는데, 여기서는 요단 동편의 시혼과 옥을 가리키는 호칭으로 사용된다(신 31:4; 수 2:10; 9:10).

아모리 왕 시혼은 헤스본을 수도로 삼고 있었던 까닭에(26절) 다른 본문들에서는 '헤스본 왕'으로 불리기도 한다(신 2:26, 30; 3:6; 29:7; 수 9:10; 12:5; 13:27). 시혼의 영토는 모압에게서 빼앗은 땅을 포함하여 북쪽의 얍복 강에서 남쪽의 아르논 강까지 이르렀으며, 동쪽에는 암몬이 있었고 서쪽에는 요단강이 있었다(24, 26절). 시혼은 이스라엘 백성의 요청을 허용하지 않고 도리어 사람들을 모아 이스라엘을 공격하였다.

27~30절에 있는 노래(참고 렘 48:45~46)는 맨 처음 27절, 마지막 30절과 그 가운데 있는 28~29절의 두 부분으로 나눌 수 있다. 이 노래의 첫 구절(27 하절)은 헤스본을 다시 세워야 함을 강조하는 바, 이는 시혼의 땅이 누군가에 의해 점령되었기 때문이다. 그 이유를 30절은 '우리(이스라엘)가 헤스본(북쪽)과 디본(남쪽) 및 메드바(중간 지역) 등지를 점령하였기 때문'이라고 밝힌다. 그리고 이 노래의 중간 부분인 28~29절은 이스라엘에게 정복당한 시혼이 과거 헤스본의 왕으로서 모압 지역을 정복하였다는 사실(24절)을 조롱하는 투로 언급함과 동시에 모압 사람들을 '그모스의 백성'이라고 칭함으로써(29절; 렘 48:46) 그들이 그모스 신을 최고신으로 섬기고 있음을 보여 준다.

31~32절은 이스라엘의 시혼 정복(24~25절) 이후에 이루어진 일들에 대해 기록하고 있다. 이스라엘 자손이 아모리인의 땅에 머물러 있을 때 모세가 야셀을 정탐케 하고 그 촌락들을 취하여 그곳에 있던 아모리인들을 몰아내었다는 것이다. 야셀은 바산 왕 옥의 땅 북쪽으로 올라가는 길에 있기에 33:5에 있는 바산 지역의 점령 이야기와 자연스럽게 연결된다. 시혼이 다스리던 지역의 북동쪽에 있던 바산 지역의 왕 옥은, 이스라엘 자손이 계속 진행하여

오자 자기 나라 백성을 이끌고 에드레이에서 맞서 싸우고자 했다. 이때 여호와께서는 모세에게 그들을 두려워하지 말고 시혼에게 하던 것같이 하라고 명하셨고, 전쟁의 성패는 그의 명령대로 이루어졌다. 이로써 모세는 바산 지역을 완전히 점령하였다.

설교를 위한 적용

이상에서 살펴본 민수기 20~21장은 크게 세 가지 중요한 설교의 주제를 담고 있다.

첫째로, 이스라엘 백성이 스스로 인정한 바와 같이 광야는 모든 것이 불충분한 곳이라는 점이다(20:5). 그러한 부족과 결핍의 땅에서 그들은 아침저녁으로 하나님께서 주신 만나와 메추라기를 먹기는 했지만 40년 동안 똑같은 것을 먹고 지내는 일은 쉽지 않았다. 마실 물이 어디에나 항상 있는 것도 아니었다. 광야는 또한 피곤하고 지친 몸을 이끌고 다음 목적지를 향해 계속해서 옮겨 다녀야 하는 유랑의 땅이기도 했다. 그들은 천막과 각종 살림살이들을 짊어지고 40년 동안이나 행군해야 했던 것이다.

이러한 광야에서는 불평과 원망이 절로 나올 수밖에 없다. 실제로 이스라엘은 기회가 있을 때마다 모세와 아론에게 지긋지긋한 광야 생활에 대해 불평했다. 그들은 가는 곳마다 먹을 양식, 마실 물이 없다고 불평했으며, 차라리 애굽에서 노예 생활을 했으면 했지 그 기나긴 결핍의 삶을 견딜 수 없다고 대적했다. 그 결과 많은 사람들이 광야에서 죽임을 당했고 불뱀에 물려 죽은 사람도 적지 않았다. 이처럼 광야는 시련과 고통의 자리요, 사람들에게 불평과 원망을 불러일으키는 땅이었다. 그럼에도 광야는 약속의 땅 가나안으로 들어가기 위해 이스라엘이 반드시 지나가야 하는 곳이었다. 광야의 부족과 결핍을 이기지 못하는 자는 약속의 땅에 들어갈 자격이 없다. 이스라엘의 광야 유랑은 사실 하나님께서 그들을 낮추고 그들을 시험하기 위해서 사용한 중요한 수단이었다(신 8:1~3). 그러나 불행하게도 이스라엘은 이러한 훈련과 연단의 과정을 성공적으로 마치지 못했다. 그들은 광야 유랑 생활을 통해 하나님을 의지하는 삶의 태도를 배워야 마땅했으나 그렇게 하지 못했다. 그런 까닭에 그들은 40년 동안의 광야 생활을 거의 마무리하는 단계에 이르러서도 똑같은 불평과 원망을 되풀이했던 것이다(20:2~5; 21:4~5). 이스라엘의 이러한 모습은 곧 우리들 자신의 모습일 수밖에 없다.

둘째로, 출애굽의 지도자들인 모세와 아론 및 미리암(미 6:4)은 약속의 땅 가나안에 들어가지 못했다. 이는 하나님께 대한 불순종과 불신앙 및 그의 거룩함을 드러내지 못한 것이 주요 원인이었다. 그러나 미리암의 경우는 뚜렷한 이유가 설명되지 않았다.

아론과 미리암에게는 과거 금송아지 사건에 대한 책임(출 32:1~6)과 모세의 지도권에 저항한 죄(12장)가 있기는 하지만, 그것이 두 사람이 가나안 땅에 들어가지 못하는 이유라는 설명은 어디에도 없다. 모세가 가나안 땅에 들어가지 못하는 이유도 어떻게 보면 지나치다 싶게 무거운 징계로 보인다. 이처럼 출애굽의 지도자들 사이에 책임의 경중이 있을 수 있고, 무엇보다도 가나안 땅에 들어가지 못하게 된 이유가 다소 일치되지 않게 서술되어 있다는 것은, 사람들이 잘 알지 못하는 하나님의 계획과 의도가 감추어져 있기 때문이라고 볼 수 있다. 아마도 하나님은 여호수아와 갈렙을 제외한 모든 출애굽 세대들을 약속의 땅에서 배제시킴으로써(세대 교체), 약속의 땅에서의 삶이 새로운 세대를 중심으로 이루어지게 하려는 의도를 가지고 계셨을 것이다.

이렇게 본다면 출애굽 지도자들의 죽음은 옛 시대가 끝나고 새 시대가 올 것임을 상징적으로 보여 준다 하겠다. 결과적으로, 하나님은 늘 역사를 새롭게 하시고 그 역사를 이끌어 갈 사람들까지도 새롭게 하시는 분임을 우리는 여기서 확인할 수 있다. 이 점은 한 국가나 민족의 경우에도 적용될 수 있고, 개인의 신앙적인 삶에도 똑같이 적용될 수 있다.

셋째로, 하나님은 이스라엘이 불평과 원망 속에서 40년의 광야 생활을 성공적으로 마치지 못했음에도 불구하고, 그들을 용납하시고 이제는 그들을 약속의 땅으로 인도하시기 위해 최선을 다하신다. 그 결과 가나안 정착의 전초전이라 할 수 있는 아랏 사람들, 아모리 왕 시혼과 바산 왕 옥과의 전쟁을 하나님의 도우심으로 승리로 이끌 수 있었다. 40년 동안 하나님이 늘 구름 기둥과 불기둥으로 그들과 함께하신 것이나 만나와 메추라기, 반석에서 나는 물 등을 통해 그들을 먹이시고 보살펴 주신 것도 이와 같은 맥락에서 이해할 수 있다.

비록 20세 이상의 출애굽 세대가 가나안 땅을 밟지 못하는 벌을 받기는 했지만, 나머지 새로운 세대를 통해 하나님은 이스라엘 조상들에게 주신 약속을 이루기 위해 최선을 다하셨다. 여기서 우리는 하나님이 반역한 백성이라 할지라도 그들을 완전히 벌하시는 것이 아니라, 훈련과 연단을 통해 남은 자들에게 자신의 약속을 반드시 이루시는 분임을 분명하게 알 수 있다. 또한 이스라엘이 전쟁에 승리함으로써 새로운 세계에 대한 희망을 갖게 되는 것을 보면서, 이스라엘의 불평과 원망 및 반역, 불순종 등과 대비되는 하나님의 인내와 오래 참으심, 용서와 회복의 은총 등을 거듭 확인하게 된다.

06

야누스적인 인간 발람과 이스라엘의 운명

민수기 22~25장 주해와 적용

민수기 22~25장은 다음과 같이 크게 두 부분으로 구성되어 있다. 첫 번째 부분인 민수기 22~24장은 발람의 축복 이야기를 담고 있고, 두 번째 부분인 민수기 25장은 발람의 음모로 인해 이스라엘이 싯딤에서 배교 행위를 하는 것을 담고 있다. 언뜻 보기에는 이 두 이야기는 확연하게 서로 구분되는 전혀 다른 내용을 담고 있는 것처럼 보인다. 우선 22~24장은 이스라엘을 저주해 달라는 발락의 부탁을 받은 발람이 이스라엘을 저주하기는커녕 축복만을 쏟아붓는 이야기다. 그리고 25장은 싯딤에서 이스라엘이 모압 여자들과 음행과 우상숭배를 범함으로써 2만 4,000명이라는 엄청난 수의 사람들이 심판의 죽음을 당한 이야기다.

그러나 이 두 이야기는 좀 더 자세히 살펴보면 여러 가지 면에서 밀접한 연결성을 갖고 있다. 우선 등장인물의 측면에서 보자. 이 두 이야기는 모두 발람과 관계가 있다. 22~24장 이야기의 중심에는 발람이 서 있다. 그가 이스라엘에게 퍼붓는 휘황찬란한 축복이 이야기의 중심축인 것이다. 25장의 이야기는 언뜻 보기에는 발람과 상관이 없는 것처럼 보인다. 발람은 이 이야기 속에 전혀 등장하지 않기 때문이다. 그러나 민수기 31:8, 16(참고 유 1:11; 계 2:14)은 이 25장 사건의 배후에 발람이 숨어 있음을 밝혀 준다.

이 두 이야기는 또한 모압 및 미디안 사람들과 이스라엘 사이에서 일어나는 일을 다루고 있다. 민수기 22:4, 7 등에 따르면 발락이 발람을 통해 이스라엘에 저주를 퍼부으려고 한 일에는 이 두 집단의 사람들이 개입되어 있다. 마찬가지로 민수기 25장에서도 이 두 집단은 함께 움직인다. 25:1은 이스라엘 백성들이 모압 여자들과 음행을 저질렀다고 밝힌다. 그러나 정작 이스라엘 사람과 음행하는 현장에서 비느하스가 죽인 여인은 모압 여인이 아니라 미디안 여인이다(25:6~18). 더구나 이 미디안 여인은 단순한 일반 평민이 아니라 미디안의 유서 깊은 가문의 수령 딸인 고스비란 여인이었다. 따라서 모압 여인들을 통한 이스라엘의 타락 사건에는 미디안 사람들이 깊숙이 참여하고 있었음을 알 수 있다.

두 이야기의 연관성은 또한 장소적인 측면에서도 생각해 볼 수 있다. 두 이야기는 모두 요단강 너머의 모압 평지를 배경으로 한다. 모압의 경계선에 이른 이스라엘의 위용이 모압의 운명을 압박하는 가운데 발락이 어떻게 해서든지 그 위기를 넘겨보려는 시도들로 민수기 22~25장의 이야기는 채워져 있는 것이다.

마지막으로 두 이야기는 모두 이스라엘의 운명에 발람이 어떻게 관여되었는가를 담고 있다. 발락은 이스라엘에게 저주를 퍼붓기 위해 고대 근동에서 유명한 발람을 초빙한다. 그러나 민수기 22~24장에서 여호와는 발람이 이스라엘을 저주하는 것을 허락하지 않으신다. 그 결과 발람은 발락의 희망과는 전혀 반대로 이스라엘에게 오직 축복만을 부어 주며, 이스라엘의 찬란한 미래에 대한 예언을 한다. 하지만 민수기 25장에서 이스라엘이 모압 여인들과 음행을 하고 바알브올을 향한 우상숭배에 빠지게 된 것 역시 발람의 모략에 의한 것이었다(민 31:16). 이처럼 발람은 민수기 22~24장과 25장의 이야기 전부에서 이스라엘의 안위와 관련하여 대조적이면서도 중요한 기능을 한다.

필자는 이 두 이야기를 나누어서 해설할 것이다. 그러나 위의 개관에서 보듯이 민수기 22~25장의 이야기는 결국 발람의 행동을 중심으로 돌아가기 때문에 나는 항상 발람의 역할에 주의를 기울일 것이다. 그리고 마지막에 가서 발람이란 인물을 중심으로 다시 한 번 이야기를 정리할 것이다.

발람의 축복(민 22~24장)

1. 구조 및 개관

민수기 22~24장의 이야기는 그 자체로 아주 훌륭한 통일성을 이루고 있다. 이 이야기는 모압 왕 발락이 자기 코 밑까지 밀어닥친 강한 이스라엘 세력에 대한 대책으로 발람이라는 고대 근동의 유명한 선지자를 초청하여 이스라엘을 저주하게 만들려는 것에서 시작된다. 그러나 여호와 하나님께서 발람이 이스라엘을 저주하는 대신 축복하게 만드시므로 발람은 여러 번에 걸쳐 이스라엘을 축복하게 된다. 발락은 분노하여 발람을 돌려보내는 것으로 끝이 난다. 이 짧은 이야기는 탁월한 일관성을 보여 준다. 이야기의 전체와 각 부분 사이의 상응성은 뛰어나다. 각 부분과 요소들도 각자 제 위치에 잘 배열되어 있으며, 제 위치에서 각자의 역할을 아주 훌륭하게 수행하고 있다.

이제 22~24장의 구조를 살펴보도록 하자. 이 세 장은 크게 두 부분으로 나뉜다. 첫 번째 부분(22:1~40)은 발락이 발람을 모압으로 초청해서 오게 만드는 과정을 다룬다. 두 번째 부분(22:41~24:25)은 발람이 발락의 의도와는 달리 이스라엘에게 축복의 신탁들을 쏟아내는 것을 다룬다. 이 두 부분은 각각 더 세부적인 내용으로 나뉜다. 이것들을 개괄적인 구조로 제시하면 다음과 같다.

> A 발락이 발람을 초청함(22:1~40)
>> 1 발락이 발람을 초청하기로 함(1~6절)
>> 2 발락의 초청(7~35절)
>>> a 발락의 첫 번째 초청(7~14절)
>>> b 발락의 두 번째 초청(15~20절)
>>> c 말하는 나귀 사건(21~30절)
>>> d 발람에 대한 하나님의 경고(31~35절)
>> 3 발락이 발람을 환대함(36~40절)

B 발람의 신탁들(22:41~24:25)

   1 첫 번째 신탁(22:41~23:12)

   2 두 번째 신탁(23:13~26)

   3 세 번째 신탁(23:27~24:13)

   4 발람의 네 번째 신탁과 결별(24:14~25)

구조에서 보듯이 이야기가 이렇게 크게 두 부분(A/B)으로 나뉘어 있지만 이 두 부분은 서로 유기적인 구조를 띠고 있다. 첫 번째 부분(A)에서 발람이 발락의 초청을 받아들이는 과정과 발락에게로 가는 과정에서 나귀와 겪게 되는 일들은 두 번째 부분(B)에서 발람이 이스라엘을 향한 신탁들을 쏟아내는 과정에서 겪게 되는 일들의 전조(前兆) 역할을 한다. 즉 발람이 나귀와 겪는 일은 각각 다음의 도식과 같이 발람과 다른 등장인물들 간에 관계의 그림자 역할을 한다.

나귀:발람 – 발람:하나님(A 및 B 부분 내에서)

나귀:발람 – 발람:발락(A와 B 사이에서)

위의 첫 번째 도식에서 나귀 이야기의 나귀와 발람은 A 및 B의 나머지 부분에서 각각 발람과 하나님에 상응한다. 즉 나귀 이야기의 나귀의 역할을 A 및 B의 나머지 부분에서 발람이 맡고, 나귀 이야기의 발람 역할을 A 및 B의 나머지 부분에서 하나님이 맡는 것이다. 그러나 나귀 이야기와 뒤의 신탁 이야기의 유비 관계는 이것이 끝이 아니다. 위의 두 번째 도식에서 보듯이 나귀 이야기의 나귀와 발람은 B에서 각각 발람과 발락에 상응하기도 한다.

위의 유비 관계를 정리해 보자면 발람은 하나님과 발락에게 마치 나귀 같은 사람으로 그려지는 것으로 이해할 수 있다. 따라서 나귀 이야기는 발람 이야기 전체에 대한 주석적인 역할을 한다. 이제 22~24장의 이야기들을 순서대로 따라가면서 내용을 분석해 보자.

2. 도입부(22:1~6)

발람 이야기의 서론격인 이 첫 문단의 내용은 바로 그 앞의 본문인 민수기 21:10~35의 내용을 바탕으로 한다. 21장의 본문 내용에 따르면 아모리왕 시혼과 바산 왕 옥은 이스라엘이 지나가도록 길을 열어 달라고 정중하게 요청했을 때 그 요청을 거절했다가 멸망을 당했다. 그런데 이 멸망당한 아모리 왕 시혼은 원래는 전에 모압 왕을 쳐서 "그의 모든 땅을 아르논까지 그의 손에서" 빼앗은 적이 있던 강력한 왕이었다(21:26~30). 따라서 모압 족속의 시각으로 볼 때는 더욱더 강력하게 보일 수밖에 없는 이스라엘이 '요단 건너편, 곧 여리고 맞은편'의 모압 평지에 진을 치자(1절) 모압 왕 십볼의 아들 발락은 정신적 공황 상태에 빠진다. 2~4절은 모압인들, 그리고 모압 왕 발락이 사태에 대해서 본 바와 그 결과로 얻은 심리 상태를 내레이터의 시각과 발락 자신의 입으로 한 증언을 통해서 생생하게 전달해 준다.

2절 서두는 우선 모압 왕 발락이 "이스라엘이 아모리인에게 행한 모든 일을 보았"다고 말한다. 21장과의 연결성에서 앞에서 지적한 바와 같이 발락은 이스라엘이 아모리 사람들과 치른 전쟁의 모든 것을 보았다. 발락이 가진이 정보는 모압 전체를 패닉 상태로 몰아넣기에 충분했던 것으로 보인다. 따라서 3절은 하나의 집단 인격으로서의 모압이 보여 주는 반응을 다음과 같이 언급한다. "모압이 심히 두려워하였으니 이스라엘 백성이 많음으로 말미암아 모압이 이스라엘 자손 때문에 번민하더라."

4절은 개역한글판 및 개역개정판 성경에서는 주어가 누구인지 선명하지가 않다. 그러나 히브리어 원문에서는 주어가 '모압'으로 명시되어 있다. 3절에서 두려움에 빠진 모압은 미디안의 장로들에게 이렇게 말한다. "이제 이 무리가 소가 밭의 풀을 뜯어먹음 같이 우리 사방에 있는 것을 다 뜯어먹으리로다." 여기서 미디안 장로들이 갑자기 등장하는 것에 대해서 의아스럽게 생각하는 독자들이 있을 수 있다. 그러나 미디안이 당시 어느 하나의 지파가 아니라 부족들의 연합체 같은 것이었다는 최근의 견해를 받아들일 경우 이 문제는 쉽게 해결될 수 있다. 아마 이 미디안 장로들은 미디안이라는 이름 아래 속한 모든 지파들을 대표한 것이 아니라 단지 일부 지파들만을 대표했을 것이다. 분명한 것은 모압과 이 일부 미디안 지파가 확실한 동맹 관계에 있었다는 점이다. 이 점은 22~24장뿐만 아니라 25장의 바알브올 사건에서도 모압과 미디안이 함께 개입하는 것을 통해 알 수 있다.

이스라엘에 대한 이런 두려움을 해결하기 위해 발락은 발람이라는 선지자 혹은 점술가를 브돌이라는 곳에서 초대하기로 한다. 이 발람은 텔 데이르 알라(Tell Deir 'Alla)에서 발견된 금석문에서도 그 이름이 등장하는 실존 인물이다. 발락의 초청의 말은 다음과 같다(5~6절).

> "보라! 한 민족이 애굽에서 나왔는데 그들이 지면에 덮여서 우리 맞은편에 거주하였고 우리보다 강하니 청하건대 와서 나를 위하여 이 백성을 저주하라. 내가 혹 그들을 쳐서 이겨 이 땅에서 몰아내리라 그대가 복을 비는 자는 복을 받고 저주하는 자는 저주를 받을 줄을 내가 앎이니라."

발락의 말은 우선 이스라엘에 대한 묘사로 시작된다. 이스라엘은 '애굽에서 나온' 자들이다. 그들은 '지면을 덮었다.' 그들은 '우리보다 강한' 자들이다. 이어서 그는 발람을 초청하는 목적을 밝힌다. 그는 발람이 그들에게 저주를 퍼부어 주기를 바란다. 발락은 발람의 저주가 효력을 발생하면 혹시 자신이 이스라엘을 패퇴시킬 수 있지 않을까 희망한다. 왜냐하면 발락의 생각에 발람은 "그대가 복을 비는 자는 복을 받고 저주하는 자는 저주를 받게" 될 정도로 강한 주술 능력을 가진 자이기 때문이다. 이 문단은 두 가지 측면에서 특히 우리의 흥미를 끈다. 첫째는 발락 및 모압과 출애굽기 1장의 바로 및 애굽 사이에 존재하는 유비(analogy)이고, 둘째는 6절의 축복과 저주란 주제다.

우선 이 단락에서 내레이터는 발락과 모압을 제2의 바로와 애굽으로 묘사하고자 한다는 점을 살펴볼 필요가 있다. 프리드먼(Friedman)은 양자 사이에 다음과 같은 유사성이 있음을 지적한다. 첫째, 이스라엘 백성이 '많다'(3절)는 것이 출애굽기 1:9의 바로의 말과 동일하다(רב라브). 둘째, 모압이 이스라엘 자손 때문에 "번민하더라"(3절)는 표현은 출애굽기 1:12에서 애굽 사람이 이스라엘 자손 때문에 "근심하더라"란 표현과 동일하다(קוץ쿠츠). 셋째, 이스라엘 백성이 '우리(원문은 나)보다 강하다'(6절)란 표현 역시 출애굽기 1:12의 '우리보다 강하다'란 표현과 사실상 동일하다.

이러한 언어적 유사성과 더불어 양자 사이에는 또 하나의 유사성이 존재한다. 그것은 애굽과 모압 모두 실체가 없는 두려움을 가지고 이스라엘을 위협적 존재로 인식한다는 점이다. 이들은 모두 이스라엘이 자신들을 어떻게 할까 봐 두려워한다. 출애굽기 1:10에서 바로는 "두렵건대 그들이 더 많게 되면 전쟁이 일어날 때에 우리 대적과 합하여 우리와 싸우고 이 땅에서 나갈까 하노라"고 자신의 근심을 표명한다. 모압 역시 4절에서 "이제 이 무리가 소가 밭의 풀을 뜯어먹음 같이 우리 사방에 있는 것을 다 뜯어먹으리로다"고 걱정한다.

그러나 이런 두려움은 실체가 없는 것이었다. 출애굽기의 이스라엘은 결코 애굽을 해할 생각이 없었다. 민수기 22장의 이스라엘 역시 모압을 해하려 들지 않았을 것으로 보인다. 신명기 2:9에서 모세는 당시 하나님께서 지시하신 바를 다음과 같이 언급한다. "여호와께서 내게 이르시되 모압을 괴롭히지 말라 그와 싸우지도 말라 그 땅을 내가 네게 기업으로 주지 아니하리니 이는 내가 롯 자손에게 아르를 기업으로 주었음이라." 그러므로 모압이 섣부른 판단을 하는 대신에 이스라엘의 의사를 직접 타진했더라면 모든 것은 갈등 없이 무난하게 해결되었을지도 모른다. 그러나 불행히도 모압은 근거 없는 두려움에 사로잡혀 문제를 확대시키고, 갈등을 조장하며, 사태를 어렵게 만들었다.

우리의 흥미를 끄는 두 번째 사항은 발락이 발람을 초청하면서 하는 말 속에 들어 있다. 발락은 '그대가 복을 비는 자는 복을 받고 저주를 하는 자는 저주를 받게 된다'는 찬사를 통해 발람에게 경의를 표한다. 그러나 이후의 본문들에서 분명하게 드러나듯이 축복과 저주의 권세는 발람에게 속한 것이 아니라 운명의 진정한 주관자이신 여호와께 속한 것이다. 여호와 하나님이 허락하지 않으시면 그가 이스라엘을 향한 저주를 단 한 단어도 입에서 꺼낼 수가 없다는 것이 발람 이야기 전체를 통해서 분명하게 드러난다(12~14, 18, 38절 등). 발락이 아무리 끈질기게 요구해도 결국 발람이 이스라엘을 위해 할 수 있는 말은 발락의 희망사항과는 정반대되는 말, 즉 "너(이스라엘)를 축복하는 자마다 복을 받을 것이요 너를 저주하는 자마다 저주를 받을지로다"(24:9)라는 말이었다. 발람 이야기의 중요한 신학적 목적 중 하나는 결국 축복과 저주의 진정한 주관자는 바로 여호와 하나님이지 발람과 같은 자가 아니라는 것이었다. 그리고 이스라엘이 이 축복의 주관자에게서 '복을 받은 자들'임을 천명하는 것이었다(12절).

6절의 '그대가 복을 비는 자는 복을 받고 저주를 하는 자는 저주를 받게 된다'는 표현과 축복과 저주의 진정한 주관자는 하나님이라는 주제는 창세기 12:3에서 하나님이 아브라함에게 했던 약속을 상기시킨다. 하나님은 "너를 축복하는 자에게는 내가 복을 내리고 너를 저주하는 자에게는 내가 저주하리니"라고 말씀하셨다. 실제로 민수기 24:9에서 발람은 창세기 12:3과 거의 같은 신탁의 말씀을 선포한다. 이러한 민수기 22:6과 24:9, 창세기 12:3의 상응성은 하나님께서 아브라함에 주신 축복과 저주의 권세에 대한 약속이 아브라함의 씨, 즉 아브라함의 후손인 이스라엘에게도 계속 연장되어 실행되고 있음을 보여 준다. 비록 발락이 발람을 통해 이스라엘을 저주하기를 원했지만 그가 결국 확인한 것은 아브라함으로부터 이어지는 하나님의 약속이 이스라엘 백성에게도 여전히 유효하다는 사실이었다.

민수기 22~24장의 사건들은 이스라엘이 전혀 모르는 중에 진행되었다. 이스라엘이 알지 못하는 사이에 이스라엘을 저주에 빠뜨리려는 시도가 있었던 것이다. 그리고 그것을 막는 하나님의 개입이 있었다. 또한 이 모든 것의 바탕에는 아브라함에게 주신 약속에 충실하신 하나님의 신실함이 있었다.

이 점은 우리에게 큰 영적인 교훈을 준다. 도마처럼 우리는 눈으로 보이는 것만을 인정한다. 도마처럼 우리는 자신의 손으로 만지고 촉각으로 인식한 것만을 실체로 인정하려 든다. 그러나 너무나도 많은 순간 하나님은 우리가 알지도 못하는 중에 당신의 신실하심과 은혜를 베풀고 계신다. 우리가 알지도 못하는 사이에 하나님은 우리의 위험을 차단하시고, 우리에게 필요한 것을 준비하시며, 우리에게 있어야 할 것을 예비하신다. 발람 이야기는 하나님께서 우리가 알지 못하는 가운데 숨어서 역사하시지만 분명하게 역사하고 계심을 가르쳐 준다. 하나님의 이런 모습을 깨닫는 것이 우리 신앙에서 매우 중요하다. "너는 나를 본고로 믿느냐 보지 못하고 믿는 자들은 복되도다"고 한 예수님의 말씀은 도마에게만 해당되는 것이 아니다. 이 말씀은 광야 시대의 이스라엘에게도 적용되는 말씀이고, 현재의 우리에게도 적용되는 말씀이다.

또 하나의 영적 교훈은 하나님의 백성이 융성할 때 모압 왕 발락과 애굽 왕 바로처럼 적대적인 세력이 등장한다는 것이다. 이들은 실제적인 이유가 없이 막연한 두려움만으로도 하나님의 백성을 공격한다. 그러나 이런 외부의 적대적인 세력은 결코 하나님의 백성에게 진정한 위협이 되지 못한다. 이 백성이 하나님을 향해 있는 한 이 백성의 운명은 하나님의 손 안에서 굳건하다. 이 점을 22~24장의 발람 이야기는 잘 보여 준다.

3. 발락의 초청과 발람의 반응(22:7~35)

위의 구조 분석에서도 이미 살펴보았듯이 민수기 22:7~35은 하나의 단원으로 이해되어야 한다. 이 단원은 아주 잘 짜여진 삼중 구조를 갖고 있다. 이 단원에서 발람은 발락의 초청을 수용할 것이냐 하는 문제를 가지고 하나님 혹은 하나님의 사자와 세 번에 걸친 대면을 한다. 첫 번째 대면은 발락이 이스라엘을 저주하기 위해 발람을 초청하면서 이루어진다(7~14절). 하나님은 이 초청을 받아들이지 말라고 발람에게 명령하신다. 두 번째 대면(15~20절)은 발락이 재차 발람을 초청함으로써 이루어진다. 놀랍게도 이번에는 하나님은 발람이 그 초청을 받아들이는 것을 허락하신다. 물론 발람이 오직 하나님의 말씀대로만 행하는 것이 전제 조건이다.

발람과 하나님 사이의 이 두 번째 대면과 마지막 대면인 세 번째 대면 사이에는 발람과 나귀 사이의 이야기(21~30절)가 끼여 있다. 흥미로운 것은 발람과 나귀 사이에 일어난 해프닝 역시 삼중 구조를 갖고 있다는 점이다. 나귀는 발람을 태우고 모압으로 향하던 중 여호와의 사자가 길을 막고 발람을 죽이기 위해 칼을 든 것을 보고는 그 사자를 피하려다가 발람과 세 번에 걸쳐 갈등을 겪는다. 이 세 번의 갈등을 줄기 삼아 21~30절은 21~23절, 24~25절, 26~30절의 세 부분으로 나뉜다. 세 번에 걸친 나귀와의 해프닝 이후에야 발람은 하나님과의 세 번째 대면, 좀 더 정확히 말하면 여호와의 대리자인 여호와의 사자와 대면한다(31~35절). 이렇듯 하나님과 세 번에 걸친 대면 후에야 발람은 겨우 발락에게로 갈 수 있게 된다.

위의 내용을 바탕으로 7~35절의 구조를 그려 보면, 이 본문은 발람과 하나님 사이의 대면을 담고 있는 삼중 구조 속에 발람이 나귀와 겪는 해프닝이 삼중 구조로 삽입되어 있음을 알 수 있다.

> 하나님과의 첫 번째 대면(7~14절)
> 하나님과의 두 번째 대면(15~20절)
> 　나귀와의 해프닝 I(21~23절)
> 　나귀와의 해프닝 II(24~25절)
> 　나귀와의 해프닝 III(26~30절)
> 하나님과의 세 번째 대면(31~35절)

이처럼 하나의 이야기 속에 다른 이야기가 끼여 있는 경우 이 두 이야기는 서로를 비추는 거울 역할을 한다. 이러한 구조를 통하여 내레이터는 발람과 나귀 사이의 유비를 만들어 낸다. 발람이 자기 말을 안 듣는 나귀에게 분노했듯이 하나님은 당신의 뜻을 분명히 잘 알고 있으면서도 잘 따르지 않는 발람에게 분노하신다(22:7, 23). 따라서 발람과 나귀 사이의 유비를 잘 파악하는 것이 본문을 이해하는 데 중요하다.

1) 발락의 첫 초청, 발람과 하나님의 첫 번째 대면(7~14절)

민수기 22:7~14은 발락이 발람을 초청하는 것으로부터 시작된다. 발락은 이 초청을 모압 장로들과 미디안 장로들의 연합 사절단에게 맡겼다. 이 사절단은 손에 복채(םימסק케사밈)을 가지고 발람에게 갔다고 본문은 말한다. 이처럼 사절단이 복채를 가지고 간 것에 대해 발람을 비판적으로 이해하는 해석자들은 발람의 탐욕의 근거로 삼는다. 그러나 이 단계에서는 이것은 자연스러운 관행일 수 있다고 보는 것이 더 적절해 보인다. 단지 현 상황은 발락이 반드시 발람의 저주를 필요하다고 생각하는 상황이었기 때문에 이 복채는 통상적인 경우보다 더 많았을 것이다.

발람은 사절단이 전하는 발락의 요청을 들은 후 그들이 하룻밤 유하도록 권한다. 앞에서 언급한 텔 데이르 알라 금석문에 나오듯이 발람은 그 밤에 하나님의 메시지를 듣고 판단을 내리고자 한 것으로 보인다.

밤에 하나님은 처음으로 발람과 대면을 하신다. 하나님은 이 사절단에 대해서 묻고, 발람은 그들의 정체와 더불어 발락의 요청에 대해서 하나님께 아뢴다. 발람이 하나님에게 전하는 발락의 말은 '이제 와서 나를 위하여 그들을 저주하라'는 것이다. 이에 대해 하나님은 "너는 그들과 함께 가지도 말고 그 백성을 저주하지도 말라"(12절)고 분명하게 말씀하신다. 그 이유는 "그들(이스라엘)은 (하나님으로부터) 복을 받은 자들이니라"(12절)는 것이다.

발람은 하나님의 응답을 사절단에게 알려 준다. 그러나 발람이 사절단에게 전한 하나님의 말씀은 하나님이 그에게 하신 말씀과 비교할 때 미묘하면서도 중요한 차이가 있다. 발람은 이렇게 말한다. "너희는 너희의 땅으로 돌아가라. 여호와께서 내가 너희와 함께 가기를 허락하지 아니하시느니라." 앞에서 발락이 사절단에게 준 메시지는 두 가지 요소를 담고 있었다. 첫째는 '오라'는 것이었고, 둘째는 '이스라엘을 저주하라'는 것이었다. 그러나 하나님이 원래 발람에게 주신 계시는 세 가지 사항을 담고 있었다. 첫째, 하나님은 발람에게 "그들과 함께 가지 말라"고 하셨다. 둘째, 하나님은 이스라엘을 "저주하지 말라"고 하셨다. 그러나 하나님의 말씀 속에는 발락의 말에는 없는 요소인 세 번째 사항이 포함되어 있었다. 그것은 이스라엘이 "복을 받은 자들"이라는 점이었다. 그러나 발람은 하나님의 말씀을 사절단에게 전할 때 이 두 번째, 세 번째 사항은 생략해 버린다. 그리고 오직 첫 번째 사항, 즉 하나님이 자신이 가는 것을 허락하지 않으신다는 것만을 언급한다.

사절단은 발람이 거절한 것에 대해 14절에서 발락에게 보고를 한다. 그러나 이 보고는 하나님이 원래 발람에게 전했던 메시지에서 다시 한 번 더 멀어진다. 발람은 분명히 "여호와께서 내가 너희와 함께 가기를 허락하지 아니하시느니라"고 말했다. 즉 자신이 갈 수 없는 이유는 바로 하나님이 그렇게 하는 것을 금지했기 때문임을 분명하게 밝힌 바 있다. 하지만 사절단은 "발람이 우리와 함께 오기를 거절하더이다"라고만 보고한다. 그들은 발락의 초청에 대한 거부의 주체가 마치 발람 자신인 양 이야기한다. 이렇게 해서 진실은 다시 한 번 반 토막이 난다. 원래의 진실은 하나님이 발람이 가는 것을 허락하지도 않았고, 이스라엘을 저주하는 것도 허락하지 않으셨다는 것이다. 그러나 최종적으로 발락이 받은 보고는 그냥 발람이 오기를 거부했다는 것뿐이다.

우리의 흥미를 유발하는 점은 발람이 왜 하나님의 말씀 중 첫 번째를 제외한 나머지 두 가지 사항을 생략해 버렸을까 하는 점이다. 그는 고대 근동의 흥정 기법(참고 창 23:11~15)을 따라 값을 더 올리기 위해서 한 번 딴청을 부려 본 것이었을까? 많은 학자들은 사절단이 발락에게 보고하는 14절에서 발람이 초청을 거절했다고 말할 때 사절단은 발람의 말을 이런 식으로 이해한 것이 분명하다고 주장한다. 그러나 사절단의 해석이 옳다고 해도, 엄밀히 말해서 이것은 발람에 대한 사절단의 이해를 반영한 것일 뿐이다. 이것과 발람의 속마음은 전혀 별개의 사항인 것이다.

현 단계에서는 분명하게 드러나지는 않지만, 나는 발람이 하나님의 말씀을 이런 식으로 토막 내서 오해의 소지가 있는 말을 사절단에게 한 것은 그의 이중적인 성격을 잘 보여 주는 단서라고 생각한다. 한편으로 그는 하나님이 자신의 출발과 이스라엘을 향한 저주를 막으셨을 때 하나님의 그러한 의지를 정확히 읽었다. 신의 말씀을 듣는 것이 직업인 그는 하나님의 강경한 태도를 무시해서는 자신이 운신할 폭이 좁다는 것을 파악했음이 분명하다. 그럼에도 탐욕이 많은 사람(참고 유 1:11)이었던 그는 이익이 확실하게 보장된 기회를 그냥 흘려보내기는 아까웠던 것으로 보인다. 이런 이중적인 마음 때문에 그는 하나님의 말씀을 전하기는 하면서도 다른 한편으로는 거래의 상대측인 발락의 희망의 싹을 아예 잘라 버리지는 않는 모호한 태도를 취한 것이 아닌가 하는 생각이 든다.

현재 단락의 13절만으로는 발람의 이런 어정쩡한 태도는 아직 선명하게 드러나지 않는다. 그러나 앞으로 사건이 진행되는 추이를 살펴보면 발람은 이러한 이중적인 태도 사이에서 위험한 줄타기를 하고 있는 것이 점점 더 분명해진다.

2) 발락의 두 번째 초청, 발람과 하나님의 두 번째 대면(15~20절)

앞에서 우리는 하나님의 명백한 계시가 발람과 사절단에 의해 왜곡 축소되어 발락에게 전해진 것을 보았다. 발람의 거절 의사를 순전히 발람 자신의 것으로 받아들인 발락은 이것을 몸값 올리기 작전으로 이해한 듯하다. 그래서 발락은 자신의 초청을 더 매력적인 것으로 만들기 위해 더 고위급에 더 큰 규모의 사절단(22:15)과 더 큰 보상(22:17)을 준비한다.

사절단이 전한 발락의 말은 다음과 같다. "아무 것에도 거리끼지 말고 내게로 오라 내가 그대를 높여 크게 존귀하게 하고 그대가 내게 말하는 것은 무엇이든지 시행하리니 청하건대 와서 나를 위하여 이 백성을 저주하라."

첫 번째 문장인 "아무 것에도 거리끼지 말고 내게로 오라"는 말은 직역하면 '나에게 오는 것을 스스로 금하지 말라' 정도가 될 것이다. 아마 발락은 발람이 발람 자신의 판단과 의지에 의해 자신의 청을 거절한 것으로 생각하고 있는 듯하다. 흥미로운 점은 여기서 '스스로 금하다'란 의미로 사용된 '마나'(מנע)란 단어가 민수기 24:11에 다시 한 번 나온다는 것이다. 후자의 본문에 가서야 발락은 '여호와께서 그대를 막았다'는 것을 깨닫고 발람을 돌려보낸다. 이것을 깨닫기 전까지는 발락은 마치 다음에 나오는 발람과 나귀 이야기의 발람처럼 자신의 잘못된 길을 돌이키려 하지 않는다.

더 성대해진 발락의 요청에 대해 발람은 어떤 반응을 보일까? 이에 대한 본문의 정보는 상당히 미묘하다. 우선 그는 원론적인 대답을 한다. "발락이 그 집에 가득한 은금을 내게 줄지라도 내가 능히 여호와 내 하나님의 말씀을 어겨 덜하거나 더하지 못하겠노라"(18절).

그러나 발람의 그 다음 말은 생각해 볼 여지가 있다. "그런즉 이제 너희도 이 밤에 여기서 유숙하라. 여호와께서 내게 무슨 말씀을 더하실는지 알아보리라"(19절). 그는 이 사절단에게도 하룻밤 유숙할 것을 권한다. 그리고 자신은 "여호와께서 내게 무슨 말씀을 더하실는지" 알아보겠다고 말한다. 이 후자의 말에서 방점은 "더하실는지"에 찍힌다. 그는 하나님이 앞 문단에서 한 계시에 추가적으로 덧붙이실 말씀이 있는지 알아보겠다는 것이다.

앞 단락에서 하나님의 계시가 그에게는 부족했던 것일까? 그 계시가 그에게는 충분히 명료하지 않았던 것일까? 앞 단락에서 하나님 말씀의 내용을 생각해 볼 때 그가 하나님께 다시 물어보겠다고 언급한 것은 놀라움으로 다가온다. 그는 왜 굳이 하나님의 말씀을 더 들어 볼 필요가 있었던 것일까?

그러나 이보다 더 놀라운 것은 이에 대한 하나님의 응답이다. 하나님은 "그 사람들이 너를 부르러 왔거든 일어나 함께 가라 그러나 내가 네게 이르는 말만 준행할지니라"(20절).

앞 단락에서 하나님은 발람이 절대로 가지 못하게 막으셨다. 그러나 이번에는 "그 사람들이 너를 부르러 왔거든 … 가라"고 말씀하신다. 하나님은 왜 갑자기 그를 보내는 쪽으로 마음을 바꾸신 것일까? 물론 보내시는 하나님의 말씀에는 "내가 네게 이르는 말만 준행할지니라"는 조건이 달려 있기는 하다. 그러나 앞 단락에서 단호하게 그의 가는 것을 막으신 것을 생각해 볼 때 이번에는 그의 가는 것을 허락하시는 것은 놀랍게 다가온다. 특히 하나님의 이러한 태도 변화는 발람 자신이 나중에 하는 23:19의 신탁의 말씀과 상치되는 것으로 보이기 때문에 더욱더 충격적이다.

"하나님은 사람이 아니시니 거짓말을 하지 않으시고
인생이 아니시니 후회가 없으시도다
어찌 그 말씀하신 바를 행하지 않으시며
하신 말씀을 실행하지 않으시랴"(민 23:19).

하나님은 왜 마음을 바꾸신 것처럼 말씀하고 계실까? 하나님은 도대체 왜 발람이 가는 것을 허락하신 것일까? 하나님이 생각하신 바는 이어지는 단락들의 내용을 파악할 때만 제대로 이해할 수 있다.

3) 발람과 나귀 사이의 해프닝(21~30절)

앞에서도 언급한 바와 같이 이 본문은 삼중 구조를 띤다. 모압을 향해 나귀를 타고 가는 발람의 앞길을 여호와의 사자가 손에 칼을 들고 세 번 막는다. 여기서 아이러니컬한 것은 신의 말씀을 듣는 것이 직업인 발람은 여호와의 사자를 보지 못하는 반면에 하찮은 미물인 나귀는 본다는 점이다. 나귀는 세 번에 걸쳐서 여호와의 사자와 맞닥뜨리는 것을 피하고자 한다. 사태 파악을 전혀 하지 못한 발람은 세 번에 걸쳐서 나귀를 압박한다. 결국 하나님이 나귀로 하여금 말하게 하셨을 때에야 발람은 사태를 파악한다. 이처럼 여호와의 사자와 나귀로 인한 해프닝은 3회에 걸쳐서 일어나고, 그때서야 발람은 숨겨진 진실을 깨닫게 된다.

이 본문의 시작은 발람이 사절단과 함께 모압으로 향하는 것으로 시작된다(21절). 독자들을 깜짝 놀라게 하는 것은 22절에서 내레이터의 언급이다. "그가 감으로 말미암아 하나님이 진노하시므로 여호와의 사자가 그를 막으려고 길에 서니라." 앞 단락의 마지막 절인 20절에서 발람이 발락의 초청을 받아들이는 것을 허락하신 하나님이 왜 갑자기 이 22절에서는 그것에 대해 진노하셨고, 또 여호와의 사자를 보내 발람의 가는 길을 저지하려는 것일까? 이런 의문을 남긴 채 내레이터는 이야기를 진행해 나간다.

앞의 구조 분석에서 밝힌 바와 같이 나귀와 관련한 해프닝 역시 삼중 구조를 띠고 있다(21~23, 24~25, 26~30절). 이 세 번의 사건 속에서 여호와의 사자는 발람과 나귀에 대한 위협의 강도를 더해 간다. 여호와의 사자로 인한 위험을 감지하지 못한 발람과 위험을 감지한 나귀 사이의 갈등은 점점 더 커져 간다. 그리고 발람의 목숨에 대한 위협도 점점 더 커져 간다. 마지막에 가서야 발람은 여호와의 사자의 존재를 깨닫고 사태를 파악한다.

삼중구조의 첫 번째 국면인 21~23절에서 여호와의 사자는 처음으로 발람과 나귀의 앞길을 가로막고 선다. 나귀는 "여호와의 사자가 칼을 빼어 손에 들고 길에 선 것을 보고" 사자를 피해 길을 벗어나 길 옆의 밭으로 들어간다. 이 본문에서는 아직 나귀는 여호와의 사자를 피해 길을 벗어날 여지가 있었던 것이다. 그러나 불행히도 유명한 복술가 발람은 자기가 타고 다니는 하찮은 짐승인 나귀가 보는 것을 보지 못한다. 보는 나귀와 보지 못하는 발람 사이에는 필연적으로 갈등이 생겨나게 된다. 발람은 아마 나귀가 아무 이유 없이 말썽을 부리는 것으로 간주했던 것 같다. 그는 나귀에게 채찍질을 가해 제 길을 가게 만들려고 한다.

24~25절은 두 번째 국면을 다룬다. 이번에는 여호와의 사자가 압박의 강도를 높인다. 그는 포도원 사이의 좁은 길에 선다. 이 좁은 길은 좌우에 담으로 막혀 있기 때문에 첫 번째 국면에서처럼 나귀가 여호와의 사자를 피해 길을 벗어날 수가 없다. 이런 강한 압박 속에서 나귀는 발람의 전진을 멈추게 하기 위해 발람의 발을 담벼락에 짓누른다. 나귀가 보는 것을 보지 못하는 발람은 다시 한 번 채찍질로 사태를 해결하려 든다.

26~30절은 세 번째 국면을 다룬다. 이번에는 여호와의 사자가 발람과 나귀를 향해 앞으로 전진한다. 이번에는 길이 더 좁아서 나귀에게는 달리 어찌해 볼 방도가 없다. 나귀는 그 자리에 주저앉아 버린다. 황당한 일을 겪은 발람은 '노한다.' 이 '노하다'라는 표현은 22절의 하나님이 '진노했다'는 표현과 동일하다. 즉 발람과 하나님이 유비 관계에 있는 것이다. 마치 발람의 숨겨진 탐욕에 대해 진노하셨던 하나님처럼 나귀의 이상 행동에 대해 진노한 발람은 이번에는 채찍이 아닌 지팡이로 나귀를 때린다. 보는 나귀와 보지 못하

는 발람 사이의 갈등은 극에 달한다.

이들 사이의 갈등은 그 누구도 상상하지 못한 방향에서 해결된다. 하나님께서 나귀의 입을 열어서 그 짐승으로 하여금 인간의 말을 하도록 만드셨던 것이다. 그동안 세 번에 걸쳐서 억울한 꼴을 당한 나귀는 발람이 알아들을 수 있는 언어로 왜 자신을 세 번이나 때리느냐고 항의한다. 발람은 나귀가 자기를 거역하였기 때문임을 지적하고, 더 나아가서 만약 "내 손에 칼이 있었더면 곧 너를 죽였으리라"고 언급한다. 다시 한 번 나귀는 발람이 충분히 신중하게 생각하지 못한 점을 지적한다. 즉 나귀는 발람이 일생 동안 자기를 타고 다니면서 자기가 오늘처럼 이렇게 말을 안 듣는 것을 본 적이 있느냐고 항의한다. 이에 대해 발람은 "없었느니라"고 대답한다. 이렇게 해서 발람의 정당성은 와해된다. 발람과 나귀 사이의 해프닝은 발람이란 인간의 한계를 밑바닥까지 드러낸다. 발람이 나귀를 학대한 것은 결국 하찮은 미물인 나귀도 보는 것을 저명한 복술가인 그가 보지 못한 데서 비롯되었다. 비록 초월적인 현상은 보지 못했다 해도 그동안 나귀와 지내온 나날들을 사려 깊게 관찰하기만 했어도 나귀의 특이한 행동에서 뭔가 범상치 않은 일이 진행되고 있음을 충분히 추론할 수 있었을 것이다. 그런데도 전혀 눈치 채지 못했다는 점에서 그는 잘못을 범하고 있는 것이다. 나귀보다 못한 그는 나귀에 의해 자신의 한계가 까발려짐을 당한다.

이런 상황에서 하나님은 드디어 발람의 눈을 열어 주신다. 발람은 여호와의 사자가 손에 칼을 빼들고 자기의 길 앞을 막아선 것을 보고는 머리를 숙이고 엎드린다. 여호와의 사자는 발람이 나귀를 정당하지 못하게 세 번이나 때린 것을 지적함으로써 포문을 연다. 그리고 이 포문은 이내 발람 자신의 문제로 향한다. 사자는 이렇게 말한다. "보라 내 앞에서 네 길이 사악하므로"(32절). 여기서 '사악하다'라고 번역된 히브리어 동사 '야라트'(יָרַט)의 의미는 불분명하다. 이 동사는 구약성경에서 욥기 16:11과 여기서밖에 나오지 않는다. 그리고 욥기 16:11에서는 타동사로 사용되었으나 여기서는 자동사로 사용된 것이 거의 확실하다. 따라서 이 동사는 일종의 하팍스 레고메논

(hapaxlegomenon)으로 생각해 볼 수 있다. 다시 말해 이 동사의 이런 용례는 구약성경에서 오직 한 번만 나온다. 어쩌면 이 단어는 BDB 등의 히브리어 사전 등이 제시하듯이 '무모하게 서두르다'(to rush recklessly)란 뜻일 수도 있다. 또는 KJV, 개역개정이 의미하듯이 '사악하다', '잘못되다'(to be perverse)란 뜻일 수도 있다. 또는 밀그롬이나 TNK가 번역한 것처럼 '역겹다'(to be obnoxious) 정도의 의미일 수도 있다.

어떤 해석을 받아들이든지 간에 발람의 여행은 하나님이 긍정적으로 받아들일 수 있는 것이 아니었음이 분명하다. 이 점은 33~34절을 통해서 분명해진다. 우선 33절에서 여호와의 사자는 만약 나귀가 그를 보고 피하지 않았더라면 이미 발람을 죽였을 것이라고 지적한다. 발람의 여행은 하나님의 시각에서는 그의 목숨을 위태롭게 할 만큼 문제가 있었던 것이다. 둘째, 34절에서 발람은 여호와의 사자의 말에 대한 응답으로 "내가 범죄하였나이다"라고 말한다. 발람은 자신의 여행이 문제가 있음을 시인한다. 셋째, 발람은 "당신이 이를 기뻐하지 아니하시면 나는 돌아가겠나이다"라고 말한다. 그는 자신의 이 여행이 하나님이 싫어하시는 것일 수 있음을 인정한다.

발람의 말에 여호와의 사자는 다시 한 번 그가 가도 된다는 허락을 준다. 그러나 이 허락은 "내가 네게 이르는 말만 말할지니라"는 경고 및 조건이 수반된 것이다.

이렇게 해서 우리는 두 번째 사절단이 온 이후에 발람의 출발을 허락하신 것과 관련하여 하나님의 속마음을 어느 정도 들여다볼 수 있게 된다. 하나님의 생각은 다음의 몇 가지로 정리할 수 있다.

첫째, 첫 번째 초청이 왔을 때 발람을 가지 못하게 하셨던 하나님이 갑자기 마음을 정반대로 바꾸신 것은 결코 아니었다. 두 번째 초청이 왔을 때도 하나님은 여전히 발람의 여행을 좋게 보시지 않았다. 여호와의 사자와 나귀를 통한 해프닝은 발람의 여행을 하나님이 어떻게 받아들이시는지를 분명하게 드러내기 위한 의도에서 준비한 것이었다. 이와 관련하여 중요한 것은 바로 '나귀:발람=발람:하나님'의 도식이다. 27절에서 자기 말을 안 듣는 나귀에게 발람이 진노했듯이 하나님은 당신의 말씀을 분명히 듣고도 그 뜻을 헤아리지 못한 채 자신의 탐욕을 따르는 발람에게 진노하셨다(22절). 이 하나님의 진노를 보았을 때 발람은 자신이 정말 어떻게 행동해야 할지를 깨달아야만 했다. 그러나 불행히도 발람은 여러 가지 우여곡절에도 불구하고 민수기 25장과 31장의 내용에서 보듯이 결국은 자신의 욕망을 따라 사망의 길을 가고 말았다(민 31:16; 유 1:11; 계 2:14).

나귀 해프닝을 통해 드러낸 하나님의 두 번째 생각은 겉으로는 하나님의 뜻을 따르는 척하면서도 속으로는 자기 욕심을 차리려는 발람을 어떻게든 당신의 뜻에 맞는 도구로 사용하시고자 하는 것이었다. 이렇게 하기 위해 하나님은 사자를 통해 그에게 강력한 경고를 하셨다.

이제 마지막으로 나귀와의 해프닝이 주는 영적인 교훈을 정리해 보자. 첫째, 발람은 무조건 하나님의 말씀에 순종해야 했다. 그는 자신의 속마음이 어떻든 간에 하나님의 뜻을 벗어날 수 없음을 알았어야만 한다. 그는 이런 취지의 말(23:7~8)을 자기 입으로 직접 했음에도 불구하고 끝내 하나님의 뜻을 거스름으로 죽임을 당한다.

둘째, 발람은 하나님이 허락하지 않으시면 나귀보다 하찮은 존재에 불과하다. 이야기 속에서 보듯이 하나님이 허락하지 않으시면 이 저명한 주술사는 하찮은 미물인 나귀가 보는 것도 볼 수가 없다.

셋째, 하나님께서 정말 당신의 말씀을 전하시고자 하면 전혀 말하는 능력이 부여되지 않은 나귀 같은 짐승을 통해서도 당신의 말씀을 전하실 수 있음을 분명하게 보여 준다. 누가복음 19:28~44에는 예수께서 마지막으로 예루살렘에 들어가실 때의 일들이 기록되어 있다. "제자의 온 무리가" 예수를 환영하면서 하나님을 찬양하자 어떤 바리새인들이 예수님에게 그 제자들을 책망하라고 요구한다. 그때 예수께서는 "만일 이 사람들이 침묵하면 돌들이 소리 지르리라"고 대답하신다. 결국 하나님에게 중요한 것은 발람의 능력이나 경력이나 명성이 아니다. 하나님께서 원하시기만 하면 발람과 나귀의 자리는 언제든지 바뀔 수 있다.

넷째, 하나님의 말씀을 계속 거역하는 자는 그 자신을 위태롭게 할 수 있다. 29, 33절이 분명하게 보여 주듯이, 하나님께서 원래 가지 말라고 하신 길을 무작정 고집하는 것은 그의 목숨을 위험에 빠뜨린다. 실제로 발람은 25장의 사건을 배후에서 획책한 것 때문에 결국 민수기 31장에서 죽임을 당한다.

4) 발락의 환대

발락은 드디어 발람이 온다는 소식을 듣고 모압 국경 지대의 끝자락에 있는 성까지 가서 그를 맞이한다. 앞에서 이미 언급한 바와 같이 발람이 초청을 거부한 진짜 이유를 모르는 그는 발람에게 "내가 어찌 그대를 높여 존귀하게 하지 못하겠느냐"고 힐문한다.

그러나 발람은 이미 나귀로 인한 해프닝을 통해 교육을 받은 상태였기 때문에 발락이 지금까지 듣지 못한 진짜 이유를 분명하게 말한다. "내가 오기는 하였으나 무엇을 말할 능력이 있으리이까 하나님이 내 입에 주시는 말씀 그것을 말할 뿐이니이다"(38절). 여기서 "무엇을 말할 능력이 있으리이까"라는 문장은 수사의문문이란 형식과 더불어 동사의 강조어법을 사용하고 있다. 따라서 이러한 수사법적인 요소들을 살려서 '도대체 내가 무슨 말을 할 능력이 있기라도 하겠습니까'라고 번역하는 것이 더 적절할 것이다. 심지어 유대교의 구약성경 영어 번역본인 TNK는 '내가 자유롭게(freely) 말할 능력이 있습니까'라고 번역한다. 발람의 이 말은 자신은 단지 하나님께서 자기 입에 넣어 주시는 말 외에는 아무 것도 할 권한이 없음을 분명하게 밝히는 말이다. 이런 그의 고백은 나귀 사건을 통해 얻은 교훈임이 분명하다. 하나님이 허락하시면 나귀라도 말할 수 있고, 하나님이 허락하지 아니하시면 아무리 유명한 주술사인 그라도 그 어떤 말도 할 수가 없는 것이다.

발람의 이 말의 뜻을 아는지 모르는지 발락은 발람과 사절단에게 후한 잔치를 베푼다. 이어지는 내용을 볼 때 발락은 발람의 이 말 역시 여전히 자신의 품삯을 올리기 위한 상투적인 흥정의 말로 여기는 듯하다. 그래서 발락은 발람을 앞으로 세 번에 걸쳐서 이곳 저곳으로 끌고 다니게 된다. 마치 발람이 말 안 듣는 나귀를 채찍과 지팡이로 때려서 몰듯이 발락은 자신이 원하는 소리를 듣기 위해 발람을 이리저리 끌고 다니는 것이다. 발람은 발락의 나귀이고, 발락은 나귀 이야기의 멍청한 발람인 것이다.

4. 발람의 신탁들(22:41~24:25)

이제부터 이어지는 내용은 '3+1'의 구조를 갖는다. 즉 발람이 발락의 강요에 의해 한 세 번의 신탁을 전하는 이야기에 발람이 발락과 헤어지기 전에 마지막으로 하나의 신탁을 더 전하는 것이 이 긴 본문의 골간을 이룬다. 이 마지막 신탁은 이스라엘의 미래와 더불어 주변 민족의 패망에 대해 예언함으로써 발람 이야기의 클라이맥스를 이룬다.

> 1) 첫 번째 신탁(22:41~23:12)
> 2) 두 번째 신탁(23:13~26)
> 3) 세 번째 신탁(23:27~24:13)
> 4) 네 번째 신탁과 결별(24:14~25)

앞의 세 번의 신탁 이야기의 본문 구조는 거의 동일하다. 다음의 요소들이 반복된다.

(1) 발락이 발람을 특정 장소로 데려간다.
(2) 발람이 제사를 드린다. 일곱 제단, 일곱 수송아지, 일곱 숫양 등의 요소들이 동일하며, 세 신탁의 연결성을 부각시킨다.
(3) 처음 두 개의 신탁은 발람이 발락을 떠나 혼자서 하나님의 말씀을 받는다.
(4) 처음 두 개의 신탁은 "발락에게로 돌아가서 이렇게 말할지니라"는 문구가 반복된다(23:5, 16).

(5) 처음 두 개의 신탁은 발람이 발락에게 돌아갈 때 발락과 모압의 고관들이 제단 옆에 선 모습을 묘사한 것이 비슷하다(23:6, 17).

(6) 드디어 신탁이 발락에게 전해진다.

(7) 발락이 신탁의 내용으로 인해 발람을 책망한다.

(8) 발람이 발락에게 항변한다. 자신은 여호와께서 주신 말씀밖에는 할 수 없다는 것을 분명히 한다.

물론 이 세 신탁 본문은 다람쥐 쳇바퀴 돌듯이 반복되기만 하는 것은 아니다. 이 세 본문 사이에는 서로간의 차이와 더불어 플롯의 흐름이 존재한다. 이러한 차이점들에 대해서는 세 개의 신탁을 차례대로 살펴보는 과정에서 이야기하도록 하겠다.

1) 첫 번째 신탁(22:41~23:12)

발락은 발람을 바알의 산당 혹은 바못바알(Bamoth-baal)이란 곳으로 데리고 간다. 그곳은 발람이 "이스라엘 백성의 진 끝"을 볼 수 있는 곳이었다.

개역개정은 "이스라엘 백성의 진 끝"이라는 문구를 "이스라엘 백성의 진 끝까지"로 번역함으로써 발람이 이스라엘 진영의 전모를 바라볼 수 있었던 것처럼 해석한다. 그러나 최근의 많은 학자들은 "이스라엘 백성의 진 끝"만을 볼 수 있었던 것으로 보는 것이 더 낫다고 주장하기도 한다. 이런 주장을 하는 학자들은 발락이 이스라엘의 엄청난 규모에 대해 두려움을 갖고 있었다는 점을 근거로 든다. 발락은 발람이 이스라엘의 이러한 장관을 보고 혹시 저주를 취소하거나 뒤집을까 봐 노심초사했다는 것이다. 그래서 그는 발람을 이스라엘의 전체가 아닌 오직 진영의 끝 부분만 보이는 곳으로 인도했음을 이 문구가 나타낸다고 주장한다. 그러나 민수기 23:13에서 발락이 두 번째로 발람을 데려간 장소에 대해서 기술하면서 "거기서는 그들을 다 보지 못하고"라고 말한 것을 볼 때 개역개정의 번역이 더 설득력 있는 듯하다. 이러한 해석에 따르면 발락이 처음에는 발람을 이스라엘 전체가 보이는 곳으로

데려갔다가 자신이 원하는 결과가 나오지 않자 이번에는 이스라엘의 일부
만 보이는 곳으로 데려갔다고 보는 것이다.

개역개정이 반영하는 견해를 따라 이스라엘 진영 전체가 훤히 보이는 그
곳에다 발람은 제단 일곱을 쌓고 발락과 더불어 수송아지와 숫양 한 마리씩
을 각 제단에 바친다. 아마 이 제사는 발람이 신의 전언(傳言)을 듣고자 할 때
쓰는 수단이었던 것 같다. 왜냐하면 23:4에서 하나님이 그에게 임하셨을 때
발람은 "내가 일곱 제단을 쌓고 각 제단에 수송아지와 숫양을 드렸나이다"
라는 말로 하나님과의 대화를 시작하고 있기 때문이다.

이렇게 제물을 바친 후에 발람은 발락을 번제물 곁에 남아 있게 하고는
혼자서 다른 곳으로 간다. 이처럼 혼자만 있는 처소에서 하나님의 말씀을 듣
는 것 역시 발람이 신과 소통하는 방식이었던 것 같다. 발람은 "여호와께서
혹시 오셔서 나를 만나시리니 그가 내게 지시하는 것은 다 당신에게 알리리
이다"고 발락에게 말한다(23:3). "혹시"라는 단어를 쓰는 것으로 봐서 발람은
아직 여호와 하나님과의 의사소통에 대해 익숙하지 않은 것으로 보인다.

그러나 발람의 우려와 달리 하나님은 발람에게 임하셔서 발락에게 전할
말씀을 계시하신다. 이 신탁은 지금까지의 발람 이야기들과 밀접하게 상응
한다. 이 신탁은 발람이 자신의 시각에서 일인칭으로 이스라엘에 대해 말하
는 형식으로 되어 있다는 점이 흥미롭다.

그 내용은 우선 이 신탁은 발락이 이스라엘을 저주하기 위해 자신을 초청
한 것을 언급함으로써 시작된다. 그러나 이내 이 신탁은 애초에 이스라엘을
저주하는 것이 불가능했음을 밝힌다. "하나님이 저주하지 않으신 자를 내가
어찌 저주하며 여호와께서 꾸짖지 않으신 자를 내가 어찌 꾸짖으랴"(8절). 이
내용은 지금까지 발람 이야기에서 계속 강조되어 온 사항이다. 발람은 하나
님의 의지와는 다른 쪽으로 행동할 권한이 전혀 없는 것이다.

이어서 신탁은 이스라엘의 유아독존적 지위와 더불어 이스라엘의 번성함
에 찬탄을 보낸다. 신탁의 마지막 구절에서 발람은 자신의 운명이 이스라엘
의 운명과 함께하기를 소망한다.

이러한 발람의 신탁에 대해 발락은 "그대가 어찌 내게 이같이 행하느냐"고 따진다(11절). 발람이 이스라엘을 저주하는 대신 축복한 것에 대해서 발락은 항의를 한다.

이에 대한 발람의 대꾸는 앞에서 익히 보아 온 바와 일치한다. "여호와께서 내 입에 주신 말씀을 내가 어찌 말하지 아니할 수 있으리이까"(12절).

2) 두 번째 신탁(23:13~26)

발락은 발람에게 다른 곳으로 가서 다시 한 번 저주를 시도해 보자고 제안한다. 고대인들에게 장소의 변경은 신탁의 결과를 달리 도출해 낼 수 있다고 여겨졌던 듯하다.

이렇게 해서 발락이 데려간 곳은 비스가 꼭대기인데 이곳에 대해서 발락은 이렇게 말한다. "나와 함께 그들을 달리 볼 곳으로 가자. 거기서는 그들을 다 보지 못하고 그들의 끝만 보리니 거기서 나를 위하여 그들을 저주하라"(13절). 아마 발락은 첫 번째 신탁을 받을 때 발람이 이스라엘 진영의 규모를 보고 영향을 받은 것으로 여기고 있는 듯하다. 그래서 이번에는 이스라엘 전체가 아닌 일부만 보이는 곳, 즉 히브리어 원문을 직역하자면 '(이스라엘 진영의) 끝의 끝'만 보이는 곳으로 데려간 듯하다.

이번에도 발람은 앞의 경우와 동일한 제사를 드리고 동일한 절차를 밟는다. 하나님도 동일하게 임하셔서 발락에게 전할 말을 그에게 주신다.

이 두 번째 신탁은 마치 선지서들의 서두(참고 사 1:2)에 흔히 나오듯이 발락에게 직접 말하는 형식으로 되어 있다. 이어서 주어지는 신탁은 이스라엘에게 주어진 축복을 돌이키는 것이 불가능하다는 것을 강조한다. "하나님은 사람이 아니시니 거짓말을 하지 않으시고 인생이 아니시니 후회가 없으시도다"라는 말씀(19절)은 인간과 차별화된 하나님의 성품을 강조하고 있다. 이 성품은 한 번 이스라엘에게 주어진 축복을 돌이키는 것이 불가능함을 강조하기 위해 언급된 것이다. 이런 바탕 위에서 발람은 "내가 축복할 것을 받았으니 그가 주신 복을 내가 돌이키지 않으리라"고 말한다(20절). 이스라엘을 축복한 것에 대해 후회가 없으신 하나님의 말씀을 자신이 바꾸지 않겠다는 것이다. 여기서 우리는 첫 번째 신탁 중 8절의 내용, 즉 "하나님이 저주하지 않으신 자를 내가 어찌 저주하며 여호와께서 꾸짖지 않으신 자를 내가 어찌 꾸짖으랴"에서 발전되었음을 보게 된다. 8절이 이스라엘을 저주할 수 없음을 강조하고 있다면 20절은 거기에서 한 발 더 나아가 이스라엘은 이미 저주가 아닌 축복을 확실하게 받은 자들이고, 자신은 그 축복을 돌이킬 수 없음을 강조하는 것이다.

이어서 신탁은 하나님과 이스라엘의 관계에 대해서 말씀하신다. 하나님은 왕으로서 이스라엘 가운데 계시고, 그들을 애굽에서 이끌어 낸 분이시다. 하나님은 '힘이 들소와 같다.' 혹은 '들소의 뿔과 같다.' 따라서 이스라엘을 해칠 점술이나 복술은 존재하지 않는다.

신탁의 마지막은 이스라엘을 사자에 비유한다. 이 백성은 암사자와 수사자 같아서 대적을 멸하기 전까지는 결코 물러서지 않을 것이라고 발람은 이야기한다.

특별히 신탁의 이 마지막 내용은 발락에게 충격으로 다가왔던 것 같다. 왜냐하면 사자로 비유되는 이스라엘의 공격의 대상은 결국 모압과 자기 자신이 될 것이기 때문이다. 그래서 발락은 이번에는 발람에게 아예 "그들을 저주하지도 말고 축복하지도 말라"고 말한다. 아마 발락이 의미한 바는 그런 식으로 자꾸 이스라엘을 축복하려거든 차라리 아예 입을 다무는 것이 낫다는 것인 듯하다(25절).

발락의 말에 대해 발람은 다시 한 번 자신의 입장을 피력한다. "여호와께서 말씀하신 것은 내가 그대로 하지 않을 수 없다고 하지 아니하더이까"(26절).

3) 세 번째 신탁(23:27~24:13)

발락은 비록 발람에게 그런 식으로 이스라엘을 축복할 것이면 차라리 저주도 축복도 하지 말라고 했지만 이스라엘에게 저주를 내리고자 하는 자신의 원래 계획을 여전히 포기할 생각이 없다. 마치 나귀와 여호와 사자 간의 두 번째 해프닝에서 나귀가 발람의 발을 벽에 짓이겼음에도 불구하고 발람이 자신의 길을 포기하지 않았듯이 발락도 여전히 한 번 더 발람에게 이스라엘을 향한 저주의 신탁을 내리기를 요청한다.

이 세 번째 요청에서 발락이 발람에게 하는 말은 중요하다. "오라 내가 너를 다른 곳으로 인도하리니 네가 거기서 나를 위하여 그들을 저주하기를 하나님이 혹시 기뻐하시리라"(27절). 이미 두 번이나 이스라엘을 향한 하나님의 마음을 확인한 바 있지만 발락은 새로운 장소에서의 새로운 신탁을 통해서는 이스라엘에게 저주를 내리기를 "하나님이 혹시 기뻐할" 수도 있다고 발람에게 말한다. 이처럼 그는 마지막에 가서는 하나님의 이름을 들먹이면서까지 이스라엘을 향한 저주의 시도를 멈추려고 하지 않는다. 발람은 이번에도 발락의 요구에 순응하고 앞의 두 번과 마찬가지로 동일한 제사가 드려진다.

그러나 앞의 두 번의 경우와는 달리 여기서부터는 확연히 다른 행동들이 취해진다. 앞의 두 번의 경우에는 발람은 자기 혼자만 다른 곳으로 가서 하나님을 만나 말씀을 받는 시간을 가졌고, 발락에게는 나중에 가서야 자신이 들은 말씀을 전하는 형식을 취했다. 그러나 이번에는 그런 과정을 생략한다. 그 이유는 24:1이 제공한다. 발람은 "자기가 이스라엘을 축복하는 것을 여호와께서 선히 여기심을" 깨달았다. 그 결과 그는 "전과 같이 점술을 쓰지" 않기로 했다. 대신 그는 눈을 들어 이스라엘을 바라본다.

밀그롬 등의 학자는 "이스라엘이 그 지파대로 천막 친 것을 보는데"(2절)라는 표현을 22:41; 23:13 등과 대비하여 마치 발람이 이스라엘에게 더 가까이 다가간 것처럼 이해한다. 그러나 카일과 델리치의 해석처럼 이것은 그가 실제로 이스라엘에게 물리적으로 더 가까이 간 것이 아니라 선지자의 초월적인 눈으로 본 것으로 이해하는 것이 더 적절할 듯하다. 그가 자신에게 익숙한 방식인 점술을 포기했을 때 그에게는 진정한 의미의 초월적 시각이 열린 것으로 보인다. 이와 더불어 앞의 두 신탁과는 달리 이번에는 "하나님의 영이 그 위에" 임한다.

이에 따라 세 번째 신탁과 네 번째 신탁은 앞의 두 신탁과는 달리 예언자로서 그의 정체성을 강조하는 문구로 시작된다. "브올의 아들 발람이 말하며 눈을 감았던 자가 말하며 하나님의 말씀을 듣는 자, 전능자의 환상을 보는 자, 엎드려서 눈을 뜬 자"라는 문구로 그는 자신의 신탁을 시작한다(3~4, 15~16절).

이처럼 초월적인 눈으로 그는 이스라엘을 무성한 동산이나 무성한 나무에 비유한다. 이스라엘의 왕은 아각보다 높게 될 것이며, 그 나라는 높이 들림을 받을 것이다. 여기서 아각이라는 이름은 사울 시대 아말렉 왕의 이름이라는 설이 있다. 이 설에 따르면 이 문장 혹은 이 세 번째 신탁 전체가 후대에 삽입되었다는 가설이 성립된다. 그러나 이 이름은 아말렉 족속의 왕을 일반적으로 지칭하는 통칭으로 이해하는 것이 더 타당성 있어 보인다. 마치 애굽의 바로라는 칭호가 애굽의 왕을 가리키는 일반적인 칭호였듯이 말이다.

이어서 발람은 두 번째 신탁의 중간에 나오는 문구인 "하나님이 그들을 애굽에서 인도하여 내셨으니 그의 힘이 들소와 같도다"라는 문구를 다시 한번 언급한다(8절, 참고 23:22). 두 구절의 원문상의 차이는 '그들'이라는 복수를 '그'라는 단수로 바꾼 것뿐이다. 이어서 그는 이스라엘의 힘을 강력한 사자로 묘사한다. 이것 역시 두 번째 신탁의 마지막 절과 유사하다(9상절, 참고 23:24). 이 사자 이미지가 명시되기 전에 나오는 24:8의 신탁 내용 역시 사자 이미지와 연결되어 있음이 분명하다. 왜냐하면 '삼키다', '뼈를 꺾는다' 등의 이미지는 분명히 맹수의 이미지를 반영하기 때문이다.

마지막으로 발람은 "너를 축복하는 자마다 복을 받을 것이요 너를 저주하는 자마다 저주를 받을지로다"라고 언급한다(9하절). 이 축복의 구절은 두 가지 점에서 주목할 가치가 있다.

첫째, 이 구절은 저주와 축복에 대한 앞의 23:8과 23:20에서 다시 한 번 진일보한 것이다. 이제 이스라엘은 단순히 자신이 축복의 수혜자에 머무는 것이 아니라 자기와 상대하는 모든 자들의 운명을 결정짓는 요소가 된다. 이스라엘을 축복하는 자들은 다 축복을 받고 이스라엘을 저주하는 자들은 저주를 받게 된다.

둘째, 이 구절은 창세기 12:3에서 아브라함이 받은 축복을 생각나게 한다. 믿음의 조상 아브라함이 처음 하나님의 부르심을 받을 때 받았던 이 축복의 권세가 이제는 오롯이 이스라엘에게 전승되었다는 것이 발람의 입을 통해서 확언된다.

신탁의 이 마지막 내용은 발락에게는 이제 더 이상 이스라엘을 저주하려고 시도해서는 안 된다는 경고로 받아들여졌을 것이다. 이에 발락은 드디어 발람에게 분노를 터뜨린다(10절). 그는 자기의 의향과 달리 이스라엘을 저주하는 대신에 세 번이나 축복한 발람과의 결별을 선언한다. 그리고 발람에게 빨리 "달아나라"고 명령한다. 중요한 것은 발람이 어쩔 수 없이 이스라엘을 축복한 배후에 여호와가 있다는 것을 발락 자신이 분명히 인식하게 되었다는 점이다. "내가 그대를 높여 심히 존귀하게 하기로 뜻하였더니 여호와께서 그대를 막아 존귀하지 못하게 하셨도다"(11절).

발람은 앞의 두 번의 경우와 마찬가지로 발락에게 자신은 선택의 여지가 없다는 것을 항변한다. 24:12~13에서 발람이 사신들을 통해 발락에게 전하고자 했던 말은 22:18을 연상시킨다. 그러나 사실 이 말은 결코 발락에게 전달되지 못했을 가능성이 꽤 있다. 그는 이 말을 발락에게 전하기로 한 사절단과 동행하여 발락에게 도착했기 때문에 굳이 사절단이 이 말을 할 필요는 없었기 때문이다. 그러나 혹시 사절단이 어떻게든 보고했다 할지라도 그것이 발락의 의지를 꺾지는 못했던 것으로 보인다. 발락은 우리가 살펴본 대로 세 번에 걸쳐서 발람에게 저주를 강요했기 때문이다.

4) 네 번째 신탁과 결별(24:14~25)

이제 22~24장에서의 발람의 이야기는 결말을 향해 간다. 24:14에서 발람은 "이 백성이 후일에 당신의 백성에게 어떻게 할지를 당신에게 말하리이다"라고 말한다. 이어서 발람은 발락에게 신탁을 전해 준다.

신탁의 서두는 세 번째 신탁의 서두와 마찬가지로 시작된다. 이어서 그는 자신의 신탁 내용이 현재나 가까운 미래가 아닌 먼 미래의 일임을 밝힌다(17 상절). 먼 미래에 "한 별", "한 규"가 이스라엘 중에서 일어나 모압을 완전히 쳐서 무찌를 것이다. 여기에는 시적 정의(poetic justice)가 들어 있다. 시적 정의란 용어는 음모를 꾀한 사람이 오히려 그 음모의 희생자가 되는 것을 가리키는 문학 용어다. 모압 왕 발락은 발람을 통해 이스라엘을 저주하고자 했지만 오히려 자기 민족인 모압이 발람의 저주를 받게 되는 결과를 자신의 눈과 귀로 체험한다. 저주의 음모를 기획한 자가 그 음모의 희생자가 되는 것이다.

모압이 당하게 될 운명은 에돔과 세일과 아말렉과 겐 족속의 경우에도 마찬가지다. 그리고 앗수르와 깃딤에서 배를 타고 온 민족들의 경우도 마찬가지가 될 것이다. 마지막의 "깃딤에서 배를 타고 온 민족들"이 누구인지에 대해서는 해석사를 통해서 각 시대의 여러 크고 작은 강대국들에 적용되어졌다. 그러나 이들의 정체가 누구든 간에 결국 이들은 이 신탁의 핵심 본문인 23하절의 말씀처럼 될 것이다. "하나님이 이 일을 행하시리니 그때에 살 자가 누구이랴." 발람의 마지막 신탁과 함께 발람과 발락은 각자 자기의 길을 간다.

이렇게 해서 이스라엘의 운명에서 중요한 이야기 하나가 이스라엘이 전혀 알지 못하는 사이에 끝이 난다. 비록 운명의 주체인 이스라엘이 전혀 모르는 채 일이 진행되었지만 이스라엘의 운명 자체는 강력한 주술사가 개입된다고 해도 전혀 해를 끼칠 수 없을 만큼 확고한 토대에 있음이 확인되었다. 이는 이스라엘 운명의 주관자인 하나님이 이스라엘을 위해 마치 강력한 황소의 뿔처럼 그들을 지키시기 때문이다(23:22; 24:8). 이스라엘이 하나님 편에 있는 한 그들의 운명을 바꾸거나 건드릴 수 있는 자는 아무도 없다는 것을 이 이야기는 확실하게 보여 준다.

22~24장의 이야기를 끝내기 전에 다시 한 번 이스라엘을 향한 신탁의 이야기 속에 담긴 등장인물들 간의 유비에 대해서 정리를 하고 넘어가도록 하자. 이 이야기 속의 주요 등장인물인 모압 왕 발락과 발람은 각각 앞의 나

귀 사건에서의 발람과 나귀의 역할을 담당한다. 이것을 도표화하면 다음과 같다.

나귀:발람 ── 발람:발락

즉 발락이 나귀 사건의 발람 역할을 하고, 발람이 나귀 사건의 나귀 역할을 하는 것이다. 발락은 하나님의 준엄한 경고 때문에 마음대로 아무 것도 할 수 없는 발람을 세 번이나 이리저리 끌고 다니면서 이스라엘을 저주할 것을 강요한다. 이런 모습은 발람이 어떻게든지 나귀를 세 번이나 자신이 원하는 방향으로 끌고 가려던 것과 비슷하다.

나귀 이야기에서 발람은 나귀를 결국 어찌 할 수가 없었다. 여호와의 사자가 그 앞에 칼을 들고 버티고 서 있었기 때문이다. 마찬가지로 발락도 발람이 이스라엘을 저주하는 대신 축복을 쏟아놓는 것을 어찌 할 수가 없었다. 하나님이 발람의 입을 철저히 통제하셨기 때문이다. 그 결과 결국 발락은 세 번째 신탁 후에 발람에게 진노하는데 이 모습은 발람이 나귀가 세 번이나 이상한 행동을 하자 진노한 것과 유사하다.

나귀와 세 번의 충돌이 있은 후에 여호와의 사자는 발람에게 "나귀가 만일 돌이켜 나를 피하지 아니하였더면 내가 벌써 너를 죽이고 나귀는 살렸으리라"고 말했다. 발락과 발람 사이의 이야기에서 발람은 발락이 요구하지도 않은 네 번째 신탁을 통해 이스라엘이 모압의 멸망을 가져올 것임을 예언한다.

그러나 발람과 나귀 사이에는 유사성만 존재하는 것은 아닌 듯하다. 발람은 22장에서 두 번째 사절단이 왔을 때 하나님의 뜻과 관련하여 유보적인 뜻을 보인 적이 있음을 보았다. 그는 첫 번째 사절단이 왔을 때 계시를 통해 들었던 하나님의 분명한 뜻을 알고도 다시 파견된 새 사절단을 자기 집에 묵게 하면서 "여호와께서 내게 무슨 말씀을 더 하실는지 알아보리라"고 말한다. 이것은 하나님의 선명한 계시에도 불구하고 여전히 자신의 탐심을 내비치고 있는 것으로 이해된다. 마찬가지로 그는 발락 앞에서 오직 하나님이 주시는 말씀만을 하겠다고 하면서도 여전히 발락이 시키는 대로 따라다닌다. 그는 세 번째 신탁을 드린 후에야 "자기가 이스라엘을 축복하는 것을 여호와께서 선히 여기심을 보게" 된다(24:1). 여기서 '본다'라는 표현은 '깨닫는다'는 의미로 이해해도 무방할 것이다.

사실 생각해 보면 그는 첫 번째 신탁을 발락에게 말하기 전에 이미 자기 고향에서 사절단들로 인해 받은 계시들, 그리고 나귀 사건에서 얻은 교훈을 통해서 하나님의 뜻이 무엇인지 너무나도 잘 알고 있지 않았던가? 그런데 그는 왜 두 번의 신탁을 전달하고 나서, 세 번째 신탁을 위해 제사를 드린 후에야 이 사실을 보게 되었을까? 혹은 깨닫게 되었을까? 이것은 그가 탐욕으로 인해 정말 여호와께서 무엇을 원하시는지를 알면서도 여전히 "여호와께서 내게 무슨 말씀을 더 하실지 알아보고자" 했기 때문이 아닐까? 그가 최소한 나귀 정도의 인식 능력과 마음가짐을 가졌더라면 그는 발락의 집요한 요구에도 불구하고 발락의 길에서 벗어나려고 하거나, 발락을 향해 저항하거나, 그냥 주저앉아 버리는 정도의 태도를 취했어야 하지 않을까? 불행히도 그는 한계에 몰려서 더 이상 달리 어찌해 볼 수 없는 지경까지 자기의 탐욕의 지시를 따르는 듯하다. 비록 그는 입으로는 여호와께서 주신 말씀대로만 말할 뿐이라고 하지만 그의 행동은 지속적으로 그의 탐욕을 따르는 듯하다.

이는 예수께서 바리새인들을 책망하면서 하신 말씀과 너무나도 비슷하다. "주께서 이르시되 너희 바리새인은 지금 잔과 대접의 겉은 깨끗이 하나 너희 속에는 탐욕과 악독이 가득하도다"(눅 11:39). 발람 역시 드러난 말로 보면 하나님을 따르는 것처럼 보이지만 그의 행동은 탐욕을 따르고 있는 것으로 보인다. 따라서 만약 예수께서 발람에게 나타나셨다면 바리새인에게 하셨던 말씀을 발람에게도 하지 않았을까 하는 생각이 든다. 다음 단원에서 볼 민수기 25장 사건의 배후에서 발람이 저지른 일은 오직 22~24장의 본문을 이런 시각에서 해석할 때에야 일관성 있게 이해될 수 있다.

발람의 음모(민 25장)

민수기 22~24장의 이야기와 25장의 이야기는 엄청난 대조를 이룬다. 22~24장은 이스라엘이 하나님으로부터 받은 은혜와 축복이 불가항력적임을 강조한다. 반면 25장은 이스라엘이 언제나 하나님의 심판의 대상이 될 수 있음을 보여 준다. 이처럼 은혜와 축복의 이야기와 심판의 이야기가 연이어 나오는 것은 독자들에게 충격적으로 다가온다. 그러나 사실 성경은 이런 식으로 서로 대비되는 이야기들을 맞붙여 놓은 곳이 많다. 출애굽기 25~31장의 성막 이야기와 32~34장의 황금 송아지 이야기는 성막을 통한 하나님의 다가오심의 주제와 황금 송아지의 죄를 통한 하나님의 멀어지심의 주제를 병렬시키고 있다. 아론의 제사장 위임식 이야기는 그의 아들들의 불순종 이야기과 병렬되어 있다(레 8~10장). 갈멜산에서 승리한 엘리야 이야기는 낙심에 찬 엘리야가 호렙산으로 도망가는 이야기와 대조를 이룬다(왕상 18~19장).

민수기 25장의 이야기를 정확히 알기 위해서 반드시 유념해야 할 사항은 이 사건의 배후에 발람이 있다는 사실이다(민 31:16). 앞의 22~24장의 본문, 특히 네 번째 신탁을 다루는 단락에서 우리는 발람이 궁극적으로는 이스라엘이 모압을 멸망시킬 것임을 예언하고 나서 발락과 헤어진 것을 보았다. 그러나 민수기 31:16의 새로운 정보를 통해서 볼 때 아마 발람은 자신에게 주신 하나님의 모든 계시에도 불구하고 결국 모압을 위해 일한 것으로 보인다. 아마 발람은 하나님이 이스라엘을 저주하는 일을 결코 허락하시지 않을 것임을 깨닫고 대신 아주 인간적인 술수로 이스라엘을 무너뜨리는 모략을 발락에게 귀띔해 준 것으로 보인다. 그것은 모압 여자들을 통해 이스라엘 남자들을 성적으로 유혹해서 결국은 자기들의 신을 따르게 만드는 것이었다. 이렇게 해서 발람은 발락이 소원하던 바, 즉 이스라엘이 저주받는 것을 인간적인 술수로 성취한다. 그 때문에 그는 결국 민수기 31장의 모압 정벌 과정에서 죽임을 당한다.

민수기 25장의 본문은 크게 세 부분으로 나뉜다.

이스라엘의 죄와 비느하스의 속죄(1~9절)

비느하스에 대한 치하(10~15절)

모압에 대한 여호와의 명령(16~18절)

위의 우리는 민수기 25장의 이스라엘의 죄의 배경에 발람이 있다는 것을 살펴보았다. 민수기 25:1~3상은 이스라엘이 발람의 계략에 말려 넘어가 결국 우상숭배에 이르는 과정을 이렇게 서술하고 있다. "이스라엘이 싯딤에 머물러 있더니 그 백성이 모압 여자들과 음행하기를 시작하니라 그 여자들이 자기 신들에게 제사할 때에 이스라엘 백성을 청하매 백성이 먹고 그들의 신들에게 절하므로 이스라엘이 바알브올에게 가담한지라." 구약에서 '음행하다'(זנה자나)라는 단어는 인간끼리의 음란한 관계뿐만 아니라 우상숭배 하는 것을 묘사할 때도 사용된다. 이처럼 한 단어가 인간 사이의 음행뿐만 아니라 영적인 음행을 다 나타낼 수 있듯이, 이 두 종류의 음행은 서로 밀접한 관계가 있다. 인간 사이의 음행은 영적인 음행으로 나아가며, 영적인 음행은 인간적인 음행을 불러온다. 이 점이 바로 민수기 25장에서 우리가 목도하는 바다. 이스라엘은 처음에는 모압 여인들과 음행에 빠졌지만 그 결과로 그들은 브올의 바알에게 '가담하고' 만다.

3절의 '가담하다'(צמד차메드)라는 단어는 구약성경에서 총 세 번 나오며, 전부 바알브올 사건과 관련되어 있다. 밀그롬은 우가리트어에 근거해서 이 단어가 언약적인 개념을 내포한다고 주장한다. 비록 이 단어가 정확히 무엇을 의미하는지를 파악하기에 충분한 용례가 없어 단언하기는 쉽지 않지만, 문맥상 이 단어가 나타내고자 하는 바는 이스라엘이 여호와 대신 어떤 형태로든 바알을 추종하게 되었다는 뜻인 듯하다. 이스라엘은 모압 여인들과의 음행을 통해 결국 여호와 대신 새로운 신인 브올의 바알을 따라갔다. 그 결과 그들은 십계명의 처음 두 계명, 즉 "나 외에 다른 신들을 네게 두지 말라"는 계명과 "(우상들에게) 절하지 말라"는 계명을 어긴다. 마치 출애굽기 32장에서 이스라엘이 황금 송아지를 만들고 절함으로써 이 두 계명을 어겼듯이 말이다.

이 죄로 인해 하나님은 진노하시고 이스라엘은 재앙을 당한다. 4~5절의 관계는 해석상의 상당한 난점을 불러일으킨다. 4절에서 하나님이 죄를 지은 자들에 대한 처벌을 명령한 내용과 5절에서 모세의 명령이 왜 다른가 하는 점과 결국 이 두 명령이 왜 시행되지 않았는가 하는 문제는 논리적인 일관성의 측면에서 주석가들을 끊임없이 바쁘게 만들어 온 문제다. 하지만 이 문제에 대한 해석이 본문 전체의 해석에 영향을 주는 것은 아니라고 본다. 본문을 통일성 있게 볼 때 이 문제는 궁극적으로 비느하스의 열심 있는 행동을 통해 해소된 것으로 이해하는 것이 가장 적절해 보이기 때문이다.

6~9절까지는 급박하게 진행되는 소란의 와중에서 일어난 한 에피소드를 다루고 있다. 온 이스라엘이 자신들의 죄로 인한 하나님의 심판의 메시지를 듣고 성막 혹은 회막 앞에서 통곡하는 중에 시므온 지파의 한 지도자인 시므리가 미디안 족속의 한 수령인 수르의 딸 고스비를 데리고 온다(참고 14~15절). 그리고 그는 그녀를 모세와 이스라엘 회중이 보는 가운데 자기 장막의 안쪽으로 들어간다. 이걸 본 대제사장 아론의 손자 엘르아살의 아들 비느하스가 손에 창을 들고 따라 들어가 그 둘을 함께 창으로 찔러 죽인다. 그러자 그때까지 이스라엘을 엄습하던 염병이 그쳤다. 9절은 그때까지 염병으로 죽은 자의 수가 2만 4,000명이라고 말하고 있다.

10~13절은 이 일에 대하여 모세에게 주신 하나님의 말씀을 담고 있다. 하나님은 비느하스가 "내 질투심으로 질투하여 이스라엘 자손 중에서 내 노를 돌이켜서 내 질투심으로 그들을 소멸하지 않게 하였도다"라고 말씀하신다. 이 하나님의 말씀 속에서 '질투심' 혹은 '질투하다'란 단어는 총 네 번 나온다. 특히 "내(즉 하나님의) 질투심", "그의 하나님을 위하여 질투하여" 등의 표현은 비느하스가 보인 열심이 곧 하나님의 감정을 반영한 것이자 하나님을 위한 감정이었음을 반복 기법을 통하여 분명하게 강조한다. 그가 보여 주고 하나님이 인정하신 이러한 열심을 통해 하나님은 "내 노를 돌이켜서… 그들을 소멸하지 않게 하였도다"라고 인정하신다.

14~15절에서 비느하스에게 죽임을 당한 두 사람의 상세한 정보를 제공

한 후에 16~18절은 다시 한 번 하나님의 말씀을 들려 준다. 이 말씀은 브올의 일과 미디안 여인 고스비의 일을 통해 미디안이 한 일들에 대하여 미디안을 대적하려 공격하라고 지시한다.

민수기 22~24장에서 발락이 약속한 재물을 향한 탐욕에 강하게 유혹을 받았음에도 하나님의 강력한 제지로 인해 이스라엘을 저주하지 못했던 발람은 결국 25장에서 발락의 소원을 들어주는 데 성공한 것으로 보인다. 그는 자신의 원래 전문인 주술로 이스라엘을 저주에 빠뜨리는 대신에 인간적인 술수를 써서 이스라엘이 스스로 하나님의 심판에 빠지게 만드는 방법을 택했다. 그 결과 이스라엘은 2만 4,000명이 죽는 고통과 더불어 하나님과의 관계가 깨질 위험을 겪었다. 만약 비느하스의 열심이 없었더라면 이스라엘은 전부가 멸절당하는 운명에 처했을지도 모른다.

이 이야기가 주는 교훈은 다음의 몇 가지로 정리해 볼 수 있다. 첫째, 하나님과의 관계를 유지하는 데 있어 진정한 위험은 외부에 있는 것이 아니라 내부에 있는 경우가 많다. 발락과 발람이 주술을 통해 이스라엘을 약화시키려고 한 시도는 성공하지 못했다. 하지만 비록 발람의 음모가 바탕에 깔려 있었다 할지라도 이스라엘이 스스로 하나님 이외의 다른 신을 섬기는 것을 택할 때 하나님은 이스라엘의 대적자가 되신다.

둘째, 25장의 이야기는 22~24장의 이스라엘을 향한 하나님의 축복이 자동적이고 무조건적인 것이 아님을 보여 준다. 이스라엘이 분명히 하나님의 축복을 누리고 있는 것은 맞다. 이스라엘이 하나님과 바른 관계에 있는 한 이 축복은 이 세상 그 무엇도 앗아갈 수가 없다. 그러나 이스라엘이 하나님과의 관계를 상실할 때 이 축복은 사라진다.

셋째, 이 이야기는 한 사람의 역할이 얼마나 중요한지를 보여 준다. 발람한 사람의 음모로 인해 이스라엘은 전부 죽을 수 있는 위기에 빠졌다. 그러나 비느하스 한 사람의 열심으로 이스라엘은 이 위기에서 벗어날 수 있었다. 이것은 마치 아담 한 사람의 죄로 인해서 이 세상에 죄가 들어오고 예수 그리스도 한 분의 사역을 통해서 이 세상이 구원을 입은 것과 비슷하다. 우리 각자는 자신이 속한 공동체의 운명을 자신이 결정지을 수도 있다는 것을 인식하고 자신의 신앙과 행위를 언제나 조심해야 할 것이다. 우리 각자는 자기 공동체의 파괴자가 될 수도 있고 건설자가 될 수도 있는 것이다.

맺는 말

지금까지 우리는 발람과 관련된 민수기 22~25장의 내용들을 살펴보았다. 이 본문은 크게 22~24장과 25장의 두 개의 이야기로 나뉘어 있다. 그러나 이 두 이야기를 서로 나누어서 읽기보다는 함께 연결해서 읽을 때에야 그 깊은 의미가 가장 잘 드러난다.

두 이야기를 함께 묶어서 볼 때 우리는 크게 두 가지 점을 배울 수 있다. 첫째, 두 이야기를 함께 읽을 때 발람이라는 인간의 깊은 내면이 드러난다. 신의 메시지를 받는 것을 주업으로 하는 이 발람이라는 인물은 하나님에 대한 깊은 체험을 하고 하나님의 명백한 뜻과 의지를 여러 번 확인했으면서도 결국 자신의 탐심을 버리지 못하고 술수를 부리다가 죽임을 당했다. 그의 이러한 운명은 하나님을 섬기는 우리들에게 중요한 경고가 된다. 우리 역시 하나님을 잘 섬긴다고 입으로 말하고 일시적으로 행동으로 보여 주기는 하지만 영혼 깊은 곳에서는 하나님을 거스르면서 하나님 대신 다른 것을 끝끝내 추구하는 경우들이 있을 수 있다. 이런 은밀한 불신앙의 모습에 대해 발람은 좋은 반면교사의 역할을 한다.

둘째, 민수기 22~24장에서 우리는 이스라엘을 향한 하나님의 불가항력적인 축복을 보았다. 그러나 이 불가항력적 축복이 결코 항구적이고 무조건적이기만 한 것이 아님을 25장의 이야기는 보여 준다. 비록 그 누구도 하나님의 이 축복으로부터 우리를 끊을 수는 없지만 우리 자신은 스스로를 하나님의 심판의 손에 떨어뜨릴 수 있다. 우리의 불신앙과 배교는 하나님을 우리의 대적자이자 심판자로 만들 수가 있다.

우리가 지금까지 살펴본 본문은 우리가 결코 하나님과의 관계 및 하나님의 축복에서 교만해서는 안 된다는 준엄한 경고를 던져 준다. 오직 하나님을 향한 끊임없는 신실과 하나님의 축복을 향한 겸손만이 우리를 하나님 앞에서 불가항력적 축복의 소유자가 될 수 있게 해준다는 점을 결코 망각해서는 안 된다.

07

가나안 땅에 들어가기 위한 준비

민수기 26~30장 주해와 적용

　　오경의 네 번째 책인 민수기는 그 책명과 같이 두 번에 걸친 인구 조사를 중심으로 시내산에서 모압 평지까지 출애굽한 이스라엘이 광야에서 보낸 시간들을 기록하고 있다.[1] 이스라엘이 광야에서 보낸 40년의 기록 대부분이 민수기에 나타나 있을 만큼 민수기와 광야는 불가분(不可分)의 관계에 있다. 이렇듯 민수기는 출애굽 후 40년에 걸친 광야 생활의 기록이기 때문에 민수기 안에는 출애굽 직후 광야 생활을 준비하는 이스라엘 공동체를 위한 첫 번째 인구 조사 시대(1~25장)와 40년 광야 생활이 막바지에 다다랐을 때 새로운 땅에 들어갈 준비를 하기 위한 두 번째 인구 조사 시대(26~36장)가 구분되어 기록되어 있다. 그 중 우리가 다룰 민수기 26~30장 말씀은 두 번째 인구 조사를 시작하며 새 시대를 열어 나갈 새로운 세대를 위한 말씀으로 구성되어 있는데 이를 구분해 보면 다음과 같다.

　　　두 번째 인구 조사(26:1~65)

　　　슬로브핫의 딸들의 상속 문제와 새 시대의 지도자 여호수아(27:1~23)

　　　새로운 땅에서 지켜야할 제의들(28:1~31)

　　　일곱 번째 달에 지키는 제의들(29:1~40)

　　　이스라엘 백성들의 서원 문제(30:1~16)

민 26~30장　**353**

이상의 구조와 같이 민수기 26~30장은 가나안에 들어가기 전 지파별로 가나안 땅을 분배하기 위한 인구 조사와 새로운 세대를 위한 종교 규정, 일반 규정들을 기록하고 있다. 이는 1~25장에 나타난 출애굽 세대들을 위한 말씀과는 차이를 보이는데 이러한 차이를 규명하기 위해 민수기 26장 본문의 배경과 전후 문맥을 살펴보면 다음과 같다.

본문의 배경과 전후 문맥

1. 배경

민수기는 그 시간적 배경으로 출애굽한 이스라엘이 시내산에서 하나님과 언약을 체결한 이후부터 가나안 땅에 들어가기 직전까지의 상황을 기록한 책이다. 민수기 10:11에 의하면 이스라엘이 출애굽한 지 2년 2월 20일에 시내 광야를 떠나는 장면이 기록되어 있고, 36:13에 의하면 40년 광야의 여정을 마치고 여리고 맞은편 모압 평지에 머물며 가나안 땅에 들어갈 준비를 하고 있는 장면까지의 역사가 기록되어 있다. 그렇기 때문에 민수기에는 출애굽 초기 가데스 바네아에서 정탐꾼을 보내 가나안 땅에 들어가려 했던 행적이나 불뱀, 놋뱀 사건, 아론의 죽음, 발람 사건, 싯딤 사건 등 이스라엘이 광야에서 지낼 당시의 사건을 보도하고 있다. 또한 민수기는 40년에 걸친 광야 생활을 기록하고 있기 때문에 자연스럽게 출애굽 초기 공동체의 정황을 반영한 첫 번째 인구 조사와 광야 생활이 끝나 갈 무렵인 후기 공동체의 정황을 반영한 두 번째 인구 조사가 서로 다른 목적에서 나오고 있다. 즉 초기 공동체의 정황을 반영한 말씀에서는 시내산에서 하나님과 언약을 체결하여 하나님의 백성으로서 첫걸음을 내딛은 이스라엘에게 하나님의 백성으로서의 책임을 강조하고 있고, 후기 공동체의 정황을 반영한 말씀에서는 가나안 땅에서 시작할 새로운 삶에 대한 희망과 미래에 거할 가나안 땅을 염두에 둔 새로운 율법의 선포가 그 주류를 형성하고 있다.

본문인 26~30장의 말씀은 두 번째 인구 조사를 시작하는 장면으로 그 말씀을 시작하고 있는데 이는 새로운 세대를 염두에 둔 배경에서 1~25장과는 서로 다른 시간적 배경에서 메시지를 전하고 있다

한편 민수기의 공간적 배경은 이스라엘이 40년을 보낸 광야다. 이미 위에서 언급한 바와 같이 민수기는 시내 광야에서 출발하여 여리고 맞은편 모압 평지에 이르기까지의 여정을 기록하면서 대부분의 시간을 광야에서 보냈던 이스라엘의 행적을 기록하고 있다. 그렇기 때문에 민수기에는 이스라엘이 광야에서 보냈던 대부분의 시간들이 기록되어 있는 특징을 보인다. 광야라는 이미지는 성서에서 공동체의 경험을 묘사하는 강한 은유로 사용되어 왔다. 이스라엘은 이 광야에서의 경험을 통하여 조그만 사건에서도 하나님을 원망했던 불순종의 역사에서 벗어났고 하나님의 뜻을 받들어 변화된 삶을 살게 되었는데 이러한 삶의 지침이 민수기에 나타나 있다. 광야의 연단 없이 하나님의 백성 이스라엘이 형성되기는 어려웠을 것이다. 이렇듯 공간적으로도 광야 생활의 여정을 추적하며 이스라엘 백성의 변화 과정을 기록한 민수기는 성서에서 매우 중요한 부분이라 할 수 있다.

2. 전후 문맥

민수기는 그 책 제목과 같이 1장과 26장에 기록된 두 번에 걸친 인구 조사를 기본 축으로 출애굽 세대의 여정이 기록된 1~25장과 새로운 세대에 대한 당부가 나타난 26~36장의 기록으로 구분할 수 있다. 출애굽 세대와 가나안을 차지할 세대라는 서로 상반되는 공동체의 성격상 전자의 기록은 반역과 불순종의 역사가 주류를 이루고, 후자는 미래에 대한 희망이 크게 나타난다. 예를 들어 출애굽 세대의 마지막 기록인 25장에서도 발람 사건 이후 이스라엘이 모압 여인과 간음하고 바알브올과 결합하여 야웨의 진노를 산 사건이 기록되어 있다. 이 사건으로 말미암아 이스라엘은 전염병이 도는 심판을 받았고 대략 2만 4,000명의 사람이 죽임을 당하였다. 이는 옛 광야 세대 잔존자의 죽음을 의미하는 것으로 민수기는 새로운 땅에서 새로운 시대

를 맞이할 새 공동체를 위한 새로운 말씀을 준비하고 있다.

본문의 시작인 26장부터는 두 번째 인구 조사(26:1~65)를 필두로 가나안 땅에 들어가 하나님의 백성답게 살아야 할 새로운 세대의 이스라엘 백성들을 향하여 가나안 땅을 차지하기 전에 준비 사항을 전달하고 있다. 즉 여인들이 땅을 상속 받는 문제(27:1~11), 정복 지도자의 선정(27:12~23), 땅에서 반드시 지켜야 할 제사 규정(28:1~29:40), 서원 문제(30:1~16) 등 가나안 땅을 얻기 위한 마지막 준비 사항들을 강조하는 것이다. 다시 말해 본문의 내용은 현실로 다가온 가나안 정착을 새로운 세대 이스라엘에게 준비시키면서 이전 세대의 잘못된 전철을 다시는 밟지 말고 하나님이 허락하신 땅에서 하나님의 백성답게 살기를 간절히 소망하는 말씀이라 할 수 있다.

본문의 말씀에 뒤이어 나오는 31장에서는 보다 구체적으로 가나안에 정착하기 위해 먼저 해결해야 할 문제인 요단 동편 지역의 정복(31:1~54)과 땅의 분배(32:1~42)에 대해 언급하면서 가나안 입성이 현실로 다가왔음을 느끼게 한다. 그런 다음 과거 광야 생활(33:1~49)을 회고하고 가나안 정복 지침이나 레위인 성읍, 도피성 등 가나안에서의 삶을 위한 규정들을 명령하며 (33:50~36:13) 말씀을 마무리하고 있다.

결론적으로 민수기 26~30장은 이전 세대의 잘못된 삶을 조명하는 1~25장과 가나안에서의 구체적인 정복과 삶을 규정한 31~36장 사이에서 인구 조사를 필두로 새로운 세대들에게 땅을 얻기 전 해야 할 지침들을 알려 주며 두 부분을 연결하는 다리 역할을 하고 있다.

두 번째 인구 조사(민 26장)

민수기에는 모두 두 번의 인구 조사가 기록되어 있다. 그 중 첫 번째 인구 조사는 이스라엘이 아직 시내 광야에 머물러 있을 때 행한 인구 조사로 시내 산을 출발하여 가나안을 향해 여정을 떠나는 이스라엘을 조직하며 진영을 구축하기 위한 병적 조사의 성격을 띠었다. 백성의 수는 60만 3,550명이었다. 반면에 두 번째 인구 조사는 40년 광야 생활이 막바지에 다다른 모압 평지에서 이뤄진 것으로, 가나안 땅에서의 새로운 공동체의 출발을 염두에 두고 실시했으며 모두 60만 1,730명이 계수되었다. 두 번째 인구 조사의 특징은 여호수아와 갈렙을 제외하고는 처음 조사 당시 계수된 사람 중 한 사람도 포함되지 않은 것인데, 이는 불평과 패역을 일삼았던 구세대의 퇴장을 의미하며, 이보다 더 큰 의미는 새로운 공동체의 출발이다. 또한 "전쟁에 나갈 만한 모든 자"라는 표현을 14회나 쓴 점에서 병적 조사 성격이 강했던 첫 번째 인구 조사와는 달리, 두 번째 인구 조사는 가나안 땅에서의 땅 분배를 위한 지파의 규모를 조사하는 성격이 강하다. 이제 이스라엘은 가나안을 준비하며 자신들을 점검하고 있는 것이다.

1. 본문 주해

1) 인구 조사 명령(1~4절)

브올에서 우상숭배와 음행함을 통해 하나님으로부터 전염병 심판을 받았던 이스라엘은 2만 4,000명이 죽은 후에야 전염병이 그치게 된다. 이후 하나님께서는 모세와 아론의 아들 대제사장 엘르아살을 통하여 두 번째 인구 조사를 명령하신다(1절). 아론은 호르산에서 죽었고 대제사장 직분은 그의 아들 엘르아살에게 넘어갔기 때문에(21:22~29) 우리에게 덜 친숙한 이름인 엘르아살이 전염병 후에도 그 직분을 감당하고 있다. 하나님께서는 이제 구체적으로 인구 조사의 목적과 방법에 대해 말씀하신다(2절). 즉 그들이 인구 조사를 해야 하는 이유는 당장 일어날 수도 있는 전쟁에 대비하기 위한 병적 조사로 인구 조사를 시행하라는 것이다. 실제로 이스라엘은 병적 조사 이후 미디안과 바로 전쟁을 치렀다(31장). 하지만 두 번째 인구 조사의 더 큰 목적은 앞에서 언급한 대로 가나안 땅을 분배하기 위한 지파별 가족들을 파악하는 데 있다 할 수 있다. 이제 모세와 엘르아살은 야웨 하나님의 명령을 받들어 백성들에게 인구 조사를 지시한다.

3절에서는 인구 조사의 장소를 구체적으로 명시한다. 그 장소는 여리고 맞은편 모압 평지로 이스라엘은 이곳에서 인구 조사를 시행하고 하나님의 말씀을 받으며 민수기를 마감한다. 그리고 이 장소에서 모세의 3번의 설교로 이루어진 신명기(申命記)의 말씀을 듣게 된다. 이스라엘은 이제 광야에서의 모든 여정을 마치고 하나님의 약속의 땅인 가나안이 보이는 모압 평지에서 가나안에 들어갈 준비를 하고 있는 것이다.

4절에서 모세와 엘르아살은 민수기 1장에서 야웨께서 하셨던 명령과 같이 20세가 넘은 사람들을 계수하고 있다. 20세는 군대 징집 연령으로 이후의 역사에서도 민수기의 선례대로 20세를 기준으로 군대 징집을 하기도 하였다(대하 25:5). 이제 인구 조사를 마친 후 이스라엘 12지파의 구체적인 명단이 뒤를 잇는다.

2) 르우벤 지파의 사람들(5~11절)

위에서 언급한 대로 두 번째 인구 조사의 가장 큰 목적은 가나안 땅에 들어가 땅을 분배하기 위한 지파별 가족 파악이었는데 르우벤 지파부터 시작한다. 르우벤은 야곱과 레아 사이에서 난 맏아들로 형제 전체의 장자였으나 아버지의 첩 빌하와의 부적절한 관계로 형제 중에서도 유다에 밀려 큰 힘을 발휘하지 못한 사람이었다. 야곱의 축복에서도 르우벤은 아버지의 침상을 더럽혔기 때문에 으뜸이 되지 못할 것이라는 책망을 받았다(창 49:4).

이러한 르우벤 지파에서 땅을 분배받을 가족은 하녹 가족과 발루 가족(이상 5절), 헤스론 가족과 갈미 가족이다(이상 6절). 이 명단은 창세기 46:9에 나오는 르우벤의 아들의 명단과 일치하며 이외에도 출애굽기 6:14, 역대상 5:3 등에도 같은 명단이 나온다. 이들의 인구를 계수한 결과 4만 3,730명의 인구가 계수되었는데(7절) 첫 번째 인구 조사에서 4만 6,500명이 계수된 것에 비하면 광야 생활 동안 2,770명의 인구가 감소되었다. 르우벤 지파는 장자지만 아버지의 침상을 더럽혔기 때문에 장자의 명분을 요셉에게 넘겨주었고 땅의 분배에서도 주도적인 역할을 감당하지 못하고 가나안 땅이 아닌 요단 동쪽 지역을 분배받게 되는데 인구에 있어서도 일부 감소를 통해 세력이 약화되었음을 볼 수 있다.

8절에서는 르우벤의 가족 중 발루의 아들 엘리압이 나오고 다시 9절에서는 엘리압의 아들인 느무엘, 다단, 아비람이 소개되었다. 이들 중 다단과 아비람은 민수기 16장에 나오는 레위 자손 고라의 반란에 참여하여 모세의 지배권에 반기를 든 인물이다. 이들의 반란은 복잡한 정치적인 구도가 내재되어 있다. 먼저 고라의 경우 레위−고핫−이스할−고라로 이어지는 가문으로 같은 레위 출신임에도 레위−고핫−아므람−모세, 미리암, 아론으로 이어지는 가문의 지배권 독점에 큰 반발심을 가지고 있었다. 또한 야곱의 장자인 르우벤 가문도 지배권을 레위 가문이 독점하자 이에 대한 반발로 같이 소외된 가문인 고라 자손과 연대하여 모세의 지배권에 반기를 든 것이다. 이때 모세는 그들을 책망했고 고라를 따르던 250여 명의 무리가 땅이 갈라져 산 채로 음부에 내려가게 되면서 그들의 반란도 끝이 났다(10절). 9절에서 다단과 아비람 앞에 느무엘이 나온 것은 아마도 다단과 아비람은 반란의 결과 죽었으나 느무엘이 살아서 발루의 가계를 이었기 때문으로 보인다.

11절은 특이하게도 고라 자손이 죽지 않았음을 밝힌다. 58절의 레위 지파 가계에서도 고라에 대한 언급이 있는데 이들은 살아남아 훗날 성전에서 노래하는 중요한 일을 맡게 되는데 그들의 노래는 시편에 남아 있다(시 42~49, 84, 85, 87, 88편).

3) 시므온 지파의 사람들(12~14절)

시므온은 야곱의 두 번째 아들이지만 세겜의 살육 사건이나(창 34:25) 형제들을 대신해서 이집트에 볼모로 잡힌 행동(창 42:24) 외에는 형제들 사이에서 그리 뛰어난 역할을 감당하지 못했던 사람이다. 야곱은 그가 죽기 전 아들들에게 축복을 내릴 때도 세겜에서의 잔인한 복수 때문에 시므온에게 이스라엘에서 흩어질 것이라는 비극적인 미래를 예언하였다(창 49:5~7). 가나안 점령 후 시므온 지파는 처음에는 가나안 중앙 부분을 분배 받았으나 그들의 영토를 지키지 못한 채 처음 출발했던 유다 남부 지역으로 후퇴하였고 훗날 유다 지파에 복속되면서 지파의 명맥이 끊어졌다. 하지만 에스겔 선지자는 시므온의 회복을 예언하기도 했다(겔 48:24~25).

시므온 지파는 그들의 가족으로 느무엘 가족, 야민 가족, 야긴 가족(이상 12절) 그리고 세라 가족과 사울 가족(이상 13절) 등으로 구성되어 있다. 이들 중 느무엘은 창세기나 출애굽기의 기록에 의하면 여무엘로 표기되기도 하고(창 46:10; 출 6:15), 야긴은 야립으로(대상 4:24), 세라는 스할로(창 46:10) 각각 다르게 표기되어 나타난다.

또한 시므온 지파는 첫 번째 인구 조사에서는 5만 9,300명이 계수되었지만 두 번째 인구 조사에서는 2만 2,200명이 계수되어 무려 3만 7,100명이 감소한, 몰락에 가까운 인구 감소를 보여 준다(14절). 이러한 결과는 여러 가지 원인이 있겠지만 가장 큰 이유는 위에서 언급한 대로 유다 지파에 복속된 까닭으로 보인다.

4) 갓 지파의 사람들(15~18절)

갓은 야곱의 일곱 번째 아들로 야곱이 레아의 몸종인 실바를 통해 낳았던 아들이다. 그에게는 모두 일곱 명의 아들이 있었다(창 46:16). 갓은 야곱으로부터는 "군대의 추격을 받으나 오히려 그 뒤를 추격하리로다"라는 축복을 받았고(창 49:19) 모세로부터는 '야웨의 공의와 이스라엘에 세우신 법도를 행하는' 지파로 축복을 받았다. 갓 지파는 이후 야셀과 길르앗, 아로엘과 헤스본 등 요단 동쪽 요지를 분배받으며(수 13:24~28) 이스라엘 역사의 한 축을 장식하였다.

갓 지파의 가족별 명단은 스본 가족, 학기 가족, 수니 가족(이상 15절), 오스니 가족, 에리 가족(이상 16절), 아롯 가족, 아렐리 가족(이상 17절)이다. 이들 중 창세기 46:16에는 스본은 시본으로 오스니는 에스본으로 아롯은 아로디로 각각 다르게 표기되어 있다. 갓 지파는 첫 인구 조사 때는 4만 5,650명이 계수되었지만 두 번째 인구 조사 때는 4만 500명이 계수되어 5,150명의 인구가 줄어들었다.

5) 유다 지파의 사람들(19~22절)

유다 지파는 야곱의 넷째 아들인 유다가 시조인데 창세기에 나타난 요셉의 이야기에는 형제의 대변자로서 르우벤과 더불어 특별한 역할을 한 것으로(창 37:26; 43:3, 8; 44:14, 16, 18; 46:28) 알려져 있다. 여호수아의 죽음 후 유다 지파는 제일 먼저 가나안의 남쪽 비탈진 지역에서 분리된 땅을 차지하였고 일시적으로는 예루살렘을 점령한 것으로 보인다(삿 1:1~20). 유다는 영토를 남쪽으로 팽창해 가면서 새로운 발전을 하였고 그 영역 안에 있는 여러 세력들과 연합하면서 더 큰 정치적 영향력을 가질 수 있었다. 유다는 민수기의 인구 조사에서 두 번 모두 가장 많은 수의 인구를 가지고 있었고, 정착 지역은 크게 유다 산악 지역(수 15:48), 쉐펠라 평원 지대(수 15:33), 남쪽의 네게브 지역에 위치해 있으면서 전체 이스라엘 남쪽의 중심을 이루었다.

유다의 아들은 원래 에르와 오난이 있었다(19절). 하지만 다말의 이야기에 나타나듯이 다말과 결혼한 에르가 야웨께 악행을 함으로 죽었고 형사취수(兄死取嫂)의 원칙대로 다말을 취하여야 할 오난이 이를 거부하자 오난마저 야웨에 의해 죽는 비극을 당하게 된다(창 38장). 그래서 유다 종족은 유다의 셋째 아들인 셀라, 유다와 다말 사이에서 난 베레스와 세라 가족(이상 20절)이 남았는데 이들이 인구 조사에 나타난다. 그 중 베레스 가족 중에서 헤스론과 하물 가족이 방계 가족으로 소개된다(21절).

인구 조사 결과 유다 지파는 1차 조사 때는 전체 인구의 10분의 1이 넘는 7만 4,600명이 계수되었고 두 번째 인구 조사 때는 1,900명이 증가한 7만 6,500명이 계수되었다(22절). 이 결과 유다 지파는 1, 2차 인구 조사 당시 12지파 최고의 인구를 가지고 있었으며 훗날 지형적으로도 최고의 요지를 차지하게 되어 이를 기반으로 모든 지파 위에 탁월한 지위를 점하게 된다.

6) 잇사갈 지파의 사람들(23~25절)

잇사갈은 야곱의 아홉 번째 아들로서 첩의 아들들에 뒤이어 레아가 다섯 번째 출산한 아들이다. 야곱의 축복에는 잇사갈이 "양의 우리에 꿇어앉은 건장한 나귀"로 비유되면서(창 49:14) 잇사갈이 좋은 곳을 분배받아 강한 지파가 될 것임을 암시하였고 모세의 마지막 축복에서도 잇사갈을 향해 "장막에 있음을 즐거워하라"면서(신 33:18) 그가 평안을 안위할 것이라 선언하였다. 실제로 잇사갈은 다볼과 긴네렛 호수 남쪽 끝이라는 이스르엘 평원 지대의 비옥한 옥토를 분배받았다. 사사 시대에도 잇사갈은 하솔 왕 야빈의 침략 시에 드보라를 도와 큰 전과를 올렸다고 기록되어 있고(삿 5:15) 아비멜렉 이후 23년 동안 이스라엘을 다스렸던 사사 돌라도 잇사갈 지파 출신이다.

잇사갈 지파의 가족으로는 돌라 가족, 부니 가족(23절), 야숩 가족, 시므론 가족(24절) 등이 있었다. 이들 중 야숩은 창세기 46:16에 의하면 욥으로 다르게 표기되어 있다. 잇사갈 지파는 첫 번째 인구 조사에서는 5만 4,400명이었지만 두 번째 인구 조사에서는 6만 4,300명으로 계수되어 9,900명의 인구가 늘어나 유다 지파와 단 지파 다음 가는 세 번째 규모로 성장하여 광야 생활에서 큰 발전을 이룬 지파였다(25절).

7) 스불론 지파의 사람들(26~27절)

스불론은 야곱의 열 번째 아들로 레아의 여섯 번째 아들이다. 그는 잇사갈과 함께 레아가 첩들의 출산에 뒤이어 낳은 아들로 주요 행적이 잇사갈의 행적과 중첩된다. 야곱의 축복에서는 '배 매는 해변에 거주할 것'이라 말하면서 그들이 해상 무역에 종사할 것을 암시하였고(창 49:13) 모세의 축복에서는 "밖으로 나감을 기뻐하라"면서 역시 바다로 뻗어 나가는 지파가 될 것임을 암시하였다(신 33:18). 실제로 가나안 땅 분배에서 스불론 지파는 북부 갈릴리와 지중해 사이의 기름지고 전략적으로 중요한 지역을 분배받았다. 하지만 이 지역은 빈번한 전쟁과 방비의 어려움 때문에 구약 시대에는 그리 각광 받지 못한 지역이었다.

스불론 지파의 가족으로는 세렛 가족과 엘론 가족, 얄르엘 가족이 있었는데(26절) 여기에 나오는 엘론을 사사기 12:11에 나오는 스불론 지파 출신 사사 엘론과 동일시하기도 한다. 스불론 지파는 첫 번째 인구 조사에는 5만 7,400명이 계수되었고 두 번째 인구 조사에서는 6만 500명이 계수되어 3,100명의 인구가 증가하여 가까운 형제인 잇사갈 지파와 더불어 광야 생활에서 발전을 이룬 지파였다.

8) 므낫세 지파의 사람들(28~34절)

요셉 지파 대신 요셉의 아들인 므낫세, 에브라임 지파가 나타난 이유는 다음과 같다. 요셉은 라헬의 첫 번째 아들이지만 전체 형제들로 보았을 때는 열한 번째 아들이었다. 하지만 르우벤이 아비의 침상을 범함으로 인해 장자의 권한이 박탈되고 요셉에게 장자의 권한이 이양되었다. 열한 번째 아들인 요셉이 장자의 명분을 받은 이유는 레아의 첫째 아들이 잘못하여 권한이 없어지자 다른 부인인 라헬의 첫째 아들인 요셉에게 그 권한이 돌아갔기 때문이다. 이스라엘에서 장자는 기업을 다른 형제보다 두 배 더 받을 수 있었기 때문에 요셉의 두 아들인 므낫세와 에브라임이 각각 땅을 기업으로 받게 되었다.

먼저 소개된 므낫세는 요셉의 장자였지만 야곱이 동생 에브라임에게 오른손으로 축복함으로써 이후 모든 주도권을 동생인 에브라임에게 빼앗기게 된다. 므낫세 지파는 요단 동편과 건너편 양쪽 지역을 모두 분배 받았고 이후의 역사에서 기드온과 입다와 같은 위대한 사사를 배출하기도 하였다.

28절에서 민수기는 요셉 자손 중에서 므낫세와 에브라임 두 형제에게 지파 몫의 땅이 분배되었음을 알린다. 므낫세 지파는 다른 지파보다 길게 그 후손들이 이어지는데 마길 가족, 길르앗 가족(29절) 이에셀 가족, 헬렉 가족(30절), 아스리엘 가족, 세겜 가족(31절), 스미다 가족, 헤벨 가족(32절)이다. 이들 중 길르앗 가족은 요단 동편 지역에 머물고 나머지 가족들은 요단 서쪽으로 넘어가 그곳에 정착하게 된다. 한편 헤벨의 아들 슬로브핫은 아들이 없이

"말라와 노아와 호글라와 밀가와 디르사"라는 딸들만 있었는데(33절) 나중에 이들에게도 땅이 기업으로 돌아가게 된다(27:1~11). 므낫세 지파는 처음 인구 조사를 할 때는 3만 2,200명이 계수되었는데 2차 인구 조사 때는 5만 2,700명이 계수되어 2만 500명이나 인구가 증가하였다. 이는 첫 인구 조사 때 열두 번째로 제일 마지막 위치에 있었던 것이 여섯 번째로 급상승한 것으로 12지파 중 최고의 증가율을 보이며 광야 생활 동안 가장 비약적으로 지파의 규모를 발전시켰다(34절).

9) 에브라임 지파의 사람들(35~37절)

에브라임은 요셉의 둘째 아들로 야곱에게서 장자의 축복을 받은 후(창 48:1이하) 므낫세보다 먼저 나타나게 되었다(창 50:23). 에브라임은 출애굽 이후 실시한 인구 조사에서는 4만 500명(민 1:33, 열 번째)과 3만 2,500명(민 26:37, 열한 번째)으로 수에서는 미미한 지파였으나 시간이 지나면서 중요한 지파가 되었다. 이러한 발전은 초기의 역사에도 명백히 나타난다. 초기 역사에서 에브라임은 지도자 여호수아를 배출하여 다른 지파에 비교 우위를 점할 수 있었고 후에 중앙 산악 지역에 속하는 고지대를 분배 받아(수 16:1~8) 자신의 위치를 더욱 공고히 할 수 있었다. 또한 제사장이자 위대한 사사였던 사무엘도 에브라임 출신이어서(삼상 1:1) 역사의 중심이 에브라임 위에 있었다 할 수 있으며 북이스라엘의 초대 왕인 여로보암 역시 에브라임 출신(왕상 11:26)으로 초기 왕정 시대까지 에브라임 지파는 항상 중요한 위치를 차지하였다. 또한 성경에서 빈번하게 언급되는 고대 이스라엘의 중요 도시인 벧엘, 세겜, 실로 등이 모두 에브라임 지파에 포함되어 있어 에브라임 지파의 중요성을 확인할 수 있다.

에브라임 지파의 가족으로는 수델라 가족, 베겔 가족, 다한 가족(35절)과 에란 가족이 있다(36절). 이렇듯 에브라임 지파는 역사적으로는 매우 중요했으나 인구 수나 가족 수는 매우 미미하였다. 그들의 인구는 첫 인구 조사 때보다 8,000명이 감소하였지만(37절) 이후의 역사에선 유다 지파에 필적하는 지파로서 중요한 위치를 차지하게 되었다.

10) 베냐민 지파의 사람들(38~41절)

베냐민은 야곱의 열두 번째 아들로 라헬의 둘째 아들이다. 베냐민은 야곱의 형제들 중에서 유일하게 가나안 지역에서 태어난 사람으로 벧엘과 에브랏 사이에서 태어났다. 야곱의 축복에서는 "물어뜯는 이리"로 표현되어 좋은 평가를 받지 못했고(창 49:27), 모세의 마지막 축복에서는 '야웨께서 그를 날이 마치도록 보호하시고 그를 자기 어깨 사이에 있게 하시리로다'(신 33:12)고 말하며 야웨께서 그를 지키실 것을 약속하고 있다. 훗날 땅을 분배 받을 때는 유다와 에브라임 사이의 중앙 산악 지역을 분배 받았고(수 11:18) 에훗과 같은 훌륭한 사사도 나왔지만 레위인 첩 사건으로 인해 나머지 지파들의 공격을 받았으며 간신히 멸족되는 것을 면하였다(삿 19~20장). 이 사건 이후 쇠약한 위치에 있었으나 기스의 아들 사울이 왕이 됨으로써 재기에 성공하였다. 하지만 다시 사울의 전사와 다윗의 건국으로 세력을 잃고 다윗에 반대하는 비그리의 아들 세바의 반란 등 다윗 왕조에 반대하는 몇 번의 시도만이 역사에 기록되어 있을 뿐이다.

베냐민 지파의 가족으로는 벨라 가족, 아스벨 가족, 아히람 가족(38절), 스부밤 가족, 후밤 가족(39절) 등이 있다. 또한 벨라의 아들들을 통해 아릇 가족과 나아만 가족이(40절) 함께 기록되어 있다. 베냐민 지파는 첫 번째 인구 조사 결과 3만 5,400명이 계수되었고 두 번째 인구 조사 결과 4만 5,600이 계수되어 모두 1만 200명이 증가하여(41절) 첫 인구 조사 인구 순위인 열한 번째에서 일곱 번째로 상당히 격상하였다.

11) 단 지파의 사람들(42~43절)

단은 야곱의 다섯 번째 아들이며 라헬의 몸종 빌하가 낳은 첫 번째 아들이다. 단 지파는 이스라엘 역사를 통해 야곱의 형제 중 제일 나쁜 평가를 받은 지파였다. 야곱의 축복에서는 단을 가리켜 "길섶의 뱀이요 샛길의 독사"

(창 49:17)라고 평가하면서 그를 책망했고, 모세의 축복에서는 "바산에서 뛰어나오는 사자의 새끼"라고 말하면서 바산 지역을 차지할 강한 지파라고 말하고 있다(신 33:22). 지중해 연안 지역을 분배 받았지만 블레셋과의 경쟁에서 패배하여 영토를 버리고 북쪽 라이스 성을 점령하고 그 이름을 지파의 이름을 따서 단이라 부르게 되었다. 하지만 단 지파가 세운 이 도시는 훗날 여로보암의 벧엘과 단의 금송아지 신전으로 말미암아 신명기 역사가의 무서운 질책을 받았고 요한계시록의 '인' 받은 12지파 목록에서 빠지게 되는 비운을 겪게 된다(계 7:4~8).

단 지파의 가족으로는 수함 가족이 있었다(42절). 단 지파는 첫 번째 인구조사에서는 6만 2,700명이 계수되었고 두 번째 인구 조사에서도 1,700명이 증가한 6만 4,400명이 계수되었다(43절). 이러한 규모는 유다 지파 다음가는 규모로 이스라엘 역사를 통해 큰 역할을 감당할 만한 지파였으나 위에서 언급한 대로 그 결과는 참담했다.

12) 아셀 지파의 사람들(44~47절)

아셀은 야곱의 여덟 번째 아들로 레아의 여종 실바의 둘째 아들이다. 야곱의 축복에 의하면 '그에게서 나는 먹을 것은 기름진 것이라'고 말하며 좋은 땅을 기업으로 받을 것을 예언하였고(창 49:50), 모세의 축복에서는 "그의 형제에게 기쁨이 되며 그의 발이 기름에 잠길" 것이라면서 역시 미래에 좋은 결과가 있을 것이라 말하였다(신 33:24). 가나안 정복 후 땅을 분배할 때 아셀지파는 두로와 갈멜산에 이르는 지역을 분배 받았는데(수 19:24~31) 좋은 땅을 분배받은 것에 비해 그 영향력은 매우 미미하였고 드보라의 전쟁에도 참여하지 않아 자기 자리에만 머물러 있다고 비난 받기도 하였다(삿 5:17).

아셀 지파의 가족으로는 임나 가족과 이스위 가족, 브리아 가족이 있었고 (44절) 브리아 가족은 다시 헤벨 가족과 말기엘 가족으로 나뉘었다(45절). 또한 아셀 가족 중 딸인 세라도 이 명단에 포함되어 므낫세 지파의 슬로브핫의 딸들과 같이 땅을 기업으로 받을 것임을 암시하고 있다(46절). 아셀 지파는 첫 번째 인구 조사에서는 4만 1,500명이 계수되었고 두 번째 인구 조사에서는 5만 3,400명이 계수되어 1만 1,900명의 인구가 증가된 발전된 지파였다(47절).

13) 납달리 지파의 사람들(48~50절)

납달리는 야곱의 여섯 번째 아들로 라헬의 여종 빌하의 둘째 아들이다. 납달리는 야곱의 축복에서는 '놓인 암사슴과 같이 아름다운 소리를 발한다'고 말했고(창 49:21), 모세의 축복에서는 '은혜가 풍성하고 야웨의 복이 가득하다'고 말했다(신 34:23). 실제로 납달리 지파는 요단강 상부 지역의 비옥한 땅을 분배 받았지만 구약 시대에 그 지역은 방어하기가 어려웠기 때문에 기름진 것만큼 사람들이 살기를 선호하는 지역은 아니었다. 이렇게 구약 시대에 소외되었던 납달리 지역은 이사야의 예언같이(사 9:1) 예수의 공생애 대부분이 이 지역에서 이루어질 정도로 그 중요성은 오히려 신약 시대에 더 강조되었다.

민수기 1차, 2차 인구 조사 비교표

	지 파	1차 인구 조사	2차 인구 조사	증가	감소
1	르우벤	46,500	43,730		2,770
2	시므온	59,300	22,200		37,100
3	갓	45,650	40,500		5,150
4	유다	74,600	76,500	1,900	
5	잇사갈	54,400	64,300	9,900	
6	스불론	57,400	60,500	3,100	
7	에브라임	40,500	32,500		8,000
8	므낫세	32,200	52,700	20,500	
9	베냐민	35,400	45,600	10,200	
10	단	62,700	64,400	1,700	
11	아셀	41,500	53,400	11,900	
12	납달리	53,400	45,400		8,000
	총 계	603,550	601,730	59,200	61,020

납달리 지파는 야셀 가족과 구니 가족(48절), 예셀 가족과 실렘 가족으로 구성되어 있다(49절). 납달리는 처음 인구 조사 때는 5만 3,400명이 계수되었고 두 번째 인구 조사 때는 4만 5,400명이 계수되어 8,000명의 인구가 감소되었다(50절).

14) 가나안 땅 분배의 원칙(51~56절)

이상 두 번째 인구 조사로 계수된 이스라엘의 인구는 모두 60만 1,730명이다(51절). 이는 첫 번째 인구 조사 당시 인원인 60만 3,550명보다 1,820명 감소한 것으로 40년 광야라는 척박한 환경에서 비교적 잘 생존했음을 알 수 있으며, 광야 생활을 무사히 보냈음을 의미한다.

이제 하나님께서는 두 번째 인구 조사의 목적이라고 할 수 있는 가나안 땅 분배 원칙에 대해 모세를 통해 말씀하신다(52절). 땅을 분배하는 원칙은 사람의 수대로 땅을 나눠 주는데(53절), 당연한 이야기겠지만 지파가 크면 큰 땅을 할당하고 지파가 적으면 상대적으로 적은 땅을 할당하는 것이다(54절). 하지만 땅의 크기는 지파의 인구수에 비례하여 배분하지만 땅의 위치를 정할 때는 반드시 제비뽑기에 의해 배분할 것을 지시한다. 왜냐하면 구약 시대 사람들은 제비뽑기의 결과를 하나님께서 주관하신 결과라고 믿었기 때문이다(55절). 이제 56절에서는 분배의 원칙에 근거한 땅의 최종 분배를 어떻게 할지를 다시 세밀하게 설명하고 있다. 사람 수가 많은 지파는 큰 땅을, 적은 지파는 적은 땅을 놓고 각각 제비뽑기를 해서 땅을 분배하라는 것이다.

15) 레위 지파의 사람들(57~62절)

레위는 야곱의 셋째 아들로 레아가 어머니다. 레위는 세겜 성 살육에 주도적 역할을 하여 야곱의 축복에서 '이스라엘 자손 가운데 흩어지게 될 것'이라는 저주에 가까운 선언을 듣기도 하였다(창 49:5~7). 그리고 모세의 축복에서는 '하나님 앞에서 분향하고 번제를 주 앞에서 드리는 지파'로서 제사 직분을 감당하는 지파임을 명시하였다(신 33:10).

가나안 땅을 분배할 때 레위 지파는 각 지파에 흩어져 살면서 예배를 주관해야 하기 때문에 땅을 분배받지 못했다. 때문에 레위 지파를 인구 조사한 목적은 땅 분배가 아닌 레위인이 흩어져 거주하게 될 48개 성읍의 분배를 위한 기초 자료 조사의 성격이 강했다(35:1~8).

레위 지파의 가족으로는 게르손 가족과 고핫 가족, 므라리 가족이 있었다 (57절). 그리고 직계는 아니지만 방계 가족으로는 립니 가족, 헤브론 가족, 말리 가족, 무시 가족, 고라 가족이 있었다(58절). 여기에 덧붙여 모세와 아론이 레위 지파이기 때문에 이들의 계보를 살펴보고 있는데, 모세의 할아버지는 고핫으로 고핫은 아므람을 낳았고 아므람은 요게벳을 통하여 아론과 모세, 미리암을 낳았고(59절) 아론은 나답과 아비후, 엘르아살과 이다말을 낳았다 (60절). 이들 중 나답과 아비후는 다른 불로 하나님께 분향하다 죽은 사람으로(레 10:1~2) 이들의 잘못을 다시 부각시킴으로써 성결하지 못한 행동을 하나님께서 용서하지 않으심을 강조하였다(61절).

1개월 이상 된 레위인으로 두 번째 인구 조사에서 계수된 사람은 모두 2만 3,000명이었다(62절). 이는 첫 번째 인구 조사에서 2만 2,000이 계수된 것과(3:39) 비교하면 1,000명이 증가한 숫자다. 하지만 레위 지파는 전체 이스라엘의 인구수에는 빠져 있는데 레위인들에게는 땅이 기업으로 돌아가지 않았기 때문이다.

16) 새로운 세대를 향한 약속(63~65절)

63절에서 두 번째 인구 조사 장소를 다시 언급한다. 즉 모세와 제사장 엘르아살이 인구 조사를 시행한 장소는 여리고 맞은편에 있는 모압 평지로 이스라엘이 광야 생활 40년을 다 끝내고 새롭게 그들의 조직을 정비하여 가나안에 들어갈 준비를 하는 장소로서 모세가 세 번에 걸쳐 설교한 신명기가 선포된 장소이기도 하다.

64~65절에서는 중요한 선언을 하고 있다. 즉 그들이 시내 광야에서 실시한 첫 번째 인구 조사 때 계수된 인원 중에서 단 한 사람도 두 번째 인구 조사

때 계수되지 못했다는 것이다. 하나님께서는 이미 가데스 바네아에서 벌어진 패역 사건 때 여호수아와 갈렙을 제외한 어느 누구도 가나안 땅에 들어가지 못할 것을 선언한 바 있는데(14:30) 하나님의 말씀대로 패역한 세대는 광야에서 모두 죽임을 당하였고 오로지 새로운 세대만이 가나안으로 들어가게 된 것이다. 결론적으로 두 번째 인구 조사는 첫 번째 세대에 대해서는 하나님의 무서운 심판을 상징하고, 두 번째 세대에 대해서는 새로운 시대에 대한 기대와 하나님의 약속을 상징한다 하겠다.

2. 설교를 위한 적용

출애굽한 지 40년이 지날 무렵 이스라엘 백성은 온갖 우여곡절 끝에 여리고 맞은편 모압 평지에 도착하였고 거기서 두 번째 인구 조사를 실시하게 된다. 첫 번째 인구 조사에서 이스라엘은 광야 생활을 효율적으로 대처하고 광야 생활에서 필연적으로 발생할 수 있는 다른 나라와의 전쟁을 준비하기 위한 병적 조사의 목적으로 인구 조사를 실시한 바 있다. 하지만 두 번째 인구 조사에서는 병적 조사의 성격보다는 가나안 땅에 들어가 그 땅을 점령한 이후 분배할 목적에서 지파의 규모를 계수하였는데 그 결과 60만 1,730명이 계수되어 처음 인구 조사 당시 60만 3,550명보다 1,820명이 감소하였다. 이러한 두 번째 인구 조사가 기록된 민수기 26장을 통해 우리는 다음과 같은 교훈을 얻을 수 있다.

첫째, 두 번째 인구 조사를 통해 민수기는 척박한 광야 생활 동안 이스라엘이 하나님의 도우심과 보호하심 속에 생존하고 발전하여 왔음을 보여 준다. 왜냐하면 광야의 뜨거운 태양과 물과 식량의 부족, 극심한 일교차, 외적의 침입 등 잠시도 안심할 수 없는 열악한 환경에서 장정만 60만이 넘는 큰 공동체가 지속적으로 생존하는 일은 매우 힘든 일이다. 상식적으로 그들이 광야에서 40년을 보냈을 때 멸족되지 않으면 다행일 정도로 광야 생활은 생존 자체가 문제시되는 상황이었다. 하지만 광야 생활의 결과 이스라엘은 40년 이전의 인구를 거의 그대로 유지하였는데 이는 매일 매일의 광야 생활 속에서 하나님의 크신 은혜와 도우심을 받으며 살았기 때문에 가능했다. 우리는 어려운 환경을 '광야 같은' 환경으로 비유하곤 한다. 성도들에게 있어 광야는 척박한 환경 속에서 하나님이 그들을 연단하는 장소이기도 하지만 이스라엘의 광야 생활 결과와 같이 날마다 베풀어 주시는 하나님의 큰 사랑을 체험하는 장소이기도 하다. 광야 생활을 마친 이스라엘이 하나님의 사랑을 체험하며 더욱 강한 민족이 되었듯이 광야와 같은 환경에서 하나님을 체험한 성도들은 더욱 강한 신앙인으로서 거듭나게 되는 것이다.

둘째, 두 번째 인구 조사는 미래의 희망을 선언한다. 이제 그들은 약속의 땅 가나안에 곧 들어가게 될 것이고 그곳에서 보다 구체적으로 기업으로 받을 땅을 잘 분배하기 위하여 인구 조사를 실시하는 것이다. 그렇기 때문에 두 번째 인구 조사는 죄악으로 점철되었던 이전 광야 세대와 단절함을 의미하는 동시에 새로운 세대에게는 오직 하나님의 약속의 세대로서 새 출발을 하라는 하나님의 희망의 메시지로 볼 수 있다. 아직도 이집트의 고기 가마를 그리워하거나 하나님의 언약의 백성답지 않게 하나님을 의심하며 산다면 가나안은 그들의 것이 될 수 없다. 옛 이스라엘과 같이 오늘 우리도 하나님의 백성답지 못하게 아직도 세상의 구습을 좇거나 불평과 원망으로 점철된 광야 생활을 하고 있다면 약속과 희망의 땅 가나안을 차지할 명단에서 우리의 이름을 발견할 수 없을 것이다. 우리가 가나안이라는 하나님의 약속의 땅을 분배받기 위해선 반드시 광야 생활의 구습을 단절하고 하나님이 주시는 미래의 희망을 대망하며 살아야 할 것이다.

셋째, 두 번째 인구 조사에서는 이스라엘 각 지파들이 살아온 광야 생활의 결과를 보여 주고 있다. 광야 생활의 결과는 전체 이스라엘로서도 평가되지만 각 지파 단위로서도 평가되는 것이다. 각 지파들에게 하나님은 인구수에 비례해서 가나안 땅을 분배하라고 명령하신다. 인구가 많은 것이 땅 분배에 가장 큰 기준이 되는 것이다. 이미 살펴보았듯이 시므온 지파는 무려 3만 7,100명이 감소하여 땅 분배에서 상당한 불이익을 당했고 나중에는 유다 지파에 복속되는 비운의 운명이 된다. 하지만 유다는 처음과 두 번째 모두 가장 많은 인구수를 기록하며 땅 분배에서도 가장 좋은 중앙 산악 지역을 차지하여 나머지 지파들의 지도적인 위치를 선점하게 된다. 이렇듯 광야 생활의 결과는 하나님의 은혜의 상징인 땅의 분배로 이어지는 것을 살펴볼 수 있다. 우리에게도 같은 교훈이 적용될 수 있다. 즉 척박한 광야 생활을 통해 신앙 생활의 많은 열매를 맺은 사람은 하나님의 더 많은 은혜를 받게 되지만, 그렇지 못한 사람은 시므온과 같은 비극이 그를 기다리고 있음을 상기해야 할 것이다. 하나님께서는 이스라엘 모든 지파들에게 그랬듯이 모든 성도들에게도 광야 생활의 결과를 항상 평가하신다.

슬로브핫 딸들의 상속 문제와 새 시대의 지도자 여호수아(민 27장)

두 번째 인구 조사가 끝난 이후 가나안 땅에 들어가기 전, 이스라엘은 우선 산적한 문제들을 해결해야 했다. 민수기 27장에는 두 가지 계승 문제를 다루고 있다. 첫 번째 계승 문제는 딸들도 땅을 상속하게 해달라는 슬로브핫 딸들의 청원이고, 두 번째 계승 문제는 모세의 지도권을 계승한 여호수아의 말씀이다.

1. 슬로브핫 딸들의 상속 문제(1~11절)

1) 본문 주해

1절에서 이미 26장의 인구 조사에서도 거명된(26:33) 슬로브핫의 딸들이 소개되었다. 말라, 노아, 호글라, 밀가, 디르사라는 이들 딸들은 요셉의 7대손으로서 아들이 없이 죽은 아버지 슬로브핫을 대신하여 모세에게 자신의 상황을 청원한 것이다.

2~4절에서는 그들이 회막 어귀에서 모세와 제사장 엘르아살, 그리고 온 회중들이 보는 앞에서 자신의 억울한 상황을 호소하고 있다. 즉 그들의 아버

지는 광야에서 죽었으나 야웨 하나님을 배반한 적이 없으며 많은 사람들이 고라 무리의 반역에 가담할 때도 그 무리에 들지 않았고 다만 다른 첫 번째 세대와 같이 자기 죄로 인해 광야에서 죽었을 따름인데 상속받을 아들이 없다는 이유로 땅을 기업으로 받지 못하고 종족들 가운데서 이름이 삭제되어야 하는 것은 부당하다는 것이다. 그래서 그들은 이 문제를 하나님 앞에 내어 놓고 자신들도 땅을 상속받을 수 있게 해달라고 청원하였다.

모세는 슬로브핫 딸들의 청원에 대해 하나님께 아뢰었고(5절) 하나님께서는 여기에 대한 대답을 모세를 통해 일러 주셨다(6절). 하나님께서는 슬로브핫 딸들의 청원이 정당하다며 그들의 손을 들어 주시면서 그들이 아버지의 땅을 기업으로 받을 수 있다고 판결해 주셨다. 다시 말해 딸이기 때문에 기업을 물려받을 수 없는 것은 잘못된 일이며 아들이 없이 딸만 남은 경우 당연히 딸이 아버지의 유산을 물려받을 자격이 있다고 판결한 것이다(7절). 한편 슬로브핫 딸들의 청원은 다른 의미로는 유산으로서 땅이 제대로 분배되지 않는다면 슬로브핫이라는 이름이 이스라엘 공동체에서 사라지기 때문에 아버지의 이름을 보존하려는 의도도 있었다고 할 수 있다. 이들이 이 같은 청원을 하게 된 데는 레위기 25:23의 '땅은 하나님의 것이기 때문에 사거나 팔거나 하는 대상이 될 수 없다'는 말씀에 근거하였다. 즉 하나님께서 주신 땅을 가족 중에서 유업으로 이어 가져야지 다른 사람들에게 넘기는 일은 타당하지 않다는 말이다. 이 과정에서 여자들의 땅 상속에 대한 새로운 판례가 나오게 되었고 그 외 다른 특수한 상황에 대한 법도 아울러 나오게 되었다.

8~11절은 상속에 대한 권리가 어떻게 순차적으로 위임되어 내려가는지를 보여 준다. 우선 어떤 사람이 아들이 없이 죽으면 그 재산을 딸이 상속하게 된다(8절). 슬로브핫 딸들이 이 경우에 해당한다. 하지만 아직 한 가지 문제가 남아 있다. 만일 슬로브핫의 딸들이 므낫세 지파가 아닌 다른 지파의 남자와 결혼하게 된다면 슬로브핫의 기업은 다른 지파에게로 넘어갈 수밖에 없다. 이에 대해 하나님께서는 민수기 36:1~12의 말씀을 통해 슬로브핫의 딸들이 받은 땅이 다른 지파로 가지 못하도록 그들이 반드시 같은 지파의

남자와 결혼할 것을 명령하였다. 이들에 따라 슬로브핫의 딸들은 같은 므낫세 지파의 남자하고만 결혼하였다. 이같이 하나님께서는 딸에게도 땅의 공정한 분배를 약속해 주셨고 여성 상속의 권리를 보장해 주셨다. 또 다른 경우로 죽은 이에게 딸도 없다면 그 유산을 죽은 사람의 형제들에게 상속하라고 명령한다(9절). 만일 형제도 없는 사람이라면 죽은 사람의 아버지 형제들까지 올라가서 그 유산을 상속하라고 말한다(10절). 이상을 통해 보았을 때 이스라엘의 유산 상속은 부계 혈통을 통해 이루어지고 있음을 아울러 살펴볼 수 있다. 마지막으로 자식도 없고 형제도 없고 아버지의 형제도 남아 있지 않은 경우는 그에게 남아 있는 가장 가까운 친족에게 주라고 명한다(11절). 이상의 새로운 상속법 중에는 아쉽게도 이전 다말의 경우와 같이 형이 자식이 없이 죽었지만 형수는 아직 젊을 경우 동생이 형수를 취하여 자손을 낳게 하는 형사취수(兄死取嫂) 제도와 같은 전통적인 법이 빠져 있다. 하지만 이것이 당시 사회에서 형사취수 제도를 인정하지 않는다는 말은 아닐 것이다. 이렇듯 하나님은 상속 등 모든 문제에서 일반 사람들이 생각하는 것처럼 절대 폐쇄적인 태도를 취하지 않으셨다.

2) 설교를 위한 적용

이상에서 살펴본 슬로브핫 딸들의 유산 상속에 대한 말씀은 이전에 있었던 잘못된 상식에 대한 도전으로서, 아들이 없이 아버지가 죽어 아버지의 이름이 가문에서 끊어지고 상속 받을 땅이 다른 사람에게 넘어갈 수밖에 없는 위기 상황에 대응하여 하나님의 공평과 정의에 호소하고 억울함을 청원한 사건이다. 하나님께서는 슬로브핫 딸들의 청원에 대해 정당성을 확인해 주시고 상속에 대해 일어날 수 있는 모든 경우를 열거하여 상속 권리의 계승 질서를 다시 세워 주셨다. 이는 구약의 판례법(case law)이 어떻게 제정되었는지를 구체적인 실례를 통해 우리에게 보여 주고 있으며, 모든 법이 법의 권위에 사람을 맞춘 것이 아니라 사람을 위하여 법이 제정되었음을 보여 주고 있다.

한편 슬로브핫 딸들의 청원은 다음과 같은 교훈을 준다. 우선 슬로브핫 딸들의 청원을 통하여 이전까지 보장 받지 못했던 딸들의 권리가 하나님의 이름으로 보장되었다는 점이 무척 고무적이다. 대부분의 사람들은 구약의 세계가 매우 가부장적이어서 여성의 권리가 매우 심각하게 침해당했던 사회로 알고 있다. 물론 구약성경 안에는 남녀 차별적 요소가 어느 정도 있음을 인정해야 한다. 그러나 이러한 남녀 차별의 요소는 제도를 잘못 시행한 사람들의 잘못이지 하나님의 말씀의 본질에는 어디에도 남녀 차별을 찾아볼 수가 없다. 슬로브핫 딸들의 경우는 하나님께서 남자들의 유산 상속만 인정하신 것이 아니라 딸들의 유산 상속도 인정하셨음을 보여 준 사례다. 하나님께서는 이스라엘 공동체가 시작할 당시부터 남녀 차별이 심한 세상에서 여성의 권리를 인정하고 그들을 보호하셨던 것이다.

또한 슬로브핫 딸들은 오로지 남성만이 땅을 기업으로 받을 수 있다는 잘못된 전통에 합리적인 방법을 통해 도전하여 사회를 변화시킨 신세대다운 긍정적인 모델을 우리에게 보여 준다. 슬로브핫의 딸들은 이전 세대와 같이 자신의 이익을 추구하며 아집으로 하나님께 대항하고 경우에 따라선 하나님의 명령조차 무시하며 자신의 길을 가려 하지 않았다. 대신 슬로브핫의 딸들은 이전 세대와는 달리 회중 앞에서 모세를 통하여 야웨 하나님께 땅의 공정한 분배와 모든 지파의 통일성 보존 문제를 호소하여 하나님에게서 긍정적인 답을 들을 수 있었다. 이들 행동의 근본에는 모든 토지는 하나님의 것이라는 레위기 말씀이 있었다는 사실도 이전 세대의 행동과 이들의 행동을 분명하게 구별하게 해준다. 이들은 사회적으로 약자인 자신의 상황을 야웨께 직접 호소하면서 하나님의 말씀을 근거로 전통적인 가치를 인정하되 합리성을 찾으려 하였고, 야웨께 현명한 결정을 청원하였다. 그리고 하나님께서는 그들의 편을 들어 주셨다.

2. 새 시대의 지도자 여호수아(12~23절)
하나님께서는 새로운 세대에게 땅을 분배하기 위한 2차 인구 조사를 하시고 또한 거기서 파생한 슬로브핫 딸들의 상속 문제를 마무리한 후 이제 백성들의 지도권을 모세에서 여호수아로 계승시킴으로써 가나안 땅에 들어갈 만반의 준비를 하신다.

1) 본문 주해

12절에서는 야웨께서 모세에게 명하여 아바림산에 올라가 야웨께서 이스라엘 백성들에게 주실 땅을 바라보라고 말씀하신다. 아바림산은 특정한 산을 지칭하기보다는 모압의 북서부에 있는 산지 이름으로 동쪽으로는 완만하지만 서쪽으로는 매우 가파른 지역이다. 이곳에 오르면 서쪽으로 사해 북단의 가나안 지역을 한눈에 조망할 수 있다. 신명기에 나오는 느보산(신 34:1)은 아바림 산지에 있는 최고봉을 가리킨다.

13절에서 하나님은 모세의 사명과 역할을 분명하게 제한하신다. 하나님께서는 모세의 사명을 가나안을 건너기 바로 직전까지로 제한하시고 다만 그에게 약속의 땅 가나안을 바라보게만 하신다. 그의 형 아론이 그랬듯이 모세도 자기 사명을 마치고 하나님께 돌아가야 하는 것이다.

14절에서는 모세가 왜 약속의 땅에 들어가지 못하는지에 대해 구체적인 이유를 설명하고 있다. 모세는 민수기 20장에 나오는 신 광야 가데스의 므리바에서 일어난 사건에서 백성들이 물이 없어 야웨 하나님께 반란을 일으켰을 때 물을 터뜨려 야웨 하나님의 거룩함을 백성들에게 드러내지 못했다. 그가 하나님을 향한 신뢰를 보이지 않았기 때문에(20:12) 가나안 땅을 볼지언정 들어가지는 못하리라는 말을 듣게 된 것이다. 모세의 역할은 가나안 건너편 모압 평지까지인 것이다.

15~16절에서 야웨의 말씀을 들은 모세는 비록 자신의 역할은 끝났지만 왕국도 없고 땅에 정착하지도 못한 이스라엘 백성들에게 지도자의 부재는 회중의 미래에 큰 타격이 될 것이라면서 자신을 대신할 지도자를 뽑아 줄 것을 하나님께 청원한다. 이 지도자는 모세의 역할을 그대로 감당할 만한 탁월한 능력을 소유한 사람이어야 할 것이다. 모세는 하나님께 청원할 당시 하

나님을 "모든 육체의 생명의 하나님"이라 부르며 하나님께서 바른 지도자를 선택해 주실 것을 이미 확신하였다.

17절에서도 모세는 계속 탄원을 이어 간다. 자신을 뒤이어 이스라엘 백성의 지도자가 될 사람은 백성들 앞에서 군사적 지도자의 역할을 충분히 감당할 사람이어야 한다고 말한다. 그리고 이스라엘이 목자 없는 양같이 되지 않도록 목자의 심정으로 백성들을 쉴 만한 물가로 이끌 지도자를 세워 달라고 하나님께 청원한다. 이렇듯 모세는 사명을 마치는 순간까지 그의 백성을 사랑하는 참된 지도자의 모습을 보여 주었다.

18절에서 야웨는 모세의 청원에 대답하여 여호수아를 모세의 후계자로 세우셨다. 여호수아는 에브라임 지파 눈의 아들로 출애굽 당시 아말렉과의 싸움에서는 이스라엘의 지휘관으로 전투에 임했고(출 17:8~16), 이후 모세의 부관으로서 언제나 모세 곁을 지키며 모세와 뜻을 같이한 사람이었다. 그가 가장 돋보였던 순간은 가데스 바네아에서 12지파의 두령으로 가나안 정탐꾼으로 파견되었을 때인데 그는 10명의 두령들이 가나안에 들어갈 수 없다는 부정적인 견해를 내놓았을 때 갈렙과 더불어 가나안을 정복할 수 있다는 긍정적인 주장을 하였다(14:6). 이 사건으로 야웨의 인정을 받은 여호수아와 갈렙은 1세대가 광야에서 죽게 될 때 그들만은 가나안 땅에 들어가는 특권을 누리게 된다. 야웨는 이러한 여호수아에게 모세를 뒤이어 백성들을 인도할 지도권을 계승시키셨다. 야웨는 한마디로 여호수아를 가리켜 그 안에 영이 머무는 자라고 말씀하신다. 이는 하나님께서 그에게 부여하신 신적인 능력을 소유한 사람이라는 말로 그에게 안수함을 통해 하나님은 모세의 지도권을 그에게 이양하였다.

19절에서는 이제 지도자를 새로 세우신 하나님께서 여호수아가 이스라엘의 새로운 지도자로 임명된 것을 제사장 엘르아살과 백성들 앞에서 예배의 형식으로 공식 천명하라고 명하신다. 이는 온 회중이 하나님 앞에서 모세에게 보였던 충성을 여호수아에게도 보이겠다는 맹세를 천명하는 것이라 할 수 있다.

20절에서는 하나님께서 주신 권위로 이스라엘을 인도했던 모세를 향해 이스라엘이 복종하였듯이 그의 후계자 여호수아를 향해서도 복종할 것을 서약하라고 하나님께서 백성들에게 명령하신다. 이제 곧 있을 여호수아의 취임 예식을 통해 이스라엘은 새 시대의 지도자인 여호수아를 중심으로 하나로 뭉쳐야 하는 것이다.

21절에서는 여호수아에게 모세의 지도권이 이양되었지만 모세의 지도권과는 분명한 차이가 있음을 지적하고 있다. 모세는 하나님과 얼굴과 얼굴을 대면했던 사람이지만 여호수아에게는 이러한 대면이 허용되지 않았다. 그는 제사장을 통한 인도와 우림과 둠밈을 통하여 하나님의 뜻을 간접적으로 전달받을 것이다. 이제 모세를 통하여 율법의 말씀을 주신 하나님께서는 모세 때처럼 하나님과 직접 대면하는 계시의 시대를 마감하고 새 시대의 지도자 여호수아를 통해서는 율법의 말씀에 따라 통치하며 백성들을 지도하는 방법을 지시하신다. 이제 토라의 말씀이 하나님의 뜻을 규명하는 방법이 된 것이다.

22~23절에서는 모세에게서 지배권을 물려받은 여호수아의 취임 예식이 거행되고 있다. 야웨께서 말씀하신 대로 모세가 여호수아를 인도하여 그가 자신의 후계자임을 제사장 엘르아살과 온 회중 앞에서 선언하고 그에게 안수함으로써 모든 지배권을 위임한다. 이로써 새 시대의 지도자로서 여호수아의 시대가 시작된 것이다.

2) 설교를 위한 적용

본문은 지난 40년 동안 이스라엘을 인도했던 모세의 지도권이 여호수아에게로 넘어가는 과정을 보여 준다. 이 과정에서 하나님이 인정한 온유한 사람인 모세는 지도력의 계승 과정에서도 자기의 생각과 주장을 버리고 하나님과 백성들을 사랑하는 마음으로 그 모든 일들을 겸허히 받아들이고 있음을 볼 수 있다.

하지만 모세는 누구보다 약속의 땅 가나안에 들어가고 싶은 마음이 강렬

했을 것이다. 그렇기 때문에 가나안 땅에 들어가지 못할 것이라는 하나님의 말씀에 무척 서운하게 대응할 수도 있었다. 하지만 모세가 가나안에 못 들어간 배경에는 모세를 향한 하나님의 깊은 사랑이 숨겨져 있음을 우리는 알 수 있다. 물론 표면적으로는 므리바 사건에서 모세가 하나님의 영광을 드러내야 하는데 그렇지 못한 것이 이유라고 말한다. 하지만 조금 깊이 사건을 들여다보면 만일 모세가 가나안에 들어갔을 경우 모든 영광을 하나님이 아닌 모세가 받을 가능성이 너무나 컸고 사람들의 강권으로 말미암아 모세 종교가 생겨날 가능성도 배제할 수 없기 때문에 모세를 사랑하시는 하나님의 결단은 그를 가나안에 들여보내지 않고 가장 영광스러운 자리에서 조용히 부르시는 최고의 선택을 하신 것이다. 모세 역시 이러한 하나님의 선택을 묵묵히 따르고 있다.

이제 모세의 지도권은 하나님께서 선택하신 사람인 눈의 아들 여호수아에게 넘어간다. 여호수아 역시 요행히 지도자가 되거나 요즘 세상에서 말하는 줄을 잘 서서 선택받은 사람이 된 것이 결코 아니다. 그는 출애굽 시절부터 전쟁의 최전선에서 싸우는 군사 지도자로서 명성을 떨쳤고, 다수가 모세를 부인하는 상황에서도 끝까지 모세의 곁을 지켰으며, 정탐꾼으로 가나안을 정탐한 후에도 대다수 지파의 두령들이 두려워하며 가나안 점령을 부정적으로 바라볼 때 하나님의 약속에 의지하여 끝까지 그 지역을 점령할 것을 주장하여 신앙을 버리지 않았다. 하나님께서는 어느 한순간도 다른 길을 걷지 않고 야웨만을 향하여 한결같은 길을 걸었던 여호수아를 기억하셨고 마침내 그에게 모세의 뒤를 이어 이스라엘 백성을 지도할 권한을 허락하셨다. 이스라엘의 지도력 이양은 모세의 자손에 의한 세습이 아닌 하나님의 선택으로 이루어졌다. 꼭 그 일을 감당할 사람을 하나님께서 세우신 것이다. '세습'으로 말미암아 이 시대 교회를 혼란스럽게 만드는 사람이 있다면 모세와 여호수아의 지도력 이양을 통해 교훈을 얻어야 할 것이다. 세습을 하나님의 뜻으로 보는 것은 괴변일 따름이다. 모든 결정은 하나님께 맡겨야 하는 것이다.

새로운 땅에서 지켜야 할 제의들(민 28장)

땅을 분배하기 위한 인구 조사를 마치고 지도자의 위임까지 끝난 상황에서 이스라엘 백성은 농경 사회인 가나안에 들어가 그들이 지켜야 할 예배에 대한 규정이 필요하였다. 28장은 그들이 새로운 땅에 들어가 지켜야 할 제의에 대해 말하고 있다.

1. 본문 주해

1) 날마다 바치는 번제물(1~8절)

1~2절은 28장의 서론으로 이스라엘이 가나안 땅에 들어간다면 하나님께서 정해 주신 절기에 따라 하나님께 바른 제물을 바칠 것을 요구한다. 이러한 제사 규정은 29장까지 이어진다. 여러 제사는 순서 없이 기록된 것이 아니라 제사를 드린 빈도수가 많은 것에서 빈도수가 적은 순서대로 열거하였다. 첫 번째 규정은 가장 빈도수가 높은 매일 바치는 번제물에 대한 규정이다.

3절부터는 날마다 드리는 번제에 대한 규정이다. 이 번제의 이름을 6절에 의하면 상번제(常燔祭)라 부르는데 매일 아침과 해질 때 드린다. 제사장은 날마다 일년 된 흠 없는 어린 숫양 2마리를 번제로 바치되 아침에 한 마리, 저녁에 한 마리씩을 바쳐야 했고(4절) 제물을 바칠 때 해야 하는 구체적인 방법들이 5절에 기술되어 있다.

이 '날마다 드리는 번제'(상번제)는 하나님께서 시내산에서 모세를 통해 명령하신 예배로, 하루하루의 삶을 자신의 뜻대로가 아닌 야웨께 모든 것을 맡기고 예배를 통해 아침을 시작하고 또한 저녁 예배를 통해 하루를 마무리하는 가장 기본적인 예배의 모습을 보여 준다(6절).

7절 역시 날마다 드리는 번제를 드릴 때의 방법을 말하고 있는데 전제(奠祭)를 통해 바칠 것을 명하신다. 전제는 술을 부어 하나님께 제사 드리는 방법으로 주로 포도주가 사용되었다. 여기서는 번제를 드릴 때 포도주를 제단에 부어 바치는 전제와 병행하라고 말한다.

8절에서는 저녁에 번제를 드릴 때의 방법을 설명한다. 즉 번제와 더불어 곡식을 바치는 소제와 포도주를 부어 바치는 전제를 함께 실시하여 하나님께 화제(火祭)를 드릴 것을 명하고 있다.

2) 안식일 제물과 초하루 제물(9~15절)

9~10절은 안식일에 바치는 제물에 대한 규정이다. 안식일에 제물을 드릴 때는 날마다 바치는 번제 제물보다 고운 가루가 10분의 1 많은 것이 특징이다. 날마다 바치는 번제는 계속 드리고 안식일을 위한 제물은 따로 바쳐야 했다.

11~15절은 매달 드리는 예배에 대해서다. 우리가 교회에서 드리는 월삭(月朔) 예배의 성서적 근거가 바로 이 구절이다. 구약 시대 초하루에 하나님께 예배드리는 모습이 성경에 자주 언급되었는데 이후의 역사에서도 초하루 예배는 백성들에게 중요한 예배로 자리 잡고 있었음을 볼 수 있다(삼상 20:5; 왕하 4:23; 겔 46:6~7; 암 8:5 등). 하나님께 바치는 제물로는 날마다 드리는 번제물과 함께 수송아지 두 마리, 숫양 한 마리, 일년 되고 흠 없는 숫양 일곱 마리를 번제로 드리고, 숫염소 한 마리를 속죄제로 드린다. 또한 기름 섞은 소제와 포도주를 부어 드리는 전제가 번제와 함께 드려졌는데 제물의 양이 늘어난 만큼 포도주와 고운 가루의 양도 늘어나는 게 특징이다.

3) 유월절 제사(16~25절)

16~25절까지는 유월절 제사에 대한 규정이다. 유월절(逾越節 passover חסֶפ 페사흐)이란 하나님께서 이스라엘 백성들을 출애굽하기 위해 이집트에 내리셨던 열 가지 이적과 재앙 중 마지막 재앙인 장자를 죽이는 재앙에서 어린 양을 잡아 그 피를 우슬초에 발라 문설주에 바른 사람의 집은 주의 천사가 재앙을 내리지 않고 넘어간 것에서 유래한다. 가을의 장막절과 더불어 유대인

의 가장 중요한 절기 중 하나다. 유대력 정월(니산월) 14일이 유월절이며 다음 날인 15일부터 7일 동안은 무교절로 지키면서 누룩을 넣지 않은 빵을 먹으며 보내야 했다.

현재 이스라엘은 유월절에 누룩이 들어가지 않은 마짜(Matzah)라는 무교병을 일주일간의 양식으로 삼는다. 또한 유월절을 기념하기 위해 니산월 15일에 먹는 종교적 식사인 '세데르(Seder) 만찬'에서는 넉 잔의 포도주를 음미하고 음식마다 부여된 상징적인 의미를 되새기면서 먹는다. 세데르 식사에는 기도와 전승의 내용을 암송하는 의식도 갖는다. 또한 유월절 세데르 저녁 식사 때는 반드시 출애굽기 이야기인 하가다(Haggadah)를 다시 듣는데, 이때 그들 조상들에게 행하신 하나님의 위대한 역사에 대해 어린이들이 질문하면 어른들이 대답해 준다. 한편 회당에서는 안식일에 예배의 한 순서로 '아가'를 낭독한다. 이러한 유월절의 전통은 그 자체가 엄숙하고 무거운 성격을 가지기 때문에 다른 절기에 비해 종교적 의미가 더욱 크게 강조된다.

민수기에 의하면 무교절의 첫째 날은 거룩한 성회로 모이며 생업을 돕는 일은 아무 것도 해서는 안 됐고 역시 마지막 날에도 성회로 모이며 아무 일도 해서는 안 됐다. 그리고 나머지 5일 동안 매일 초하루 예배 때 드리던 예물과 같은 양을 하나님께 드려야 했다. 즉 수송아지 두 마리와 숫양 한 마리, 일년 된 어린 숫양 일곱 마리를 번제로 드렸고 숫염소 한 마리를 속죄제로 드려야 했으며 고운 가루 소제와 전제도 제물의 양에 비례하여 바쳤다. 이러한 거룩한 예식은 7일 동안 계속되었다.

4) 칠칠절 제사(26~31절)

26~31절까지는 칠칠절 제사에 대한 규정이다. 칠칠절(שבעות쉐부오트)이란 시반월(Sivan, 5/6월) 6일에 지켜지는 절기로 보리 추수가 시작되는 유월절/무교절이 끝난 뒤 7주가 지난 50일째 되는 날로, 보리 추수를 하여 첫 열매를 하나님께 드리는 여름 추수 감사절이라고 할 수 있다. 구약성경에는 칠칠절에 대한 규정이 민수기 이외에도 여러 책에서 나타난다(출 23:16; 34:22; 레

23:15~22; 신 16:9~12). 이중 신명기 16:9~12은 칠칠절 절기를 남종, 여종, 레위인, 나그네, 고아, 과부와 함께 즐길 것을 명령하며 하나님 앞에서 사회적 약자와 더불어 절기의 즐거움을 함께할 것을 강조한다. 이러한 전통은 오늘날에도 계속되어 칠칠절에는 회당을 꽃과 열매로 장식한다. 주후 2세기 이후부터는 시내산에서 율법을 받은 사건을 기념하는 절기라 생각하여 절기의 과정에서 토라를 공부하였으며, 구약성경 중 '룻기'를 읽는 것이 관습화되어 있다.

칠칠절 기간에는 어떤 노예도 노동해서는 안 되었고 모든 이스라엘 남자들은 성소에서 거룩한 성회로 모여야 했다. 칠칠절에 드리는 예물도 초하루 예배나 유월절 예배 때 드리는 예물과 같다. 번제로는 수송아지 두 마리와 숫양 한 마리, 일년 된 숫양 일곱 마리, 그리고 속죄제를 위한 숫염소 한 마리이며 제물에 비례하는 소제와 전제물을 바쳐야 했다. 이러한 제물들은 날마다 바치는 번제의 제물은 그대로 바치고 그 외에 따로 바쳤다.

2. 설교를 위한 적용

28장은 이스라엘이 새로운 땅에서 지켜야 할 여러 제의를 강조하고 있다. 그들이 들어갈 땅인 가나안은 가나안 사람들이 이미 오래전부터 정착하여 살면서 그들만의 독특한 문화와 종교를 형성하며 살았는데 이스라엘이 이제 그곳에 다른 문화, 다른 종교를 가지고 들어가 살아야 하기 때문에 철저한 예배를 드리지 않는다면 가나안 문화와 종교에 동화되어 유일신 종교가 훼손되고 민족도 사라져 버릴 수 있었다. 그렇기에 새로운 공동체 이스라엘에게 민수기는 철저한 예배를 드리라고 강조하는 것이다.

28장에서는 모두 다섯 개의 예배를 강조하고 있는데 먼저 강조한 예배가 매일 드리는 번제다. 매일 아침과 저녁으로 드리는 번제를 통하여 하루의 시작과 끝을 하나님 앞에서 예배를 통해 시작하고 마무리하게 하는 이 예배는 매일의 삶을 하나님께 바치며 최선을 다해 살도록 해준다. 헬라 시대 안티오코스 4세 때 에피파네스의 종교 탄압으로 매일 드리는 제사가 폐하여졌을 때 유다 백성은 이를 묵시적인 정황으로 받아들이고 이에 대항하기도 하였다(단 8:11; 11:31; 12:11). 바쁜 현대인들도 매일 드리는 번제의 전통을 따라 하루의 시작과 끝을 늘 하나님 앞에서 시작하고 마무리하는 모습을 어떤 형식을 통해서라도 가져야 할 것이다.

두 번째는 안식일 예배다. 구약에서는 하나님께서 창조를 제7일에 마치고 그 날에 안식하셨기 때문에 매 안식일에 한 주간의 다른 날과 구별된 거룩한 날이라는 의미에서 특별한 제물을 바치며 예배를 드렸다. 이 전통이 우리에게는 예수님이 부활하신 날인 주일의 전통으로 이어지고 있다. 그래서 우리도 거룩한 주일에 하나님 앞에서 구별된 예배를 드리고 있다.

세 번째는 월삭 예배로 알려진 초하루 예배다. 구약 시대에도 무언가를 시작하는 때를 의미를 두어 중요하게 여겼다. 민수기는 매달 첫 번째 날을 하나님께 예배드림으로 의미 있게 보낼 것을 명령하고 있다. 매달 초하루에 드리는 예배의 개념은 오늘 우리에게도 큰 의미가 있다. 하루의 시작이나 일주일의 시작을 하나님께 예배를 통해 시작하듯이 매달 첫 시작을 하나님께 무릎 꿇고 시작하는 것은 하나님의 도우심을 받으며 살아가는 백성으로서 당연한 의무라 할 수 있다.

네 번째는 유월절 예배로 역사적인 의미가 많이 담겨진 예배다. 유월절은 하나님께서 이스라엘이 이집트에서 당하는 압제와 신고를 하감하시고 열 가지 이적과 재앙을 통해 그들을 해방시키셨던 출애굽 사건을 기념하는 절기로서 역사 속에서 함께하시는 하나님을 기념하고 찬양하는 예배라 할 수 있다. 유월절 예배의 의미는 역사 속에서 활동하신 하나님에 대한 감사라 할 수 있다. 우리 역시 8·15 기념 예배와 같이 우리의 역사를 돌이켜 보며 역사 속에서 우리와 함께하신 하나님께 감사하는 예배를 드릴 수 있다. 이스라엘이 유월절을 통해 함께하신 하나님의 의미를 되새기듯이 말이다.

다섯 번째는 칠칠절 예배로 유월절이 지난 후 첫 수확을 하나님께 감사드리는 예배다. 여기서도 처음의 중요성을 다시 강조하는데 칠칠절 예배의 의미는 첫 수확은 하나님이 주신 선물로 하나님께서 이루어 주신 것이기 때문에 반드시 하나님께 감사하라는 의미다.

　이상과 같이 민수기의 예배 강조는 가나안에서 철저한 예배를 드리지 않는다면 이스라엘이 멸절할 수도 있다는 위기감에서 생긴 것이다. 마찬가지로 철저한 예배를 외면하고 나름대로의 신앙과 예배에 익숙해진 한국 교회도 철저한 예배를 드리라는 민수기의 외침에 귀를 기울어야 할 것이다.

28장에 나타난 제의와 제물의 종류

절 기	수소	숫양	어린숫양	숫염소(속죄제)
매일 드리는 제사(28:3~8)	–	–	2	–
안식일(28:9~10)	–	–	2	–
초하루(28:11~15)	2	1	7	1
유월절 절기 칠 일간(28:16~25)	2	1	7	1
칠칠절(28:26~31)	2	1	7	1

일곱 번째 달에 지키는 제의들(민 29장)

　29장에는 제사에 대한 규정 중 특별히 일곱 번째 달에 드리는 제사 규정으로 이루어져 있다. 일곱 번째 달은 장막절 절기가 있는 달로 29장 전체는 장막절 절기 전후에 지켜야 할 제사인 신년 제사, 대속죄일, 장막절 절기 기간 제사 규정 등을 다루고 있다.

1. 본문 주해

1) 신년 제사(1~6절)

　1~6절은 유대인의 신년 제사에 대해 설명한다. 현대 이스라엘의 달력을 보면 대개 가장 첫 장이 우리의 9월부터 시작된다. 이는 그들이 미쉬나(Mishna)의 전통을 따라 티쉬리월(9/10월)을 신년으로 보기 때문이다. 우리의

신년 첫째 날인 1월 1일은 유대인들에게는 큰 의미가 없는 날이다. 그들은 유대력으로 일곱 번째 달인 티쉬리월의 제1일을 신년으로 보고 예배를 드린다. 신년 제사 때는 아무 일도 해서는 안 되며 거룩한 성회로 모여 하나님께 새해를 허락하심에 감사드려야 한다. 또한 이날 나팔을 불어 모두에게 알렸기 때문에 통상적으로 '나팔절'이라 부르기도 했다.

신년 제사에 바치는 제물로는 수송아지 한 마리, 숫양 한 마리, 일년 된 어린 숫양 일곱 마리 그리고 속죄제로 숫염소 한 마리를 바쳐야 했고, 역시 정해진 분량의 전제와 소제를 함께 드려야 했다. 신년 제사는 일곱째 달의 첫째 날에 드리기 때문에 초하루에 드리는 제사와 중복되는데 민수기는 중복 여부에 상관없이 날마다 드리는 제사, 초하루 제사 그리고 신년 제사의 제물을 각각 따로 바치면서 거룩하신 하나님을 찬양하라고 명한다.

2) 대속죄일 제사(7~11절)

7~11절에는 대속죄일 제사 규정이 나온다. 유대 종교력 일곱째 달의 제10일은 대속죄일이다. 히브리어로 '욤 키푸르'(יום כפר)라고도 불리는 대속죄일은 이스라엘 백성의 모든 죄가 속죄되는 날로 모든 거룩한 예식들 중 가장 중요한 예식이다. 이날에는 거룩한 성회로 모이며 심령을 괴롭게("고행을 하고" 표준새번역) 하고 아무 일도 하지 말 것을 명하고 있다. 만일 대속죄일에 일을 하는 사람은 신분고하를 막론하고 반드시 죽일 것임을 경고한다.

대속죄일에 대한 규정은 레위기 16장에 자세히 언급되어 있다. 먼저 대제사장은 몸을 깨끗이 씻고 세마포 옷을 입은 뒤 지성소에 들어가 규정된 제물을 드렸다. 이 규례는 매우 엄격하여 조금이라도 어기면 죽임을 당하였기 때문에 대제사장은 정교한 절차에 따라 이스라엘의 죄로부터 지성소를 정결케 하는 의식을 수행하였다. 이와 똑같은 의식을 성소와 바깥뜰에서도 행하였다. 또한 아사셀을 위한 염소를 취하여 광야로 내어 보내며 상징적으로 이스라엘 백성의 죄를 그 염소에게 담당시키는 의식을 행하였다.

한마디로 대속죄일은 대제사장이 지성소에 들어가 이스라엘이 범한 죄와 부정을 단번에 속죄하는 날인데 예수 그리스도의 십자가 사건으로 말미암아 단번에 대속함을 받은 기독교인들에게는 예수의 십자가 사건과 같은 의미를 찾을 수 있는 구약의 중요한 절기라 할 수 있다. 현재 유대인들은 대속죄일인 욤 키푸르에는 전국적으로 금식을 행하고 라디오, TV까지 일체 중단된다. 심지어 정통파 유대인들은 구급차 운행까지도 반대하여 구급차에 돌을 던지기도 한다. 1973년 이집트와 시리아가 이스라엘을 기습 공격해 일어난 중동 전쟁은 이스라엘이 아무 것도 하지 않았던 욤 키푸르 때 발발했다.

대속죄일에 드릴 예물도 수송아지 한 마리, 숫양 한 마리, 일년 된 숫양 일곱 마리, 속죄제 숫염소 한 마리를 드려야 했고 정해진 분량의 전제와 소제를 함께 드려야 했다. 대속죄일 역시 날마다 드리는 번제물은 따로 드려야 했다.

3) 장막절 제사(12~38절)

12~38절까지는 이스라엘 백성이 하나님께 드리는 장막절(סכות수코트) 절기에 대한 규정이다. 유월절, 칠칠절과 더불어 이스라엘의 3대 절기 중 하나인 장막절은 초막절, 혹은 수장절이라고 부르기도 한다(출 23:16). 장막절은 유대 종교력으로 일곱째 달(티쉬리월) 15일부터 7일 동안을 지켰다. 이 기간 동안 모든 백성은 종려나무 가지와 시내버들을 취하여 초막을 짓고 그곳에서 지냈다. 장막절이 시작되는 첫날과 여덟 번째 날에는 성회로 모였고 그 날에는 아무 것도 해서는 안 됐다. 장막절은 이스라엘이 출애굽 이후 40년간 광야에서 살던 기억을 되새기며 그 안에서 은혜로 이스라엘을 인도해 주신 하나님께 감사하는 절기로 오늘날까지 유대인들은 장막절을 지킨다.

현재도 유대인들은 장막절인 티쉬리월 15~21일에는 각 가정마다 집에 모형 초막을 짓고 장막절 기간 동안 초막에 둘러앉아 촛불을 켜고 절기의 음식을 먹고 노래를 부르며 여러 가지 대화를 나눈다. 제3일에서 7일까지는 아이들은 학교에 가며 아버지들도 일터에 가지만 명절의 분위기는 계속된다. 장막절이 끝나면 심하트 토라(Simhat Torah), 다시 말해 하나님께서 이스라엘에게 주신 토라를 기뻐하는 절기가 이어진다. 이날에는 토라 두루마리를 언약궤에서 꺼내어 들고 일곱 차례에 걸쳐 회당 가운데를 지나가는데, 이때 기뻐하는 행렬이 뒤따르며 아이들이 깃발을 흔들며 따라가기도 한다. 이날 성인들은 노래를 부르고 춤을 추며, 아이들에게 사탕을 나누어 준다. 심하트 토라를 이렇게 즐겁게 기념하는 이유는 유대인들이 토라의 말씀을 간직하고 지키는 데서 느끼는 기쁨을 나타내기 위함이다.

장막절의 첫째 날(12~16절)에는 앞에서 언급한 대로 성회로 모이며 아무것도 하지 말라 명한다. 그리고 제사를 통해 하나님께 바칠 제물로 수송아지 열세 마리와 숫양 두 마리, 일년 된 숫양 열네 마리를 드리고 속죄제로서 숫염소 한 마리를 드리며 정해진 분량의 전제와 소제를 함께 드려야 했다. 제물의 수를 보았을 때 다른 절기나 제사보다 장막절의 제물이 현저히 많음을 볼 수 있다. 아마도 장막절이 가을 추수 감사절 기간이라서 모든 것이 풍성했던 시기이기 때문일 것이다. 장막절 일주일 동안 드리는 예물 중 수송아지의 수는 매일 한 마리씩 줄어들지만 나머지 제물들은 첫날과 같은 양으로 바쳤다. 그래서 장막절 기간 동안 수송아지는 모두 70마리, 숫양은 14마리, 흠 없는 어린 양은 모두 98마리를 하나님께 바쳤다. 물론 장막절 기간에도 매일 드리는 제사는 장막절 예물과는 별도로 하나님께 바쳐야 했다.

장막절의 둘째 날(17~19절)에는 수송아지 열두 마리와 숫양 두 마리, 일년 되고 흠 없는 숫양 열네 마리를 드렸고 속죄제로는 숫염소 한 마리를 드렸으며 소제와 전제도 함께 드렸다.

장막절의 셋째 날(20~22절)에는 수송아지 열한 마리와 숫양 두 마리, 일년 되고 흠 없는 숫양 열네 마리를 드렸고 속죄제로는 숫염소 한 마리를 드렸으며 소제와 전제도 함께 드렸다.

장막절의 넷째 날(23~25절)에는 수송아지 열 마리와 숫양 두 마리, 일년 되고 흠 없는 숫양 열네 마리를 드렸고 속죄제로는 숫염소 한 마리를 드렸으며 소제와 전제도 함께 드렸다.

장막절의 다섯째 날(26~28절)에는 수송아지 아홉 마리와 숫양 두 마리, 일년 되고 흠 없는 숫양 열네 마리를 드렸고 속죄제로는 숫염소 한 마리를 드렸으며 소제와 전제도 함께 드렸다.

장막절의 여섯째 날(29~31절)에는 수송아지 여덟 마리와 숫양 두 마리, 일년 되고 흠 없는 숫양 열네 마리를 드렸고 속죄제로는 숫염소 한 마리를 드렸으며 소제와 전제도 함께 드렸다.

장막절의 일곱째 날(32~34절)에는 수송아지 일곱 마리와 숫양 두 마리, 일년 되고 흠 없는 숫양 열네 마리를 드렸고 속죄제로는 숫염소 한 마리를 드렸으며 소제와 전제도 함께 드렸다.

장막절의 여덟째 날(35~38절)에는 첫째 날과 같이 성회로 다시 모이며 어떠한 일도 해서는 안 되었고 하나님을 향한 거룩한 예배를 드려야 했다. 이때 드리는 제물은 수송아지 한 마리와 숫양 한 마리, 일년 된 어린 숫양 일곱 마리를 바쳤고 속죄제로는 숫염소 한 마리를 드렸으며 소제와 전제도 함께 드렸다.

29장에 나타난 제의와 제물의 종류

제 의	수소	숫양	어린 숫양	숫염소(속죄제)
7월 1일/신년, 나팔절(1~6절)	1	1	7	1
7월 10일/대속죄일(7~11절)	1	1	7	1
장막절 첫날/7월 15일(12~16절)	13	2	14	1
장막절 둘째 날(17~19절)	12	2	14	1
장막절 셋째 날(20~22절)	11	2	14	1
장막절 넷째 날(23~25절)	10	2	14	1
장막절 다섯째 날(26~28절)	9	2	14	1
장막절 여섯째 날(29~31절)	8	2	14	1
장막절 일곱째 날(32~34절)	7	2	14	1
장막절 여덟째 날(35~38절)	1	1	7	1

4) 철저한 예배를 드릴 것을 당부함(39~40절)

하나님께서는 28~29장에 걸쳐 가나안에서 드려야 하는 제의에 대한 규정을 마무리하면서 이스라엘 백성들에게 철저한 예배를 드릴 것을 당부하고 있다.

39절 말씀은 표준새번역으로 보는 것이 쉽게 이해할 수 있을 것이다. "정한 절기가 오면, 위에서 말한 번제와 곡식 제물과 부어 드리는 제물과 화목 제물을 바쳐라. 이것은, 너희가 자원제와 서원제 말고, 따로 주께 바쳐야 하는 것들이다." 이 말씀은 야웨께서 규정하신 절기가 이르면 이미 명한 대로 각 절기에 바칠 번제, 소제, 전제, 화목제를 드리라는 것이다. 그러나 분명히 알아야 할 것은 이런 제물은 자신이 하나님께 서약하고 맹세의 표시로 드리는 제물인 서원제나, 자발적으로 드리는 제물인 낙헌제에 포함되는 것이 아닌 야웨께 따로 바쳐야 하는 예물이라는 것이다. 이러한 강조는 절기의 예배는 개인의 예배와 반드시 구별하여 하나님께 드리라고 명령한 것이라 할 수 있다.

40절에서는 28:1부터 말씀한 이스라엘이 가나안에 들어갔을 때 반드시 행해야 할 각 절기 예배에 대한 규정을 모세가 백성들에게 다 전달하였음을 확인하고 하나님께서 말씀을 마무리하고 있다. 하나님의 말씀을 전달하는 사명은 훗날 예언자의 가장 중요한 사명으로 모세는 지도자뿐 아니라 예언자로서의 사명도 잘 감당했던 인물이었다.

2. 설교를 위한 적용

29장에서는 가나안 땅에 들어가 이스라엘이 반드시 지켜야 할 절기 예배 중 유대 종교력으로 일곱 번째 달에 지켜야 할 예배에 대해 설명하고 있다. 첫 번째 지켜야 할 제사로는 나팔절로 알려진 신년 제사다. 유대인들의 신년은 우리의 신년과는 아주 다르다. 우리는 당연히 1월 1일을 새해 첫째 날로 본다. 하지만 유대인들은 우리에게는 조금 생소하지만 9/10월에 해당하는 티쉬리월이 새로운 해를 시작하는 신년으로 여기며 '샤나 토바'라는 신년 인사를 나눈다. 이렇게 우리와 다른 문화 상황에도 불구하고 이스라엘이 지켰던 신년 제사의 의미는 우리도 적용할 수 있다. 우리에게도 한 해를 시작하면서 신년 예배라는 좋은 전통이 있다. 새로운 해, 새로운 각오와 희망을 하나님 앞에서 예배를 통해 다진다면 사람이 하는 어떤 치밀한 계획보다 값질 것이다. 또한 신년 예배를 통해 떠오르는 태양을 바라보며 덧없이 복을 비는 사람들 속에서 더욱 돋보이는 하나님 백성의 모습을 확인할 수 있을 것이다.

두 번째 지켜야 할 제사로는 대속죄일이다. 대속죄일은 대제사장이 지성소에 들어가 이스라엘이 범한 죄를 단번에 속죄하는 날로 이스라엘은 이날 마음을 괴롭게 하고 아무 일도 하지 말며 성회로 모이고 자신의 죄를 깨달으면서 죄를 사하여 주신 하나님께 감사해야 한다. 대속죄일의 의미는 우리에게 더욱 가까이 다가올 수 있다. 기독교인들은 죽을 수밖에 없는 우리가 예수 그리스도의 십자가 사건으로 속죄함을 받았다고 고백한다. 이 고백은 기독교에서 근본이기 때문에 자신의 죄를 깨닫고 죄를 회개하고 죄의 용서를 받는 의식은 우리의 모든 예배에서 계속되어야 할 것이다. 그렇기 때문에 대속죄일의 의미는 현대를 살고 있는 기독교인들에게 더욱 큰 의미로 다가와야 할 것이다.

세 번째 지켜야 할 제사로는 장막절이다. 장막절 제사는 역사적인 의미와 감사의 의미가 함께 어우러진 절기 제사다. 우선 역사적인 의미로는 이스라엘이 출애굽 당시 광야에서 보낸 40년을 장막에서 생활했던 것을 잊지 말 것과 그러한 척박한 환경에서도 그들을 지켜 주신 야웨 하나님께 감사드리라는 의미가 있다. 또한 장막절은 시기적으로 가을철에 지키는데 이때는 가을 추수 시기다. 그렇기 때문에 칠칠절이 여름 추수 감사절이라면 수장절이라고도 불리는 장막절은 가을 추수 감사절이라고 볼 수 있다(참고로 이스라엘은 두 번 추수 시기가 있는데 초여름에는 밀을 추수하며 가을에는 과일을 추수한다). 포도, 올리브 등의 과일을 추수하는 시기인 장막절에는 하나님이 일년 동안 베풀어 주신 은혜에 감사드리며 힘든 역사 속에서도 함께해 주신 하나님께 감사드린다. 한편 장막절은 추수 시기와 겹친 관계로 일년 중 가장 풍요한 시기이기 때문에 바치는 제물도 다른 절기에 비해 상당히 많다.

이상의 장막절의 의미를 우리에게서도 찾을 수 있다. 한국 교회 교인들에게 가장 부족한 것 중 하나가 역사에 대한 인식 부족이다. 한국 교회는 하나님께서 우리의 역사 속에서 어떻게 역사하셨고 함께하셨는지를 진지하게 고민하는 시간이 필요함에도 여전히 현세의 축복만을 강조한다. 때에 따라선 장막에 거하는 이스라엘 백성들과 같이 자기가 누리는 것에서 조금 벗어나 자신을 객관적으로 들여다보는 자기 성찰이 필요한데, 이를 제대로 못 하고 있는 것이다. 이스라엘은 장막절을 통해 풍요를 주신 하나님께 감사한 것이 아니라 조용히 역사를 돌아보며 함께해 주신 하나님을 먼저 발견하고 그분에게 먼저 무릎을 꿇고 그 하나님이 주신 풍요의 결과에 감사하였다. 한국 교회는 이러한 이스라엘 백성들을 본받아야 할 것이다.

이스라엘 백성의 서원 문제(민 30장)

30장에는 서원에 대한 말씀이 나온다. 30장은 31장부터 나오는 새로운 주제인 '모압에서 일어난 마지막 사건' 바로 직전에 앞의 단락을 마무리하며 31장을 연결하는 기능을 한다. 하지만 30장은 인구 조사 이후 가나안 땅에 들어가 살 때 드려야 할 예배에 대해 말한 앞장과의 관계에서 보면 갑작스레 이스라엘 백성들의 서원 문제를 다루고 있어 그 연속성이 끊어지는 듯한 느낌을 준다. 이를 해결하기 위해서는 29:39과의 관계에서 30장을 바라보아야 한다. 즉 29:39에서 절기에 대한 제사는 개인적으로 드리는 서원제나 낙헌제 외에 따로 드려야 한다는 말씀 이후에 하나님께 서원을 하였을 때 서원을 절대 어겨서는 안 된다는 30:2의 말씀이 이어지고 있다.

구약성경에 나타난 서원은 맹세와는 그 의미가 구별되며 제의와 밀접한 관계에서 '서원'은 '서원 제물'과 동의어로 사용되기도 하였다. 구약성경에 나타난 서원의 역할은 한마디로 야웨 신앙의 척도로서 사용된다. '사람이 위급하거나 어려울 때, 아니면 즐거울 때 누구를 의지하고 기도하는가?'라는 대전제에서 '누구에게'에 대한 대답은 당연히 야웨가 될 것이다. 이렇게 서원의 대상이 야웨라는 사실에서 '서원은 반드시 지켜야 한다'는 의무 조항이 타당성을 갖게 되는 것이다. 결국 서원이란 이미 야웨께서 사람들에게 약속하신 것에 대해 각자가 반응한 것으로 사람의 입장에서는 하나님께 서원의 완수로 응답하는 것이 당연한 의무라 할 수 있다. 그렇기 때문에 서원은 하나님의 약속에 대한 반응이자 동시에 하나님의 약속을 믿는 신앙의 기준이 된다.

1. 본문 주해

1) 남자 및 결혼 안 한 여인들의 서원(1~5절)

한글 성경의 1절은 히브리어 성경에는 2절로 되어 있다. 히브리어 성경은 29장이 39절에서 끝나며 40절이 30장의 1절이 되어 '이렇게 모세는 야웨께서 그에게 명하신 모든 것을 이스라엘 자손에게 말하였다'로 시작한다. 한글 성경 1절에서는 모세가 각 지파의 우두머리들에게 주님께서 명령하신 새로운 말씀을 다시 선포하고 있다.

2절부터는 야웨께서 모세에게 명령하신 새로운 규정인 서원에 대한 말씀을 시작하고 있다. 2절은 하나님께 서원을 하였다면 무슨 일이 있더라도 반드시 지켜야 한다고 말한다. 특히 남자들이 서원할 경우 반드시 지켜야 한다고 강조하는데 이는 3절부터 이어지는 여인들의 서원이 남편이나 아버지에 의해서 취소될 수 있는 규정과 대조하여 말하는 것으로 볼 수 있다. 민수기는 남자가 서원할 경우 반드시 지켜야 한다고 말하지만 다른 성경에서는 남자들의 서원을 절대 깰 수 없다고 규정하지는 않는다. 예를 들어 서약 예물을 하나님께 서원했는데 그가 너무 가난하여 정한 값을 내지 못할 경우 제사장이 서원한 사람이 감당할 수 있는 능력에 따라 그 값을 다시 정해 주는 규정과 같이(레 27:8) 다시 무를 수 있는 기회가 있었다. 하지만 2절에서 강조하는 것은 하나님 앞에서 한 서원에 개인은 반드시 책임을 져야 한다는 것이며 특별한 경우가 아니면 마음대로 서원을 바꿀 수 없음을 강조한다 하겠다. 이제 3절부터는 여성의 경우 서원이 성립되는 조건에 대해 말하고 있다.

3~5절에서는 결혼 안 한 여인들이 하나님을 향해 했던 서원 중 사례를 통해 예외 조항을 제시해 주고 있다. 어린 나이의 여인이 결혼하기 전 야웨께 서원하였거나 스스로 결심한 일이 있다면, 그의 아버지가 이 모든 내용을 듣고 딸에게 동의하거나 심적으로 동의하여 아무 말도 하지 않았을 경우, 그의 서원은 유효하기 때문에 반드시 지켜야 한다. 하지만 아버지가 그것을 듣고 허락하지 않는다면 야웨께서도 이를 인정하지 않으신 것이요 그 서원은 인정할 수 없다고 말한다. 여인의 서원에 대한 이 같은 규례는 결혼하기 전 여인의 지위가 아버지에게 종속되었던 부계 사회의 전통이 반영되었다고 볼 수 있다. 그러나 한편으론 이런 가부장적인 해석보다는 딸의 서원을 아버지가 더불어 책임지는 의미에서 서원의 책임성을 강조한다고 보는 것이 타당할 것이다. 또한 이 규정은 여인들을 위한 규정일 수도 있는데 만일 아버지가 결혼 안 한 딸의 서원을 듣고도 훗날 가부장적 사회의 남자의 권위로 그 서원을 인정하지 않는다면 하나님께서는 그러한 아버지의 부당한 행위를 인정하지 않으시고 딸의 손을 들어 주신다는 것이다. 그렇기 때문에 이 경우 딸의 서원을 듣지 않은 아버지가 책임을 지게 되므로 딸의 서원을 이행하도록 보호하는 규정이기도 한 것이다. 이렇듯 서원의 책임성이 크게 강조되고 있다.

2) 새로 결혼한 여인과 과부의 서원(6~9절)

6~8절에는 새로 결혼한 여인이 드린 서원의 문제가 나온다. 이 경우에도 그가 결혼한 다음에 서원하거나 경솔하게 그 입술로 말했을 때 남편이 그 소리를 듣고 아무 말이 없었다면 그 서원은 그대로 살아 있지만 만일 남편이 그 서원을 듣고 아내를 말렸다면 그 서원은 무효가 되고 야웨께서도 여인에게 책임을 묻지 않는다고 하셨다. 여기서도 아내의 서원을 남편이 책임지는

것으로 서원의 책임성을 강조한다.

9절에서는 과부나 이혼당한 여인의 서원에 대해 말한다. 그가 만일 하나님께 서원을 하였다면 반드시 지켜야만 한다. 왜냐하면 그는 남편 없이 홀로 살기 때문에 그와 함께 서원을 책임질 사람이 없기 때문이다. 그의 서원은 서원과 동시에 자동적으로 유효하다.

3) 부녀자의 서원과 남편의 책임(10~16절)

10~12절에서는 결혼한 지 어느 정도 세월이 지난 부녀자가 드린 서원의 문제에 대해 말하고 있다. 결혼한 여인이 남편의 집에 살면서 하나님을 향해 드린 서원이나 서약은 다른 경우와 마찬가지로 남편이 그 서원을 듣고도 말리지 않았다면 그 서원은 그대로 유효하지만 만일 남편이 이 서원을 듣고 그것을 무효라 선언하면 아내가 한 서원과 서약은 아무 것도 성립되지 않고 야웨도 그 아내에게 어떠한 책임을 묻지 않으신다고 말한다. 이 말씀 역시 서원의 책임성을 강조하고 있다.

13~15절은 역시 결혼한 지 어느 정도 지난 부녀자가 드린 서원과 서약에 대해 남편의 책임을 조금 더 자세히 다루고 있다. 이는 서로간의 책임성을 분명히 함을 통해 서원의 남발을 막으려는 의도라고 볼 수 있다. 민수기는 부인의 서원에 대해 어떤 서원이라 할지라도 남편이 성립시키거나 파기시킬 권한이 있다고 말한다. 그런데 그런 권한이 있는 남편이 아내의 서원을 들은 뒤 하루가 지나도록 아무런 반응이 없었다면 아내의 서원을 확인한 것으로 인정돼 아내의 서원은 유효하게 된다. 왜냐하면 들은 그 날 그가 아내에게 아무 말도 하지 않았기 때문이다. 그러나 남편이 그것을 들은 날로부터 하루 이상이 지난 후 파기한다면 아내의 모든 죄를 남편이 떠안게 된다. 이 경우 아내의 잘못된 서원을 책임 없이 건성으로 들어 그것을 파기할 시기를 놓침으로써 서원을 잘못한 아내의 죄조차도 남편이 대신 책임을 지게 된다. 이는 서로간에 짊어질 서원의 책임성에 대해 다시 한 번 강조하는 것이다. 14절의 규정은 다른 규정에 비해 구체적으로 파기할 시간을 정해 놓은 것이

특징이다. 특별히 하루를 규정한 것은 아내의 서원을 심사숙고해서 생각하되 빠르게 결정하라는 의미다.

16절은 서원에 대한 규정을 요약하며 말씀을 마무리한다. 30장에서 언급한 이 모든 규정들은 서원에 대해서 남편과 아내 사이에, 아버지와 아버지 집에 살고 있는 결혼 안 한 어린 딸 사이에 지켜야 할 율례라고 말한다. 과부나 이혼녀를 제외한 여인들은 남편 또는 아버지와 서원에 대해 공동 책임을 진다.

2. 설교를 위한 적용

30장은 사람이 하나님 앞에서 드리는 서원에 대해 설명하고 있다. 28~29장까지 하나님께 드리는 절기 제사를 강조하던 민수기는 이제 개인이 드리는 서원 문제를 언급하면서 서원은 반드시 지켜야 하지만 여인의 서원의 경우 예외적인 조항을 두어 서원의 중요성을 강조하였다.

우선 남자의 경우 서원을 하였다면 반드시 지켜야 함을 강조한다. 사사 입다가 대표적인 사례인데, 입다는 암몬과의 전투에서 하나님께 만일 자신에게 승리를 주신다면 귀환할 때 처음 자기를 맞으러 나오는 것을 번제물로 바치겠다고 서원하였다. 그러나 그를 맞으러 나온 사람이 바로 그의 무남독녀였다. 그는 슬픔 가운데서도 그 서원을 이행해야 했는데 이 일 후 이스라엘 여자들은 해마다 입다의 딸을 위해 나흘씩 애곡하는 관습을 갖게 되었다 (삿 11:29~40). 입다는 잘못한 서원으로 자신의 딸을 바쳐야 하는 상황에서 자신의 옷을 찢으며 '내가 야웨를 향해 입을 열었으니 능히 돌이키지 못하리라' (삿 11:35)고 말하며 애통해했다. 이는 남자가 서원을 할 경우 반드시 이행해야 하며 서원의 당사자가 이를 조정할 수 없다는 민수기 30:2을 원용한 경우다. 이렇듯 당시 사회에서 책임을 질 수 있었던 남자들은 자신의 서원에 대해 무한 책임을 짊어져야 했다.

또한 과부이거나 이혼하여 홀로 사는 여인의 경우, 그가 혼자 살며 그 책임을 함께 짊어질 남편이 없기 때문에 남자와 같이 자신의 서원에 대해 책임을 지며 반드시 서원을 이행해야 했다. 신명기에 의하면 과부의 경우 고아, 나그네와 더불어 사회적 약자로 구분되어 공동체 안에서 서로 배려하고 도움을 줘야 할 대상이지만(신 27:19) 하나님 앞에서 서원을 했다면 어떤 경우라도 자신이 책임을 지고 서원을 이행해야 했으며 식언(食言)을 용납지 않았다.

하지만 아버지 밑에 살고 있는 여인이나 결혼한 여인은 서원이 성립되기 위해 한 가지 과정을 더 거쳐야 했다. 즉 서원을 아버지나 남편이 듣고 그 날로 그것을 말렸으면 그 서원은 효력을 잃어버리지만 그들이 인정하거나 아무 말이 없었다면 서원은 효력을 지니게 된다는 것이다. 이 경우는 당시의 가부장적인 사회에서 아버지나 남편의 동의 없이 한 서원이 무효라는 것을 말하는 것이 아니다. 오히려 연약한 여인이 홀로 드리는 서원보다는 힘 있는 아버지와 남편이 딸과 아내의 서원에 동참하여 그 서원을 보증하고 끝까지 지킬 수 있도록 후원한다는 의미로 해석하는 것이 타당할 것이다. 또한 이미 언급하였지만 예외 조항을 통해 딸이나 아내의 서원을 인정하지 않으려는 가부장적 사회에 대한 보호 장치로 이와 같은 규정을 두었다 할 수 있다. 그러면 여기서 여인의 서원 정신이 가장 잘 나타난 사무엘의 어머니 한나에 적용하여 여인의 서원에 대해 자세히 살펴보기로 하자.

에브라임 지파에 속한 엘가나의 아내인 한나는 자녀가 없어 늘 자식이 없는 심적 고통 속에서 살았다. 비록 그의 남편이 그를 위로하였지만 그는 위로받지 못했고 결국 실로의 성소에 가서 하나님을 향해 서원을 하게 된다. "만군의 여호와여 만일 주의 여종의 고통을 돌보시고 나를 기억하사 주의 여종을 잊지 아니하시고 주의 여종에게 아들을 주시면 내가 그의 평생에 그를 여호와께 드리고 삭도를 그의 머리에 대지 아니하겠나이다"(삼상 1:11). 그 후 한나는 아들 사무엘을 얻게 되자 자신의 서원을 남편 엘가나에게 말하였고(삼상 1:22), 엘가나는 이 서원을 듣고 "여호와께서 그의 말씀대로 이루기를 원하노라"(삼상 1:23)고 화답하여 아내의 서원에 동의하였다. 하나님께 서원제를 드림으로(삼상 1:24) 어린 사무엘을 하나님께 바치게 된 것이다. 이 말씀은 아내의 서원을 남편이 승인하여 하나님 앞에서 아름다운 선을 이룬 좋은 본보기라 할 수 있으며 민수기 30장의 정신을 확인할 수 있는 사건이라 할 수 있다.

이상 서원의 정신은 그대로는 아니지만 그 본질에서 오늘 우리에게도 큰 교훈을 준다. 민수기 30장에 나타난 어떤 경우라도 서원의 정신은 하나님 앞에서 한 서원은 반드시 지켜야 한다는 것이다. 하나님께 한 서원은 사람에게 하듯 책임 없이 남발해서도 안 되며 하나님의 말씀과 배치되는 서원을 드려서도 안 될 것이다. 반드시 하나님의 말씀에 따르며 지킬 수 있는 책임 있는 서원을 통해 하나님께 영광을 돌려야 하는 것이다.

그러나 우리 주변의 상황은 그렇지 못하다. 자신의 욕심을 위하여 내가 무엇을 드리니 하나님도 무엇을 달라는 식의 하나님과 거래하는 서원이 남발되고 지키지 못할 서원을 한 다음 자비와 사랑의 하나님이 이해할 것이라고 자의적 해석해 하나님을 기만하기도 한다. 하나님께서는 분명히 말씀하신다. 하나님 앞에서 책임 있는 서원이 아닌 하나님과 거래를 위한 서원이나 지킬 수 없는 서원을 하는 것은 분명 죄라고 말씀하신다. 오늘도 하나님 앞에서 서원을 했을 경우 반드시 이행하라고 명령하신다.

맺는 말

이상에서 살펴본 민수기 26~30장은 이스라엘 백성들의 광야 생활 40년이 마무리되어 가면서 가나안 땅에 들어가 일어날 여러 다양한 문제들에 대해 준비하는 모습이 나타나 있다. 이를 요약하면 다음과 같다.

먼저 26장은 열두 지파의 인구를 두 번째로 조사하는 장면이 나온다. 처음 시내 광야에서 한 인구 조사가 전투에 임할 장정을 조사하기 위한 병적 조사의 성격을 가지고 있었다면, 두 번째 인구 조사는 가나안 땅을 분배하기 위한 성격으로 주로 분배의 당자자인 지파 내의 가족 조사를 한 것이 특징이다. 인구 조사의 결과 60만 1,730명이 계수되어 처음 인구 조사 당시의 인구인 60만 3,550명과 별 차이를 보이지 않는데, 이는 광야 생활 40년 동안 하나님의 보호하심 속에 지냈음을 보여 준다.

27장에서는 슬로브핫 딸의 청원과 여호수아의 지도권 계승 문제가 다뤄진다. 슬로브핫의 딸들은 아버지가 아들이 없이 죽어 아버지의 이름이 가문에서 끊어지고 상속 받을 땅이 다른 사람에게 넘어갈 수밖에 없는 위기 상황에 처하자 하나님의 공평과 정의에 호소하여 자신들의 억울함을 청원하였는데 하나님께서는 이러한 슬로브핫 딸들의 청원이 정당하였음을 확인해 주어 여성에게도 땅을 상속할 수 있는 길을 열어 주었다. 한편 27장은 지난 40년 동안 이스라엘을 인도했던 모세의 지도권이 여호수아에게로 넘어가는 과정을 보여 준다. 그 과정에서 하나님이 인정한 온유한 사람인 모세는 그 지도권을 역시 하나님께서 선택하신 사람인 여호수아에게 넘겨줌으로써 출애굽과 광야 시대를 대변한 모세 시대를 끝내고 가나안에 들어갈 새 공동체의 지도자로서 여호수아 시대를 열어 준다.

28~29장에서는 이스라엘이 가나안 땅에서 지킬 제사를 '날마다 드리는 번제'부터 시작하여 '안식일', '초하루', '유월절', '칠칠절', '신년 제사', '대속죄일', '장막절' 제사에 이르기까지 자세히 기록하고 있다. 민수기가 이렇듯 제사에 대해 자세히 기록한 이유는 이스라엘이 가나안에 들어가서 무엇보다 철저히 예배드리는 것이 중요함을 강조하기 위한 것이다. 가나안은 이미 가나안만의 토착화된 종교가 있기 때문에 그곳에서 섣불리 예배를 드리면 야웨 신앙을 송두리째 빼앗기고 가나안 종교에 동화될 위험이 컸기 때문에 민수기는 철저한 예배를 강조한 것이다.

마지막 30장은 공적인 예배가 아닌 개인적인 서원의 중요성에 대해 말한다. 민수기는 하나님께 한 개인의 서원은 반드시 지켜야 한다는 대원칙을 세워 놓고 여인들의 경우 아버지나 남편의 승인 여부를 통해 서원의 유효성을 판가름한다. 이는 사회적 약자인 여인들을 위해 남편이나 아버지가 그 서원이 이루어지도록 보증해 주는 제도로서 여인들의 서원이 지켜지도록 후원하는 제도라고 할 수 있다.

　결론적으로 민수기 26~30장은 광야 생활을 거의 마친 이스라엘 백성이 가나안 땅에 들어갈 만반의 준비를 하면서 하나님이 주실 땅에서의 미래를 꿈꾸고 있는 모습을 엿볼 수 있는 장이라 할 수 있다.

08

약속의 땅을 향한
이스라엘의 여정

민수기 31~33장 주해와 적용

미디안과의 전쟁: 과거에 대한 심판과 미래의 점령
미리 맛보기(민 31장)

26~30장의 막간에 의해 중단되었던 25장의 이야기는 31장에서 다시 연대기적으로 이어지며, 31장부터 민수기의 마지막 장까지는 족장들에게 주기로 맹세한 약속의 땅에 들어가기 위해 준비하는 이스라엘의 모습을 소개한다.

31장에 소개된 여러 사항들은 민수기 앞부분에서 이미 다루어진 내용들이다. 미디안에 대한 복수(2~3절)는 25:16~18에서, 모세의 임박한 죽음(2절)은 27:13에서, 전쟁에서의 나팔 사용(6절)은 10:2~10에서, 죽음을 당한 미디안 왕 수르(8절)는 25:15에서, 발람(8, 16절)은 22~24장에서, 바알브올의 사건(16절)은 25:6~9에서, 시체를 접촉한 후의 정결(19~24절)은 19:11~19에서, 제사장들과 레위인들에게 바치는 십일조와 제물(28~47절)은 18:8~32에서, 여호와께 바치는 제물(48~54절)은 7장과 28~29장에서 다루었다. 뿐만 아니라 3~5절과 26절 그리고 32~47절에 나타나는 군인의 계수와 전리품의 조사는 1~4장과 26장의 주제를 상기시킨다. 따라서 31장은 이미 앞에서 진술한 이야기들을 요약하고 결론짓는 역할을 한다.

31장은 25장에서 마무리되지 않은 주제, 즉 미디안과의 전쟁을 소개한다. 25장에서 이스라엘은 모압과 미디안 사람들의 유혹을 받아 바알브올이라는 이름의 거짓된 신을 예배하게 되었으며, 이스라엘은 또한 모압과 미디안 여인들과 성적인 관계를 갖게 되었다(25:1~15). 여호와께서는 속임수로 이스라엘로 하여금 우상숭배와 부도덕한 음행에 빠지게 한 미디안인들을 칠 것을 명령하셨다(25:16~18). 미디안인들이 저지른 죄의 심각성은 이들에게 원수를 갚으라는 여호와의 명령에 잘 나타난다(31:2). 그러나 막상 본문은 전투 그 자체보다는 거룩한 전쟁의 과정과 관련된 내용들에 더욱 많은 관심을 기울인다. 보다 정확히 말하면 본문은 전투보다는 제의에 더 많은 관심을 기울인다. 거룩한 전쟁의 관점에서 31장은 다음과 같이 구분할 수 있다.

첫째, 미디안과의 전쟁(1~12절), 둘째, 히브리어로 '헤렘'이라 일컫는 적군을 전멸시키는 전쟁의 수행(13~18절), 셋째, 전쟁에 참여한 군사들의 정결 의식 규례(19~24절), 넷째, 전리품의 분배(25~47절), 다섯째, 여호와께 드리는 예물에 관한 규례(48~54절). 따라서 31장은 이제 임박한 가나안 땅에서의 전투 후에 발생할 일들에 대한 일종의 사례를 제공한다.

1. 미디안과의 전쟁(1~12절)

이 단락은 짧지만 결정적인 미디안과의 전쟁을 보고하고 있다. 미디안과의 전쟁은 하나님께서 모세에게 미디안에게 원수를 갚으라는 명령에 의해 야기되었다. 하나님께서는 미디안이 브올에서 이스라엘 자손들을 유혹(25:16~18)한 대가로 이들을 전멸시킬 것을 명령하셨다.

이 전쟁은 미디안이 이스라엘을 유혹한 것에 대한 이스라엘의 참된 남편인 여호와의 징벌로 간주되었기 때문에(25:1~13) '미디안에 대한 여호와의 전쟁'이라고 언급되었다(3절). 몇몇 학자들은 본문에 묘사된 경이적인 내용에 근거하여 이 기사가 사실이 아니라 비역사적 사건이라고 주장하지만 이는 다음과 같이 설명할 수 있다.

첫째, 31:7에서 이스라엘이 미디안의 남자를 '다 죽였다'고 언급한 것과 달리 미디안은 그 후에도 살아남아서 이스라엘을 끊임없이 괴롭혔기에(삿

6~8장) 어떤 학자들은 이 기사가 역사적 사실이 아니라고 주장한다. 그러나 미디안 남자를 다 죽였다는 7절의 표현은 미디안 족속의 모든 남자들을 멸절시켰다기보다는 단지 전쟁에 연루된 미디안 남자들을 전멸시킨 것으로 볼 수 있다. 전쟁의 세부적인 내용들은 31장에 소개되지 않았지만 이스라엘이 장기간 여러 장소에서 미디안과 전쟁을 하였다기보다는 이들과 한 번의 큰 전쟁을 치렀던 것으로 보인다. 또한 구약에서 미디안은 단일 민족으로 소개되지 않고 여러 민족들과 결부되어 나타난다. 미디안인들은 이스마엘(창 37:28; 삿 8:22, 24), 모압(22:4, 7)과 아말렉(삿 6:3, 33)과 결부되어 나타나며, 많은 경우 이들은 유목민으로 소개된다. 이들은 단일 민족이 아니라 아마도 종교적 그리고 정치적 목적에 의해 가데스와 엘랏 등의 지역으로 올라와 동맹을 이룬 족속들을 지칭하는 용어로 보인다. 이들은 시내의 건조한 지역과 네게브와 요단 동편 지역을 방랑하였다. 31장에서 이스라엘이 멸망시킨 미디안 사람들은 다름 아닌 모압인들로 볼 수 있다.

둘째, 이와 같이 치열한 전투에서 이스라엘의 군인은 한 명도 죽지 않고 (49절) 미디안에 그와 같은 치명적인 패배를 입히는 것은 불가능하다고 주장한다. 물론 이스라엘 군사 중 한 사람도 죽지 않았다는 사실은 말할 필요도 없이 대단히 놀랄 만하다. 하지만 성경뿐 아니라 성경 외의 문서에도 무시할 정도의 손실을 입으며 전쟁에 승리한 기사들이 많이 나타난다(삼상 14:6~15; 삿 7장). 여기 소개된 전투는 민수기에 나타나는 대부분의 다른 전쟁들과 유사하게 소개되었다(14:42~45; 21:1~3). 이 전투는 명백히 모세의 죽음 직전 모압 평지에서 일어났다(1~2, 12절). 8절에 언급된 미디안 왕들의 이름과 32~46절에 연대기 형식으로 기록된 전리품의 명단, 그리고 사사기와 사무엘상에 묘사된 전쟁 기사와의 유사점들은 민수기 31장 기사의 고대성과 진정성을 뒷받침해 준다. 이스라엘 군사가 이 치열한 전투에서 한 사람도 죽지 않았다는 사실은 이 기사가 비역사적임을 보여 주기보다는 오히려 여호와의 초자연적인 돌보심을 보여 주는 증거로 보아야 한다.

본문에 나타나는 이 모든 주장들은 설사 하나님의 초자연적 간섭이 없었다 할지라도 자연적인 방편에 의해서도 얼마든지 이론적으로 설명이 가능하다. 여기서 우리가 말할 수 있는 것은 이 사건은 대단히 경이적인 사건이었으며, 하나님의 백성을 위해 행하신 여호와의 놀라운 능력을 증거하고 있다는 사실이다. 바로 이것이 이 본문이 우리에게 전하고자 하는 신학적 요지다.

이스라엘은 각 지파에서 1,000명의 군사들을 보내어 미디안의 다섯 왕과 전쟁을 하였다(4~5절). 대제사장 엘르아살의 아들 비느하스가 전쟁에 참여한 것은 이 전쟁이 거룩한 전쟁임을 보여 준다(6절; 20:2~4). 제사장 비느하스는 성소의 거룩한 기구와 신호 나팔을 지니고 이스라엘 군인들과 함께 전투에 참여하였으며(참고 10:1~10), 이것은 이 전쟁이 이스라엘의 하나님 여호와가 전쟁에 직접 참여하시는 거룩한 전쟁임을 의미한다.

제사장들의 임무는 신명기 20:2~4에서 묘사된다. 대제사장은 전쟁에서 죽은 자들의 몸과 접촉함으로 발생되는 부정을 피하기 위해 진 뒤에 머물렀다. 그와 같은 부정은 대제사장이 엄격히 피해야 할 사항이었다(13, 19절; 레 21:11, 참고 삼상 4장). 6절에 언급된 성소의 기구가 언약궤를 지칭하는지(수 6:6), 아니면 신호 나팔을 지칭하는지(10:1~10; 수 6장), 또는 제사장들의 옷을 지칭하는지는 명확하지 않다.[1]

미디안과의 실제 전투는 두 절로 요약되는데, 이스라엘은 미디안의 모든 남자와 미디안의 다섯 왕과 이스라엘을 유혹하여 이들을 배교의 길로 이끌었던 발람을 칼로 쳐 죽였다(7~8절). 죽임을 당한 미디안의 다섯 왕 중 수르는 비느하스에 의해 죽임을 당한 미디안 여인 고스비의 아버지로 보인다(8절, 참고 22:15). 고대 이스라엘에서 간음은 죽음의 형벌을 가져오기 때문에(22:22; 레 20:10) 미디안을 진멸시킨 사건은 당시 배경에서 대단히 적절한 것으로 볼 수 있다. 하지만 현대의 독자들에게는 지나치게 가혹한 일이 아닐 수 없다. 우리는 그와 같은 일이 다시는 발생하지 않기를 바라거나, 혹시 그와 같은 일이 발생한다 할지라도 하나님께서 그와 같은 명령을 하시지 않기를 바랄 것이다. 이와 같은 합리주의적 생각들이 그럴듯해 보이기는 하지만 그와 같은 생각들은 정경의 저자가 그 상황을 이해하였던 것과는 상당히 거리가 있다. 따라서 우리는 정경의 저자가 이것을 어떻게 이해하였는지를 이해할 필요가 있다.

출애굽기와 민수기에서 이스라엘은 그들의 배교로 인해 하나님으로부터 진멸당하리라는 위협을 여러 차례 받았지만, 그때마다 모세의 중보 기도로 심판을 면하였다(11장; 14:11~20; 출 32:9~14). 여호수아와 갈렙을 제외한 모세와 아론 그리고 미리암을 포함한 모든 출애굽 세대는 그들의 불신앙으로 인해 죽음의 형벌을 선고받았다. 재앙과 불이 많은 사람의 생명을 앗아 갔다(11:1; 14:37; 16:31~34, 46~49; 21:6; 25:9; 출 32:35; 레 10:2). 성막을 지키는 제사장과 레위인들은 불법으로 성막에 접근하는 자들을 죽이도록 명령을 받았으며(3:10, 38), 결정적으로 언약을 어긴 자들을 죽인 사건이 두 번 기록되었다(25:7~8; 출 32:26~28). 이스라엘 내에서 적용되었던 심판의 원칙이 동일하게 다른 민족들에게도 적용된다. 하나님의 은혜가 없었더라면 모든 사람이 자신의 죄로 인해 죽을 수밖에 없었다(창 6:7 이하; 암 1~2장). 그러나 이스라엘이 먼저 형벌을 받았으며, 그 주변 국가들이 그 다음으로 심판을 받았다.

신약은 이 원칙을 그대로 승인하고 있다. "악을 행하는 각 사람의 영에게 환난과 곤고가 있으리니 첫째는 유대인에게요 또한 헬라인에게며"(롬 2:9). 베드로전서 4:17~18은 새 언약 하에서 교회가 먼저 심판을 받고 그 다음 믿지 않는 자들이 심판을 받을 것을 지적한다. "하나님 집에서 심판을 시작할 때가 되었나니 만일 우리에게 먼저 하면 하나님의 복음을 순종치 아니하는 자들의 그 마지막이 어떠하며 또 의인이 겨우 구원을 얻으면 경건치 아니한 자와 죄인이 어디 서리요."

메소포타미아의 선지자 발람은 민수기 22~24장에서 하나님의 신이 임하자 이스라엘을 축복의 말을 선포하였지만(23:4~5), 그는 미디안의 여인들로 하여금 이스라엘 남자들을 유혹하여 바알브올에게 헛된 예배를 드리게끔 촉구하였다(25:16~18; 31:16). 비록 발람에게 긍정정인 모습이 나타나지만 그는 멸망을 당하게 된다. 이와 대조적으로 미디안 사람 호밥은 이스라엘을 약속의 땅으로 인도하는 중요한 역할의 일부를 감당한 긍정적 인물로 묘사된다(10:29~32). 이것은 하나님의 백성으로서의 이스라엘 공동체는 절대적이라기보다는 공동체 밖의 세상에 항상 열려 있음을 나타낸다.

이 전쟁은 거룩한 전쟁이었기에 모든 전리품은 이스라엘이 취하는 것이 금지되었고 전적으로 하나님께 바쳐야 했다. 이 금지 사항은 그들이 거주하던 성읍과 촌락들에까지 해당되었다. 부녀자와 아이들 그리고 가축들은 이스라엘의 진영으로 인도되어 모세와 엘르아살 앞에 전시되었다. 10~12절에 묘사된 성읍의 정복과 전리품의 탈취는 가나안 정복의 전형적인 관례가 되었다(참고 수 6, 8, 10~11장).

2. 진멸 전쟁의 이행(13~18절)

비록 미디안과의 전쟁이 민수기 31장에서 첫 번째로 다루어지지만 이것은 31장의 주요 관심사가 아니다. 전쟁 그 자체에 대한 묘사(1~12절)보다는 오히려 여호와의 전쟁을 수행할 때 히브리어로 헤렘이라 일컫는 적군을 진멸시키는 것과 관련된 사항들(13~18절)과 군인들을 정결하게 하는 제의적인 사항들(19~24절), 전리품의 분배(25~47절)와 여호와께 제물을 드리는 규례(48~54절)에 관한 사항들에 관심을 기울이고 있다.

이 단락은 '헤렘'의 수행 과정을 보여 준다. 이스라엘 군사들은 미디안의 모든 성인 남자를 죽였으나 "이스라엘 자손이 미디안의 부녀들과 그 아이들을 사로잡고 그 가축과 양떼와 재물을 다 탈취하였다"(9절). 전쟁에 참여하였던 자들이 포로된 자들과 전리품을 가지고 이스라엘 진으로 돌아왔을 때, 모세와 제사장 엘르아살과 회중의 장로들이 다 진 밖으로 나가서 이들을 영접하였다(13절).

그러나 모세는 이들의 노고에 대해 감사와 치하를 하기보다는 오히려 이들에게 노를 발하였다. 신명기 20장은 전쟁에서 남자 성인들은 죽여야 하지만 "오직 여자들과 유아들과 육축과 무릇 그 성중에서 네가 탈취한 모든 것은 네 것이니 취하라 네가 대적에게서 탈취한 것은 네 하나님 여호와께서 네게 주신 것인즉 너는 그것을 누릴찌니라"(신 20:14)고 기록한다. 하지만 여기서 모세는 미디안과의 전쟁은 특별한 전쟁이었기에 분노하였다. 미디안 여인들이 발람의 꾀를 좇아 이스라엘 자손들과 성적인 관계를 가졌으며 이들로 하여금 배교에 이르게 하였다. 모세는 이들에게 남자와 성적인 관계를 가졌던 모든 여인들 그리고 남자아이들을 모두 죽이라고 명령한다(17절).

미디안 성인 남자들은 명백히 원수들이었으며 또한 남자아이들은 잠재적인 원수로 간주되었고, 미디안 남자와 동침한 여인들은 부정함으로 더럽혀졌기에, 이들 모두는 거룩한 전쟁의 금지 조항에 해당되어 전적으로 여호와께 바쳐야만 했다. 다만 바알브올의 죄에 연루되지 않은 성적으로 남자를 경험하지 않은 여인들은 살아남아(참고 삿 21:12) 이스라엘 군인들과 결혼하는 것이 허락되었다. 따라서 이들은 선택된 이스라엘 국가의 일원이 될 수 있었다(18절, 참고 신 21:10~14).

3. 군사들의 정결 의식 규례(19~24절)

미디안과의 전쟁에서 이스라엘이 승리하였다는 사실은 장차 약속의 땅에 들어갈 출애굽 제2세대가 하나님의 명령을 신실히 이행하였음을 보여 준다. 제사장 비느하스는 민수기 10:1~10에 제시된 대로 나팔을 사용하여 이 전쟁이 거룩한 전쟁임을 백성들에게 주지시켰다(6절). 시체와 접촉함으로 몸이 부정하게 된 군인들은 민수기 19장에 기술된 대로 붉은 암소의 재로 만든 물로 제 삼일과 제 칠일에 몸을 정결케 하였다(19절). 또한 이스라엘의 군인들은 자신이 빼앗은 전리품을 진영으로 가지고 올 수 있도록 정결 의식을 행하였다(20~24절).

비록 미디안과의 전쟁은 하나님의 명령에 의해 수행되고 제사장들이 참여한 거룩한 전쟁이었지만 이 전쟁에 참여한 자들은 살인과 또 죽은 자와의 접촉으로 인해 부정하게 되었다. 따라서 이들은 정결해지기 전까지는 이스라엘 진 안에 들어오는 것이 금지되었다(19~24절; 5:1~4, 참고 12:14~15). 정결 의식은 죽은 자와 접촉한 지 셋째 날과 일곱째 날에 부정을 제하는 물을 뿌리는 의식을 수반하였다(참고 19:11~22). 전리품 역시 정결 의식을 통과해야 만 했다. 금속들은 불을 통과한 후에 정결케 하는 물을 뿌렸으며, 이외 다른 물건들은 물에 씻음으로 정결케 되었다(23~24절).

21~24절의 규례 그리고 전쟁에 참여한 군인들의 속죄를 위해 금으로 된 모든 물건들을 제사장들에게 바쳤다는 50절의 진술은 이 전쟁이 거룩한 전쟁임을 보다 명확히 보여 준다. 자연적인 죽음이건, 고의적인 살인에 의해서 건, 우발적인 사고에 의해서건, 또는 하나님의 명령에 의해 수행된 처형이 건 간에 인간 생명의 상실은 땅 또는 몸을 더럽힌다(35:30~34, 참고 신 21:1~9, 22~23; 22:8). 그리고 일단 더럽혀진 것에는 정결 의식을 행해야만 했다. 비록 승리자의 관점에서 볼 때 전쟁의 결과가 영광스럽다 할지라도 모든 전쟁에는 죽음의 그림자가 드리워져 있다. 비록 때때로 창조주 하나님 자신이 죄인들에 대한 처형을 명령하시기도 하지만, 이와 같은 정결 의식의 규례는 이스라엘에게 동료 인간의 죽음은 하나님의 창조에 비극적 파괴를 가져오는 것임을 상기시킨다.

4. 전리품의 분배(25~47절)

전리품은 전쟁에 참여한 자와 뒤에 남아 있던 백성들에게 동일하게 분배 되었다(27절, 참고 삼상 30:24~25). 뿐만 아니라 전리품은 공동체에게 나누는 부분과 하나님께 봉헌하는 부분으로 나뉘었다(28~31절). 제사장들은 군인들 몫의 500분의 1을 받았으며, 레위인들은 백성들 몫의 50분의 1을 받았다. 이것은 십일조의 비율과 잘 부합한다(25~30절; 18:26). 군인들은 하나님께 특별한 제물을 드림으로써, 전쟁에 참여한 것과 피 흘린 데 따른 죄책을 여호와 앞에 속죄하였다(50절).

이스라엘은 엄청난 양의 전리품을 탈취하였는데, 이것은 이제 약속의 땅에 들어갈 출애굽 제2세대에 대한 하나님의 신실성을 상징적으로 보여 준다. 이스라엘 사람들은 67만 5,000마리의 양과 7만 2,000마리의 수소, 6만 1,000마리의 당나귀, 남자와 동침하지 않은 3만 2,000명의 여자, 그리고 천부장과 백부장들이 1만 6,750세겔의 금을 탈취하였다(32~35, 52절).[2] 이 엄청난 전리품을 전쟁에 참여한 군인들과 백성들, 그리고 제사장과 레위인들이 골고루 나누어 가졌다. 이같이 전리품을 나누는 것은 장차 이스라엘이 정복할 땅과 그 소산물을 나누어 갖는 것을 예표적으로 보여 주며, 이것이 바로 32~36장에서 소개되는 주요 내용이다.

5. 여호와께 드리는 예물에 관한 규례(48~54절)

미디안과의 전쟁에서 단 한 사람도 죽지 않았다는 사실은 중요한 의미를 지닌다. 출애굽 제1세대가 모두 광야에서 죽은 것과는 달리, 이제 약속의 땅에 들어갈 출애굽 제2세대를 계수한 민수기 26장 이후 민수기 나머지 장들에서는 죽은 자들에 대한 언급이 전혀 나타나지 않는다. 천부장과 백부장들이 모세에게 '우리 중 한 사람도 축나지 아니하였다'(49절)고 보고한 내용은 출애굽 제2세대가 가나안에서 누리게 될 삶과 소망을 강력히 나타낸다.

민수기 18장은 제사장과 레위인에게 주어지는 분깃을 규정한다. 동일한 관심이 이 단락(25~47절)에서 제사장과 레위인에게 전리품을 나누어 주는 것에서 잘 나타난다. 민수기 7장에서 출애굽 제1세대에 속한 열두 지파가 각각 선물을 바침으로써 성소를 지원하고 있음을 보여 주었다. 이제 출애굽 제2세대는 천부장과 백부장들이 성소에 예물을 바침으로써 이스라엘이 지속적으로 성소를 지원하고 있음을 보여 준다(48~54절). 기드온이 미디안과의 전쟁 후 수집한 금으로 만든 고리들은 에봇을 만드는 데 사용되었다(삿 8:24~27). 그러나 50절에서 이 같은 것들은 속죄를 하기 위해(문자적으로 '몸값을 지불하기 위해') 사용되었다.

미디안에 대한 이스라엘의 승리는 민수기 13~14장에 나타나는 출애굽 제1세대의 정탐꾼 이야기에 대한 반전임을 의미한다. 출애굽 제1세대 역시 38년 전에 지금 출애굽 제2세대가 선 위치(비록 지리적 위치는 다를지 몰라도)와 신학적으로 동일한 위치, 즉 약속의 땅의 문턱에 서 있었다. 그러나 출애굽 제1세대는 약속의 땅을 점령하라는 하나님의 뜻을 신뢰하지 못하고 실패함

으로써 광야에서 전원 죽음을 맛보았다. 그러나 31장에서 출애굽 제2세대
는 하나님을 신뢰하고 전쟁에 나아감으로써 한 사람도 죽지 않는 놀라운 승
리를 거두었다(49절). 31장의 출애굽 제2세대 이야기에서는 출애굽 1세대 이
야기에서 나타났던 시나리오의 반전이 일어났다. 가데스 바네아 전투에서
실패하였던 이스라엘(14:39~45)은 미디안과의 전쟁에서 승리하였다. 31장
에서 미디안을 물리친 전쟁 이야기는 이제 앞으로 전개될 가나안 정복을 예
상하며 이스라엘에게 확신과 희망을 심어 주는 기능을 한다.

앞에서도 언급하였지만 진보 성향의 학자들은 이 전투 기사가 단지 전쟁
에 승리한 후 제사장들과 레위인들에게 전리품을 나누어 주는 원칙(25~54
절)을 보여 주기 위해 만들어 낸 비역사적인 이야기라고 주장한다. 이는 우
리가 받아들이기 어려운 주장이지만 그럼에도 민수기 저자가 전쟁 자체보
다는 전투 후의 일에 더욱 관심을 갖고 있다는 주장은 올바른 지적이다. 이
이야기는 미디안과 유사하게 취급될 가나안 정복을 미리 바라보고 있으며
(21:2~4, 참고 31장), 또한 전쟁에 참여한 군인들과 백성 그리고 제사장들과 레
위인들 사이의 전리품 분배는 후에 있을 대규모의 가나안 전쟁에서 전리품
분배 원칙의 모델을 제공한다. 제사장들과 레위인들에게 분배된 전리품의
분배율은 35장에서 이들에게 할당된 특별한 성읍들을 예상케 한다.

갓과 르우벤, 므낫세 반 지파의 요단 동편 정착(민 32장)

32장은 르우벤과 갓 그리고 므낫세 지파의 일부가 요단 동편에 정착하는
내용을 다룬다(1~38, 39~42절). 이들 지파의 요단 동편 정착을 요약하는 기
사가 33~38절에 나타난다. 이 일화의 의미를 올바로 파악하기 위해서 우리
는 요단 동편이 족장들에게 약속한 가나안 땅 바깥에 위치하고 있음을 주지
하여야만 한다. 약속의 땅의 경계는 34장에 나타나는데, 갈릴리 바다에서
남쪽으로 내려오는 요단강이 가나안의 동쪽 경계를 규정한다. 이스라엘은

전적으로 하나님의 말씀에 의존해야만 하는 존재인데, 이스라엘의 어느 지파가 하나님께서 아브라함에게 약속한 땅 바깥에 정착한다는 것은 하나님의 말씀을 불손하게 무시하는 결과를 가져온다. 그런데 이제 이스라엘이 요단강을 건너 땅을 기업으로 차지할 바로 그 순간에 갑자기 두 지파 반이 이 약속의 땅 바깥에 정착하겠다고 요구한다. "우리로 요단을 건너지 않게 하소서"(32:5하). 이 말은 38년 전 출애굽 제1세대가 약속의 땅의 문턱인 가데스 바네아에서 모세에게 반역하였던 사건을 연상시킨다(13~14장). 민수기 13~14장에서 이스라엘은 가나안 땅으로 정탐꾼을 보내었을 때, 가나안 정탐에서 돌아온 이들은 그 땅이 위험스러우며 그곳 주민들은 강하고 성읍은 견고하며 심히 크다는 절망적인 보고를 하였다. 그때 갈렙과 여호수아를 제외한 모든 이스라엘이 하나님의 약속을 신뢰하지 않고 가나안인들을 두려워하여 가나안 땅으로 올라가라는 하나님의 명령을 불순종하였다. 그 결과 이스라엘의 옛 세대는 40여 년을 광야에서 유리하다가 죽게 되리라는 심판을 받았다.

그런데 이번에는 갓 지파와 르우벤 지파 그리고 므낫세 지파의 일부가 약속의 땅에 들어가서 기업을 얻는 일에 관심이 없음을 선언하였다. 이들의 요구는 과거 세대의 행위와 비교되었으며, 이것은 이들과 모세 사이에 뜨거운 논쟁을 야기했다. 이 과정에서 이들의 요구는 40년 전 가데스에서 일어났던 사건과 암시적으로 비교되었다(6~15절).

그러자 갓 지파와 르우벤 지파는 타협안을 제시하였다. 이들은 그들의 유아와 아내 그리고 그들이 소유한 가축을 위해 성읍을 건설한 후 이들을 요단 동편에 그대로 남겨 놓게 해달라고 요청한다. 그리고 이들 지파의 장정들은 다른 지파들과 함께 요단을 건너 가나안 정복이 성취될 때까지 집으로 돌아오지 않을 것을 제안한다. 이 제안에 만족한 모세는 이들에게 그들이 요구한 땅을 나누어 준다(16~38절). 32장은 다음과 같이 구분할 수 있다.

1. 두 지파의 요단강 동편 정착 요구(1~5절)

"르우벤 자손과 갓 자손은 심히 많은 가축의 떼가 있었더라"(1절)라는 32장 서두의 언급은 르우벤과 갓이 요단 동편에 정착하기 원하는 이유를 잘 설명한다. 1절에서 야곱의 맏아들 르우벤이 갓보다 연장자임을 존중하여(창 29:32) 르우벤이 먼저 언급되었지만, 32장 다른 곳에서는 갓이 먼저 언급되었다(2, 6, 25, 29, 31, 33, 34절과 37절). 이것은 아마도 갓이 요단 동편에 정착하는 데 주도적 역할을 하였기 때문으로 보인다(참고 신 33:21).

1절에 나타나는 '야셀 땅'은 야셀을 둘러싼 주변의 땅을 의미한다(3절, 참고 21:32). 31장에 언급된 야셀과 다른 성읍들의 정확한 위치는 확정적으로 말하기 어렵고 대략적으로 추정할 따름이다. '길르앗'(1절)은 구약에서 다양한 지역을 지칭할 때 사용되었다. 길르앗은 31장에서 나타듯이 얍복강 남쪽의 산이 많은 지역이다. 하지만 길르앗은 또한 얍복 북쪽의 지역을 지칭하기도 한다(39~40절). 또한 때때로 길르앗은 이스라엘이 차지한 요단 동편 지역 전체를 가리키는 말로 사용되기도 한다(수 22:9, 13 등). 요단 계곡을 위에서 내려다보는 이곳의 높은 산지들(해발 약 750m)은 강수량이 충분한 대단히 비옥한 지역이며 양과 소 등 목축을 하기에 적합한 지역이다.

3절에서 언급된 이 지역의 성읍들은 34~38절에 또다시 언급된다. 이 성읍들은 "여호와께서… 쳐서 멸하신"(4절) 아모리인들의 영역 내에 있는 성읍들이었으며, 그 전쟁의 이야기는 21:21~35에 이미 소개되었다. 21장에서 명확히 나타나듯이 이스라엘은 시혼의 왕국을 정복할 계획이 없었으나 시혼이 요단으로 향하는 이스라엘의 길을 방해함으로 전쟁이 일어나게 되었다. 가나안으로 건너가지 않겠다는 갓과 르우벤의 요구는 가나안 땅에 들어

가고자 하는 이들의 정책에 주요 변화가 왔음을 보여 준다.

2. 모세의 반응(6~15절)

이 땅은 목축에 적당한 곳이기에 이 땅을 산업으로 주어 자신들로 하여금 요단을 건너지 않게 해달라는 이들의 제안에 대해 모세는 대단히 엄하게 반응하였다. 모세는 르우벤과 갓이 나머지 열 지파와 함께 요단을 건너지 않는다면 이스라엘 전체가 낙담하여 그 땅으로 나아가지 않게 될 것이라고 염려한다. 르우벤 자손과 갓 자손은 40년 전 정탐꾼들이 그랬던 것처럼 나머지 백성들의 마음을 낙담케 할 위험의 소지가 있었다. 과거 약속의 땅 경계에서 실패한 교훈은 이제 또다시 약속의 땅 문턱에 다다른 새로운 세대의 행위를 판단하는 시금석이 되었다.

민수기 26장에서 인구 조사를 한 이래 출애굽 제2세대는 긍정적이고 희망적인 모습으로 묘사되었다. 출애굽 제1세대도 민수기 1~10장까지는 긍정적이고 희망적인 경험으로 가득하였다. 그러나 11장부터 시작된 이들의 반역은 결과적으로 옛 세대의 죽음으로 막을 내렸다. 과거 백성들의 불신앙이 광야에서 20세 이상의 백성들을 모두 전멸당하도록 만들었던 것처럼, 이번에도 모든 백성이 사라지게 되는 일을 초래할 수 있었다. 이 단락은 민수기 13~14장에 대한 언급으로 가득 차 있다. 모세는 다음과 같이 이들을 경고한다. "보라 너희는 너희의 열조를 계대하여 일어난 죄인의 종류로서 이스라엘을 향하신 여호와의 노를 더욱 심하게 하는도다 너희가 만일 돌이켜 여호와를 떠나면 여호와께서 또 이 백성을 광야에서 버리시리니 그리하면 너희가 이 모든 백성을 멸망시키리라"(14~15절).

3. 두 지파의 타협안 제시 및 제안의 인준(16~32절)

갓 지파와 르우벤 지파는 모세의 경고를 듣자 그들의 제안을 수정하여 타협안을 제시한다. 그들은 울타리를 친 양의 우리와 '어린아이들을 위한 성읍'(16절)을 지은 후, 어린아이들과 아내들을 요단 동편에 남겨 놓고 전쟁에 참가할 이들 지파의 군인들이 무장하고 이스라엘 자손들 앞에 나아가겠다고 약속한다. 다른 말로 표현하면 이것은 이들 지파의 남자들이 이스라엘 진의 선봉을 담당하겠다는 의미다. 2:16에 의하면 갓과 르우벤은 진이 행군할 때 두 번째 무리에 속했다. 이들은 다른 모든 지파들이 그들의 기업을 차지할 때까지 집으로 돌아오지 않을 것을 약속하였다. 민수기 13~14장에서 옛 세대도 아내와 아이들을 염려하였지만, 그것은 그들이 약속의 땅에 올라가지 않기 위한 구실로 내세웠을 뿐이다(14:3). 하지만 갓 자손과 르우벤 자손은 정복이 완전히 성취된 다음에야 이들 남자들이 요단강 동편으로 돌아와 정착하겠다고 약속한다.

모세는 그들의 약속에 만족하지만 이스라엘의 전 민족적인 협조의 중요성을 재삼 강조한다(20~27절). 만일 이들이 자신들의 약속을 지킨다면, 여호와께서 길르앗에 정착하는 것을 허락할 것이라고 선언한다(22절). 그러나 만일 이들이 약속을 지키지 않는다면 '이들의 죄가 정녕 이들을 찾아낼 것이다'(23절)고 경고한다. 죄의 결과가 죄인을 찾아낼 것이라는 생생한 의인법은 영어 속담이 되었다.

30절은 갓과 르우벤 자손들이 약속에 신실치 못할 경우 어떤 일이 발생하게 될지를 잘 보여 준다. 이들은 길르앗에서 쫓겨날 것이며 강 건너 가나안에 정착하게 될 것이다. 여호수아서는 갓 자손과 르우벤 자손이 자신들의 약속을 잘 지켰음을 보여 준다. 이들은 가나안 정복의 최선봉에 서서 가나안의 주요 저항 세력이 정복되고 가나안 땅이 나머지 지파들에게 분배될 때까지 전쟁에 참여함으로 약속을 지켰다(수 4:12~14; 22:1~9).

4. 땅의 분배(33~42절)

모세는 최종적으로 시혼과 옥에게서 빼앗은 땅(21:21~35)과 이곳에 딸린 여러 성읍들을 이들에게 주었다(33절). 이 단락에서 요단 동편의 지역을 기업으로 분배받은 므낫세 반 지파가 처음으로 언급된다. 따라서 흔히 므낫세에 관한 언급은 갓과 르우벤에 관한 자료와는 다른 자료에서 유래했다고 추정한다. 물론 그렇게 생각할 수도 있겠지만 현존하는 자료들이 존재하지 않기에 우리는 단정적으로 확신할 수는 없다. 그러나 므낫세에 관한 언급이 후대의 것이라고 추정할 그 어떤 이유도 없다. 신명기 3:13과 여호수아 13:29~31 그리고 17:1~6은 모두 므낫세가 요단 동편에 정착한 것을 전제로 하고 있으며, 또한 민수기 27:1~11은 므낫세 지파의 사람들이 이미 슬로브핫의 딸들이 땅을 상속하는 문제에 대해 생각하고 있었음을 암시한다. 므낫세 지파는 여자들이 땅을 상속하는 일로 발생할 문제를 36장에서 다시 제기한다. 이것은 므낫세 지파의 대표들이 모세가 요단 동편에 정착하는 것을 원칙적으로 승인한 후에야 이 문제에 대한 협상을 시작하였음을 의미하기도 한다.

여호수아서에 나타나는 땅의 최종 분배 결과에 의하면(수 13:15~33) 르우벤 지파는 사해 바로 동쪽에 있는 땅을 차지하였으며, 갓 지파는 사해와 갈릴리 바다 사이의 요단 동편 지역에 정착하였다. 그러나 민수기 32장에 의하면 갓 지파 사람들이 후에 르우벤 지파의 경계에 속한 성읍 디본과 아로엘을 세운 것으로 묘사되었다(34절; 수 13:16~17). 민수기 31장은 또한 르우벤이 헤스본을 차지하였다고 묘사한 데 반해(37절), 여호수아서는 갓이 헤스본을 차지하였다고 묘사한다(수 21:39). 느보와 바알은 이방신들의 이름을 따왔기에 이들은 이들 성읍의 이름을 바꾸었다(38절). 이들 성읍들에 주어진 새 이름은 소개되지 않았는데, 그것은 모압인들이 이들 성읍을 다시 탈취한 다음 옛 이름을 복원하였기 때문으로 보인다(사 15:2; 겔 25:9).

마길과 야일 그리고 노바와 같은 다양한 므낫세 족속들의 독자적인 행동은 마치 사사기 1장에 묘사된 요단 동편의 지파들이 자신들에게 할당된 지역을 정복하기 위해 애쓰는 모습과 흡사하다. 후대의 구절들(예를 들어 3:12~17; 수 13:29~31)은 므낫세 반 지파에게 갈릴리 바다 동편에 위치한 길르앗의 북쪽 지역(이 지역은 흔히 바산이라고 불린다)을 주었다고 진술한다.

두 지파 반이 요단강 동편에 땅을 기업으로 차지하게 된 것은 이들에게 분배한 영토보다 훨씬 더 넓은 가나안 땅을 장차 이스라엘이 정복하게 될 것을 예표하는 역할을 한다. 하나님께서 아브라함과 이삭과 야곱에게 하신 약속(예 창 12:2~3)은 자손과 땅 그리고 복(즉 하나님과의 특별한 관계)의 세 가지로 요약할 수 있다. 출애굽기에서 시작된 이스라엘의 이야기는 하나님께서 족장들에게 하신 자손과 관계의 약속이 부분적으로 성취되었음을 보여 준다. 하나님께서는 이스라엘 자손을 "중다하고 번식하고 창성하고 심히 강대하여 온 땅에 가득하게" 하심으로 약속을 지키셨다. 또한 하나님께서는 이스라엘과 시내 언약을 체결함으로써 이스라엘에게 약속하신 특별한 관계의 복을 성취하셨다. 그러나 하나님께서 약속하신 땅은 지금까지는 미래에 이루어질 약속으로만 남아 있다. 하지만 이제 두 지파 반이 요단 동편에 땅을 기업으로 차지한 것은 하나님께서 하신 땅의 약속의 첫 열매로서 이스라엘이 장차 요단 동편보다 더 넓은 가나안 땅을 차지할 것을 기대하게 할 뿐 아니라 땅의 정복을 보증하는 역할을 한다.

여정 목록(민 33장)

33장은 이스라엘이 애굽을 떠나서 모압 평지에 이르기까지 진을 쳤던 지역의 목록들을 소개한다. 이 목록은 다음과 같이 세 단락으로 나뉜다.

> 애굽에서 시내까지 11개의 진을 친 곳(5~15절)
> 시내에서 가데스까지 21개의 진을 친 곳(16~36절)
> 가데스에서 모압 평지까지 9개의 진을 친 곳(37~49절)

따라서 출발지 라암셋을 포함하여 42개의 지명이 언급되었다.[3] 이 여정은 대체로 정형화된 양식으로 표현된다. '이스라엘 자손이 A에서 발행하여 B에 진 쳤고 B에서 발행하여 C에 진 쳤고….' 보다 잘 알려진 몇몇 장소에서는 그곳에서 발생한 사건들을 언급하기도 한다. 예를 들면, "마라에서 발행하여 엘림에 이르니 엘림에는 샘물 열둘과 종려 칠십 주가 있으므로 거기 진 쳤고”(33:9). 이와 같은 종류의 여정은 주전 2000년대 고대 메소포타미아의 문서에도 발견되는데, 민수기 33장의 여정 목록은 이스라엘 백성이 위대한 왕인 여호와의 명령에 따라 행군하는 군대라는 것을 강조한다.

비록 민수기 33장의 많은 지명들이 다른 곳에서 언급되기는 하지만 한 번 도 언급되지 않은 17개의 지명은 33장이 단순히 지금까지 현존하는 자료들 의 요약 그 이상임을 보여 준다. 이들 장소의 위치에 대해서는 많은 추측이 있었지만 그 중 어느 것도 확실하지는 않다. 이러한 불확실성은 알려지지 않 은 이들 지명들(주로 목록의 가운데 부분에 나타나는 지명들) 뿐아니라 우리에게 잘 알려진 지명들에도 해당한다.

이스라엘이 광야에서 진을 친 장소의 대부분은 이곳에만 고유하게 나타 나며 성경의 다른 곳에서는 발견되지 않는다(13, 19~29절). 광야에 있는 이 장 소들의 실제 위치는 대부분 오늘날에는 알 수 없는 곳들이다. 이 명단에 나 타나는 장소들은 고대의 여행자 또는 순례자들이 사용하였던 노정과 어느 정도 관계가 있는 것으로 보이지만, 이 여정의 명확한 지리적 배경은 재구성 하기가 매우 어렵다. 여러 학자들이 민수기 33장에 나타나는 지명들의 위치 를 밝히는 데 많은 지면을 할애하고 있다.[4] 본 주해에서는 이에 관한 논의는 다루지 않을 것이다. 너무 다양한 견해들이 존재하기에 이를 다루기 위해서 는 또 다른 책을 필요로 하기에 이 연구에서는 신학적 의미에 초점을 맞추어 본문을 주해할 것이다. 33장은 네 단락으로 구분할 수 있다.

> 애굽에서 시내까지 11개의 진을 친 곳(5~15절)
> 시내에서 가데스까지 21개의 진을 친 곳(16~36절)
> 가데스에서 모압 평지까지 9개의 진을 친 곳(37~49절)
> 가나안 정복을 위한 명령(50~56절)

본문을 주해하기에 앞서 우리는 광야 여정을 기록한 신학적 목적은 무엇인지, 이러한 목록을 통해 주고자 하는 교훈은 무엇인지, 그리고 이 목록은 어떻게 하나님의 은혜를 증거하고 있는지를 살펴볼 필요가 있다. 이를 위해 먼저 문맥을 살펴보는 것이 필요하다. 출애굽 세대는 모두 죽었으며(25장) 새로운 세대가 계수되었다(26장). 이제 이스라엘은 약속의 땅에서의 삶을 기대하고 있으며(27~31장), 두 지파 반은 이미 요단 동편에 땅을 기업으로 받았다(32장). 가나안 땅 자체의 분배에 관한 문제(33:50~36:12)를 다루기 전에 이들은 지금까지 지내 온 과정을 돌이켜 보는 시간이 필요하였다. 예를 들면, 비하히롯과 같이 중요한 지명은 물론 (후대의 세대들에게는) 잘 알려지지 않은 릿사와 밋가와 같은 지명들도 지난 40년 동안 일어났던 모든 일들을 돌아보게 하기에 충분하였다. 여기 언급된 모든 장소들은 애굽에서 가나안에 이르기까지 진을 친 장소이며, 이들 장소는 단순히 모세의 지도력을 증거할 뿐 아니라 이스라엘을 이곳까지 인도하신 하나님의 놀라운 은혜를 증거한다(모세는 얼마 지나지 않아서 죽게 될 것이다. 참고 27:12~23). '인생의 여정' 주제는 성경에 나타나는 중요한 주제로 특히 인생의 마지막에 여정을 돌아보며 일생을 회고하고 정리하는 역할을 한다. 이 여정 목록은 백성들에게 하나님을 기억하게 하는 장치다.

1. 애굽에서 시내까지(5~15절)

이 첫 번째 단락은 애굽에서 시내까지의 여정을 기록하고 있다. 1~4절은 서론으로 독자에게 이 목록의 성격(1절), 저자(2절), 이 여정의 시작에 관한 지리적 및 연대적 틀(3절)과 이 여정의 시작과 관련된 상황(4절)을 소개한다.

1절은 "이스라엘 자손이… 그 항오대로" 애굽을 출발하였다고 묘사하는데, 여기서 "그 항오대로"는 군사적인 은유(31:49; 삼하 18:2)다. 민수기 33장의 목록과 유사한 형태의 고대 근동의 문서들은 모두 군사 문서다. 이것은 애굽을 떠나 가나안을 향해 움직이는 이스라엘의 여정을 군사적 이동으로 보아야 함을 의미한다. 이스라엘 자손은 "모세와 아론의 관할 하에" 가나안 땅을 향해 이동하는 여호와의 군대임을 나타낸다. 모세와 아론은 인간 지도자이며, 여호와가 최고 사령관이다. "노정"(1절)은 33장 전반에 걸쳐 나타나는 '발행하다' 또는 '떠나다'에서 파생된 명사로 천막을 '거둠'을 지칭하며, 이는 이스라엘 자손이 진을 친 곳을 의미한다.

여정 목록의 서두에서 출애굽을 상기하는 것은 이 목록의 신학적 의도가 무엇인지를 잘 나타낸다. "그들이 정월 십오일에 라암셋에서 발행하였으니 곧 유월절 다음날이라 이스라엘 자손이 애굽 모든 사람의 목전에서 큰 권능으로 나왔으니 애굽인은 여호와께서 그들 중에 치신 그 모든 장자를 장사하는 때라 여호와께서 그들의 신들에게도 벌을 주셨더라"(3~4절). 이것은 가나안 주민들과 전쟁을 준비하는 출애굽 제2세대에게 확신을 불어넣기 위한 의도로 보인다(비교 13:32~33). 하나님께서 강력한 애굽을 치시고 애굽의 신들에게 승리하셨다는 언급은 가나안 정복을 앞에 둔 이스라엘에게 하나님을 신뢰하고 약속의 성취를 바라보게 하기에 충분하였다.

2. 시내에서 가데스까지(16~36절)

이 단락의 여정은 시내 광야에서 시작하여 가데스까지 이른다. 가데스는 정탐꾼들이 반역을 하였던 장소이며(14장), 반역으로 인해 이스라엘은 광야를 방랑하게 되었다(14:25, 33). 방랑의 기간이 끝날 무렵 이들은 가데스로 다시 돌아왔으며 그곳에서 새로이 가나안을 향하여 출발하게 된다(20:1, 22). 이 단락에 나타나는 지명 중 구약의 다른 책에 언급된 곳은 오직 기브롯핫다아와 하세롯(16~17절), 모세롯, 브네야아간, 홀하깃갓, 욧바다(30~33절), 에시온게벨(35~36절), 가데스(36절)뿐이다. 물론 기브롯핫다아와 하세롯은 광야 여행을 시작할 때부터 알려진 장소다(11:34~35). 모세롯, 브네야아간, 홀하깃갓, 욧바다는 조금 다른 순서와 다른 형태의 이름으로 신명기 10:6~7에 나타난다. 신명기 10:6~7은 복잡한 문제를 야기한다. 민수기 20:22~29이 아론의 죽음을 호르산으로 묘사한 데 반해 신명기 10:6은 아론의 죽음을 모세라(모세롯)와 연결시키며 모세롯, 브네야아간, 홀하깃갓, 욧바다를 방랑의 말기 여정에 속한 것으로 묘사한다.

31절에 나타나는 모세롯이 만일 신명기 10:6의 모세라와 동일한 지명이라면, 모세롯은 아론이 죽은 장소로 볼 수 있다. 그러나 이것은 아론이 호르산에서 죽었다고 보도하는 민수기 33:38과 마찰을 일으키는 것으로 보인다. 이에 대한 다양한 설명들이 시도되었다. 호르산과 모세라/모세롯은 동일한 장소로서 이름이 두 개로 불릴 수 있으며, 아니면 근접 지역에 위치한 장소일 수 있다. 해리슨(Harrison)은 신명기 10:6의 모세라는 지명이 아니라 '징벌'로 번역되는 일반 명사로 간주해야 한다고 주장한다. 그의 주장이 맞다면 모세라는 아론이 죽은 장소가 아니라 아론이 죽게 된 이유를 제공하는 것으로 볼 수 있다.

브네야아간(31, 32절)은 신명기 10:6에서 보다 완전한 이름 브에롯 브네야아간이라 불린다. 창세기 36:27에서 아간(대상 1:42에서는 야아간)은 가데스 근방에 위치한 에돔 지역에 살았던 호리 족속이었다. 만일 호르산이 민수기 20:22에서 보듯이 가데스 근방에 위치하였다면 모세라/모세롯과 호르산은 근처에 위치한 지역으로 간주할 수 있다. 이와 같은 추측은 본문 자체가 이에 관한 명확한 설명을 제공하지 않기 때문에 야기된다. 홀하깃갓(32절)은 신명기 10:7에서 단순히 굿고다라 불렸다. 홀하깃갓은 깃갓/굿고다의 동굴이란 뜻이며, 그 위치는 확실하지 않다.

3. 가데스에서 모압 평지까지(37~49절)

이 단락에 나타나는 여정은 민수기의 다른 부분과 민수기 외의 다른 구약에서도 상당 부분 입증된다. 다른 여정 목록에서는 볼 수 없었던 꽤 긴 두 개의 설명이 여정 목록을 중단시킨다(38~39, 40절). 아론이 호르산에서 죽었음을 2절에 걸쳐 길게 묘사한다(38~39절, 참고 20:22~29). 출애굽을 한 지 40년째 되던 5월 1일에 아론이 죽었다는 정보는 다른 어느 곳에서도 발견되지 않는다. 이것은 아론이 죽음으로 인해 40년의 형벌이 거의 막바지에 이르렀음을 보여 준다. 20:1에 의하면 이스라엘 자손은 첫 번째 달에 가데스에 도착하였다고만 기록되었지 몇 년째 몇째 날인지는 주어지지 않았다. 33:38에 의하면 이들이 제40년째에 도착했음을 알 수 있다. 이것은 이스라엘 자손이 호르산을 향해 떠나기까지 석 달 내지 넉 달을 가데스에 머물렀음을 의미한다. 아론이 123세에 죽었다는 기사(39절)는 아론이 출애굽할 때 나이가 83세였음을 고려하면 출애굽 후 40년과 잘 부합한다(출 7:7).

민수기 20~21장에는 아론의 죽음과 가나안 사람 아랏 왕과의 전투가 상세히 묘사되어 있다. 40절 역시 아론의 죽음에 대한 기사 바로 다음에 21:1의 단어를 약간 바꾸어 아랏 왕이 이스라엘이 오는 것을 들었다고 설명한다. 비록 아랏과의 전쟁 기사는 이곳에서 생략되어 있지만 이를 듣는 청중(또는 읽는 독자)들은 이스라엘이 가나안과의 전투에서 승리하였음을 상기하게 된다.

불순종으로 인한 아론의 죽음은 하나님을 신뢰하지 못하고 하나님의 명령을 불순종하게 될 때 하나님의 심판이 임할 것이라는 경고의 역할을 하며, 동시에 아랏 왕에 대한 승리는 이스라엘은 이제 임박한 가나안과의 전쟁에서 하나님을 신뢰하기만 하면 승리를 얻을 수 있다는 확신을 불어넣는다.

33장에 소개되는 긴 여정은 이스라엘의 비신실함에도 불구하고 변함없이 보여 주신 하나님의 신실하심을 요약적으로 나타내는 역할을 한다. 모세의 생애가 마지막에 이르렀을 때 하나님께서는 이스라엘을 약속의 땅의 문턱까지 인도하셨다. 이제 그 땅을 취하는 것만 남았다. 민수기의 나머지 부분은 그 땅을 어떻게 지파들에게 분배할 것인지에 관한 중요한 법들을 제시한다.

여기서 우리가 관심을 가져야 할 사항은 이 단락의 신학적 목적이 무엇인가, 왜 이 단락이 민수기의 현재 이 위치에 소개되어야만 하는가, 그리고 왜 이 특정의 장소들이 언급되어야만 하는가와 같은 것이다. 민수기 33장은 다른 곳에서 언급된 여러 지명들을 생략하고 있다. 예를 들면, 다베라(11:3), 맛다나, 나할리엘과 바못(21:19)을 생략하고, 반면에 다른 곳에는 나타나지 않은 지명들을 삽입하였다(13, 19~29절).

모세의 위대한 업적들이 언급된 장소들에서 일어났기에, 이 목록은 일종의 모세의 사망 약력의 기능을 하며, 따라서 민수기 33장의 이 목록은 사망

약력을 소개하는 적절한 위치라고 할 수 있다. 그러나 이 목록에는 이것 이상의 것이 나타난다. 이 목록은 출애굽기와 민수기의 주요 주제들을 요약하고 있다. 이 목록은 이스라엘이 출애굽을 하여 시내 광야를 통과하면서 극복한 큰 장애들을 상기시킨다. 만일 하나님께서 이스라엘을 여기까지 도와주었다면, 그분은 이스라엘이 그들의 목적지인 가나안 땅에 이를 수 있도록 도와주실 것이라는 사실을 명백히 발견할 수 있다. 따라서 여기 나타나는 역사에 대한 짧은 회고는 땅의 문제에 대해 명시적으로 다루는 민수기의 마지막 단락(33:50~36:13)에 나타나는 마지막 율법 묶음의 서언으로 적합하다 할 수 있다. 하나님께서 과거에 이스라엘을 다루신 방법/사건들은 이제 이스라엘이 족장들에게 약속하였던 땅에서 이 율법들이 머지않아 이행될 지점에 있음을 보증한다.

4. 가나안 정복을 위한 명령(50~56절)

두 지파 반이 땅을 차지함으로써(32:32), 아직도 땅의 정복은 많은 부분 미성취로 남아 있지만, 땅에 대한 약속은 부분적으로 성취되었다. 목표가 바로 눈앞에 있다는 것을 나타내기 위해, 민수기 33장은 이스라엘이 애굽을 출발한 이래 여정의 단계들을 일견 아무 의미도 없어 보이는 곳에서부터 중요한 의미가 있는 "여리고 맞은편 요단가 모압 평지"까지(33:48) 회고한다. 이어서 이스라엘 자손에게 "요단을 건너 가나안 땅에 들어가거든" 어떻게 가나안인들을 대해야 하며 땅의 분배는 어떻게 해야 하는지에 대한 명령이 주어진다(33:51). 이어서 땅의 경계가 묘사되고(34:1~15), 기업을 분배할 자의 이름들이 열거되며(34:16~29), 레위인의 소유와 도피성(35:1~8), 피로 인해 땅이 더럽혀졌을 경우의 처리(35:9~34), 슬로브핫 딸들의 기업 상속의 문제(36:1~12)가 다루어진다.

민수기의 마지막 다섯 장은 땅에 대한 관심 이외의 그 어떤 다른 주제도 나타나지 않는다. 민수기 마지막에 나타나는 땅에 관한 여섯 가지 율법(33:50~36:13)은 가나안 입성의 약속이 곧 성취될 것임을 읽는 이에게 상기시킨다. 즉 하나님께서 그들에게 땅을 정복하게 하심으로 이 율법에 복종할 수 있는 환경을 부여하실 것을 의미한다. 따라서 이 율법들은 가나안 땅이 곧 그들의 것이 되리라는 점을 보증하는 역할을 한다.

민수기 33:50~56은 가나안인들의 추방과 그 땅에서 가나안 종교의 자취를 뿌리 뽑아야만 한다는 전제를 제공함으로써 민수기의 마지막 단락(33:50~36:13)의 서론을 장식한다. 이 임무가 성취된 후에야 이스라엘이 그 땅을 영원히 소유하게 될 것이다. 민수기의 다른 부분에서도 그러하였듯이 여호와의 명령에 대한 엄격한 순종이 여호와의 축복을 가져오는 필수조건이다. 만일 이스라엘이 여호와의 명령을 지키면 그들은 그 땅에서 그 복을 누리게 될 것이다. 만일 지키지 못한다면 이스라엘은 저주를 받을 것이다. 단순히 남아 있는 가나안인들에 의해 패배를 당할 뿐 아니라 여호와 바로 그분에 의해 멸망을 당할 것이다.

이스라엘은 모든 가나안인들을 쫓아내야 했으며 그 땅에 잔존하는 그들 종교 제도의 모든 흔적을 남김없이 파괴해야만 했다(52절).

그 땅은 제비뽑기라는 구체적인 방법을 통해 분배되어야 했다. 54절은 수가 많은 자에게는 기업을 많이 주고 수가 적은 자에게는 기업을 적게 주되 오직 제비뽑아 분배하라는 26:54~55의 명령을 상기시킨다.

가나안인들을 완전히 몰아내지 못할 경우 발생할 결과가 55~56절에서 자세히 설명된다. 본문에서 주어진 경고는 과거 이스라엘의 반역 사건에 비추어 볼 때 그다지 놀랍지 않다. 그것은 저주의 경고로 구약에 나타나는 다른 언약 조항에서도 나타난다(7:1~6; 28:15~68; 출 23:33; 34:11~13; 수 23:12~13; 겔 28:24). 만일 이스라엘이 가나안인들을 쫓아내는 것은 물론 그들의 종교 풍습과 제의의 장소들을 뿌리 뽑는 것을 실패할 경우, 그 땅에 남아 있는 가나안인들이 눈에 가시와 옆구리의 찌르는 것, 즉 불화거리가 될 것이다. 이와 유사한 은유법은 여호수아 23:13과 에스겔 28:24에도 나타난다. 가시와 찌르는 것은 대단히 작은 것이지만 날카로워서 단순히 불편한 정도가 아니라 눈에 감염을 일으켜 앞을 보지 못하게 할 수도 있다. 따라서 대단히 적은 숫자라 할지라도 남겨 둔 가나안인들이 이스라엘의 미래에 큰 문제를 일으킬 것이기에 가나안인들을 그 땅에 남겨 놓는다는 것은 대단히 어리석은 일이다.

56절은 가나안인들을 남겨 놓는 것이 어리석음을 넘어 죄임을 의미한다. 민수기뿐 아니라 오경은 거듭해서 하나님을 순종하는 것의 중요성을 강조한다. 하나님은 과거에도 그랬듯이 불순종에 대한 대가를 친히 갚으실 것이다. 여기서 하나님은 이스라엘이 불순종할 경우 가나안인에게 의도되었던 형벌, 즉 그 땅에서 추방되는 형벌을 그들에게 내리겠다고 맹세하신다.

09

가나안 땅에서의
삶에 대한 법령들

민수기 34~36장 주해와 적용

　대부분의 주석가들이 주장하듯이, 민수기 34~36장은 제사장 문서를 편집한 이들에 의해서 기록됐다. 그들은 이스라엘 백성의 조상인 아브라함에게 하신 약속 중 두 가지가 바로 민수기 후반부에서 결정적으로 이루어지고 있음을 나타내려 한다. 즉 민수기 26장에 기록된 제2의 인구 조사 보고에서 의미하는 것처럼, 여호와 하나님께서 이스라엘 백성에게 약속하신 '자손 번창'(창 12:2)을 이루셨고 이젠 '땅의 소유'란 약속(창 12:7)도 실행에 옮기고 있음을 34~36장은 보여 준다. 사실 '약속의 땅'은 민수기 전체를 총괄하는 중요한 주제다. 1:1~10:10은 약속의 땅 진입을 위한 하나님의 출정 준비 과정이고, 13~14장은 이스라엘 백성의 돌이킬 수 없는 반역으로 출애굽 세대가 약속의 땅 진입은 고사하고 광야에서 전멸되어야 한다는 무서운 심판을 보도한다. 그러나 21:1~3은 용서의 하나님이 신세대, 즉 광야 세대를 일으켜 땅에 대한 약속을 계속해서 지키고자 하시는 그의 의지를 보여 준다.

　34~36장의 내용들은 바로 약속의 땅인 가나안에서 지켜야 할 법령들을 선포하고 있어서 민수기의 맨 마지막을 장식하는 단원으로서 잘 어울린다. 또한 이 내용들은 신명기~열왕기하에 이르는 소위 '신명기 역사'에서 더 발전된 모습으로 나타난다. 이렇듯 34~36장은 민수기의 마지막을 장식할 뿐 아니라 민수기 뒤에 나오는 '신명기 역사'의 주된 주제들이 무엇인지를 제시하는 위치에 있다.

본문의 개요

민수기 34~36장을 면밀히 살펴보면 '야웨 말씀'이란 공식 문구인 "여호와께서 모세에게 일러 가라사대"(34:1, 16; 35:1, 9)가 네 번, '시간 지정표'인 "너희가 가나안 땅에 들어가는 때에"(34:2; 35:10)가 두 번 나타나며, 이것들이 전체 본문 안에서 한 문학 단위를 형성하는 키워드 기능을 한다. 더욱이 이와 같은 전형적인 문구들이 33:50과 33:51에도 나타나기 때문에 많은 주석가들은 33:50~56을 34~36장과 함께 연결해서 연구한다. 특히 애슐리(Ashley)는 이런 문구들을 바탕으로 33:50~36:13을 6개의 하나님의 법령들이 두 개의 큰 단원으로 묶어진 구조를 가지고 있다고 주장한다.

> **가나안 땅에서의 삶에 대한 법령들**(33:50~36:13)
>
>   a 가나안 백성들을 그 땅에서 몰아내라는 하나님의 명령(33:50~56)
>
> I   b 약속의 땅의 경계선에 대한 하나님의 가르침(34:1~15)
>
>   c 엘르아살과 여호수아를 도와 땅 분배를 집행할 지파 지도자들에 대한 하나님의 지시(34:16~29)
>
>   a 레위인이 거할 도성에 대한 하나님의 명령(35:1~18)
>
> II b 도피성 마련을 위한 하나님의 가르침(35:9~34)
>
>   c 슬로브핫의 딸들을 위한 규례(36:1~13)

33:50~56을 34~36장에 연결시킨 것은 올바른 판단이다. 왜냐하면 이 구절들은 34~36장의 내용을 가능케 하는 서론 역할을 하기 때문이다. 가나안 백성들을 그 땅에서 전부 몰아내지 않는 한 약속의 땅을 차지할 수도, 분배할 수도, 심지어 다음 세대에게 유업으로 전수할 수도 없지 않는가? 이런 의미상의 연결을 생각할 때 서론격인 33:50~56과 다른 5개의 법령들이 논리적, 순차적 위치로 연접해 있다는 것은 너무나도 정당하다.

그러나 한 가지 지적할 것은 36:1~13에는 다른 문학 단위를 규정짓는

'야웨 말씀' 또는 '시간 지정표'가 나타나지 않는다는 점이다. 특히 36:13은 단지 36:1~12의 내용만을 결론짓는 것이 아니라, 민수기 안에서 '여리고 맞은편 요단가 모압 평지에서' 선포한 모든 하나님의 명령과 규례를 종합해서 결론짓는 구절이다. 이렇게 본다면 36:1~12은 앞의 5단원과 구분되어야 하며 36:13은 33:50~36:12 그 이상을 포함하는 거시적 위치를 차지한다. 그러므로 애슐리의 분석을 보강하여 본문에 더욱 충실한 구조를 다음과 같이 제시할 수 있다.

> I 가나안 땅 분배에 대한 법령들(33:50~36:12)
>   A 서론: 가나안 백성들을 그 땅에서 몰아냄(33:50~56)
>   B 본론: 특정인들에 대한 땅 분배(34:1~36:12)
>   이스라엘 전 백성들(34:1~29)
>   레위인(35:1~8)
>   살인자(35:9~34)
>   슬로브핫의 딸들(36:1~12)
> II 맺음말(26장부터 선포된 하나님의 명령에 대한 결론)(36:13)

이 구조 분석에 의해서 34~36장의 개별 단원을 좀 더 면밀하게 살펴보자.

본문 주해 및 적용

1. 이스라엘 전 백성들을 위한 약속의 땅 분배(34:1~29)

1) 약속의 땅 경계선에 대한 하나님의 가르침(1~15절)

성경의 많은 구절들이 이스라엘 민족이 정착했던 가나안 지역을 지칭할 때 "단에서부터 브엘세바까지"라는 공식 문구를 쓴다(사 20:1; 삼상 3:20; 삼하

3:10; 17:11; 24:2, 15; 왕상 5:5; 암 8:14). 그러나 본문에서 보여 주는 바와 같이 제사장 문서 편집자들은 약속의 땅 경계를 한층 더 넓은 지역으로 간주하여 이에 걸맞은 지형학적 표현으로 "하맛 어귀에서부터 애굽 하수까지"라는 표현을 쓴다. 이런 넓은 지역을 상세하게 설명하기 위해 본문은 여러 특수한 장소를 나열한다. 나열의 방식은 남쪽 경계 지역(1~5절)에서 출발하여 시계 방향으로 서쪽(6절), 북쪽(7~9절), 그리고 동쪽(10~12절)에 이른다.

이런 본문은 몇 가지 중요한 점을 제시한다. 첫째, 1~12절에 나타난 많은 지명들의 확실한 위치를 찾을 수 없음에도 본문이 이토록 상세하게 지명을 열거하는 것은 하나님이 약속을 신실하게 이행하고 계시다는 점을 의도적인 강조한 것으로 보인다. 하나님이 약속하신 땅은 그저 어떤 넓은 곳이라고 막연하게 지명된 것이 아니라 특별히 지정된 공간임을 뜻한다. 따라서 땅에 대한 하나님의 약속은 어느 특정한 곳에서 구체적으로 이루어짐을 보여 준다.

둘째, 본문이 규정하는 약속의 땅 경계는 바로 이스라엘의 열두 정탐꾼이 정탐한 땅의 범위와 동일하다. "이에 그들이 올라가서 땅을 탐지하되 신 광야에서부터 하맛 어귀 르홉에 이르렀고, 또 남방으로 올라가서 헤브론에 이르렀으니… 또 에스골 골짜기에…"(13:21~23). 이 본문은 정탐꾼들이 약속의 땅 북쪽 끝에서 남쪽 끝까지 전체를 탐지했다는 것을 알려 준다. 동시에 본문에 나타난 지역들이 탐정 사건에 의해 정확히 약속한 경계 지역임을 확인시킨다. 여기서 우리는 한 성경 본문이 다른 성경 본문을 상호 보충해 주고 있음을 엿볼 수 있다.

셋째, 본문이 정한 경계에는 요단 동쪽 지역은 포함되지 않았다. 이런 연유로 해서 본문은 이스라엘의 12지파 중 오직 아홉 지파와 므낫세의 반 지파에게만 약속의 땅을 분배된 것을 보여 준다. 나머지 르우벤 지파, 갓 지파와 므낫세의 또 다른 반 지파는 자신들의 기업을 요단 동쪽 지역을 차지했음을 지적한 셈이다. 이런 이해는 비단 민수기 32장의 사건과 부합될 뿐만 아니라 성경 전체가 지지하고 있다. 가령, 요단강을 건너는 것이 약속의 땅 정복을 알리는 시작이라는 시각, 광야에서 즐기던 만나가 요단강을 건넌 후에 멈췄다는 사실(수 5:12; 출 16:35), 이스라엘 민족이 할례를 행한 것이 요단강을 건넌 이후란 사실(수 5:2~11)을 보아서도 알 수 있다. 사실 요단 동쪽 지역은 가나안 정복처럼 계획된 정복이 아니었다. 뿐만 아니라 르우벤 지파와 갓 지파가 이 지역에 정착하고자 모세에게 청원했을 때 모세가 그들의 행동을 탐정 기사에서 나타난 반역과 동일한 차원의 범죄로 규정한 것(32:20~22)을 보아서도 알 수 있다.

따라서 요단 동쪽 지역은 본래의 '약속의 땅'에 속하지 않을 뿐 아니라, 그곳은 마치 이스라엘 민족이 '식민지'화한 영토로 간주된다. 헬라 전통에서 어떤 특정한 땅을 식민지화할 때 사용된 네 가지 절차가 민수기 32:34~42에 그대로 반영되어 있다. ① 정복을 위해 떠나다, ② 특정한 지역을 강탈하다, ③ 정착을 위해 건물을 세우다, ④ 그곳의 이름을 새로운 정착민이나 정복자의 이름으로 개명하다. 따라서 요단 동쪽 지역은 종교적으로 부정한 땅으로 여겨졌다(수 22:19).

넷째, 본문에서 요단 동쪽 지역이 약속의 땅에 포함되지 않았다는 사실은 다른 성경 구절들과 상충된다. 하나님이 아브라함에게 약속하신 땅은 지형학적으로 "애굽 강에서부터 그 큰 강 유브라데까지"(창 15:16)라는 공식 문구를 사용하는데, 이는 본문이 지정한 영역보다 훨씬 더 광대하다. 특히 요단 동쪽 지역이 약속의 땅으로 포함된다는 주장은 ① 다윗의 인구 조사(삼하 24장), ② 솔로몬 왕의 자치 구역 목록(왕상 4장), ③ 여호수아에 나타난 12지파 경계선(사 13~19장), ④ 여호수아에 기록된 레위인을 위한 성들(사 21장)에 근거한다. 이런 포괄적인 이해는 다윗 왕이 요단 동쪽 지역을 정복한 것과 제사장 사독의 권한이 높아졌을 때인 통일 왕국 시대의 배경과 관계한다. 특별히 신명기에서도 약속의 땅에 요단 동쪽 지역을 포함한 것이 눈에 띈다(신 3:16~17). 이런 상충된 보도는 성경의 다른 본문들이 제각기 틀린 역사적, 시대적 상황을 나름대로 충실히 반영하고 있기 때문이다. 성경의 여러 본문들을 동일한 역사적 지평선에 올려놓고 평가해서는 안 된다. 마치 모든 사건이 그 구체적 상황과 문맥을 벗어나서 역사성이 없는 공간에서 비교되듯이 말이다. 주석자는 서로 상충되는 기록들이 어떤 실체적 상황을 반영하는지, 그 문맥 속에서 어떤 메시지를 주는지에 관심을 기울여야 한다.

이 두 상충되는 보도는 제각기 동일한 메시지를 담고 있다. 그것은 요단 동쪽 지역을 포함하는 것과 상관없이 약속의 땅은 근본적으로 하나님의 선물이라는 점이다. 하나님의 인도하심과 허락 없이는 그 어떤 땅도 이스라엘 민족의 소유가 될 수 없다.

2) 엘르아살과 여호수아를 도와 땅 분배를 집행할 지파 지도자들에 대한 하나님의 지시(16~29절)

민수기 1:5~15에서 보도된 바와 같이 하나님은 이스라엘 민족의 지도자들을 도와 하나님의 명령을 구체적으로 실행할 '평신도 사역자'를 이곳에서도 세우신다. 두 본문의 차이점은 첫째, 모세와 아론이 아닌 여호수아와 엘르아살 제사장이 이스라엘 민족을 대표하는 지도자의 위치에 서 있다는 것이다. 이는 본문이 출애굽 세대가 아닌 신세대, 즉 광야 세대를 전제로 하기 때문이다. 둘째, 여분네의 아들 갈렙은 여호수아와 함께 구세대 중에서 살아남은 유일한 지도자다. 이는 13~14장의 탐정 사건을 전제로 한다(14:24, 30, 38). 셋째, 본문에서는 르우벤과 갓 지파가 빠졌는데 이는 그들이 이미 요단 동쪽 지역을 기업으로 받았기 때문이다(32장). 넷째, 본문은 10지파에게 주어진 기업의 땅을 기록할 때 그 지역이 남쪽에서 시작해 북쪽에서 끝맺는 방법을 쓰고 있다. 이는 34:1~15에 나타난 방향성과 동일하다. 남쪽에는 유다, 시므온, 베냐민, 단 지파들이며(19~22절), 중앙에는 므낫세, 에브라임 지파(23~24절), 북쪽에는 스불론, 잇사갈, 아셀, 납달리 지파들이다(25~26절) 다섯째, 이런 순서는 여호수아 13~19장에 나타난 지파의 순서와 동일한 점으로 보아서 약속의 땅 점령과 분배의 기록을 반영한다. 단, 요셉의 지파들인 에브라임과 므낫세 지파의 순서가 다른 것은 민수기 26:26~37의 제2의 인구 조사 기록에 근거한 것이 아닌가 추정된다. 여섯째, 유다 지파가 맨 먼저 언급된 것은 이스라엘 진영 구성을 보도한 2장, 족장들의 헌물을 기록한 7장, 실제로 광야 행군의 순서를 보여 주는 10장과 동일한 것으로 보아 유다 지파의 우월성을 암시하기도 한다. 물론 이런 점은 가부장적 제도의 관례를 따라 야곱의 첫 아들인 르우벤을 선두에 세운 1장, 13장, 26장과 상충한다. 르우벤 지파가 요단 동쪽에 남아 있기를 자청했기 때문에 약속의 땅에서는 유다 지파가 나머지 10지파 중에서 선봉으로서 역할을 감당한다.

2. 레위인이 거할 도성에 대한 하나님의 명령(35:1~8)

여러 성경 본문들은 레위인을 다른 이스라엘 지파들과 비교해서 특별한 위치에 있음을 보여 준다. 민수기만 보더라도 레위인들은 전체 지파 인구 조사에서 계수되지 않고 따로 조사되었고(1:48~53), 그들은 이스라엘과 하나님 사이의 완충지대 역할을 하였으며(2:17), 회막의 모든 기구들을 관리하는 임무를 띠었다(3:5~10). 레위인은 이스라엘 자손들을 대신해서 하나님께 드려진 청결한 제물로 하나님의 소유(8:14~18)라는 위치에 서 있다. 이런 특수한 자리에 있기에 그들에게는 기업이 주어지지 않았다(18:21~25). 그렇다면 약속의 땅에 들어갔을 때 레위인들은 무엇으로 삶을 영위할 것인가? 이 문제를 해결하기 위해 본문은 두 가지 방면으로 대답한다.

첫째, 1~5절은 레위인이 거할 성읍에 대해서 언급하되, 성읍의 규모에 관심을 둔다. 성읍 자체는 레위인의 거처가 되고 성읍 사면의 뜰은 그들의 가축과 생산과 짐승들이 살게끔 한다. 이런 하나님의 명령은 레위기 25:32~34의 법령과 흡사하다. 그러나 문제는 4절과 5절에 제시된 성읍 사면들의 규모가 서로 다르다는 점이다. 히브리어 성경에는 4절 1,000규빗, 5절 2,000규빗으로 기록된 것이 우리 성경에서는 이 문제점을 피하기 위해 4절과 5절을 똑같이 2,000규빗으로 번역했다.

여러 주석가들이 제안한 해결책 중에 밀그롬(Milgrom)의 제안이 타당하다고 생각한다. 그는 성읍을 둘러싼 뜰의 이중적 규모가 실질적인 도시 건설의 청사진을 바탕으로 하고 있으며, 심지어는 도시가 팽창함에 따라 주변의 뜰도 함께 넓어져야 함을 염두에 둔 미래 지향적 처사라고 주장한다.

1,000규빗	1,000규빗
성읍	
1,000규빗	1,000규빗

위의 도식에서 보는 바와 같이 레위인이 거할 성읍 주변의 뜰은 각 방면에서 1,000규빗씩 떨어져 있으며 이것을 동서와 남북을 연합하면 2,000규빗이 된다. 이와 동시에 회색으로 보이는 영역이 가축과 짐승들이 거할 지역이다. 밀그롬의 해결책은 본문의 상충되는 정보를 해결할 뿐 아니라 본문이 얼마만큼 심각하게 미래를 생각하며 정확하게 레위인 도성의 규모를 규정하고 있는가를 확실히 밝혀 준다.

둘째, 6~8절은 도성의 규모보다는 몇 개가 선정되고 어떤 방식으로 채택되는가를 설명한다. 6~7절은 레위인이 받을 성읍이 전부 48개이며 이중 6개는 살인자를 위한 도피성 역할을 부여하고 있어 이후에 나올 도피성에 대한 하나님의 명령을 준비시킨다. 8절은 이스라엘 지파가 각기 받은 기업의 많고 적음에 비례해서 성읍들을 레위인에게 주는 원칙이 나온다. 그러나 이 원칙은 실제로 잘 이행되지 않은 것 같다. 예를 들면 납달리 지파는 르우벤, 시므온, 갓, 또는 에브라임 지파들보다 인구수가 더 많음에도, 이들 지파보다 더 적은 수의 성읍을 내놓았다. 또 잇사갈 지파는 에브라임 지파보다 인구수가 두 배나 많았지만, 에브라임 지파와 동일하게 4개 성읍만 레위인에게 제공했다(21:20~22, 28~29). 따라서 7~8절의 원칙들은 어쩌면 12지파가 각각 4개의 성읍을 공평하게 할애하는 이상적인 모델(7절)과 역사적으로 당대의 경제 상황을 감안한 현실적 모델(8절)이 융합된 결과일 것이다.

3. 도피성 마련을 위한 하나님의 가르침(35:9~34)

본문의 개념적 구조를 살펴보면 다음과 같다.

I '야웨 말씀' 공식 문구(9절)

II 말씀의 내용: 살인죄 처리(10~34절)

    A 명령(10상절)

    B 내용(10하~34절)

       1 종합적인 선언(10하~12절)

       2 부연 설명(13~34절)

         a 사건에 대한 자세한 설명(13~32절)

           i 도피성에 관하여(13~15절)

           ii 사건의 실례와 처리에 관하여(16~32절)

         b 신학적 당위성(33~34절)

본문은 본의 아니게 살인을 저지른 자가 회중 앞에서 공평한 재판을 받기 전까지 복수하려는 자에게서 피할 수 있는 도피성을 마련하라는 하나님의 명령을 담고 있다. 이것은 근본적으로 두 가지 사건이 전격적으로 변화되었음을 암시한다.

첫째, 본문은 살인자를 보호하는 피난처가 성소 제단에서 도피성으로 전환되었음을 보여 준다. 이스라엘 역사에서 성소의 제단 뿔을 만짐으로써 살인자가 목숨을 부지한 일이 있다. 한 예로 아도니야가 다윗의 왕위를 계승하기 위해 솔로몬과 투쟁하고 있을 때 이를 도왔던 요압과 함께 목숨을 건지기 위해 성전의 제단으로 피난했던 사건이 있다(왕상 1장). 제사장 문서 편집자들로서는 이러한 전통을 용납할 수가 없었다. 왜냐하면 제단은 성스러운 곳이며 그곳을 침입하는 자는 반드시 죽게 된다고 믿었기 때문이다(민 4:15). 이런 전환은 신명기 4:41~43과 여호수아 21장에도 동일하게 나타난다.

둘째, 살인자를 재판하는 공식 통로가 가정/부족 공동체에서 사회 공동체로 전환되었음을 보여 준다. 12절의 '복수할 자'는 히브리어 '고엘'(גאל)을 번역한 것이다. 이 단어는 살인을 당한 자의 가족 중에서 가장 가까운 관계에 있는 사람으로서(next of kin) 그가 흘린 무고한 피의 보상을 쟁취해야 할 권리와 의무가 있음을 의미한다. 이것은 살인에 연루된 정의/공평이란 개념이 부족이나 가족 단위에서 해결되어야 함을 암시한다[마치 룻기에 나오는 보아스가 형수취수제를 실행하기 위해 룻의 '구속자'(고엘)가 된 것처럼 말이다. 룻 3:13]. 무고하게 살해당함으로 인해 발생한 가족의 명예 훼손과 물질적, 정신적 손해, 더나아가 피를 흘림으로써 생겨난 땅의 오염까지도 해결해야 할 자는 살해당한 이와 가장 가까운 친족이다. 그러나 본문에서는 살인에 관련된 제반 절차가 도피성이란 사회 공동체를 통해서 이루어져야 하며, 도피성을 살인자의 죄과가 회중 앞에서 결정될 때까지 그를 보호해 주는 피난처의 역할을 감당하게 한다. 이런 전환이 도피성에 대한 하나님의 명령을 종합적으로 서술한 10하~12절에 전제되어 있다.

나머지 구절들은 부연 설명으로서 먼저 도피성의 숫자(6개), 그들의 위치(요단 동쪽 지역과 약속의 땅인 가나안 땅), 그리고 혜택 받을 수 있는 자의 범위(이스라엘 자손, 타국인, 이스라엘 중에 우거하는 자)를 알려 준다. 여호수아 20장에는 이 여섯 도성의 이름이 나타난다. 가나안 땅에선 북쪽의 납달리 지파에 속하는 게데스, 중앙 지역의 에브라임 지파에 속하는 세겜, 남쪽의 유다 지파에 속하는 기럇 아르바, 곧 헤브론이 선택되었고, 요단 동쪽 지역에선 남동쪽의 르우벤 지파에 속하는 베셀, 중앙 지역의 갓 지파에 속하는 길르앗라못, 그리고 북쪽의 므낫세 지파에 속하는 바산 골란이 구별되었다. 이는 이스라엘 민족이 거주하는 전 지역을 커버하고 있다. 이런 포괄성이 혜택을 받을 수 있는 자의 범위에서도 재천명된다. 이 점은 바로 33~34절에 명시된 신학적 당위성에 기인한다. 한 사람의 피 흘림은 이스라엘 민족이 거주하는 모든 영역과 그들 중에 거하는 모든 사람들에게 영향을 끼친다. 왜냐하면 흘린 피는 그들이 살고 있는 '땅'을 오염시키고 부정케 하기 때문이다. 한 사람의 잘못으로 인해서 모든 사람이 피해를 볼 수 있기 때문에 한 개인의 가족이나 부족에서 사건을 해결하기보다는 사회 공동체에서 공평하게 처리할 수밖에 없는 것이다.

살인 행위의 공평한 재판을 위해 선행되어야 할 것은 먼저 이 행위의 고의성/의도성의 여부다(16~23절). 16~21절은 살인의 고의성을 판단하는 데 두 가지 기준을 제시한다. 만일 살인에 사용된 물건이 '철연장'(16절), '죽일 만한 돌'(17절), '죽일 만한 나무 연장'(18절)이었다면 이 살인 행위는 의도적으로 판명된다. 왜냐하면 이런 물건들은 사람을 죽이는 '무기'로 간주될 뿐 아니라 살인자의 행동이 의도적이라는 동기를 제공하기에 충분하기 때문이다. 이 경우엔 "그 고살자를 반드시 죽일 것이요"란 문구가 반복해서 나온다 (16, 17, 18절). 이와 구별되게 살인의 고의성은 사용된 물건에 있기보다는 살인자와 피살자와의 관계성에서 연루됨을 볼 수 있다. 가령 한 사람을 '미워하거나', '원한'으로 그를 죽였다면, 이는 살인의 근원 동기가 어떤 특정한 행동, 즉 '밀치다'(20절), '무엇을 던지다'(20절), '손으로 치다'(21절)에 상관없이 두 사람의 관계에 집중된다. 이런 이유로 살인한 자는 복수하는 자에게 죽임을 면하기 어렵다.

한편 22~23절은 비고의적인 살인의 실례를 열거한다. 즉 20~21절과 연결해서 원한도 없고 해할 의사도 없이 사람을 죽였을 때, 비록 결과적으로는 고의적인 살인 행동과 차이가 없지만, 살인자의 태도와 동기가 다르기에 용서받을 기회가 있음을 암시한다.

살인 행위의 공평한 판단을 위한 두 번째 기준은 재판의 공정성을 위한 절차다(24~32절). 이 절차를 총괄적으로 책임지는 이는 회중이다(24절). 그러나 실질적으로는 회중에서 선택된 한 그룹이 실행에 옮김을 신명기 19:12과 여호수아 20:4에서 엿볼 수 있다. 이들이 취해야 할 임무는 첫째, 살인자를 복수할 자의 손에서 건져 내어 도피성으로 피하도록 조치할 것(25절), 둘째, 한 명 이상의 증인의 말을 들을 것(30절), 셋째, 살인자를 대속할 금전(보석금)을 받지 말 것(31~32절), 넷째, 고의적으로 살인한 자는 죽일 것이요, 비고의적으로 살인한 자는 대제사장이 죽는 날까지 도피성에서만 거주할 것이 그것이다. 이런 임무들은 지극히 상식적이고 논리적이면서도 중요한 몇 가지를 제시한다.

첫째, 도피성은 살인자를 위한 피난처일 뿐만 아니라 현대적 의미의 '감옥'과 같은 역할을 한다. 의도적으로 살인을 저지르지 않은 자가 도피성 안에서만 거주할 수 있다는 것은 그로 하여금 평생 다른 지역에서 살 수 없음을 의미한다. 소위 말하면 다른 사람들과 격리되어 평생을 보내야 한다는 것이다. 이것은 살인이 갖는 심각성을 염두에 두면서도 비고의적으로 저지른 살인에 대해서 인도주의적인 입장을 보여 준다.

둘째, 이런 살인자가 도피성에서 나와 가족과 고향으로 돌아갈 수 있는 것은 대제사장이 죽은 후에야 가능하다(28~29절). 이 조치는 아마도 대제사장의 죽음이 한 세대를 마감하고 또 다른 세대를 시작하는 전환점으로 간주했기 때문일 수 있다. 그보다는 창세기 9:6에 명시된 "무릇 사람의 피를 흘리면 사람이 그 피를 흘릴 것이니 이는 하나님이 자기 형상대로 사람을 지었음이니라"에 근거한다. 즉 대제사장의 죽음이 살해당한 자의 피를 보상함으로 살인자의 피 값을 대신 치른 것이다. 따라서 대제사장의 죽음은 마치 제사장들이 사람들을 위해서/그들을 대신해서 제사를 올리는 것과 비슷한 역할을 한다.

셋째, 살인자를 대속할 금전을 받지 말라는 조처는 실질적인 면에서 납득이 간다. 돈으로 법망을 교묘히 피해 갈 수 있다는 망상을 미리 예방하는 것일 뿐만 아니라 근본적으로 이런 조처는 사람이 물질보다 더 중요함을 재천명하는 것이다. 이는 물질 만능 시대를 사는 우리 사회에 일침을 가하는 것이리라.

마지막으로 33~34절은 살인죄에 관한 모든 제안들에 신학적 당위성을 부여한다. 특히 주목할 것은 살인은 단순히 다른 한 사람의 목숨을 빼앗아 갔다는 인간 대 인간의 사건이 아니라 하나님에게도 영향을 미치는 행동이란 점이다. 살인은 거룩한 하나님이 약속의 땅에 그의 백성과 함께 거하시기로 한 결정에 정면으로 반항하는 행위다. 왜냐하면 거룩한 하나님이 피 흘림으로 인해 불결해진 땅에 거할 수 없기 때문이다. 창세기 4장의 가인과 아벨의 사건에서 아벨의 피가 땅을 오염시켰을 뿐 이니라 하나님께서 그의 핏소리가 땅에서부터 호소하심을 듣고 가인을 땅에서 쫓아내며 유리하라는 심판을 내린 것을 기억하자. 살인은 하나님 면전에서 떠나 사는 상태를 보여줌과 동시에 다시 찾아오신 하나님을 떠나보내는 결과를 초래한다. 그러나이런 극심한 상황에서도 하나님은 '도피성'을 마련케 하여 이스라엘 백성들로 하여금 하나님과 함께 살 수 있는 방법을 마련해 주셨다. 이것은 하나님은혜의 직접적인 실례다.

4. 슬로브핫의 딸들(36:1~12)

본문은 27:1~11의 사건과 직결된다. 27장에서 슬로브핫의 딸들이 모세와 제사장 엘르아살과 족장들과 온 회중 앞에서 그들의 아버지가 아들 없이 죽었기에 아버지의 이름이 그 가족 중에서 소멸되지 않기를 호소했다. 즉 아버지에게 약속된 땅을 기업으로 받을 권리가 위협을 받았다고 호소했다. 이런 상황에서 모세는 야웨 하나님의 명령을 받아 슬로브핫에게 약속된 기업을 그의 딸들이 상속받을 수 있도록 허락했다.

본문은 모세의 해결책이 타당함을 인정하면서도, 그에 따른 또 다른 문제를 거론한다. 슬로브핫이 므낫세 지파에 속했으므로, 이제는 그 지파 지도자들이 부족 간의 결혼으로 인해 한 지파에게 할당된 딸의 기업이 타 지파로 전이되는 것을 문제 삼았다. 만일 기업을 전수받은 딸들이 다른 지파로 시집을 간다면, 전통적인 관례에 따라 그들이 소유한 땅까지도 남편이 속한 지파로 이전되기 때문에, 딸들이 속한 지파는 그만큼 딸의 기업을 잃어버리는 문제가 생긴다. 이것은 지파 간의 경제적 균형성을 깨뜨릴 뿐만 아니라, 각 지파에게 주어진 고유의 기업은 타 지파로 전이될 수 없다는 약속의 땅 분배원칙에 위배된다. 다시 말하면, 27장은 기업 상속이란 이슈가 가족 단위에서 이뤄질 수 있는 문제를 해결한 것이고, 36장에서는 그 해결책이 지파 단위에서 또 다른 문제가 야기됨을 보여 준다(36:1~4). 이런 상황에서 모세는 야웨 하나님의 명령을 받아 27장에서 선포한 규례에, 땅을 약속의 기업으로 받은 딸들은 반드시 그들의 지파 내에서만 결혼할 수 있다는 법규를 추가시켰다. 이 추가 법령은 약속의 기업이 한 지파에서 다른 지파로 전이될 수 없다는 고유의 원칙을 재확인한 것이다(36:5~12).

27장과 36장에서 공통적으로 재천명한 것은 다음과 같은 사실이다. 첫째, 땅은 하나님의 소유다. 따라서 땅에 관한 제반 문제는 하나님의 결단에 순복해야 한다. 둘째, 이스라엘이 약속받은 땅은 하나님이 주신 선물이다. 따라서 이스라엘은 하나님의 땅을 관리하는 위치에 있다. 셋째, 하나님이 각 지파, 각 부족, 각 가족에게 허락하신 땅은 그들 각자에게 주신 권리이므로 타인, 타 부족, 타 지파에 양도할 수도 없고, 빼앗을 수도 없다. 이런 원칙들은 희년의 법령을 기록한 레위기 25장에 좀 더 자세히 설명되어 있다. 약속의 땅은 하나님이 은혜로 이스라엘 백성들에게 허락하신 것이기에 가족 단위에서부터 지파 단위에 이르기까지 모든 사회 구조 속에서 공평성과 균등성을 지켜야 한다. 이는 현재 빈익빈, 부익부로 치닫는 사회 상황을 다시금 개혁해야 하는 이유가 단순히 인도주의 차원에서가 아니라 하나님의 백성이 해야 할 임무임을 지적한다.

5. 맺음말(36:13)

이 구절은 한 단원을 끝맺는 공식 문구의 형태를 취하고 있다. 전형적으로 이런 공식 문구는 사건 보도의 육하원칙을 포함한다. 특히 본문이 갖는 특이한 점은 레위기 7:37~38, 26:46, 27:34에서 보는 바와 같이 법령을 다룬 단위를 끝맺고 있다는 것이다. 민수기 35:50~36:12는 약속의 땅 안에서 일어날 땅의 분배에 관한 법령들이었다. 이제 이 단원을 마감하면서 이 구절은 6개의 법령이 하나님께서 직접 모세를 통해서 이스라엘 자손에게 선포하신 것임을 확인하고 있다. 좀 더 넓게 생각하면 이 구절은 "여리고 맞은편 요단가 모압 평지"에서 신세대에게 선포하신 하나님의 명령이기에 이런 지형적 표시는 민수기 안에서 처음 기록된 22:1부터의 모든 사건을 끝맺는 맺음

말이기도 하다. 더 나아가 이 구절은 약속의 땅에 들어간 후에 일어날 문제들에 초점을 두고 있기에 신명기의 중요한 주제들을 예비하는 것이기도 하다. 이런 특이한 점을 감안한다면 이 구절의 기능은 33:50부터의 법령들, 22:1부터의 사건들을 끝맺는 것을 넘어서 민수기와 신명기의 확실한 경계선을 그음으로 민수기란 한 권의 책을 최종적으로 마감하는 기능을 한다고 볼 수 있다.

맺는 말

민수기 34~36장에 나타난 중요한 신학적 요점을 간추려 보자. 먼저 이 단원은 민수기 1~10장에서와 같이 이스라엘 민족을 일반 백성과 레위인(성막 봉사자들)으로 구분한다. 이는 이스라엘 민족의 근본 체제가 하나님의 거룩하심이란 개념에 의거하여 구성되었음을 암시한다. 만일 1~10장에서 광야 생활을 위한 이스라엘의 진영이 이런 식으로 구성되었다면, 이젠 34~36장에서 똑같은 구분이 이스라엘이 약속의 땅에 정착해서 생활할 때도, 즉 사회의 구조에도 반영되어야 한다. 이스라엘 민족이 두 '계급' 즉 우열을 따지는 계층으로 나누어졌다는 것이 아니라, 각자의 맡은 직분으로 인해 두 부분으로 '구별'되어 있음에 유의하자. 다시 말하면 하나님의 거룩성을 정착 생활 중에도 유지하기 위해선 모든 지파가 주의해야 하지만 특별히 레위인들이 구별되어 우선순위를 가지고 지켜야 한다.

둘째, 본문에서 약속의 땅 개념은 이스라엘의 구원 역사를 구체화한다. 민수기는 이스라엘 백성이 어떤 한 지역을 약속으로 받았다는 사실에 그치지 않고 세밀한 경계선을 제시함으로써 하나님의 약속이 이 땅에서 구체적으로 실현됨을 보여 준다. 하나님의 약속을 눈으로 볼 수 있고, 손으로 만질 수 있는 현실적인 방법들에 의해서 확실히 성취된다.

셋째, 하나님께서 이스라엘에게 명령한 법령들은 그 중심에 평등성과 균등성의 원칙이 있다. 모든 백성을 위한 땅 분배에서부터 구별된 레위인의 생활 보장, 살인자를 위한 도피성을 마련함, 슬로브핫 딸들의 경우에 이르기까지 한 공동체로서, 한 사회로서 어떤 방식으로 상생할 것인지를 가르친다. 바른 절차를 존중하고 개인과 가족과 지파에 주어진 권리를 인정할 때, 비로소 그들은 그들 속에 주인 되신 하나님의 거룩성을 지킬 뿐 아니라 하나님의 계속되는 임재의 축복을 누릴 것이다. 보이지 않는 하나님의 현존을 인식하는 것이 정의와 평등의 사회를 구성하고 유지하는 지름길이다. 이런 사명을 특별히 레위인들이 구별되어 본을 보이며 앞장서 지켜야 할 것이다.

〈참고〉

'약속의 땅'의 경계

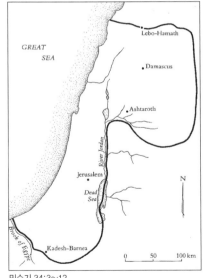

민수기 34:3~12

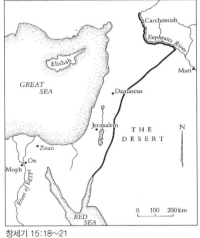

창세기 15:18~21

주(註)

1부

1장

1. 이 용어는 'conceptual approach'를 번역한 것으로 자세한 방법론과 실질적으로 다양한 장르의 본문에 응용한 실례는 필자의 학위 논문 지도 교수이신 Rolf P. Knierim, *Text and Concept in Leviticus 1:1~9: A Case in Exegetical Method* (Tübingen: J. C. B. Mohr, 1992)다.
2. 이 표제는 민수기 안에 있는 다양한 본문들을 조정하고 의미를 부여하는 신학적 개념을 나타낸 것이다. 이스라엘 백성들의 광야 여정은 그 자체로서 의미를 갖는 것이 아니라 그 여정이 바로 하나님께서 약속한 바 그 백성들을 약속의 땅으로 인도하려는 계획의 실행이기에 중요한 것이다.

   광야 여정은 단순히 비즈니스 여행이나, 성지를 순례하고 돌아오거나 목적 없이 무작정 떠나는 개인적인 여행이 아니다. 그 여정 속에 어떤 사건이 벌어졌든지 간에 그것은 하나님의 여정이며 약속의 땅인 가나안 땅을 차지하기 위한 전투적 행동이다. 그 땅을 차지하기까지 어느 곳에서도 안주할 수 없는 목적이 있는, 목표를 향한 하나님 성막의 출정 역사인 것이다.
3. Won W. Lee, "Punishment and Forgiveness in Israel's Migratory Campaign, diss.," Claremont Graduite School (1998): 132~133을 참조하라. 필자의 학위 논문으로 Rolf P. Knierim 교수의 지도 하에 쓴 것이다

참고 문헌

1. Coats, Gorge W. *Rebellion in the Wilderness: The Murmuring Motif in the Wildness Traditions of the Old Testamen*. Nashville: Abingdon Press, 1968. 이 책은 오래되었음에도 불구하고 이스라엘의 반항에 대한 본문들을 역사적, 비평적 그리고 신학적으로 논의한 중요한 책이다.
2. Knierim, Rolf P. "The Book of Numbers." *The Task of Old Testament Theology: Method and Cases*. Grand Rapids: Eerdmans Publishing Co.,(1995): 380~88. 이 글은 민수기가 모세오경 안에서 어떤 위치에 있으며 민수기 자체의 장르, 삶의 정황 그리고 의도에 대한 간략한 논의를 한 글이다.
3. Milgrom, Jacob. *Numbers*, The JPS Torab Commentary. Philadelphia: The Jewish Publication Sociery, 1990. 이 주석은 민수기에 대한 구조와 모세오경에 대한 전체적 구조를 논의한다. 77개의 특주를 통해서 각 개별적 본문들에 대한 유대인의 관습과 역사적 관점이 자세히 논의되어 있다.
4. Olson, Dennis T. *The Death of the old and the Birth of the New: The Framework of the Book of Numbers and the Pentateuch*. Chico, CA: Scholars Press, 1985. 이 책은 출애굽 세대와 새로운 광야 세대의 전환점이 민수기 전체의 구조를 결정짓는 개념이라고 주장한다.

그에 의하면 이런 개념은 민수기의 두 인구 조사(1, 26장)에서 뚜렷이 나타난다. 민수기 연구를 위해 필수적인 책이다.

2장

1. 그렇다고 필자는 민수기를 가지고 '모형론'을 제시하는 것이 아님을 알기 바란다.
2. 출애굽기 16장에 애굽으로 돌아가자며 불신앙으로 하나님을 원망하는 그들에게 하나님의 영광이 임재하였다(출 16:6~7, 10). 그러나 이 임재 때에 하나님은 오히려 그들에게 만나와 메추라기를 주셨다.
3. 시편 23:1의 "여호와는 나의 목자시니 내가 부족함이 없으리로다"라는 구절을 상기하시오.
4. 특히 시편 114편은 아마 초막절 절기 때 즐겨 부른 노래일 것이다. 참고하시오.

3장

1. Origen, *Origen*, Classics of Western Spirituality, ed. Roland A. Greer (New York: Paulist, 1979), 246.
2. J. Milgrom, *Numbers* (JPS; Philadelphia/New York: Jewish Publication Society, 1990) 7~8; Dennis, T. Olson, 「민수기」, 차종순 옮김(서울: 한국장로교출판사, 2000), 25~28.
3. Won W. Lee, *Punishment and Forgiveness in Israel's Migratory Campaign* (Grand Rapids: William B. Eerdmans, 2003), 290. 이원우는 약속의 땅을 정복하기 위한 첫 번째 준비 과정을 출애굽기 1:1~민수기 10:10로 한정시켰다. 그러나 땅에 대한 약속은 이미 아브라함에게 주셨기 때문에 창세기 12장부터 시작하는 것이 올바르다.
4. Mishina, Yoma 7:1; Mishna, Menahot 4:3.
5. 정중호, 「민수기1」(프리칭아카데미, 2008), 248~65.
6. J. Milgrom, *Leviticus: A Book of Ritual and Ethics* (Minneapolis: Fortress Press, 2004), 212.
7. 개역성경에 '속죄제'로 번역된 여성 명사형 '하타아트'(חטאת)는 피엘형인 '하타아트'[חטא chitte, 정화(淨化)시키다]의 의미에서 유래된 단어로 '하타아트'는 '티하르'(טהר 정결하게 하다, 겔 43:23~26)와 '키페르'(כפר kipper 정화하다, 겔 43:20, 26) 등과 유사한 의미를 갖고 있다. 그러므로 '하타아트'를 속죄제(sin offering)라고 번역하기보다 '정화 제사'(purification offering)라고 번역하는 것이 올바른 번역이 될 것이다. J. Milgrom, "Sin-offering or Purification-offering," *VT* 21 (1971): 237~9; "Sacrifices and offerings, OT," *IDBS*: 766.
8. J. Milgrom, *Numbers* (JPS; Philadelphia/New York: Jewish Publication Society, 1990), 33.
9. 정중호, "회막전승의 역동성과 법궤," 「구약논단」 18(2005): 14~29.
10. D. F. Morgan, "The So-Called Cultic Calendars in the Pentateuch: A Morphological and Typological Study, Diss." (Claremont Graduate School, 1974).
11. 정중호, 「레위기: 만남과 나눔의 장」(서울: 한들출판사, 1999), 76~94.

4장

1. Jacob Neusner, *The Way of Torah: An Introduction to Judaism* (Belmont, CA: Dickenson, 1970).
2. Rolf P. Knierim, *The Task of Old Testament Theology* (Grand Rapids: Eerdman, 1995), 378~379.
3. Dennis T. Olson, *The Death of the Old and the Birth of the New: The Framework of the Book of Numbers and the Pentateuch* (Chico: Scholars, 1985), 48~49; Katharine D. Sakenfeld, *Journeying with God: A Commentary on the Book of Numbers* (Grand Rapids: Eerdmans, 1995), 4~5.
4. 이하 일부는 왕대일, 「성서주석 민수기」(서울: 대한기독교서회, 2007), 46~50을 수정하여 전재한다.
5. Jacob Milgrom, *Numbers* (New York: Jewish Publication Society, 1990), xvii~xviii.
6. Mary Douglas, *In the Wilderness: The Doctrine of Defilement in the Book of Numbers*, JSOT Supplement 158 (Sheffield: JSOT, 1993), 95~101.
7. Douglas, 99.
8. Knierim, 356.
9. 비교 T. W. Mann, *The Book of the Torah, The Narrative Integrity of the Pentateuch* (Atlanta: John Knox, 1988), 128~131.
10. Mann, 127.
11. Terrence E. Fretheim, *Creation, Fall, and Flood: Studies in Genesis 1-11* (Minneapolis: Augsburg, 1969), 26.
12. F. M. Cross, *Canaanite Myth and Hebrew Epic* (Cambridge, MA.: Harvard University, 1973), 308~317.
13. 왕대일, 「성서주석 민수기」, 679~680.
14. 앞의 책, 66.
15. 앞의 책, 71~72.
16. Mann, 126.

5장

1. D. T. Olson, *The Death of the Old and the Birth of the New: The Framework of the Book of Numbers and the Pentateuch*, BJS 71 (Chico, Calif.: Scholars Press, 1985), 83~124.
2. Olson, "Negotiating Boundaries: The Old and New Generations and the Theology of Numbers," *Interpretation* 51/3 (1997): 229~240, esp. 230.
3. 앞의 책, 231.
4. 앞의 책, 232.
5. W. F. Albright, *From Stone Age to Christianity* (Doubleday: Anchor, 1957), 253.
6. 예를 들어 H. Holzinger, *Numeri* (Tübingen and Leipzig, 1903), 5~6, 134; E. W. Davis, "A Mathematical Conundrum: the Problem of the Large Numbers in Numbers I and XXVI,"

VT 45 (1995): 449~469.

7. Colin J. Humphreys, "The Numbers of People in the Exodus From Egypt: Decoding Mathematically the Very Large Numbers in Numbers I and XXVI," *VT* 48/2 (1998): 196~213; 비교 J. W. Wenham, "Large Numbers in the Old Testament," *TB* 18 (1967): 19~53.

8. 비교 Timothy R. Ashley, *The Book of Numbers*, NICOT (Grand Rapids: Eerdmans, 1993), 8.

9. J. Milgrom, *Numbers*, JPS Torah Commentary (Philadelphia: JPS, 1990), 4~7, 335~336.

10. Gary A. Rendsburg, "An Additional Note to Two Recent Articles on the Number of People in the Exodus from Egypt and the Large Numbers in Numbers I and XXVI," *VT* 51/3 (2001): 393~396, esp. 393.

11. Rolf P. Knierim and George W. Coats, *Numbers*, FOTL IV (Grand Rapids: Eerdmans, 2005), 9~16; 왕대일, 「성서주석 민수기」, 57~67.

12. Knierim and Coats, 11.

13. M. Z. Kaddari, "nasa'," G. J. Botterweck und H. Ringgren, eds., *Theologisches Wörterbuch zum Alten Testament*, V (Stuttgart: Kohlhammer, 1970), 493~497.

14. 왕대일, 「성서주석 민수기」, 60~62.

15. Knierim and Coats, 31.

16. W. W. Lee, "Punishment and Forgiveness in Israel's Migratory Campaign: The Macro-structure of Numbers 10:11~36:13," Ph. D. Diss., Claremont Graduate University (1998): 134~231.

17. 앞의 글, 134~135.

18. Jon D. Levenson, *Sinai and Zion: An Entry into the Jewish Bible* (San Francisco: Harper, 1985), 20~21.

19. 비교 Levenson, *Siani and Zion*, 91.

20. Frank H. Gorman, Jr., *The Ideology of Ritual: Space, Time, and Status in the Priestly Theology*, JSOTSup 91 (Sheffield: Sheffield Academic, 1990), 215~227.

21. 왕대일, 「성서주석 민수기」, 70~71.

6장

1. 여기에 대해서는 Philip J. Budd, *Numbers*, WBC 5 (Waco. Texas: Word Books, 1984), xviii~xxv를 보라.

2. Knierim and Coats, *Numbers*, 337~367을 보라.

3. G. B. Gray, *A Critical and Exegetical Commentary on Numbers*, ICC (New York: Charles Scribner's Sons, 1903), xxiv; Martin Noth, *Numbers: A Commentary* (London: SCM, 1968), 4.

4. B. A. Levine, *Numbers 1~20*, AB 4A (New York/London: Doubleday, 1993).

5. B. S. Childs, *Introduction to the Old Testament as Scripture* (London: SCM, 1979), 190~201; Mann, *The Book of the Torah*, 125~142; M. Douglas, *In the Wilderness: The*

Doctrine of Defilement in the Book of Numbers (Sheffield: JSOT, 1993), 102~126 이하. 차일즈, 밀그롬, 더글러스의 민수기 해석은 왕대일,「성서주석 민수기」, 51~54의 내용을 수정하여 게재한다.

6. Childs, 194~199.

7. M. Douglas, *In the Wilderness*; Timothy R. Ashley, *The Book of Numbers*, NICOT (Grand Rapids: Eerdmans, 1993); Milgrom, *Numbers*, xiii~xxxi; G. J. Wenham, *Numbers*, TOTC (Leicester: Inter−Varsity, 1981).

8. Milgrom, xv.

9. 앞의 책, xvi.

10. D. T. Olson, *The Death of the Old and the Birth of the New*, 83~124; Knierim and Coats, 9~336; Won W. Lee, "Punishment and Forgiveness in Israel's Migratory Campaign: The Macrostructure of Numbers 10:11~36:13," Diss., Claremont Graduate University (1998): 134~231.

11. Knierim and Coats, 12.

12. Martin Noth, 57, 77, 114, 135.

13. Douglas, 102~103, 107~109.

14. 앞의 책, 87.

15. 앞의 책, 87; 왕대일,「성서주석 민수기」, 53~54.

16. Douglas, 114~115, 117~118, 119~122.

17. J. Neusner (trans.), *The Mishnah: A New Translation* (1988).

18. D. Meijers, "The Structural Analysis of the Jewish Calendar and its Political Implications," *Anthropos 82* (1987): 604~610; Douglas, 115.

19. Douglas, 118, 119~122.

20. Mann, 126~127.

21. 앞의 책, 126.

22. Douglas, 144~159.

23. 앞의 책, 145~146.

24. 앞의 책, 151.

8장

1. Horst Dietrich Preuss, *Old Testament Theology*, Volume I (Louisville: Westminster John Knox Press, 1995), 70.

2. John I. Durham, *Exodus* (WBC, 3; Waco, TX: Word Books, 1987), 268, 272.

3. 크니림(R. Knierim)은 오경의 이야기 구조 속에서 내재된 핵심 개념을 출애굽기 3:7~8에서 분석했다. 그에 의하면, 출애굽기 3:7~8은 하나님의 백성으로서 고대 이스라엘의 땅의 신학을 내장(內藏)한다. 이 땅의 신학에 의해 이야기 전개는 불가피하게 땅의 정복 이야기로 이어지게 된다. *The Task of Old Testament Theology: Methods and Cases* (Grand Rapids, MI: William B. Eerdmanns Publishing Co. 1995), 309~321.

4. 브루그만(W. Brueggemann)은 오경 또는 육경의 제사장 전승(priestly tradition)에서 이야기(narrative) 부분을 주목하여 창조(creation)와 정복(conquest)의 관계를 제사 문서 기자의 '땅 신학'(land theology)의 입장에서 설명한다. "The Kerygma of the Priestly Writers", in idem and H.W. Wolff, *The Vitality of Old Testaments* (Atlanta: John Knox Press, 1975), 101~113.

5. D.T. Olson, *Numbers* (Louisville: John Knox Press, 1996), 3~7. 올슨에 의하면, 민수기는 두 번의 인구 조사에 의해 두 부분으로 분할되며, 두 부분 사이에는 상호 대조되고 조응하는 평행들(parallels)이 내재되어 있다. 그런가 하면 더글러스(M. Douglas)는, 민수기는 전체적으로 원구조 속에 12개의 부분들(sections)이 연접하여 펼쳐진 것으로 본다. *In the Wilderness: The Doctrine of Defilement in the Book of Numbers*, JSOTSup, 158 (Sheffield: Sheffield Academic Press, 1993), 102~126.

6. Olson, 4~5.

7. 앞의 책, 11.

8. Gordon J. Wenham, *Journeying with God: A Commentary on the Book of Numbers* (Grands Rapids, MI: Eerdmans, 1995), 24; Olson, 10.

9. 사회의 군사적 조직화와 지도력과의 관계에 관한 논의를 위해서는 T. R. Hobbs, *A Time For War: A Study of Warfare in the Old Testament* (Wilmington, Delaware: Michael Glazier, 1989) 82~83을 보라. 홉스에 의하면, 다윗의 인구 조사(삼하 24장)는 통치자로서의 그의 권력과 야망의 상징으로 간주된다. 앗시리아 시대의 세금과 징집에 관한 연구를 위해서는 J. N. Postgate, *Taxation and Conscription in the Assyrian Empire* (Rome: Biblical Institute Press, 1974)를 보라.

10. Norman K. Gottwald, *The Tribes of Yahweh* (London: SCM Press, 1980), 257. 고대 이스라엘의 사회 조직에 관한 일반적인 이해를 위해서는 J. Rogerson & P. Davies, *The Old Testament* (Cambridge: Cambridge University Press, 1989), 45~62를 보라. 한 지파는 여러 개의 가문으로 구성되고, 한 가문은 여러 개의 집안으로 구성되고, 한 집안은 여러 명의 가족 구성원들로 채워지는데, '집안'은 살아 있는 조상까지를 한 집안으로 본다. 예를 들어, 증조부가 살아 있다면 그와 그의 후손이 한 집안을 이룬다. 조부가 살아 있다면 그와 그의 후손이 한 집안을 이룬다. 참고 Eryl W. Davies, *Numbers* (Grand Rapids, MI: Eerdmans, 1995), 8; Roland de Vaux, *Ancient Israel: Its Life and Institutions* (London: Darton, Longman & Todd, 1961), 7~8.

11. M. D. Johnson, *The Purpose of the Biblical Genealogies* (Cambridge: Cambridge University Press, 1969), 63~64.

12. Ronald Inglehart, *Culture Shift in Advanced Industrial Society* (Princeton, NJ: Princeton University Press, 1996), 372.

13. Davies, 109.

14. Wenham, *Numbers*, 110~111; Philip J. Budd, *Numbers* (Waco, TX: Word Books, 1984), 133~134.

15. 유형론적 접근(typological approach)과 관련 문헌에 관한 종합적인 소개를 위해서는 Henning Graf Reventlow, *Problems of Biblical Theology in the Twentieth Century*

(Philadelphia: Fortress Press, 1986), 14~31를 참고하라.

16. T.M. Mauch, "Korah," *IDB* II, 49~50.

11장

1. 민수기 14:22이 지적한 10회는 출애굽기 14:10~12; 15:22~24; 16:1~3; 16:19~20; 16:27~30; 17:1~4; 32:1~35; 민 11:1~3; 11:4~34; 14:3로 이해된다.

2. 구약의 언약들(창조, 아담, 노아, 아브라함, 시내산, 모압-세겜, 다윗, 새 언약)을 통하여 구현되는 삼위일체적 복으로 구성된 하나님의 은혜 왕국과 민수기의 주권, 국민, 영토에 대한 개관은 지면상 다루지 않았다. 모세오경의 주제에 대해서는 필자가 쓴 "출애굽기를 어떻게 설교할 것인가," 「그말씀」(1998년 2월)과 이보다 더 자세한 내용인 「종교경책학 입문」(서울: 솔로몬, 1998), 107~47, 및 "민수기를 어떻게 설교할 것인가 1," 「그말씀」(1999년 4월)의 여러 논고들을 참고하라.

3. 민수기 31~36장이 왜 민수기의 요약과 결론인가의 해답은 본 논고의 주해 부분에 나타나는 민수기 앞장들의 관련성들에서 명백하다.

4. 여호와의 거룩한 전쟁 신학은 구약에 나타난 하나님의 은혜 왕국의 주권, 국민, 영토의 삼위일체적 복에 대한 이해에 대단히 중요한 주제다. 최근 박사학위 논문의 개작인 윤용진, 「여호와의 전쟁신학」(서울: 그리심, 1998)은 이스라엘을 '위하여' 싸우시고(승리 신학), 이스라엘을 '대적하여' 싸우시는(징벌 신학) '신적 용사'(the divine warrior)에 대한 탁월한 필독서다. 승리와 징벌의 잣대는 바로 '그의 군대'(출 7:4; 12:41)의 거룩성임을 민수기 31장도 확증하고 있다.

5. 레위기에는 중심 단어인 '거룩'(카다쉬ק과 그 파생어)이 152회(구약의 5분의 1에 해당), '정결'(타호르ההר)이 74회(구약의 3분의 1 해당), '부정'(타메שמא)이 132회(구약의 2분의 1) 사용되었으며, "내가 거룩하니 너희도 거룩하라"는 함성으로(레 11:44부터 9회) 가득 차 있다. 하나님은 거룩하시고, 거룩하게 하시는 분이시며, 이스라엘은 거룩함을 입은 그의 백성이며, 피제사와 정결 규례를 순종함으로 거룩을 유지하고, 거룩한 하나님과의 복된 산 교제는 계속되는 것이다(롬 1:7; 히 2:11; 9:14; 벧전 1:2,15~16, 참고 요일 1:7). 따라서 레위기는 전 영역의 거룩과 그 정도의 차이에 대하여, 사람(전염성 피부병자, 백성, 레위, 제사장, 대제사장), 장소(진, 성막-뜰, 성소, 지성소), 기구(나무, 동, 은, 금), 시간(월삭, 3대 절기, 안식일, 대속죄일)의 관점에서 상술하고 있다.

6. '진멸'은 하나님의 거룩한 전쟁의 문맥에서 사용된 '하나님께 멸망키로 성별된 물건/사람'을 가리키는 것으로 여호수아의 중심 주제 중 하나다(따라서 진멸의 동사 형태가 구약 48회 중 14회, 명사는 구약 29회 중 13회 각각 사용됨. '진멸'의 전형적 실례인 여호수아 7장의 아간, 사무엘상 15장의 사울과 신약의 '저주' 고린도전서 16:22 참고). 보다 자세한 이해를 위하여 김지찬 교수의 「요단강에서 바벨론 물가까지: 구약역사서의 문예적-신학적 서론」(서울: 생명의 말씀사, 1999), 83이하를 보라.

7. 기독신자의 신령한 전투에 대한 고전적인 삼부작 설교인 마틴 로이드 존스의 「영적 투쟁·영적 군사·영적 전투」(서울: 기독교문서선교회, 1988)의 일독을 권한다.

8. 땅에 대한 다음의 필독서들은 본문의 주해와 적용에 대한 통찰에 도움을 줄 것이다. Walter

Brueggemann, *The Land: PIace as Gift, Promise, and Challenge in BibIical Faith* (Overtures to Biblical Theology; Philadelphia: Fortress Press, 1977). 이 책은 땅의 약속, 땅의 관리-포로, 땅의 새 약속-왕국이란 주제로 이스라엘 공동체의 신앙을 전승사적으로 고찰한다. Norman C. Habel, *The Land Is Mine: Six biblical Land Ideologies* (Overtures to Biblical Theology; Philadelphia: Fortress Press, 1995)는 땅에 대한 주요 표상, 하나님과 사회 권력자의 위치, 땅 소유권의 근거와 수혜자의 초점에서 구약이 제공하는 여섯 이데올로기를 소개한다. 부의 원천(왕적), 조건부 수여(신정전), 가족 부지(조상 가문), 여호와의 개인 기업(선지자적), 안식일 준수(경작), 주인 국토(이민자)가 그것. 비록 역사 비평적 흠이 있으나 이 주제에 대한 학위 논문의 개정판인 Suzanne Boorer, *The Promise of the Land as Oath: A Key to the Formation of the Pentateuch*, BZAW205 (Berlin and New York: Walter de Gruyter, 1992)를 참고하라.

9. 이스라엘 역사의 교훈은 인간 왕정이 실패한 것과 마찬가지로 결국 요단 동편은 처음부터 각 지파의 땅 분배에 경계선이 섞이는 문제점(참고 32:2~3, 34~42과 재분배의 수 13:8~33)과 예루살렘 성전에서 강을 건넌 지리적 불이익으로 인하여(참고 수 22장) 가장 일찍 정체성을 상실했다는 점이다.

10. 구약에 나타난 광야 여정의 모든 관련 본문을 신학적으로 자세하게 조명한 복음주의 저서인 Terry L. Burden, *The Kerygma of the Wilderness Traditions in the Hebrew Bible* (American University Studies. Series VII, Theology and Religion. vol. 163; New York: Peter Lang, 1994)을 참고하라. 민수기의 지명 이해에 필요한 최근의 성경 지도 참고서로서 Yohanan Aharoni · Michael Avi-Yonah · Anson F. Rainey · Ze'ev Safrai, *The Macmillan Bible Atlas* (New York:Macmillan Publishing House, 1968, 1993³); Richard Cleave, *The Holy Land Satellite Atlas: Student Map Manual illustrated supplement vol. 1* (Cyprus; Rohr Productions, 1994); Tim Dowley ed. *Atlas of the Bible and Christianity* (Grand Rapids: Baker Books 1997)를 보라.

11. 경계란 단어가 민수기(30회 중 34장에 16회), 여호수아(78회 특별히 15장), 에스겔(42회 특별히 40~48장)에 집중적으로 나타난다.

12. 소위 '실현된 종말론'(천국이 우리 심령, 가정, 교회에 이미 왔으나 아직 온전히 성취되지 않음), '죄짓는 의인'(원리적으로 칭의 받았으나 현실의 성화 과정에서 기독신자 고유한 갈등과 투쟁), 레위인 성읍(35:1~8)의 이상과 현실, 가나안 정복의 원리적 성취(수 10:40~42; 11:23; 12:7~24; 21:43~45; 23:1, 4)와 현실적 미성취(수 13:2~6; 14:12; 17:12~18; 18:2; 23:5, 7, 12) 등의 예를 보라.

13. 구약은 선교 신학적인 관점에서 처음부터 이방인이 이스라엘 회중에 영입될 수 있는 길을 열고 있다. 할례(창 17:12; 출 12:48; 18장; 레 24:10~23; 민 10:29~32; 신 23:7), 보다 자세한 것은 김진섭, 「종교경책학입문」, 24, 각주 22를 보라.

14. 왜 대제사장이 죽은 후(자연사)에야 돌아갈 수 있는지에 대해서 성경은 침묵하고 있으므로 이것을 모형론적으로 예수님의 대제사장적 죽음(대속)과 연결하여 해석할 수 없다.

15. D. T. Olson, *The Death of the Old and the Birth of the New: The Framework of the book of numbers and the Pentateuch* (Brown Judaic Studies 71; Chico CA:Scholars Press, 1985), 183.

2부

1장

1. G. Wenham, *Numbers* (Leicester: Inter—Varsity Press, 1981), 15~18.
2. Dennis T. Olson, *The Death of the Old and the Birth of the New* (Chico, CA: Scholars Press, 1985), 6~7.
3. M. Douglas, *In the Wilderness: The Doctrine of Defilement in the Book of Numbers* (Sheffield: Sheffield Academic Press, 1993).

3장

1. Jacob Milgrom, *Numbers*, The JPS Torah Commentary (New York: The Jewish Publication Society, 1989), 387~90.
2. 가나안 정복의 시작인 여리고성 함락을 위하여 이스라엘이 어떻게 준비했는가와 성전(聖戰)에 대하여는 필자의 "여호와가 구원하신다,"「그말씀」(1999년 3월호)을 참고하라.

4장

1. Plaut, w. Gunther ed. *The Torah: A Modern Commentary* (New York: Union of American Hebrew Congregations, 1981), 25.
2. Jacob Milgrom, *Numbers*, The JPS Torah Commentary (New York: The Jewish Publication Society, 1989), 438~443.
3. 앞의 책, 439.
4. William Etkin, "The Mystery of the Red Heifer; A Scientific Midrash." *Judaism* 28 (1979), 353~356.
5. M. Douglas, *In the Wilderness: The Doctrine of Defilement in the Book of Numbers* (Sheffield: Sheffield Academic Press, 1993), 167.

7장

1. 민수기의 히브리 성경 책명은 공간적 배경인 광야에서 보낸 시간을 강조하는 '베미드바르'(광야에서)다.

8장

1. 여기서 기구로 번역된 히브리어가 신명기 22:5에서 옷으로 번역되었다.
2. 여호와께 공물로 드린 32명의 여인들은 제사장들에게 할당된 종 또는 성소에서 섬기는 일을 하는 여인들이었던 것으로 보인다(40절; 출 38:8, 참고 삼상 2:22).

3. 이들 지명 중 다음 17개의 지명은 성경의 다른 곳에는 나타나지 않고 이곳에만 나타난다. 홍해가(10절), 돕가, 알루스(13절), 릿마(18절), 림몬베레스(19절), 립나(20절), 릿사(21절), 그헬라다(22절), 세벨산(23절), 하라다(24절), 막헬롯(25절), 다핫(26절), 데라(27절), 밋가(28절), 하스모나(29절), 아브로나(34절), 살모나(41절). 이는 민수기 33장에 나타나는 모세롯(30절), 브네야아간(31절)과 홀하깃갓(32절)은 신명기 10:6~7에 나타나는 모세라, 브에롯 브네야아간 그리고 굿고다와 동일한 지명으로 볼 수 있고, 민수기 33:46의 알몬디블라다임은 예레미야 48:22의 벧디블라다임과 동일한 것으로 간주할 수 있기 때문이다. 민수기 33장에서는 언급되지 않았지만 진을 친 그 외의 지명들을 발견할 수 있다(예를 들면 21:10~20). 따라서 민수기 33장이나 21장 그 어느 것도 이스라엘이 진을 친 곳 모두를 망라하지 않고 있다.
4. 예를 들면 G. I. Davies, *The Ways of the Wilderness: A Geographical Study of the Wilderness Itineraries in the Old Testament* (Cambridge: Cambridge University Press, 1979). 최근 국내 저서로는 김승학, 「떨기나무」(서울: 두란노, 2007).

원어 일람표(히브리어/헬라어)

P. 235
함미쉬칸 레오헬 하에두트
המשכן לאהל העדת
함미쉬칸 미쉬칸 하에두트
המשכן משכן העדת
미쉬칸 오헬 모에드 משכן אהל מועד
미쉬칸 하에두트 משכן העדת
미쉬칸 아도나이 משכן יהוה

P. 259
피트옴 פתאם

P. 299
키페르 כפר

P. 320
라브 רַב

P. 321
쿠츠 קוץ

P. 325
케사밈 קְסָמִים

P. 327
마나 מָנֵע

P. 331
야라트 יָרַט

P. 347
자나 זנה
차메드 צמד

P. 381
페사흐 פסח

P. 382
쉐부오트 שְׁבֻעוֹת

P. 386
욤 키푸르 יום כפר

P. 387
수코트 סֻכּוֹת

P. 434
고엘 גאל

P. 442
하타아트 חטאת
티하르 טהר
키페르 כפר

P. 447
카다쉬 קדש
타호르 טהר
타메 טמא

*ח, ס, צ, ו는 원칙적으로 'ㅎ', 'ㅆ', 'ㅊ', '부'로 음역했으나, 필자가 'ㅋ', 'ㅅ', 'ㅉ', '우'를 선호한 경우 필자의 의견을 존중했습니다.

*יהוה'는 필자에 따라 '야웨'(혹은 '야훼')나 '아도나이'로 표기했습니다.